汽车电子开发
实践丛书

汽车电子硬件设计

AUTOMOTIVE ELECTRONIC
CIRCUIT DESIGN

朱玉龙　高宜国　编著

机械工业出版社
CHINA MACHINE PRESS

本书从最基本的汽车电子硬件设计方法出发,列举了大量的设计要点和实例数据,对实际工作中琐碎细致的内容进行针对性的追溯和归纳。本书内容丰富,除了介绍硬件设计内容,还讲述了制造工艺、零件验证、汽车电子企业的内部流程和汽车电子行业的发展方向等。本书从基于可靠性的硬件设计方法入手,涉及可靠性预测、降额方法、故障模式分析、最坏情况分析、故障树分析、潜在路径分析和热分析的硬件评估与设计方法;对于硬件设计最为基础的元器件的实际特性进行细致的阐述,整理了电阻、电容、二极管、晶体管和场效应晶体管等的应用方法;对于汽车电子中的典型电源电路、输入/输出处理电路和主控单元这几个部分,尝试进行正向设计和电路验证。最后总结原理图和印制电路板的设计要点,并结合印制电路板的可制造性给出了一些实践指南。

本书适用于汽车电子方向的研发工程师、学生和相关的硬件工程师,也可供对汽车电子感兴趣的爱好者们阅读参考。

图书在版编目(CIP)数据

汽车电子硬件设计/朱玉龙,高宜国编著. —北京:机械工业出版社,2023.9(2024.12重印)
(汽车电子开发实践丛书)
ISBN 978-7-111-73958-6

Ⅰ.①汽⋯ Ⅱ.①朱⋯ ②高⋯ Ⅲ.①汽车-电子设备-设计 Ⅳ.①U463.602

中国国家版本馆CIP数据核字(2023)第186006号

机械工业出版社(北京市百万庄大街22号 邮政编码100037)
策划编辑:何士娟　　　　　　责任编辑:何士娟　韩　静
责任校对:张亚楠　张　征　　责任印制:单爱军
北京虎彩文化传播有限公司印刷
2024年12月第1版第2次印刷
184mm×260mm・21.25印张・483千字
标准书号:ISBN 978-7-111-73958-6
定价:149.00元

电话服务　　　　　　　　　网络服务
客服电话:010-88361066　　机　工　官　网:www.cmpbook.com
　　　　　010-88379833　　机　工　官　博:weibo.com/cmp1952
　　　　　010-68326294　　金　书　网:www.golden-book.com
封底无防伪标均为盗版　　　机工教育服务网:www.cmpedu.com

前　言

近年来，汽车电子在整车价值所占的比重越来越高，由 2000 年的 15% 到 2020 年的近 50%；同时，电子控制更加复杂化，各种功能并不是独立运行，而是与其他系统或域相互配合，因此电子模块的标准化和可复用性越发重要，今后这种发展趋势必将越来越明显。但是，现在的汽车系统功能极其复杂，单一技术人员难以详细掌握所有的电子模块，全面理解汽车电子技术更是不容易。因此，作者深感行业之痛，自告奋勇将汽车电子硬件相关知识及其中使用的重要技术编辑成书，旨在帮助技术人员分类学习汽车电子基础电路，掌握重要技术的原理，全面理解电子硬件，并思考今后发展的趋势及技术方法。

在过去的几十年里，汽车电子产品一直在以平均每年超过 10% 的速度增长，这使得汽车电子产品成为目前世界上增长最快的电子产品类型之一。这种增长与汽车产品的电子化和智能化有关，促进这一显著增长的还有安全性和可靠性。确保汽车电子产品的设计安全性和可靠性已成为新产品工程的基础。笔者做了大量工作，并在本书中介绍了汽车电子设计相关的技术细节。

全书共 11 章。前半部分对汽车电子的格局进行了概述，总结汽车电子所面对的环境以及汽车厂商与国际组织对此所制定的标准、汽车电子零部件企业硬件开发的流程，特别针对硬件开发中非常重要的保证可靠性的方法进行了阐述；并将常用的一些电子元器件的特性做了较为全面的介绍。后半部分由 6 章组成，分别对低压电源、输入电路、输出电路、继电器驱动电路和主控单元的设计进行讲述，同时给出电路图和印制电路板的设计概要及一些个人体会。

汽车电子本身具有内容多、细节多、要求高等特点，因此全书覆盖的知识点较多。由于作者水平有限，书中难免有一些错误和疏漏，在某些地方可能并没有给出最佳的解决方法，有些地方也可能没有面面俱到，希望读者批评和指正。

朱玉龙　高宜国
2023 年 1 月

目 录

前言

第1章 汽车电子产业和汽车电子工程师成长 …………………………………… 1
1.1 汽车行业的发展和汽车电子的机遇 …………………………………… 1
1.2 汽车电子系统介绍 …………………………………… 4
1.3 汽车电子企业和汽车电子产业链 …………………………………… 8
1.3.1 汽车电子企业的变化 …………………………………… 9
1.3.2 我国的汽车电子产业 …………………………………… 11
1.4 汽车电子工程师的成长与发展 …………………………………… 13
1.4.1 汽车电子硬件工程师的成长 …………………………………… 13
1.4.2 认识汽车产品质量的重要性 …………………………………… 16
1.4.3 硬件工作内容和重心的转变 …………………………………… 16
1.4.4 在组织中学习和规范化改进 …………………………………… 17
1.4.5 汽车电子领域工程师的工作机会和发展机遇 …………………………………… 18
1.4.6 给毕业生和在校学生的几条建议 …………………………………… 19

第2章 汽车电子应用环境 …………………………………… 23
2.1 气候与化学环境 …………………………………… 25
2.1.1 温度实验 …………………………………… 28
2.1.2 湿热实验 …………………………………… 30
2.1.3 外壳防护等级 …………………………………… 31
2.1.4 化学环境和盐雾 …………………………………… 32
2.2 机械负荷 …………………………………… 33
2.2.1 振动负荷 …………………………………… 34
2.2.2 机械冲击和自由跌落 …………………………………… 35
2.3 电气负荷 …………………………………… 36
2.3.1 过电压与反向电压 …………………………………… 38
2.3.2 开路实验与短路实验 …………………………………… 38

		2.3.3 地偏移 ··	41

      2.3.3 地偏移 ·· 41
      2.3.4 供电不理想 ·· 42
  2.4 电磁兼容环境 ··· 45
      2.4.1 电池带来的传导干扰 ·· 46
      2.4.2 静电 ··· 52

第3章 元器件基础 ·· 54

  3.1 汽车元器件的规范要求 ·· 57
      3.1.1 什么是 ROHS ··· 58
      3.1.2 器件氧化和湿敏元件 ·· 59
  3.2 电阻基础 ·· 61
      3.2.1 电阻的选值探究 ·· 62
      3.2.2 不同工艺造成的影响 ·· 66
      3.2.3 获取电阻的最坏精度 ·· 67
      3.2.4 贴片电阻的散热 ·· 70
      3.2.5 电阻防浪涌的能力 ··· 71
      3.2.6 大封装产生的问题 ··· 73
  3.3 电容基础 ·· 74
      3.3.1 数字噪声来源 ··· 76
      3.3.2 去耦电容和旁路电容 ·· 78
      3.3.3 陶瓷电容详解 ··· 80
      3.3.4 电解电容应用 ··· 82
      3.3.5 钽电容应用 ·· 84
      3.3.6 电容偏差 ··· 85
  3.4 二极管基础 ·· 86
      3.4.1 二极管的正向特性和参数 ·· 87
      3.4.2 稳压二极管的特性计算 ··· 87
      3.4.3 二极管功耗细致计算 ·· 91
  3.5 晶体管基础 ·· 92
      3.5.1 最容易出问题的地方 ·· 93
      3.5.2 晶体管使用中应采取的措施 ··· 94
  3.6 功率 MOSFET 基础 ·· 95
      3.6.1 MOSFET 参数介绍 ·· 95
      3.6.2 MOSFET 的开启和关断特性 ··· 98
      3.6.3 直接耦合驱动电路设计 ··· 101

第4章 汽车电子开发流程 ·· 106

  4.1 汽车和零部件的质量管理体系 ··· 107
      4.1.1 IATF 16949 内容介绍 ··· 108

4.1.2 七项基本原则 110
 4.2 汽车电子产品的开发流程 111
  4.2.1 电子模块开发流程 112
  4.2.2 V 型开发过程详解 114
  4.2.3 开发内容划分 115
  4.2.4 团队构建 117
  4.2.5 内部检查会议注意事项 118
  4.2.6 文件命名和文件管理系统 119
  4.2.7 过流程化与去流程化 121

第 5 章 硬件设计可靠性预测及分析 123

 5.1 可靠性预测 125
  5.1.1 基本元器件失效率计算 127
  5.1.2 元器件失效分布 130
  5.1.3 分布修正方法 132
  5.1.4 降额设计 133
 5.2 最坏情况分析 135
  5.2.1 从电路原理到实际应用 139
  5.2.2 极值分析法 140
  5.2.3 方均根分析法 142
  5.2.4 蒙特卡罗分析法 143
  5.2.5 PSPICE 仿真 144
 5.3 DFMEA 失效模式与影响分析 146
  5.3.1 实施 FMEA 的目的 146
  5.3.2 实施 FMEA 的时机 146
  5.3.3 如何做好 FMEA 147
  5.3.4 FMEA 分析经典流程 151
  5.3.5 FMEA 内容简介 152
 5.4 故障树分析 157
  5.4.1 由"树"型链接起来的故障 159
  5.4.2 实现操作方法 160
 5.5 潜在路径分析 161
  5.5.1 "熔丝"问题 163
  5.5.2 潜在电路分析 164
 5.6 模块热分析 165
  5.6.1 稳态的散热计算方法 167
  5.6.2 热特性参数计算方法 170
  5.6.3 板上印制线的发热情况 171
 5.7 模块失效问题报告 173

目录

5.7.1	8D 问题求解法的含义	174
5.7.2	8D 问题求解法的应用范围	174
5.7.3	8D 问题求解法的优势与缺点	174
5.7.4	8D 问题求解法的要点	175
5.7.5	8D 问题求解法操作流程	176
5.7.6	8D 问题求解法的具体实施	176

第 6 章 低压电源设计 … 178

- 6.1 电源反接保护概述 … 181
  - 6.1.1 电源电路的划分 … 182
  - 6.1.2 二极管电路的设计 … 184
  - 6.1.3 PMOS 管电路的设计 … 184
  - 6.1.4 NMOS 管电路的设计 … 187
  - 6.1.5 继电器电路的设计 … 188
  - 6.1.6 开关控制电路的设计 … 189
- 6.2 电源的静电和浪涌保护 … 190
  - 6.2.1 静电电容的选择 … 191
  - 6.2.2 TVS 管的特性和选择 … 192
  - 6.2.3 压敏电阻的特性和选择 … 195
- 6.3 电压监测 … 195
  - 6.3.1 电源管理的设计 … 198
  - 6.3.2 迟滞门限和软件的状态图 … 201
  - 6.3.3 设计硬件过电压和欠电压电路 … 204
  - 6.3.4 电容容量"小电池"的设计 … 206
- 6.4 转换的核心——低压稳压器 … 208
  - 6.4.1 稳压原理分析 … 210
  - 6.4.2 稳压器的热分析 … 213
  - 6.4.3 问题示例 … 215
- 6.5 静态电流的管理 … 217
  - 6.5.1 模块的静态电流 … 218
  - 6.5.2 静态电流分析策略 … 219

第 7 章 汽车电子输入电路 … 221

- 7.1 输入/输出的规范化整理 … 222
  - 7.1.1 插接器的选型和考虑 … 223
  - 7.1.2 I/O 功能框图和结构框图 … 226
- 7.2 开关输入设计的基础要求 … 227
  - 7.2.1 汽车上的开关和线束 … 229
  - 7.2.2 输入开关状态分析 … 231

7.3 低电平和高电平有效电路接口 ………………………………………… 231
    7.3.1 设计约束的建立 ……………………………………………… 232
    7.3.2 电路的正向设计 ……………………………………………… 236
    7.3.3 从外部到内部的验证方法 …………………………………… 238
    7.3.4 从内部到外部的验证方法 …………………………………… 240
    7.3.5 各种不同情况下的应用 ……………………………………… 241
7.4 模拟输入接口 …………………………………………………………… 242
    7.4.1 组合开关的电路设计 ………………………………………… 243
    7.4.2 电流转换电路 ………………………………………………… 245

第8章 汽车电子输出电路 **250**

8.1 输出接口的短路保护 …………………………………………………… 251
8.2 智能功率器件 …………………………………………………………… 252
    8.2.1 功率开关的功耗分析 ………………………………………… 254
    8.2.2 必须要考虑的感性负载保护和典型设计失误 ……………… 258
    8.2.3 智能功率开关的反接保护 …………………………………… 260
    8.2.4 故障诊断电路与波形 ………………………………………… 262
    8.2.5 模拟诊断的计算实例 ………………………………………… 265

第9章 继电器驱动电路 **268**

9.1 电磁继电器参数分析 …………………………………………………… 269
9.2 电压分析 ………………………………………………………………… 271
9.3 驱动电路设计与线圈浪涌电压的抑制 ………………………………… 274
9.4 电磁继电器的触点保护 ………………………………………………… 276

第10章 汽车电子主控单元设计 **280**

10.1 单片机的输入/输出口 ………………………………………………… 283
    10.1.1 数字接口输出口驱动能力 …………………………………… 284
    10.1.2 单片机功耗分析 ……………………………………………… 285
    10.1.3 模/数转换过程的误差 ………………………………………… 286
    10.1.4 单片机内置A/D通道的使用注意事项 ……………………… 289
    10.1.5 处理单片机未使用的引脚 …………………………………… 291
10.2 单片机的时钟与复位 …………………………………………………… 292
    10.2.1 单片机的复位详解 …………………………………………… 293
    10.2.2 单片机的时钟 ………………………………………………… 297
    10.2.3 高速CAN总线的时钟精度要求分析 ………………………… 299

第11章 电子制图设计 **302**

11.1 原理图设计 ……………………………………………………………… 302

    11.1.1 原理图绘制的一些要点 ·············· 303
    11.1.2 BOM 表的整理和规范 ·············· 306
  11.2 模块中地线的策略 ·············· 307
    11.2.1 地线策略设计目标 ·············· 308
    11.2.2 地之间的连接处理 ·············· 310
  11.3 印制电路板的设计 ·············· 313
    11.3.1 电路板的布局规则 ·············· 314
    11.3.2 电路板的走线规则 ·············· 317
  11.4 印制电路板的 DFM 技术 ·············· 320
    11.4.1 可制造性设计 ·············· 322
    11.4.2 可测试性设计 ·············· 324
  11.5 印制电路板的加工过程和工艺 ·············· 325

参考文献 ·············· **328**

第 1 章
汽车电子产业和汽车电子工程师成长

1.1 汽车行业的发展和汽车电子的机遇

进入 21 世纪以后,中国汽车市场逐渐进入增长快车道,中国汽车工业飞速发展,实现了从小到大的跨越式发展。从 2009 年开始,中国汽车产销量位居世界第一,成为名副其实的汽车产业大国,但是由于基数比较大,增长速度也处在一个逐步放缓的过程。由图 1-1 可以看出,中国汽车产业正处在黄金阶段,它为社会创造了很多的价值和财富。而随着汽车产业的发展进入新阶段,从单个企业到行业整体的销量增速都明显放缓,国内汽车市场已从中高速增长转为中低速增长,甚至是微增长,企业和行业整体的利润大幅下降,未来新车市场将从以购车为主的时代进入以汽车置换等为主的汽车消费升级时代。从目前汽车产品的创新而言,未来人们出行的格局已经改变,渐渐呈现出"汽车新四化"的趋势,即电动化、网联化、智能化与共享化。电动化可能是对传统燃油汽车产品的颠覆性创新;智能化、网联化作为一个全新的技术,是在未来会改变出行方式的产品创新;共享化体现了高效智能的交通出行模式。而在这种"汽车新四化"的发展趋势当中,汽车电子作为一种汽车产品本体与服务的链接走向了前台,也成为汽车技术中最根本和最重要的部分之一。

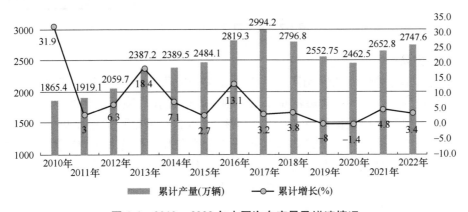

图 1-1 2010—2022 年中国汽车产量及增速情况

福特汽车的前CEO马克·菲尔兹（Mark Fields）第一个提出汽车公司要成为一家硅谷类型的软件公司的观点："我们首先考虑要给消费者带来什么样的体验，然后用技术、硬件和软件一起来实现这些体验；我们在软件方面将会越来越有经验，掌握更多的技巧，为我们的汽车添加更多的功能。我们现在已经拥有了很多的软件技巧，例如发动机控制、校准、通信和车内娱乐系统等，希望未来还能掌握更多的技术。"也是因为上述原因，汽车零配件业中汽车电子部件这个子行业也越来越被整车企业和各个细分子类的公司所关注。随着汽车工业的发展和消费者期望的不断提高，各汽车生产厂商更加注重提高安全性、降低能耗、改善舒适性和增加娱乐及辅助功能，以提高汽车产品的竞争力。在这个过程中，汽车各个子系统从传统的机械控制开始转向电子控制，汽车产品的电子化程度越来越高，在整车上装设的汽车电子部件和传递的数据也越来越多，在整车的各个位置发挥着巨大的作用。

汽车电子的分类方法比较多，本书将以主流的两种划分方法作为分类依据，如图1-2所示。

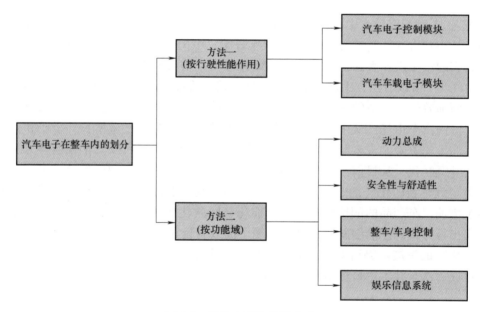

图1-2 汽车电子的分类方法

1. 划分方法一

根据对汽车行驶性能的影响不同，电子模块一般可分为汽车电子控制模块和汽车车载电子模块两类，这种分类方法也是后续前装、附件和后装电子部件的定义基础。

汽车电子控制模块是保证汽车完成基本行驶功能不可或缺的控制单元，往往需要与其他系统如机械装置、显示设备等执行机构配合使用。汽车电子控制模块通常被划分至汽车的各个子系统中，与其他子系统如动力传动系统、底盘电子控制系统、车身电子控制系统和其他控制系统一起，作为控制单元存在。

汽车车载电子模块与汽车基本行驶功能无关，但却是能极大提升汽车舒适性和便利性的电子模块。此类产品通常是从工业应用或消费电子产品转化而来的。汽车车载电子模块主要包括汽车信息系统、导航系统和汽车娱乐系统等。

通常对于汽车电子市场有前装市场和后装市场的定义。

前装市场指汽车电子行业的零部件供应商参与到整车的设计和生产过程中。零部件供应商面向的对象直接是整车厂商，其电子产品的功能确定、配套工作相关参数、安装位置等重要信息，都由整车企业确定并委托合作零部件商提供满足要求的零部件。这种开发方式一般具有产品产量大、利润高的特点。由于是与整车企业共同开发，往往对零部件企业的设计和生产能力有严格的要求。目前大部分电子模块前装市场都被外资或合资企业占据，这不仅是因为它们具有技术上的优势，而且其完善的企业管理也给后来的竞争者带来了进入门槛。

后装市场指在已经有的汽车上安装电子产品。零部件提供商面向的对象是消费者个人和汽配维修单位。这个市场主要是满足部分车主对于改装和添加的需求。由于客户分散并且没有规模效应，后装市场厂商往往都是产量小、利润低的代名词。很多中国零部件企业都集中于这一领域，尤其集中在车载娱乐和导航系统服务上，它们生产了大量的同质产品，且由于利润低而无法完成技术积累，也无法建立起符合前装市场需要的管理制度，在这个市场上发展的公司前途并不乐观。汽车 IATF 16949 认证是一个非常严格和成本较高的体系，主要考察供应商的过程管理能力，对大多数采用代工生产方式的设计公司而言，其零件质量控制和追踪性较差，因此在这方面，建立起国内本土的电子零部件供应商体系是一个很困难的课题。

汽车公司开发的附件产品（选配件）：在汽车开发过程中，为了满足部分特定的需求，汽车厂家会联合一些零部件企业开发各种选配件，由于其设计的需求介于前装的统一要求和后装的数量、价格需求之间，使得这一类可以单独分列出来。

2. 划分方法二

这是参考 RossT. Bannatyne 在 "The Changing World of Automotive Electronic Control Unit" 一文中的分类方法，将电子模块分为如下几类：动力总成（Powertrain）、安全性与舒适性（Safety & Convenience）、整车/车身控制（Vehicle/Body Control）和娱乐信息系统（Entertainment & Information）。实际上在不同的车企中划分方法并不完全相同，随着各个细分领域的电子化，又呈现出一些交叉的特性。汽车企业的电子电气部门从协议、线束等几方面进行综合考虑，而不同设计方向的工程师对各子系统的功能负责。因此这里只做简单的划分，供各位读者根据不同的车企的划分情况设置合适的分类。

1）动力总成：动力总成控制是传统汽车的技术核心。电子控制模块需要处理很多输入信号，以实现对复杂度和实时性要求非常高的控制。动力总成控制模块通过接收发动机控制系统与自动变速器控制系统的输入，智能地协调发动机与变速器的工作，从而提高动力总成的匹配性，在获取最佳动力输出的同时有效地降低了燃油消耗。自动变速器控制主要根据汽车和路面的状态实现自动换档、失效保护和故障自诊断等功能。

2）安全性与舒适性：与汽车安全相关的电子模块是必须要进行安全件认证的，这便形成了不低的门槛。安全性电子模块有主动安全与被动安全之分，主要包括电子制动控制、安全气囊系统、电子防盗系统和底盘悬架控制系统。

3）整车/车身控制：整车/车身控制部分的汽车电子模块，主要控制的对象为汽车车身、座椅、车门、刮水器和灯光系统。其主要包括整车控制模块、车身控制模块、自动前照/尾灯控制系统、弯道辅助照明系统、电动座椅控制系统和车门控制模块等。其中整车控制模块用来综合管理其他电子模块；车身控制模块与其他传感器和执行器一起工作，共同完成对车身的控制。

4) 娱乐信息系统：汽车娱乐信息系统负责收集和处理车内外环境的各种信息，利用软件、无线通信、多媒体等技术，实现多媒体娱乐、GPS 定位导航、无线上网、移动办公和数字仪表控制等功能，提高驾驶的安全性和舒适性。

随着汽车电子技术在感知、计算和控制方面的不断发展，电子部件智能化和集成化的特点越发明显，汽车电子未来的发展方向是域控制器方向，因此上述的划分将会越来越模糊，以后更多的是以软件功能来区分。

1.2 汽车电子系统介绍

汽车电子系统是整个汽车子系统的一部分，是指以汽车电子控制模块为核心，加上传感器、执行器和汽车线束等部分组成的控制环路。它的主要目的是和被控对象一起形成一个汽车的子系统，来实现所要求的功能。图 1-3 所示为一个典型的汽车电子系统。

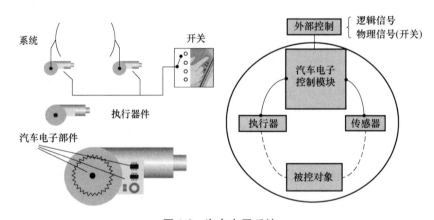

图 1-3 汽车电子系统

汽车电子系统通常包括以下几部分：

（1）传感器

汽车内的传感器主要作用是将物理量转换为可识别的电信号，一般是为控制器收集所需对象的信息和状态，在发动机控制系统、底盘控制系统、娱乐导航系统和车身控制系统等各个汽车部件中都有应用。汽车内的传感器按所测的物理量（如温度、压力、位置和转速、加速度、距离、方位和车速、方向盘转角、雨量、电流、胎压等）分类有多种类型，对于电子控制模块而言，传感器信号是重要的输入信号。

在汽车电子系统快速增长的市场需求下，汽车传感器技术不断发展。随着微型电子机械系统（Micro ElectroMechanical System，MEMS）技术的进步，汽车传感器开始朝着智能化、微型化、集成化、多功能化方向发展，通过将传感器、执行器、机械机构、信号处理和控制电路等集成于一体的 MEMS，简化了传统汽车电子系统，真正实现了体积减小、功耗降低和重量减少，这一分支也成为汽车电子重要的发展方向。图 1-4 所示为汽车 MEMS 技术和传感器的应用。

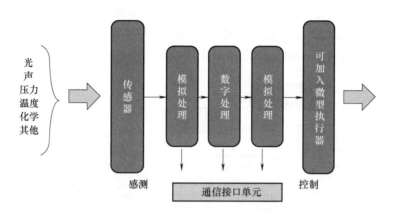

图 1-4　汽车 MEMS 技术和传感器的应用

（2）汽车开关

传统汽车中有大量的开关，这是由于汽车企业为每个单独的功能都设计了开启和调整的入口，为汽车电子模块提供控制汽车的输入信号，是传统 HMI（Human Machine Interface）设计师重要的人机接口。根据实际中的应用，汽车中的开关可分为旋转式开关、顶杆式开关、翘板式开关、电子型开关、按钮式开关和板柄式开关；从时间特性上来说，针对不同的响应时间，可分为长效开关和短时开关；从开关的电气特性而言，可分为组合开关和单一开关。

随着智能手机的更新，人们开始习惯于使用触摸屏，例如以特斯拉为代表的新兴电动汽车企业，都把实体按键在中控屏幕上实现虚拟化；而手势操控和触觉反馈等新技术的导入也为开关的未来蒙上了阴影；消费者追求更好的体验，车企追求体验和安全应急之间的平衡，这些因素都会对汽车开关的选择和应用产生影响。如图 1-5 所示，汽车开关可能在未来被逐渐淘汰。

图 1-5　汽车开关所代表的人机交互演变

（3）汽车电子控制模块

汽车电子控制模块以单片机为核心，包括各种电源电路、通信电路、输入处理电路和输出功率电路几个重要的组成部分。随着汽车电子控制模块越来越多，传输的数据量越来越大，汽车总线速率在不断提升，电子控制模块开始朝多系统集中的方向发展。在电子控制模块中，MCU 是汽车电子中的核心部件；但是随着对汽车性能的要求不断提高，在某些应用中，FPGA（Field Programmable Gate Array，现场可编程门阵列）和 CPLD（Complex Programming Logic Device，复杂可编辑逻辑器件）等逻辑处理器件也登上了汽车电子的舞台，由逻辑控制为主导的部件实现了模块功能的多样性，整个模块的复杂度也随之不断提高，由此也带来了验证的困难，如图 1-6 所示。

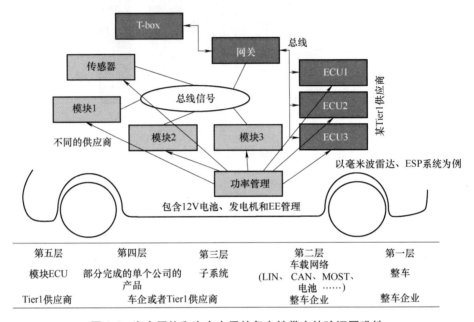

图 1-6　汽车网络和汽车电子的复杂性带来的验证困难性

在汽车电子领域，汽车厂家面临很多的问题，如用户对于车辆功能的要求变化很快，而且市场竞争程度的加剧，也对原有产品的生命周期提出了很大的考验，汽车厂家原有的规划、设计、工程需要跟上快速换代的节奏，想要跟上整个节奏就需要以模块化来达到战略目的。汽车模块化的目标是：缩短产品开发时间，快速推向市场；通过减少模块数量来降低产品质量风险；增强生产线柔性，以便快速应对市场变化；通过整合原来的平台来实现车型开发集聚，降低整体投资（模具、生产等方面）；通过实现跨车型、跨级别的部件通用来降低开发成本和部件成本；将非核心零部件外包，聚焦核心价值，降低管理成本。从某种程度上来说，汽车模块化是用更少的产品开发团队集中精力做核心均一化的部件，来供给不同的车型，但其本身是一把双刃剑，问题在于：通用化造成的缺陷及召回风险会增加；进行产品设计变更时必须投入大量资源，汽车企业对零部件商的要求严格；供货量要有很大的弹性；供应地区需要辐射多个地区，需要有强大的物流系统支持；产品的成本要降低。

每个汽车企业必须面对这样的问题，即如何控制车内的功能和可变量，来构建除了轴距和大小之外的差异化，以支撑走量和获取较高的利润。在对结构、机械功能部件做了大量的分类管理之后，汽车电子的 ECU（Electronic Control Unit，电子控制单元）

部件就承担了大部分差异化目标。

从汽车电子的工程开发的角度来讲，需要在前端的概念中，将整车企业的模块化需求融入其中，设计的过程必然从单一、封闭的开发转向多平台、多种需求的融合。

过去的汽车电子系统开发：单个车系或者说是平台进行结构化整合，开发汽车电子系统；单个部件的供应商遵循单条线的成本和价值的最优化。

现在的汽车电子系统开发：分结构接近的平台进入同步整合，从两个平台的角度去采购和优化部件。

未来的汽车电子系统开发：采用前驱和后驱两个平台，但电子部件可能只有一套基本配置；采用云端直接推送配置增加功能；从项目角度而言，单个项目的需求量是之前的几倍，项目的数量降为个位数；成型的战略供应商合作伙伴体系，使项目研发的费用集中，带来单个项目研发的费用增加；需求的复杂度上升，给工程设计增加了难度；需要整合更多的实验数据过程，甚至需要更多的模拟仿真来满足快速开发和开发复杂度的要求。

所以从汽车电子架构上，催生了对于新一代网络架构的需求，也就是对于域控制器与云端管理的需求。因此从这个层面来说，在域控制器的演化下，模块的功能会部分简化，而大量的工作是由整车企业和少数 Tier1（一级供应商）完成的，即将软件分成嵌入式和云端两部分来实现对车辆的配置。

（4）执行器

汽车里的执行器用来执行电子控制器发出的控制信号，它对电子模块来说是负载。目前汽车用的执行器多为机电式类型，如电磁阀、压电元件、继电器和直流电动机等，这些执行器大部分在电气上具有很大的感性特点。正是由于执行器基本都是由机械器件构成的，因此也就决定了电子控制模块具有机电一体的特性。

（5）HMI（人机交互）设备（光学和声音）

在汽车的发展过程中，如何有效地利用声音和光学设备提供 HMI 接口是非常重要的，也是不同汽车企业往前整合的非常重要的部分。这里分为对外和对内两个方面：

对内：现在各个主要的 Tier1 零部件企业无不把电子座舱作为一个未来重要的发展方向，包括大陆、博世、Denso、佛吉亚和伟世通等公司都在扮演一个系统整合者的角色，电子座舱已成为兵家必争之地；因为通过设计智能电子座舱可以接近车主，了解其对于汽车功能的反馈，电子座舱使用的体验直接影响到车主对于汽车产品的看法。

对内 HMI 设备的特点如下：从设计风格来看，各家公司都倾向于全舱布满显示屏和触摸屏，从数字侧视镜到中央显示屏，形成了一个完整的系统；信息输入都需要借助于驾驶舱摄像头和算法识别驾驶人和相应的动作；在智能电子座舱里面配置人工智能驱动技术，可基于不断变化的交通道路条件进行调节；在座椅端设置通过传感器获取驾驶人健康监测数据的交互型座椅面套。

对外：传统意义上的对外主要是指喇叭和车灯，后者主要分为室外照明和室内照明。室外照明有近光灯、远光灯、转向灯、雾灯、倒车灯和牌照灯等；室内照明有门灯、顶灯、点烟灯、脚灯和手套箱灯等。现代人们常要求车辆有情感化的个性表达，这时就可以采用外部灯光显示和交互，通过内部软件组合的控制内容视觉化地呈现在外观内饰的设计当中。而这又和内部的系统完整地整合了，例如利用车辆前、后部的

LED（Light-emitting Diode，发光二极管）灯带和发光 LOGO 组合成独特的智能表情，在不同的使用场景下（如不同的电量状态、车辆解锁以及行进期间）开启不同的显示模式，与用户和行人进行"对话"。

（6）汽车线束

汽车线束是电气系统的物理连接，是构成汽车电路网络的重要"成员"。线束由电线、接插件和包裹胶带组成。由于汽车安全性能要求高的特点，对汽车线束也提出了简洁性和可靠性的要求，因此往往采用柔性加强型的线束。在汽车线束领域，随着汽车电子系统的功能越来越复杂，信号传输和配电管理也逐渐出现分化。

在大多数情况下，整车企业往往将以上的各个不同部分交给不同的供应商，然后收集所有的信息，汇总并整理成规范，由汽车电子的一级供应商来完成电子控制模块的系统设计和整合。按照这种模式，汽车电子企业所涉及的开发对象遍布整个控制系统，但是提供的产品仅仅是电子控制模块。通常与控制模块一起工作的如传感器、开关、执行器、线束、指示和显示设备都是由整车企业采购的。从产品设计的角度来看，整个信息的获取和功能的确定都是由整车企业进行定义的。

1.3 汽车电子企业和汽车电子产业链

最初的汽车电子产品都是由整车企业自己开发的，但是由于汽车电子的快速发展和产业竞争的加剧，使得整车企业改变了原有的模式。整车企业与零部件企业迅速实现了剥离、重组，形成了相互独立又具有一定合作基础的关系，提高了彼此的专业化分工程度。目前，汽车电子产业链包括汽车半导体芯片及元器件厂商、汽车电子产品等零部件厂商和汽车整车厂商。其中，半导体芯片及元器件厂商位于产业链的最上游，汽车电子产品等零部件厂商位于中游，汽车整车厂商位于下游。汽车电子包括电子模块、嵌入式软件和机电系统。有部分企业利用半导体芯片技术进行嵌入式系统开发，提供软件服务；有些企业主要集中于电子模块的开发；当然也有企业甚至考虑将机电系统一起整合起来提供给整车厂商使用。汽车电子产业链如图 1-7 所示。

事实上，世界上不同地区的汽车零部件工业具有不同的特点，大致可分为如下几种类型：

1）西欧的平行式供应体系：整车厂商和零部件厂商各自平行发展，整车厂商在市场化原则的基础上向零部件厂商采购产品，形成配套关系。整车厂商与零部件供应商之间的资本纽带联系性相对较低，使得在产品采购上具有双方可选性。

2）日本和韩国的金字塔式供应体系：丰田等日本整车厂商一般只与一级供应商有着紧密的关系，一级供应商提供总成系统或电子模块，一般只有十几家或几十家。每个一级供应商有更多的二级、三级和更低级别的零部件供应商，并且由上而下供应商数量逐级增多，形成了以整车厂为中心、吸收大量配套企业参加的零部件供应体系。零部件厂商往往将嵌入式软件、电路板级设计和机构设计等部分设计转移。整车厂商一般对一级和二级供应商资本股份进行参与，与之形成了长期稳定的配套供应关系。

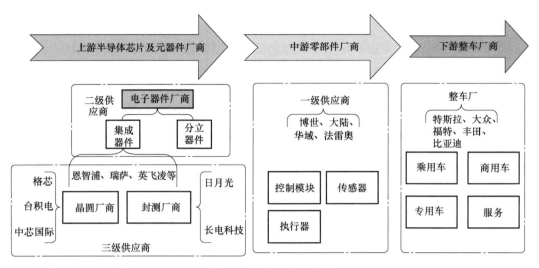

图 1-7 汽车电子产业链

3）美国的多元化供应体系：美国的汽车公司与零部件子公司实现了分离，但二者之间仍然保持着紧密的配套关系。整车厂商确定供应商时，既重视资产关系，同时也进行全球化采购，重视产品质量、价格、供货及时性、售后服务等因素。

全球化的进程和汽车电子化的过程，加速了整车厂商与零部件厂商之间资本和固定供应关系的分离，进而形成相互独立和共同竞争的趋势。欧美整车厂商和部分日本厂商都纷纷改革供应体制，实行全球生产、全球采购策略，逐渐改变了原有采用联盟零部件产品的局限。典型的例子为通用德尔福、福特伟世通、菲亚特马瑞利和梅赛德斯奔驰海拉。

为了满足客户多样化的需求，零部件厂商则更多地介入整车新产品的开发和研制过程中，同整车厂商一起进行开发，甚至对某些产品进行预研开发，这使得供应链之间的合作更加规范、技术发展更快。随着汽车市场竞争的进一步加剧，整车厂商为了确保自己的利润空间，势必在降价的同时需要汽车电子企业进行成本吸收。为此汽车半导体企业和汽车电子企业也开拓了不少市场，并在部分产品上与整车厂商建立战略合作关系，形成汽车电子产业链共赢的一体化体系。总体而言，汽车产业链的技术与研发重心逐渐开始向零部件制造商倾斜。

1.3.1 汽车电子企业的变化

汽车电子企业主要有如下几方面的变化：

（1）资本并购日趋活跃

为了整合相关业务，集成模块，培育和强化核心能力，汽车电子零部件生产企业目前都在兼并、重组、联合，扩大生产规模，以达到降低成本、优化产品结构和增强竞争力的目的。德国大陆集团 2006 年收购了美国摩托罗拉汽车电子公司，2007 年又收购了西门子威迪欧。通过整合，大陆集团已成为行业前三的企业，其与舍弗勒集团的收购与反收购也是整个市场格局变化的亮点。

（2）零部件系统集成化程度在提高

系统集成是把汽车零部件按其功能简化为系统组件，再装到汽车上。整车厂商从采购单个零部件转为采购整个系统，系统化设计与整体供货，不仅能使整车厂商部分地将新产品开发工作和成本转嫁到零部件供应商，还能有效地控制产品质量，简化配套程序，减少工作量。这个转变使得汽车电子行业越来越具有产品集中性和专业性。目前零部件的产值都在少数几家企业中，重要的产品都集中在少数几个大型企业生产，并且同一种产品都是由少数几家公司专门生产，专业化非常强，带来的结果是整个汽车零部件行业的技术水平在不断提高。

（3）一级汽车零部件供应商的实力越来越强

这其实也是系统集成化程度提高的结果，是由于技术的发展、成本的压力和竞争的加剧形成的。兼并和业务的拓展使得整车厂商的供应商逐渐减少，对应的是供应商能力越来越强。供应商需要完成嵌入式软件开发、电子控制模块开发，最后整合成完整的汽车电子产品。越来越多的企业将多种电子模块整合在同一个系统之中，如表1-1所列的那样。全球汽车零部件供应商的数量在减少，而产值却在逐年增长，集中度越来越高，因此小企业生存的空间越来越小。

表 1-1 汽车网络架构演化和汽车电子模块的发展

年代	时期	目标	拓扑
模块化	1990	每个功能都有一个ECU	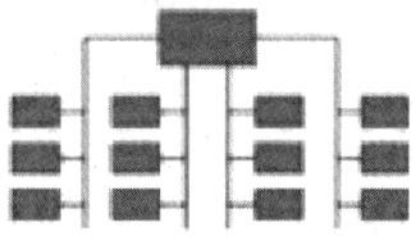
部分集成化	2010	根据功能划分，不同ECU之间进行集成，实现软硬件整合	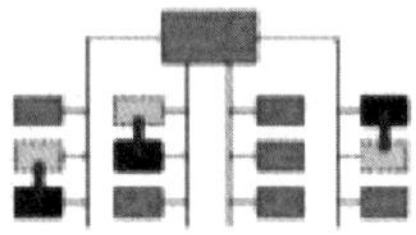
中心化	2018	形成几个独立的主干域，简化主干网络	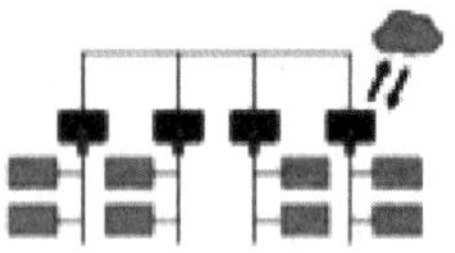
ECU融合	2020	车辆各个域之间逐步融合	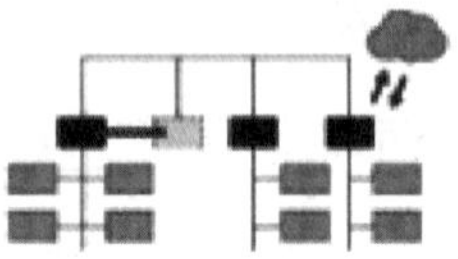
车辆计算平台	2030年后	车辆的汽车电子中心存在一个计算平台，融合所有大的计算工作	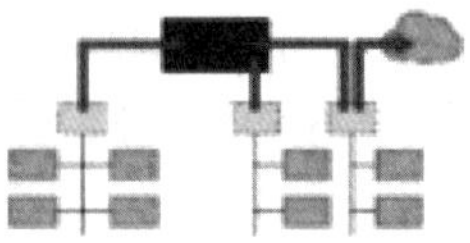

（4）战略联盟的深度拓展

汽车电子厂商不仅在与整车厂商联盟，还与半导体企业逐渐形成战略伙伴关系。

例如，英飞凌公司已与德尔福集团达成战略技术合作协议，合作开发出新一代基于AUTOSAR（汽车开放系统架构）标准的车身控制单元。NXP（恩智浦半导体）公司与伟世通公司合作，共同推进车载信息娱乐系统的发展。事实上，目前半导体技术的发展使得汽车电子化和信息化的趋势越来越明显。

（5）设计和生产向低成本国家迁移

目前整个半导体的供应链在亚洲，亚洲的人力成本具有非常大的优势。在原有的合资厂以外，汽车电子零部件企业越来越多地关闭了原有高成本的工厂，而将生产和部分二次开发环节放到了中国和印度。在中国，国际零部件厂商投资建立了不少独资工厂和技术中心，应该说这是一个非常普遍的现象，对整个行业有着很大的影响。

（6）新能源汽车零配件的竞争与投入

虽然零部件企业开发对应的功率器件和配套设施会有成本的压力，但是仍有很多企业将之视为今后的增长点。大功率DC-DC转换模块、牵引逆变器、车载充电器、电池保护器、电池管理系统和高压线束等都吸引了不少企业投入开发。以车载充电器为例，就有博世公司、德国大陆集团、台达电子、李尔公司、丰田纺织和尼基康在开发此类产品。

以上一些变化实质上与整个汽车工业的变化联系非常紧密。2008年的金融危机和2010年的丰田召回事件，使得汽车工业发生了非常深刻的变革，整个产业链都在不断地调整和变化。达到更好的质量、更低的成本、更及时的服务和更快的响应速度，成为国际零部件企业的共识。对于中国的供应商来说，这是一个机会和挑战，特别是当中国的汽车市场成长为世界第一大市场的时候，这里有一个非常大的舞台。那么，首先有必要来了解一下中国汽车电子行业的情况。

1.3.2 我国的汽车电子产业

事实上，我国的汽车零部件工业起初是建立在原有的载重汽车配套体系基础之上的，绝大部分零部件企业是由原本从属于汽车制造厂的"分厂"剥离出来的，经过发展和变革后，开始转向为轿车配套服务。在与汽车行业同时进行了一定的技术改造和技术引进后，整个零部件行业的经营及生产处于较快的增长态势，并建立起本土的与轿车配套的较为完备的零部件工业。但是总体来看，零部件行业整体发展滞后于整车发展，存在着"散、乱、差"的问题，具体表现在以下几方面：

1）数量众多的零部件厂集中度低、规模小、水平低，同种产品有多家企业在生产，单个企业生产规模小，没有形成规模经济的效应。

2）零部件企业没有形成按专业化分工、分层次的零部件产业结构。

3）零部件的制造工艺和质量控制并不符合国际零部件制造的通用要求，企业的产品研究开发能力不足，不具备与主机厂同步开发的能力，一些高新技术零部件产品还必须依靠技术引进。

汽车电子在零部件企业中是起步最晚、积累最少的一个部分。随着汽车电子化的进程不断加快，我国的汽车电子企业也有了快速的发展。根据不完全统计，国内的汽车电子企业有1000家以上。但是大部分企业与整个汽车零部件行业有着类似的特点，企业规模偏小、产品结构单一、技术含量低、与整车企业的依附程度高，并且产品附加值和利润都很低。国内汽车电子产品主要集中在车载电子领域,如汽车音响、仪表、通信导航等。

很多专家都提出了一个观点,就是国内汽车电子水平与世界水平的距离正在快速拉大,这是由于国外随着需求的不断变化加大了这方面的投入,而国内的发展速度相对而言就较为滞后。分析以上的现实情况,以作者个人的观点来看,主要存在以下因素制约着国内汽车电子企业的发展:

1)我国的整车制造厂在汽车电子技术方面基础不牢,导致无法控制整个开发过程。汽车电子的应用环境特殊,对温度、气候等外部条件的适应能力要求很高。不同的汽车厂商有着不同的平台要求,对汽车电子产品的要求也不一样,因此从技术和成本的角度考虑,就要求汽车电子产品研发与整车的设计制造进行协调配合。就单个模块来说,整车厂需要对周边的零部件进行定义和标准化,对功能规范、性能规格、合理价格和实验内容等做出明确界定。目前部分企业在开发电子模块的过程中,有点类似"放羊"阶段,通过向国际零部件供应商了解了产品的规范要求和部分技术后,就转由国内的零部件厂商开发,这样的做法忽略了其中的技术和管理问题。

2)我国的汽车半导体元器件较少且质量一般。由于要求进行 AECQ 认证,汽车级的芯片认证费用和入门门槛较高。国内电子芯片厂商大多数集中关注于消费电子市场,而没有充分考虑汽车行业需求,无法满足汽车行业的要求,并且也没有在汽车电子上投入太大的精力。部分企业即使有产品,也无法建立完善的开发环境,包括开发工具和软件库等的支持。因此从保证元器件的质量出发,汽车厂商只能采购国外的元器件,其价格中包括额外的运费和税费,加上初期产量不大,相比国际汽车电子巨头能够拿到的元器件协议价格会高很多。另外,缺乏产业链最下游的国内自主芯片厂商支持,在硬件成本上没有特别大的优势,这使想进行成本优化和新技术应用的国内企业特别艰难。

3)成本缺乏明显的优势。国际零部件厂商经过长时间的积累,不仅在技术开发时有先进的流程,还有较丰富的技术积累。我国企业缺乏优秀的人才培养模式、先进的管理制度、低成本元器件、技术积累和过程管理能力。汽车电子是投入较大、投资周期较长的行业,国内一些企业难以跻身行业高端。由于有着召回和索赔的行业规则,如果发生类似丰田召回事件,其盈利空间是极为有限的,因此国内企业低成本、低质量和高风险的发展模式存在很大的缺陷。

4)产品研发的问题。某些国内企业开发周期过短,缺乏足够的设计时间。国外的整车开发计划一般是 5 年以上;相比较而言,国内厂商由于竞争激烈,开发周期一般只有 1~2 年,因此,零部件开发的时间都被压缩得非常少。在缺乏完整的技术、成熟的团队并且缺乏足够技术储备的情况之下,这种快速的开发过程难免充满磕磕绊绊,甚至整个项目的质量无法保证,给后期带来巨大的隐患。另外一个问题是如何保证研发经费和研发工程师队伍的稳定问题。由于整个汽车电子的产品质量和环境要求非常高,使得企业必须投入大量的经费用于研发、测试和生产管理,在国内普遍低价竞争和整车企业不愿意提供开发经费的背景下,企业就会冒较大的投资风险。

5)资质和应用平台的问题。如果按照 IATF 16949 认证工厂、设计以及过程管理,很多地方仍存在缺陷。目前,合资品牌的汽车在负载和执行机构上有一定的国产化,但是核心的控制模块都是沿用引进车型的供应商体系，而自主品牌的项目，相当一部分都被国外的供应商所把持。国内汽车电子企业的发展必定需要得到其下游电子元器件厂商的支持，也需要整车企业提供一定的帮助和发展的空间。当汽车销量有限时，国内汽车电子企业即使做成项目也很难实现大的盈利，这是由于整车企业降价非常厉害，现在汽车电子产品的利润在持续下降，同时，对这方面国内很少有足够的研发经费支持。

6) 政策扶持不清的问题。汽车电子是电子产业、信息产业与汽车产业的交集，由哪方面牵头扶持促使国内汽车制造与电子制造进行合作和沟通、整合现有的资源，这是一个很大的问题。某些时候，汽车电子也需要像汽车产业那样进行一定程度的合并和整理，以完成规模化和资源的重组，否则在分散的状态下并没有太好的出路。

但是汽车电子企业还是有很大历史机遇的。目前汽车电子已受到国内广泛的专注和重视，在《汽车产业调整和振兴规划》中提出了"关键零部件技术实现自主化，新能源汽车专用零部件技术达到国际先进水平"的目标和方向；在《电子信息产业调整和振兴规划》中提出加强信息技术融合应用，支持汽车电子等产品和系统的开发和标准制定，促进信息化和工业化融合。随着国内汽车制造业的高速发展和特有的新能源汽车战略，这两大契机对于国内企业来说非常重要。

以作者个人认识来说，我国汽车电子企业的突破点主要有两个方面：汽车娱乐信息系统和电动车零部件系统。

汽车娱乐信息系统：由于这方面是消费电子导入的，在有产品的条件下去适应汽车环境要容易很多；而且其属于辅助系统，安全性要求较低，适合国内企业进入。目前大量后装市场的企业有着较为可喜的成果，还需要努力与整车企业建立合作关系，进入国际前装市场。典型的例子是汽车音响和车载娱乐系统，深圳航盛电子、江苏天宝等企业已经在该领域取得了较大的突破，赛格电子、深圳华强在导航设备领域有了一定的积累。

电动车零部件系统：由于国际企业在该领域也处于研发阶段，因此国内企业从时间上和应用上并没有历史包袱，也不存在太大的技术差距，有着广阔的空间去发展，特别是在国家政策扶持的情况下。但是目前该领域盈利空间有限，这也是一个问题。

1.4 汽车电子工程师的成长与发展

由于汽车电子产业在国内属于较新兴的专业，从业的工程师并不太多，但令人非常惊讶的是，从作者写博客至今，接踵而来的汽车电子工程师络绎不绝。然而他们很多人对于自己的工作前景并不十分清楚，因此在正式开始讲述之前，在这章写下这些内容，希望将作者从自身的经历所得到的一些感悟分享给大家。

1.4.1 汽车电子硬件工程师的成长

1. 国外情况

在工作中参与公司国际开发项目时，作者很荣幸有机会直接与美国和欧洲的工程师一起共事，在这个过程中，作者也了解到关于国外工程师的成长体系与工作职责的一些内容。与国内相比，国外工程师的阶层划分更严密，工程师的职业发展更为清晰。目前由于国内很多企业对设计与开发工作并不重视，企业也没有长远培养工程师的打算，这些内容对于中国工程师来讲是个人发展的一种借鉴。通常，国外的汽车电子公司会把硬件工程师分为5个等级。

1）初级1硬件工程师（Entry Level 1 Hardware Engineer）：是给刚进入公司的大学毕业生和没有工作经验的工程师定义的职位，也可称为助理工程师。在工作中主要承担的职责是：协助硬件工程师处理测试实验台的搭建、负责会议纪要的记录、处理样品事宜和接受公司内部培训等。在工作中主要的任务是：学习和了解公司的开发设计流程，熟悉项目的事务性工作，了解所对应产品的信息，学习相关技术和测试规范。对于想要踏上职业之路的工程师而言，要将学校中培养的能力在工作中体现出来，掌握基本的设计意识是最重要的，这种设计意识也是通常所说的"工程师意识（Engineering Sense）"。

2）初级2硬件工程师（Entry Level 2 Hardware Engineer）：工程师在工作满2年以后，基本对公司研发部门的运作情况有较深的了解后，通常可参与实际的项目，并负责一部分流程内容。其工作内容较为复杂，比如部分流程文档的起草和整理、完成设计验证中的单元测试和完成部分设计验证的工作。

3）硬件工程师（Hardware Engineer）：工程师工作年限为3~5年，通过自身的积累和公司的培训，可以独自负责开发一些有继承性和相对容易的项目。工作内容覆盖全面，负责所有项目流程的过程文档（比如对项目的规范进行硬件需求的分析、撰写设计验证的测试计划、绘制模块的原理图）和其他在项目中涉及的大部分工作。硬件工程师是整个开发团队最为稳定和中坚的力量，大部分的项目执行和推进工作都是由硬件工程师来完成的。

4）资深硬件工程师（Senior Hardware Engineer）：在工作满10年以后，一部分工程师往往能够负责一些技术上存在一定困难和较为复杂的项目的开发工作。另外一部分工程师可以在核心团队中完成具有共性电路的设计和验证过程，并撰写指导性的设计文档；在其他项目遇到问题时，能够较为深入地参与到问题寻找和解决当中。从整个开发时间的角度来说，部分电路的标准化和困难、故障的排除是真正考验工程师能力的时候，也是节约大量研发经费和时间的重要环节。

5）首席硬件工程师（Principle Hardware Engineer）：这里的"首席"并不是指代一个人，而是一种荣誉的称呼。在工作15~20年以后，工程师往往对整个设计过程有了充分的理解，对技术的积累达到了很深的程度，这时就会参与到标准制定和新项目预研的过程中。汽车电子随着半导体工艺的发展变革而飞速发展，不同的概念在不断前行，从RKE（Remote Key Entry，遥控进入）到PKE（Passive Key Entry，被动进入），从倒车雷达到自动泊车系统，最为典型的还是美国法律规定强制安装TPMS（Tire Pressure Monitor System，胎压检测系统）。行业内的很多概念都是在较早的时候就已经提出了，需要具有经验和动力的工程师去未知和陌生的领域做前沿的研发工作。在这点上，汽车电子企业往往是跟随着整车企业的预研发项目前行的，如今的新能源汽车在推进过程中就有很多的企业参与到前期的研发过程中，比如插电式混合动力汽车、电动汽车和燃料电池汽车的研发。

以上的划分方法是比较普遍的，但是在技术开发的道路上也并不都局限于工作时间的长短，工作年限对于工程师而言仅仅是种参考。在国外，工程师们更倾向于选择自己喜欢做的工作，可以有机会申请部门之间的转换，尝试做一些自己感兴趣并且与公司价值相符合的工作。各个不同等级的工程师没有技术和地位壁垒，不同层次的工程师之间的交流能产生较为有益的思想火花，这对工程师积累经验、完善知识结构、了解技术和行业发展方向非常重要。

当然并不是每个工程师都愿意一直在项目研发的领域持续工作很长时间，某些工程师也可以选择走上管理团队或项目的道路，这时有如下一些职位可以选择：

1）硬件主管（Hardware Supervisor）：由于产品技术的原因（比如控制系统和娱乐系统就有着较大的区别），往往把一组工作内容类似的人分在一起。在研发方向较多、工程师人数较多时，一般不能将所有的硬件工程师都放在一个非常扁平的组织架构中，因此需要在硬件经理下面设置硬件主管这个职位。硬件主管通常负责协调5~10人的团队，管理某个产品线，面向不同的整车企业或不同的平台。

2）硬件经理（Hardware Manager）：与分支结构相对，如果分组相对过细容易将知识和经验割裂化，因此往往由硬件经理协调和管理30人以上的团队。整个团队的运作需要硬件经理与硬件主管沟通，负责整个团队建设、工程师培训和其他部门间的事务协调。

3）总工程师（Chief Engineer）：在不同的部门之间，如硬件、软件、系统、机构和测试的小部门之间，生产、采购、设计和质量管理的大部门之间，往往都会出现摩擦和存在边缘问题的状况。在这里，总工程师需要对这些边缘和引发矛盾的问题进行协调和处理，更好地完善公司流程。

4）项目经理（Project Manager）：主要负责一个项目，协调各部门的时间进度和整个项目开发的进度，处理技术性问题并与客户取得良好的沟通。

2. 国内情况

与国外相比，中国汽车电子产业的人才培养起步较晚，我所知道的第一批这方面的人才是联合汽车电子有限公司在20世纪90年代培养的。经过几十年的快速发展，中国已形成了完整的电子产业人才培养体系，但电子工程在电路设计课程中的机械化教育，导致很多毕业生缺乏将基础理论联系实际的能力，并且在课程学习与课程设计阶段养成了依葫芦画瓢，原封不动借鉴芯片说明书的应用电路进行设计的习惯。另一方面，汽车电子行业扩张剧烈，使得大量的技术型人才转入了管理层，在国内投资的很多外企内部，工程师的职位也存在较大的无序与混乱。很多冠以"资深"的工程师都只是硬件工程师甚至是初级工程师，并且有着强烈的经验主义设计倾向，对于标准化流程存在着较大的抵触。

对企业而言，在对应届毕业生培养方面也存在很多问题，主要列举如下：

1）培养困难，成效较慢：培养硬件工程师需要对各方面的能力进行锻炼，并且需要实践和实验，培养直观的认识。相对而言，硬件工程师更难成长。

2）人员变动，流动性大：由于公司往往考虑人员考核的长期性，初期的报酬可能并不高，因此往往在工作2年左右就会有大量的工程师流失。这既与整个社会的生活成本较高有关，也与其他的一些因素相关。

3) 现有人才较少：国内的汽车市场高速增长，使得整个汽车电子待开发的项目较多，因此需要大量的现有的工程师去支持项目，很难有时间去做新工程师的导师。而硬件工程师的导师制则是公司非常重要的培养手段，尤其在刚开始的半年内对工程师的成长特别有帮助。

1.4.2 认识汽车产品质量的重要性

汽车行业涉及诸多行业，需要将很多零部件产品组合在一起，因此汽车产品的质量非常关键。一方面由于其是人们日常出行的代步工具，有着安全性的需求；另一方面是汽车所消耗的资源非常多，整车制造与诸多零件生产时消耗的资源和能源都较多。例如，在美国和欧洲生产一辆汽车，从设计之初就考虑整个系统将来都至少要符合 10 年 15 万 km 的使用寿命，并在这个基础上发展出了完善的二手汽车市场和报废车辆回收利用的法规。与之相比，国内设计汽车的概念一般还停留在要达到 5 年 10 万 km 的基础上，由于功率传动系统方面的技术缺失，往往在 2~3 年以后就会出现功力总成系统疲劳磨损等情况。对于这一点，整车企业的位置也比较尴尬：如果考虑提供高质量和长使用寿命的汽车，在缺乏长期积累的情况下，就必须增加较大的裕量，由此就会额外地增加成本。

目前国内大力提倡的新能源汽车，就逃避不开电池的问题。很多人对电池的理解还停留在初始阶段，代表廉价的铅酸电池和代表先进的磷酸铁锂电池，视野都集中在电池性能上，而缺乏对电池管理和电池回收的关注，前者涉及将电池设计寿命尽可能发挥出来，后者主要涉及电池的梯次使用和回收利用以减少污染。中国的电动自行车保守估计有几千万辆，可能带来铅酸电池制造行业的高污染和低水平回收企业的高污染。对此需要考虑的是环境问题，是社会财富的浪费问题，也是国人消费观念的问题，最终则是企业策略和国家政策引导的问题。

很多人的消费理念还停留在初级水平，宁可要两个质量差的新产品，也不要一个质量好的产品。前者的花费比后者要多，但初始消费可能只有后者的 60%，并且差的产品在使用过程中消费者的体验是非常糟糕的。更为糟糕的是，某些宣传还把"山寨化"与产业升级（生态化）放在一起。政府需要对提供高质量产品的企业和高水平回收的企业进行激励，而遏制那些寿命短、质量次的企业的发展。

对于汽车电子企业而言，采用与消费电子一样的快速开发模式、选择低成本和低质量策略是行不通的。汽车和汽车电子企业需要高品质、高寿命和高可靠性的产品，这也正是汽车电子工程师的价值所在。在这个前提下，工程师才不用在拘谨和严酷的成本环境下做设计，才能增加可靠性方面的考虑，从而提供更好的产品。

在新能源汽车领域，有着更为严格的安全性方面的考虑，包括危险电压自动断开、检测电池的绝缘失效（接地故障）、危险电压闭锁回路、过电流保护、手动断开、接地保护和熔断保护等。

1.4.3 硬件工作内容和重心的转变

一些国有企业有着优良的设计传统，它们秉承踏实和严谨的设计思路，以最基础的分立元器件、独立自主的设计方案完成了复杂的功能。但随着国内外电路集成化、芯片化、模块化和平台化变革大潮的来临，很多的设计思想和知识传承随着旧有的设计理念一起逐渐消逝了。现在在各个行业内推广的是快速的开发周期、多功能的设计要求和多平台的兼容性要求，使得越来越多的设计借助于集成化的芯片解决方案，由芯片提供商来主导整个产品的演进过程。

从整体上看，电路芯片化的过程是半导体革命的胜利。不断涌现出的优秀的电子企业，极大地丰富了电子产品的功能，并不断促使电子产品成本下降，也加速了汽车电子电气化的过程。这使得整个设计越来越简单，也使硬件工程师节省了很多的时间和精力，提高了产品的可靠性。在美国，由芯片厂商和汽车电子供应商构建的联盟正不断提高着双方的竞争力，特别是在汽车性能领域，越来越多的芯片解决方案推动着新模块的涌现。当然以上这些都是明显能看到的好处。

但是从另外一个方面来看，整个电路的设计过程越来越像芯片的堆积和拼装，从这个角度而言硬件工程师的位置显得很尴尬。在国内，公司的注意力都专注于应用、功能、开发周期，而忽略了产品质量和整个方案的校核。模块化和配套化的设计使得硬件设计变得越来越同质化，公司一般着重于软件方面的开发，着重于工业外形设计，着重于用户体验。

从本质而言，不断把分立电路装到硅片里面以丰富芯片，在简化设计的同时也加大了系统设计的难度，因为想要细致地了解芯片内部的结构有时非常困难。在汽车电子高安全性和高可靠性的要求下，需要硬件工程师与芯片供应商就系统设计要求不断沟通和探讨。相对于芯片设计的平台化和通用性，整车企业的客户需求往往都是定制和特殊的，这就需要硬件工程师在仔细分析需求的基础上进行设计，将环境参数、功能参数、诊断需求、保护需求和其他产品需求从客户的规格书中整理出来，完成电路拓扑结构的选择，然后进一步去选择合适的芯片。在大多数开发过程中，都是板级供应商根据需求主导芯片级厂家进行设计，某些汽车电子企业会协同某些芯片厂商定制晶圆后自己封装，然后安装在整个系统中，这是分工明确的开发模式。芯片厂商依靠板级供应商提供的集成芯片的功能需求，设计出比分立元器件可靠性更高的集成芯片；板级厂商根据整车企业的模块需求，以芯片为基础开发更好的系统；整车企业则提供电子化程度更高的汽车产品给最终消费者，并不断吸收终端客户的需求。

因此随着半导体行业的发展，硬件工程师的工作内容和工作重心已经从原有分立电路的功能设计，转向于模块需求的分析、系统策略的制定、质量设计和最终的实验结果分析。面对这样的结果，复合型的知识结构、处理复杂事务的能力和良好的沟通能力变得更为关键。

1.4.4 在组织中学习和规范化改进

国内的汽车电子企业大部分是在近30年甚至更短的时间内发展起来的。与国外的同行相比，缺乏长期的积累，缺乏久经考验和改进的流程体系，缺乏富有经验的工程师团队，缺乏客户的支持和成长的时间。因此不可能一蹴而就地复制国外非常复杂和全面的流程体系，因为这代表着大量的开发时间和开发成本。这就需要成长型的公司，特别是在工程技术领域要有非常强的学习能力，也就是说要建立起一个学习型的组织，具体包括以下两方面：

1) 一个公司要有不断完善的知识管理系统，通过整合现有的和可以收集到的知识，来完善公司的知识结构和培养工程师的队伍。建议可以采取以下几个措施，当然对于个人来说构建自己的知识管理系统也比较重要。

① 建立不断完善的知识库。建立知识库的目的是建立一个知识的接口，方便知识输入和输出，将之作为整个公司分析开放性知识共享的基础。可按照部门分类，把产品和设计指导书、测试实验报告、教训总结、元器件的应用指南和控制策略概述等集合在一起，并将在互联网共享的供应商资料做一些链接，整理得到一个较为完整的知识数据库，并且不断更新。

② 构建完整的专家系统。在公司内部应该整理出专家系统，用来解决普遍性的问题和特殊性的"疑难杂症"。在公司内部可整理出员工网络虚拟位置分布图，包括重要的信息如分机号码、姓名和专业知识；通过对公司员工进行某块知识的分级，形成一个解决问题的通道。任何工程师如果遇到困难，可提交自己的问题，并选择自己想要的特定领域专家。为了进一步缩减冗余的工作，可以设置过往问题的搜索功能和常见问题的解决方法，提高专家系统的效率。

③ 完善基础知识系统。解决新员工适应公司环境和通用性基础知识的问题需要专门设置一块区域，通过基本知识的整理可以使新员工的培养更为高效，尽可能不占用他人的时间来完成熟悉的过程。

2) 要有不断优化和简洁的流程。流程的问题前面已经叙述了很多，这里要提出的一个界定原则是：必须要有标准化的作业过程和不断改进的动态处理过程。标准程序的目的是让每个员工整理出来的内容都具有普遍性和可参考性，使得每个项目的开发过程是相似的并具有一致性。在这个基础上才能不断优化和进行改进，对于作业流程离散程度较大的情况，很难对每个步骤进行改进。

1.4.5　汽车电子领域工程师的工作机会和发展机遇

整个行业对于汽车电子工程师的需求总体而言是上升的，对中国的汽车电子工程师来说，有很多发展机会并且有着非常难得的发展机遇。这里有以下几个因素：

1) 中国汽车产业的高速发展带动汽车电子产业的发展，特别是国家发布振兴计划以来，国企在这一块投入了大量的资本，部分民营企业也在努力扩张，这块的需求是较为明显的。总体而言，这些新建立的中心和研究机构对工程师有着较大的需求，也是朝着产品开发的方向发展的。不过由于目前整个国内的电子领域都是较为粗放式的设计和质量管控，可能遇到的问题会较多，但仍是一个不错的选择。

汽车电子化正迈入一个新的节点，在电动汽车和插电式混合动力汽车这两个领域，国内没有像传统汽车那样存在技术积累形成的发展时间点的劣势，在未来都存在巨大的发展机会。在充电器设计、电机驱动、功率转换和电池监控等领域有部分企业还在努力挖掘。值得说明的是，目前国内企业的产品很多是基于高校的研究结果，缺乏工程化的转化，还是很需要工程师们努力的。

2) 目前汽车销量最大的要属汽车合资企业了，在初期其主要是依靠车型引进和国外的技术注入。但是随着产业发展和技术培养，目前合资企业的技术能力某种程度上已经有了很大的飞跃。从资金和技术两个方面来看，合资企业的研发中心和研究机构是有较大前途的。一位资深的元器件工程师曾经告诉我，5年以来中国合资企业的技术能力提高得非常快。

3) 国外汽车产业以及相关的零配件都在向低成本国家转移生产和部分研发，这里的低成本国家主要是指东南亚。在印度有菲亚特、德尔福、阿文美驰、FEV、通用、铃木、本田、雷诺日产、博世集团、电装、大陆集团、伟世通、矢崎、AVL和汉高等公司，也设立了偏向于软件应用的研发中心和独资工厂；而在中国主要以独资或合资的方式建立了大量的综合性研发中心和工厂，这得益于中国较为广阔的市场和较为完善的基础设施。2009年以来，在中国中西部建立了不少新的相关工厂。

在中国设立的外企研发中心，大部分是依托工厂生存的，而且大多数的境遇并不是特别好。这是由于汽车电子的项目研发和生产周期相对较长，并且投入资金较多，使得企业需要更多的耐心。由于国内汽车成本的压力和多家竞争的关系，目前汽车电子零部件的利润空间被压缩得很厉害。在企业内部由于国际汽车产业还在调整，各地的研发中心往往会争夺一些项目和资源，这让支持工作和人力转移的前景也变得不明朗起来。最为关键的一点是，外企很少愿意在国内的研发中心去开发和预研新的技术，主要还是完成实验验证、产品匹配、二次开发和产品的低成本化，这些工作主要集中于应用领域，与通常所说的研发是有一定差距的。

当然，本身在外企可以学到设计开发的理念、实现流程化和标准化的思想、严谨的先期质量策划和过程管理的方法，可以得到与国外工程师共同工作的机会，非常有助于开阔视野。而且有相当一部分机会可以学习到设计与生产的联系，也较为容易获取对整个产品的系统性认识，将来的发展空间还是较大的。总体而言，选择去哪里开展事业都是有得有失的。自主权大意味着需要承担更多的责任、缺少来自公司系统的支持并且有一定的壁垒和限制；自主权小意味着能够动用的资源少、缺乏展现自己能力的舞台、缺乏系统性的观念。对个人而言，选择走哪条路还是需要看本人对职业生涯的规划。

1.4.6 给毕业生和在校学生的几条建议

工程师个人发展的经历是比较重要的，作者在研究生时期就经历了不少的弯路。作者的技术经历主要是在较长的一段时间内从事国外研发中心的支持工作中积累起来的。在完成一个较为完整的电路以后，需要从设计层面对电路的一些特性和参数进行分析，比如功能实现、功能失效故障模式分析、功能故障树状分析、功能的最坏情况分析、模块与元器件的热特性分析和某些控制策略的验证。这些工作可以借助整车企业的测试规范、整车企业对模块的功能要求、整车企业对零部件的硬件设计指导和一些供应商的设计经验总结来进行。支持工作是典型的逆向思维，是在现有方案的条件下进行分析、先有结论后有验证的逆向反演工作。事实上在完成正向设计之前，有着反向的思维基础也是非常有帮助的，可以使人的思维较为细致和全面，通常能把现有的电路进行再次的优化。当然这样的支持工作做久了，也会出现一些副作用。正向设计是基于对产品需求的深入分析，在明确的约束条件下完成系统设计、参数设计和容差设计。这与反向推演正好是完全不同的思维角度，因为有约束也不能在每个点上都做到最优化，需要在功能、质量、可制造性和成本几个方面做一定的平衡与妥协。在推进项目的过程中，需要与其他各个部门的工程师进行协调，并做一些其他较为琐碎的事情。

原有的高校培养体系一般没有汽车电子的体系，某些车辆工程或电子信息专业的学生涉及这块较多，但随着汽车电子越来越被重视，高校毕业生也越来越多。可以明显看出，各种汽车电子的研发中心对工程师的要求越来越高，应届生获得职位的机会也越来越少。因此对于大部分工科学生来说，如何做一些准备进入板级的硬件设计领域是较为重要的。这里提一些建议，可以作为一种参考。

1）对于知识的总结和学习：工程领域与理论提出有很大的不同，很多理论很难直接运用于工程实践中。按照一位网友的个人总结，运用到的知识可以分为3个层次：工程经验、专业理论知识和基础理论知识。

工程经验是工程师在项目开发和设计中遇到问题和解决问题时得到的经验，与具体的项目内容和应用范围有关，一般只适用于特定的范围。

专业理论知识一般而言是电学理论知识，这里面也有两个层次之分。在高校课堂上，学到了各种课程；在工作以后，可以把这些知识与工程经验融合成一个有机的整体，通过对工程经验的抽象和分析，将电学理论实践化并通过系统化的整理，获取更为广泛的分析问题和解决问题的办法。

基础理论知识在专业理论之上，往往是有更为广泛的方法和工具的基础知识，比如物理学和数学中那些基本的工具与逻辑分析方法，更多时候工程类的问题最终都是数学问题，整理好这些知识可以指导工程师更好地认识和解决问题。

随着电子产品工艺的发展，有些人认为很多教科书上的内容渐渐变得不是那么实用。他们认为随着电子产品的功能向模块化和集成化发展，没有必要再学那么底层的内容，从而忽略了所有的模拟电路、数字电路和电路分析等基础类的电学课程，包括误差理论、信号处理和概率统计等基础课程。这些想法都是错误的。在学习过程中很多人讲究举一反三，其实也是希望通过认识局部问题得出较为广泛的结果，把知识体系理解成一个完整的树型结构一样，如果在工作中只能看到树叶等具体问题而无法看清树干是行不通的，只有通过巩固基础的方法去追根溯源才能建立起一套完整的工作方法。

2）独立地去思考和完成任务：在工作和学习中会遇到很多的问题，很多人选择在第一时间就去问问题，因此经常可以在网上见到很多不经过分析和思考的问题帖子。对于学生和年轻的工程师来说，首先要做的就是抛开自己思想上的牵绊，甩掉习惯性依赖别人的"拐杖"。在工作和学习中，遇到以前没有做过的事情、没有出现过的问题或者做一些没有参考方案的设计时，需要有勇气去独立地思考，去理解、尝试和总结。在当前团队工作的前提下，如果始终拿出一些不经过个人思考的问题进行讨论，不仅不会促进整个团队的成长，反而会使工作效率大大降低。面对日新月异的知识和信息，想要构建完整的知识体系和做好万全准备的情况基本不存在。参考摸着石头过河的典故，不要被脑中的条条框框限制住，而在河边发呆等着别人载你过河。

3）取长补短，掌握认可和质疑的平衡：工程技术的发展，使得每个进步都可能建立在原有的不成熟的想法和方案的基础上。因此面对一些粗糙的想法和创意，要学会发现闪光的地方，而不是一味地以狭隘的眼光进行贬低和敌视。通过工作和学习会具备一定的专业知识和工程经验，在面对较为新颖和具备某些颠覆性的想法和设计时，需要持有认可理解的态度，并在这个基础上去验证和吸收。在实际的学习和工作中，可能会遇到一些泼冷水和消极的评价，但是这种效果不应该被传递，相反，认可并验证将会使想法更为成熟和完善。

同时，还要保持有质疑的态度。在当前的书籍和期刊中，可能存在着不少错误和疑问点，某些数据的真实性、结论的片面性和分析方法的局限性，使得我们需要对一些参考资料的内容存在一定的怀疑精神。套用现有的结论、不肯深究其理和渴望速成的思想，都是当今科学研究和工程应用中浮躁情绪的投影。在遇到问题以后，尝试去寻找一些参考方法，并结合自身的分析，发现问题甚至是解决问题，才是一种好的学习和总结的方式。

总的来说，该认同的要去认同，哪怕有很多问题和不足，学习和总结那些闪光点。该质疑的要去质疑，哪怕大部分都是正确的，整理那些存在疑问的答案和结论。在设计的路上能走多远，取决于个人的行动和想法。

4）面对失败与挫折，要有足够的勇气和耐心：求职也好，做设计也好，都不可能一帆风顺，每个公司的门槛和环境都可能不是最完美的。对于学生来说，需要努力去尝试和寻找机会，面对日益苛刻的筛选条件和激烈竞争，需要在求职前、求职中和工作中都多一些耐心。事实上，每个公司都会有压力，会有一些冲突的做事方法和理念，这时要有坚持原则并有拒绝错误的勇气。

5）学会团队协作：在工作了一段时间以后，作者深刻地认识到个人力量的局限性，一个人不能同时完成太多的事情。想要获取更大的成就和完成更大的项目，只能从较小的任务一件件地开始，努力完成并获取团队的信任，学会整合身边的各种资源，才会慢慢地水到渠成。在团队工作中，积极主动的态度和谦虚的学习精神是必要条件。

当今的社会，年轻人的压力是非常大的。选择工程师的职业意味着大部分时间与工程技术和产品打交道，有时可能并没有太高的收入，能够在各自感兴趣的领域耕耘和积累，从而获取的成就感和幸福感本身也是较强的。对于年轻人来说，抵御各种物质诱惑和社会环境的生存压力需要有一定的梦想。

6）提高沟通技巧。专业知识是为工程师职业生涯做准备的一步，但在学校中提高沟通能力也应该是这一准备的一部分，因为工作后可能大部分时间将花在沟通上。有业内人士多次指出，许多即将毕业的学生在书面和口头沟通方面准备不足。能够进行有效沟通的工程师将成为宝贵的人才。

你也许可以轻松而快速地说话或写作，但是你的沟通效率如何呢？有效沟通的艺术对于一名工程师的成功至关重要。

对于工程师来说，沟通是晋升的关键。根据一项对美国公司的调查结果，该调查询问哪些因素会影响管理晋升，包括22种个人素质及其在晋升中的重要性，你可能会惊讶地注意到，"基于经验的技术技能"只能排在倒数第4位。诸如自信心、进取心、灵活性、成熟度、做出合理决定的能力、通过他人完成任务，以及努力工作的能力等属性都排名更高，其中最重要的是"沟通能力"。你的职业生涯进展越快，你需要沟通的就越多。因此，你应该把有效的沟通视为工程工具箱中的一个重要工具。

学习有效地沟通是一项你应该努力完成的终身任务。最好的开始时间是在学校的时候，其次是在工作中磨炼。要不断地寻找机会来发展和加强你的阅读、写作、倾听和演讲技能，你可以通过研讨会、团队项目、小组练习和外部培训来做到这一点。而且，在学校时期的试错风险比以后的工作场所要小。

第 2 章

汽车电子应用环境

在电子产品随车使用时,汽车的环境条件很大程度上影响着电子产品的功能、性能和寿命。对工程师而言,搞清楚这些条件和边界是第一步,设计过程中考虑这些因素是第二步,最后在模拟这些条件的实验中进行检验是第三步。汽车电子化的程度在逐渐加深,汽车电子工程师的舞台在不断拓展,使得对汽车内部环境知识的了解和掌握有着现实的需求。在本章中,将使读者对汽车电子环境条件建立起一个初步的认识。

作为交通和运输工具的汽车,其内部的电子模块需要在全世界不同气候、环境的地区使用,可以从气候条件、机械条件和电气条件几个方面进行探讨。

1. 汽车电子的气候条件

汽车的气候条件包括温度、湿度、水分、灰尘和化学物质等。

1)温度:汽车的使用范围要覆盖全世界的绝大部分国家,因此要满足所有的陆路气候,包括沙漠炎热气候和北极圈寒冷气候。温度有最低温度、最高温度和温度变化3个方面的需求。根据对汽车数据采集和研究得出的结论,车身内最普遍的情况是-40~85℃的温度范围,最低温度都是类似的——自然环境的最低温度。但在汽车上某些区域温度可上升至很高的范围,排气口附近可能达到105℃,发动机附近甚至可达到125℃。

2)湿度:空气的相对湿度一般用来衡量空气中有多少水蒸气。在温度一定的情况下,相对湿度越高,水蒸气含量也越高。对于汽车电子模块来说,它要满足从低于10%到接近100%这个残酷的相对湿度范围,这是由世界上大部分地区的气候所决定的。典型的就是高湿度的热带雨林气候和干燥的沙漠气候。高湿度会迫使水蒸气进入电子模块的部分元器件中,将会导致绝缘损坏、器件腐蚀和材料劣化等不良的情况发生。

3)水分:比湿度更严重的是水分,大多数电子模块对水是非常脆弱的。虽然车辆内部大多数情况是干燥的,但还是要关注某些内部区域。例如,当下雨时或者车子进水时,座椅下方可能会有一定的积水;那些直接暴露的电子模块有可能滴洒上各种液体,如在车内喝水时有小部分水倒在模块上面的情况;安装在汽车车身后方的电子模块,在行李舱打开时容易受潮并沾染水分。另外一种情况特别常见,即冬天气温较低,汽车起动后内部温度升高引起水蒸气在模块表面液化,形成的水珠也会对模块造成潜在的威胁。

4)灰尘:车辆行驶在比较差的道路上会引起模块的灰尘堆积。灰尘会影响某些执行器件，如开关、继电器和连接器等的正常工作。

5）化学物质：在清洗和维修汽车时，往往会在汽车中残留一部分化学物质，这会引起电子模块的腐蚀。在沿海地区，空气中的水分含盐度很高，也会对电子模块造成非常大的影响。这些都是需要关注和了解的。

2. 汽车电子的机械条件

汽车机械方面的考虑主要是振动和冲击，这两种情况会对汽车电子模块产生破坏作用，典型的为元器件脱焊脱线、触点接触不良、搭铁不良、元器件断裂等现象。汽车电子模块会经受来自不同方向、不同频率的振动和冲击，这与它的安装位置有关。

1）机械振动：车辆行驶或者发动机运行时，模块总是处在振动状态中。发动机运行时仅是轻微振动，而车辆行驶时，轮胎和道路会让电子模块处在较大的振动状态中。

2）机械冲击：在汽车发生意外事故时，机械冲击可以达到非常高的强度水平。在汽车下线、汽车运输和汽车碰撞等过程中电子模块都要经受很大的机械冲击。

3. 汽车电子的电气条件

汽车的电气条件包括电池电压和地偏移、浪涌电压、无线电磁波干扰等。

1）电池电压和地偏移：在汽车起动时，电池电压可能会低于12V，甚至最低时为6~7V。充电系统存在很大的负载或出现故障时，电池电压将会超过18V。因此，汽车电子模块需要经受一个很宽的电压范围。汽车上不同的地回路接点，各自之间也会存在一定的电压差，这是地线回流引起的，也被称为地偏移。一个电子模块输入/输出信号较多时，由于不同信号的电线分布在不同的接地点上，因此需要慎重考虑信号的地偏移。

2）浪涌电压：电压尖峰主要是由于打开或关闭负载引起的，可能是电子模块本身控制的负载，也可能是其他模块控制但是在同一个电源线上的负载，也有可能是别的电源线上的负载。大电流负载的导通与断开，会在电源线上引起电源电压和地线的波动干扰。特别需要注意发电机"抛负载"的情况，它表征在发电机上的大部分负载断开时，发电机并没有停止工作而是继续运行，这时在电源线上就会产生一个很大的干扰电压。

3）无线电磁波干扰：汽车内部有很多噪声源，如刮水器电动机、燃油泵、点火线圈、空调起动器、交流发电机线缆连接的间歇切断、车窗电动机等；随着无线电子设备的普及，如手机、GPS和其他消费类电子设备等，汽车电子模块需要经受很宽的频带干扰。汽车电子零部件的电磁兼容性（Electromagnetic Compatibility，EMC）情况较为复杂，不过基本可以分为辐射骚扰、传导骚扰、辐射骚扰抗扰度、传导骚扰抗扰度、静电放电5个方面。这部分规范复杂，并且随着电子产品的发展更新较快，不同的产品差异也较大。

由于前辈工程师们的努力，使得以上介绍的这些内容比较完整地记录在测试标准中，这些标准是对环境条件的抽象和模拟。国际标准化组织将其定义为ISO 16750—2018《道路车辆 电气和电子设备的环境条件和试验》，这是基于世界上的整车OEM企业自身测试标准的妥协结果。这些标准是通过对汽车进行实验和积累，获取数据并进行分析得出的，用来描述电子模块在其寿命周期内使用时预期要承受的真实环境，包括全世界的温度、湿度和降水等气候条件，也考虑了各地的污染和海拔等影响。制定这些标准，可以使零部件企业按照标准规定的条件去设计模块，并根据这些条件对产品进行检验，一般而言，整车 OEM 的标准比 ISO 标准更为严格。零部件企业在开始设计之前，一定要确认产品所需要的实验标准。

在检验过程中，根据标准对模块的功能状态划分情况进行实验等级分类，一般可分为 5 个等级。

A 级：在规定的条件下和返回正常的条件后，模块所有功能满足设计要求。

B 级：在规定的条件下，模块所有功能满足设计要求，允许有一个或多个超出规定允差；返回正常的条件后，所有功能自动恢复到规定限值。存储器功能应符合 A 级。

C 级：在规定的条件下，模块一个或多个功能不满足设计要求；返回正常的条件后，所有功能自动恢复到规定运行状态。

D 级：在规定的条件下，模块一个或多个功能不满足设计要求；且返回正常的条件后，不能自动恢复到规定运行状态，需要对模块进行简单操作重新激活。

E 级：在规定的条件下，模块一个或多个功能不满足设计要求；且返回正常的条件后，不能自动恢复到规定运行状态，需要对模块进行修理或更换。

这些等级使得不同模块在同一种条件下表现的性能并不相同，这与汽车中不同模块的安全等级的分类基本一致。

2.1 气候与化学环境

汽车需要经受的环境温度实际上覆盖了所有国家的温度。通过地理学知识可知，全球各地区平均气温是从低纬度向高纬度地区递减，对于设计者来说，不仅需要知道平均温度，更需要知道各个地区的环境温度。通过检索气温统计资料，大致可以将全球各个地区划分成寒冷地区、普通地区、温暖地区和炎热地区，如图 2-1 所示。

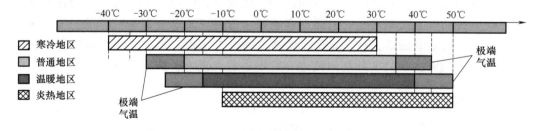

图 2-1 温度分布

1）寒冷地区主要集中在北半球高纬度地区，如俄罗斯、加拿大和挪威等国家，冬季寒冷时期最低温度可达到-40℃甚至以下，夏季的温度则可上升至30℃左右。

2）普通地区可覆盖全球大部分地区，主要是亚热带地区，气温范围为-25~35℃，在某些时候受冷热空气影响，也会出现极端气温。

3) 温暖地区是人口最密集的地区，也是汽车使用最频繁的地区，一般集中在温带地区，气温范围为-15~40℃，在某些时候受冷热空气影响，也会出现极端气温。

4) 炎热地区主要位于热带地区，包括印度、非洲、中东的一些国家和地区，气温在夏季可达到50℃。

实际上，仅仅了解汽车需要面临的气候环境温度范围是不够的。汽车实际上有行驶与存放两种状态，因此探讨汽车的温度范围也是在这两种状态下进行的。

1) 低温状态：在汽车不工作时，汽车的温度与周围环境温度是一致的，因此，汽车的低温环境很可能达到最低气温-40℃，这要求汽车的电子模块在低温下存放一定时间后，不影响汽车的发动和行驶中的功能。

2) 高温状态：如果汽车存放不当，例如在烈日下暴晒，汽车内部的温度由于阳光对密闭空气的烘烤会比环境温度高许多，因此，汽车内的温度会在最高气温的基础上继续增高。这就要求汽车的电子模块在高温下存放一定时间后，不影响汽车的发动和行驶中的功能。同时汽车在行驶过程中，很多模块都会产生大量的能量损耗，且有相当一大部分会转化成为热能。所以，对于汽车内部的温度分布，需要进一步深入了解与分析。

一般把车体分成4个区域：汽车乘客舱、底盘及外饰、发动机舱、行李舱，如图2-2所示。

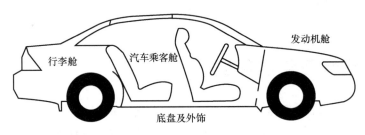

图2-2 汽车车体分布

(1) 汽车乘客舱

汽车乘客舱是人员活动的主要空间。一般情况下，使用汽车的人员都会在车舱温度较为适宜的情况下发动汽车，因此乘客舱的工作温度大部分都是较低的。但是乘客舱又是受到阳光直射的重灾区，将汽车停放在室外并关闭门窗时，阳光对内部空气的烘烤会在较短时间内将温度升高到使乘客舱不适合人进入。按照阳光的直射情况，将该区域划分为如下3部分：

1) 不被阳光直接照射的区域，如仪表盘或其他密闭空间：总体来说划分为Ⅰ类区域，不过对于表面容易受阳光照射升温的部分需要调高暴露测试的温度至95℃，其他的区域按照表2-1的要求进行测试。

2) 汽车驾驶舱中其他受阳光照射的区域：由于安装的原因，水平和倾斜的表面在正午受到阳光直射时的最高温度分别可达到105℃和115℃，在其他时间段也可以达到95℃。该区域同样按照表2-1内Ⅰ类区域进行测试。

3) 车门内部：车门内部也可分为上半部分和下半部分，上半部分由于车身内部加热的影响被划分为第Ⅲ等级，最高温度可达到105℃。

表 2-1 国外汽车温度区域划分等级参考表

分类	暴露测试		运行测试	
	最低温度/℃	最高温度/℃	最低温度/℃	最高温度/℃
Ⅰ	-40	85	-40	75
Ⅱ		95		85
Ⅲ		105		95
Ⅳ		115		105
Ⅴ		125		115
Ⅵ		150		140
Ⅶ	协定			

（2）汽车底盘及外饰

通俗地讲，可把整个车身架子和外在部分都划分在这个区域，该区域也可分为3个不同的部分。

1）车身以外，如顶棚、保险杠和左右后视镜等，被阳光直射的部分温度也可达到105℃，而受遮拦的部分按照通用Ⅰ等级对待。

2）车身下部，可分成3块：不受热源影响的部分按通用的Ⅰ等级对待；受发热影响，靠近传动系统机构的部分划分为Ⅴ等级；条件最为残酷的是靠近排气管的区域，由于废气携带着大量的热量，这个区域必须划分为Ⅵ等级，最高温度可达到150℃。

3）靠近制动系统的部分，这部分由于在制动过程中会产生大量的热能，特别是在山路连续弯道上行驶时，必须划分为Ⅵ等级，最高温度可达到150℃。

（3）汽车发动机舱

实际上这是温度要求最严苛的地方，这是因为发动机舱的热能不是由阳光照射引起的，而是由驾驶过程中发动机或其他部件的功率损耗引起的，这时发动机舱内部的电子模块必须持续工作。距离发动机热源较近的温度必须考虑划分在第Ⅵ等级；而远离热源的安装位置，并且处在通风冷却良好的区域可以划分在第Ⅳ或第Ⅴ等级。

（4）汽车行李舱

汽车行李舱是相对较为理想的区域，由于它一般不受阳光照射，因此一般考虑第Ⅰ等级，靠近底盘热源的位置则调高至第Ⅳ等级去处理。也有很多厂家将汽车行李舱系统归入乘客舱考虑，因为其温度等级相近。

温度的划分实质上与电子模块的使用有关，比如经过阳光加热引起车内高温之后，车主并不能马上进入高温车厢内进行操作，而是先进行通风和散热，因此对于模块的功能需要区分对待，很显然车身的电子模块要在这个环境下工作，因此表2-1只是给出了一个初步的划分。在具体的模块设计中，是由整车企业确定电子模块的安装位置后，在模块的功能规范中定义相应的温度等级，以预测未来模块的实际工作极限温度。汽车内部信息娱乐系统中的部分模块可归为特殊的等级，这是因为在极端温度下并不要求所有的模块都必须工作，因此以安装位置进行划分以后还需按照功能和特性进行修正。

2.1.1 温度实验

电子模块的测试往往包含大量与温度测试有关的内容,通过温度实验来获得数据,评价温度对电子模块安全和性能的影响。温度效应的典型作用包括使外壳材料硬化、因不同收缩特性而使零件变形、电阻与电容功能改变、模块寿命缩短以及其他的综合作用。

国内厂商通常按照 ISO 16750 进行划分,与以上的工业体系相比,国际标准化组织(International Organization for Standardization,ISO)给出了更详细的分类,如表 2-2 所列。

表 2-2 ISO 16750 定义的温度区域划分等级参考表

代码	最低温度/℃	最高温度/℃	代码	最低温度/℃	最高温度/℃
A	−20	65	K		105
B	−30	65	L		110
C		65	M		115
D		70	N		120
E		75	O	−40	125
F	−40	80	P		130
G		85	Q		140
H		90	R		150
I		95	S		155
J		100	T	协定	

按照温度实验的划分,可分为恒定温度实验和温度变化实验。恒定温度实验主要包括低温存储、低温运行、高温存储和高温运行 4 个实验。温度变化实验主要包括温度梯度、温度循环和热冲击 3 个实验。

1. 恒定温度实验

(1) 低温存储实验

该实验是在低温环境中、模块不带电的状态下,考量模块装运期间承受低温环境的能力。实验的持续时间一般为 24h。由于低温下空气中的水分会凝结,该实验检验模块承受霜冻的能力。实际使用中,由于模块在汽车不工作时会休眠,该实验也反映了模块在汽车低温停放时的情况。

(2) 低温运行实验

该实验在低温环境中、模块带电的状态下,考量模块低温工作期间的持续运行能力。实验的持续时间一般为 48h,该实验检验模块是否会在低温下发生电气故障,因为部分元器件在低温下的特性会有所变化,在 6.4.1 小节中介绍的铝电解电容引起低压稳压器输出振荡就是一个典型的问题。

(3) 高温存储实验

该实验是在高温环境中、模块不带电的状态下，考量模块装运期间承受高温环境的能力。实验的持续时间一般为48h，由于高温时许多元器件会发生热退化，该实验检验模块是否会在高温下发生电气故障。实际情况中，由于模块在汽车不工作时会休眠，该实验也反映了模块在汽车高温停放时的情况。

(4) 高温运行实验

该实验在高温环境中、模块带电的状态下，考量模块高温工作期间的持续运行能力。实验的持续时间一般为96h，该实验检验模块是否会在高温下发生电气故障，因为元器件在高温下会发生一定的热退化。这项实验将后文中涉及的模块运行时发热元件的热问题暴露出来，一定程度上满足了热问题中最坏情况的实验条件。

2. 温度变化实验

温度变化实验比恒定温度实验持续时间更长，条件更加恶劣。

(1) 温度梯度实验

用于检查电子模块在一定的小的局部工作温度范围可能出现的功能故障或性能下降，它更接近于缓变型温度变化实验。该实验为受试样品提供一种模拟人工时效的过程方法。如果在顺序实验的初始段和末尾段进行温度梯度测试比较，能反映经一系列其他实验后电子模块的前后性能变化。实验的温度波形如图2-3所示。此项实验对于与温度相关的精度有直接的体现，可以充分地考核在不同的温度下温度相关性带来的影响。

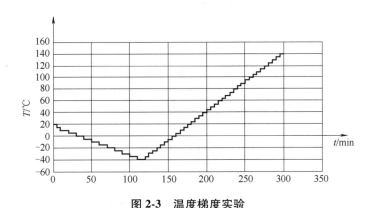

图2-3 温度梯度实验

(2) 温度循环实验

该实验的主要目的是模拟电子模块带电工作时，随着温度快速变化时的情况。实验由常温→低温→高温→常温形成一个温度循环，如图2-4所示。

经过温度循环实验的热传递过程，电子模块外部和内部都会交替出现局部凝露现象。一些凝露水会积聚在结构缝隙内或通过毛细现象渗入微观裂缝中。如果模块不进行涂胶保护，这些凝露还可能由于温度变化产生"呼吸"效应，进入电子模块贴装元器件的内部。留存的水在进入低温时同样会结冰、膨胀，进而产生或扩大裂缝，降低外部外壳的结构强度，甚至直接造成模块损坏和失效。进入元器件内部的水或水分子还可能导致电气故障或电性能降低等显性损伤，甚至可能发生腐蚀和电腐蚀等隐性损伤。

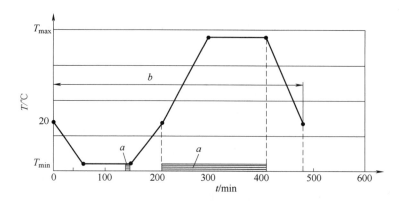

图 2-4 温度循环实验

（3）热冲击实验

该实验是由恶劣条件组成的加速实验，用来模拟大量的慢温度循环对电子模块的作用，采用较快的温度变化率和更宽的温度变化范围。注意：该实验在模块不带电的操作条件下完成。热冲击失效模式是由材料老化和不同的温度膨胀系数导致的材料裂化或密封失效，不仅会导致机械缺陷，还会对焊接点产生较多考验。

单次热冲击的波形如图 2-5 所示，低温和高温转换的时间不能超过 30s，在每个温度点的持续时间可选择 20min、40min、60min 和 90min，循环次数按不同的代码选择，范围为 100~300。热冲击实验将会给芯片带来直接影响，因此在模块设计过程中，对热问题需要充分考虑。

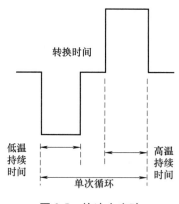

图 2-5 热冲击实验

2.1.2 湿热实验

湿热实验主要由湿热循环和稳态湿热实验两部分组成，这两项实验在一定程度上对模块的湿热耐久性提出了要求，反映了热带潮湿地区的需求特点，对于电子模块的防护提出了较高的要求。

（1）湿热循环实验

该实验模拟模块用于高湿条件，失效模式为因潮湿引起的电气故障。当模块外壳内空气温度下降时,外部高湿气体就会被吸入。湿热循环实验的进行如图 2-6 所示,一般只需要 6 个循环,也就是要持续 6 天的实验。某些实验还需要补充温度、湿度组合实验,本质上与此相同,一般做 1 个循环即可。

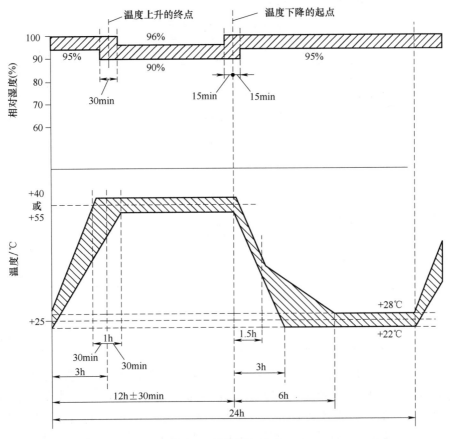

图 2-6 湿热循环实验

(2) 稳态湿热实验

该实验是为了模拟电子模块用于持续高湿度的条件。与湿热循环实验相比,稳态湿热的持续时间更长,考验的是持久的状态,通常需要持续 21 天。潮湿的空气是对电路板最普遍、最具破坏性的因素之一,湿度过高会大幅降低导体间的绝缘抵抗性、加速导体的分解和腐蚀。如果印制电路板金属部分起了铜绿,通常就是由于缺少涂覆防护设计,金属铜与水蒸气、氧气共同起化学反应引起的。

2.1.3 外壳防护等级

汽车电子模块一般都有一个坚固的外壳,这是出于应对粉尘和水分的考虑。在进行外壳设计时,一般参考 ISO 20653 外壳防护等级,用 IP 代码来定义汽车电子模块的特性。定义 IP 代码的目的和作用如下:

防止粉尘通过外壳进入电子模块内部阻碍模块的工作;

防止由于水通过外壳进入电子模块内部阻碍模块的工作;

防止人员接触电子模块外壳内部的危险部件。

IP代码由第1位特征字母I、第2位特征字母P、附加字母、补充字母组成。不要求规定特征数字时，该处由字母X代替，并且附加字母和补充字母可省略，不需代替。不同的代码代表不同的IP等级，可按表2-3来表示。

表2-3 IP等级参考表

I 表示防尘		P 表示防水	
对设备防护的含义（防止固体异物进入）	对人员防护的含义（防止接近危险部件）	0	无防护
		1	垂直滴水
0　无防护	无防护	2	15°滴水
1　≥φ50mm 的固体颗粒	手背	3	淋水
2　≥φ12.5mm 的固体颗粒	手指	4	溅水
3　≥φ2.5mm 的固体颗粒	工具	4K	增压溅水
4　≥φ1.0mm 的固体颗粒	金属线	5	喷水
5K　防尘	金属线	6	高速喷水
6K　尘密	金属线	6K	猛烈喷水
—		7	短时间浸水
		8	连续浸水
		9K	高压/蒸汽喷射清洗

可根据不同的安装位置，考虑实际的情况选择相应的IP等级进行实验。一般对于乘用车而言，安装在驾驶舱的零部件无特别暴露，适用IPX0防水等级，即无防护；发动机舱护罩底部的样品无溅水或喷水暴露，仅有微小的雨点滴在非关键区域，执行IPX3防水等级；应用在发动机舱底部暴露区域的电子模块由于分别间接和直接暴露在溅水、喷水中，要分别按IPX4和IPX4K防水等级来实验；而装配在外部区域的零件直接暴露在溅水、喷水中，也适用IPX4K防水等级；安装在轮胎上的部分模块，如胎压传感器等需要测试浸没实验，选择IPX8防水等级。比较特殊的是冰水冲击实验，它用来模拟冬季在有水路面驾驶时，车辆受冰水溅到的区域会引起热冲击效应，该区域内如果材料的温度膨胀系数选择不当，将会导致区域内的材料机械破裂或密封失效。

当然外壳的防护等级将直接决定连接器的选用和安装方向。比如，为了防止积水，一般都希望将连接器的朝向向下，防止涂上防水胶的模块内部有积水；在多个连接器连接不同方向时，选择水平安装。

2.1.4 化学环境和盐雾

通常，汽车上有很多不同的化学品，因此在使用过程中也会考虑化学品对电子模块的腐蚀和其他破坏作用。在ISO标准中用于实验的化学品有多种，大致可分为以下几类：

1）使用过程中可能产生的泄漏。化学品本身是用在车上的，常见的有汽油、变速器油、差动器油、车用柴油、发动机油、防冻液添加剂、含15%甲醇的汽油、液压油、制动液和蓄电池液等。

2）汽车在清洗过程中可能出现的清洗剂。这些清洗剂包括玻璃清洗剂、车轮清洗剂、车用化学清洗剂、低温清洗剂、发动机清洗剂、风窗玻璃清洗剂、内部清洁剂。

3）在实际使用中，汽车中最经常泄漏的化学品往往是如不慎打翻的可乐和咖啡等饮用液体，还有其他的食物残垢，当然女士使用的化妆品也是非常可能残留在汽车内部的。

4）生产和维修中可能采用的化学品，如37%硫酸或烧碱、车用防护漆、防护漆去除剂和工业酒精等较为常见的化学品。

汽车会在沿海城市使用，因此也需要考虑在海边盐水和盐雾可能会对汽车电子模块造成一定的影响。如果考虑不周，可能引起外壳腐蚀或电气故障。同样的情况也会发生在某些矿业城市中，腐蚀性气体可能会造成电气故障。

前面介绍的都是汽车电子产品的外部使用环境。在电路板生产加工过程中，同样有很多的化学污染物，会导致与湿气侵蚀同样的后果——损坏电子元器件、腐蚀导体甚至造成无法挽回的短路故障。在电路板制作流程中残留下来的化学物质，一般包括助熔剂、溶剂离型剂、金属粒及墨水等。

为了应对化学环境和盐雾的影响，需要在电路板上使用三防漆。它是一种特殊配方的涂料，用于保护电路板及其相关设备免受环境的侵蚀，从而延长它们的使用寿命，确保安全性和可靠性。在汽车环境，如化学、振动、高尘、盐雾、潮湿和高温等环境中，电路板可能产生腐蚀、软化、变形和霉变等问题，导致电路板电路出现故障。三防漆涂覆于电路板的表面，可形成一层三防保护膜，保护电路免受损害。它的另一个优点是可增大绝缘电阻，防止漏电，使电路板允许更小的印制线间距和通过更高的功率。

2.2 机械负荷

汽车在行驶过程中会存在一定的噪声、振动与冲击，这是衡量汽车质量的一个综合性指标。它给汽车用户带来最直接和表面感受的同时，也给汽车内部的电子模块带来了一个苛刻的机械环境。

汽车的发动机和车身都通过弹性元件支承在车桥和轮胎上，构成一个弹性振动系统，各个零部件安装在车身上构成多个弹性振动子系统。当汽车因路面凹凸不平、发动机及传动系统抖动或车轮不平衡而受激振动时，电子模块发生振动且互相关联。当汽车发生碰撞或跳动时，则会在各个方向上产生冲击。安装在其他部位的模块因为人的原因，在车辆发动以前也可能会经受一定的冲击。

汽车电子模块的振动和冲击特性与汽车行驶路面特性、车速、发动机工作状态以及模块的安装位置和方式等因素有关，其电子产品将要面临的振动环境有如下几个特点：

1）汽车振动是由多种振动方式叠加而成的，汽车电子产品将要面对多种振动的同时作用。典型的振动机理为活塞运动过程中存在的非平衡惯性力会产生正弦激励；进、排气门的动作会对汽车产品产生随机振动；行驶时车轮的路面随机位移会产生垂直方向的随机振动。

2）汽车振动的频率范围广并且是多方向的，频率范围分布在 5~2000Hz 频段，振动具有多维性，在空间 3 个相互垂直的方向上都可能同时承受振动负荷。

3）振动和温度、湿度相互叠加。汽车电子装置的工作环境与汽车使用区域以及它们的安装位置有关，可能涉及的工作温度、湿度范围较宽。施加振动时，相对于特定的频率，产品可能会发生共振现象；进行温度循环实验时，产品内部会由于材料热膨胀系数的差异发生伸缩，从而在结合部位发生松动，这时如果再施加湿热实验，潮气就会从缝隙间侵入，使结合部和连接处的摩擦系数降低。当振动、温度、湿度 3 种环境模拟同时施加在电子模块上时，其影响效应是单独振动环境模拟的几倍，可能激发出单独振动实验中不能出现的故障。

2.2.1 振动负荷

通常情况下，以正弦振动和随机振动来表征汽车振动的实际情况。

正弦振动用来验证汽车耐振能力、分析产品结构共振频率和验证共振点驻留，从发动机和变速器产生的正弦激励会传导至车身的每个角落。正弦振动实验一般可分为固定频率振动和扫频振动。固定频率振动可分为在危险频率点上振动、在某些预定频率点上振动和多点固定频率振动。扫频振动用于危险频率不十分明显的情况，实验中需要保证电子模块在频率范围内能被充分激励。

随机振动则用来评估电子模块整体性结构耐振强度，适用于本身固有频率较高或分布在较宽频带上的电子模块，采用随机振动实验可以迅速地反映出谐振频率点上的振动特性和总体抗振能力。

相比而言，随机振动实验在正弦振动上进行了扩充，更接近于汽车行驶在真实环境中可能存在的振动类型。当然两者都只是使电子模块在单个方向上分别承受振动，这与实际中 3 个相互垂直的方向上都同时承受振动负荷有一定的差别。

汽车的振动源主要来自两部分：发动机和变速器。

发动机的振动可以分为两种：由气缸不平衡质量作用于连杆上产生的正弦振动；由发动机其他振动源产生的随机噪声，如阀门关闭时产生的噪声。

变速器的振动也可以分为两种：由不平衡质量产生的频率范围在 100~440Hz 的正弦振动；由齿轮摩擦产生的振动及其他随机振源。

在这样的情况下，根据模块安装位置与两大干扰源的远近，在 ISO 16750 中，不同的位置被划分成 4 种等级：

1）安装于车身构造部或底盘构造部的弹簧上部，振动较少时。
2）安装于车身构造部或底盘构造部的弹簧上部，振动较多时。
3）安装于发动机构造部，振动较少时。
4）安装于底盘构造部的弹簧下部及发动机构造部，振动较多时。

在实验中，根据这些实验等级选择振动的参数进行实验。自身的振动会引起汽车电子模块内部的结构破坏、性能下降、工作不良和功能失效，尤其是在模块的固有频率和激励频率相等引起共振而导致响应幅值急剧增大时，会迅速、严重地影响其正常工作。这都是需要机械工程师对电子模块进行调整的。调整中需要注意以下 3 个不同的失效过程。

1）疲劳损坏：在结构方面，当振动所引起的应力超过产品所能承受的极限时产生的变形、弯曲、裂纹、断裂等。强烈而持续的振动，尤其是随机振动会导致结构的疲劳损坏。

2）瞬态损坏：在工艺性能方面，由于振动造成某些部件的螺钉松动、连接件或焊点脱开等。这种现象一般在振动实验前期短时间内就会发生。

3）在工作性能方面，一些汽车电子模块内部的元器件如继电器、电子开关和熔丝等，由于受到振动而接触不良产生误动作、噪声增大现象，甚至某些传感器由于振动方向的加速度在某些频段存在较大误差，从而导致整个模块工作不稳定，甚至失效。

综上所述，可以由机械工程师通过软件在设计的前期进行分析和估计，从而避免由振动产生的问题。

2.2.2 机械冲击和自由跌落

对于汽车电子模块而言，机械冲击往往是容易被忽略的问题之一。从汽车整车的角度来看，整个生命周期中在两种情况下会遭受到较大冲击：

1）运输过程中因为车辆行驶在颠簸道路上产生碰撞与跳动。
2）人员搬运时掉落地面所产生的撞击。

而汽车电子模块除了以上两种来自整车的冲击以外，在各个位置上也会遭受一些特殊的冲击，这些冲击的原因并不相同，在 ISO 16750 中整理如下：

1）安装在变速器区域的模块。气动助力换档操作中会产生机械冲击，可能导致模块的失效和损坏。

2）安装在车身和车架区域的模块。在高速越过路边石头的情况下会产生机械冲击，可能导致模块的失效和损坏。

3）安装在车门区域的模块。在车门被快速关闭而与车身产生撞击时会产生机械冲击，可能导致模块的失效和损坏。

另一项值得关注的则是模块的自由跌落。在电子模块加工处理甚至是组装过程中（模块下线和在汽车生产商的生产线上），可能由于意外的原因跌落到地面上而造成损坏和失效。因此，在设计时就需要保证在这个过程中产品不能有隐性的损坏。某种程度上，表面和明显的损坏更容易被发现而被更换；而外观上损坏不明显的模块则会被直接装上车辆，如果其内部含有隐性的损坏，则对于消费者来说会是一个很大的隐患（例如，安全气囊在安装过程中如果跌落会直接报废）。因此，这项内容是电子模块设计时必须要考虑的。其实这并不是一个陌生的项目，因为人们日常使用的手机也有着同样的要求，一摔就坏的手机是没有客户的。

自由跌落的失效模式主要为机械损坏，跌落到地面产生的高加速度会使内部元器件与电路板分离等情况发生。跌落产生的加速度与跌落高度和跌落的地面硬度有关，实验时跌落高度为 1m 或按照协定的高度进行，地面则选择在混凝土地面或钢板上进行测试。对于大多数电子模块来说，其自由跌落性能要求是一定要满足的。

2.3 电气负荷

汽车的供电系统由汽车发电机和蓄电池构成，同时汽车起动机作为汽车发动的主要部件也是与供电系统直接相连的。蓄电池在汽车起动时为起动机提供电力，旋转的起动机拖动发动机旋转，帮助发动机正常起动。在发动机起动以后起动机与发动机脱开，并与供电系统脱离。发动机运转带动发电机运行，对蓄电池进行补充充电，与蓄电池一起对车载的所有电子电气模块供电；当汽车发动机不工作时，由蓄电池对整个系统供电，因此整个供电系统的连接图如图2-7所示。发电机通过熔断器与蓄电池和起动机相连，电源的正极通过电源分配盒连接到所有的电子模块，地线通过搭铁连接回来。

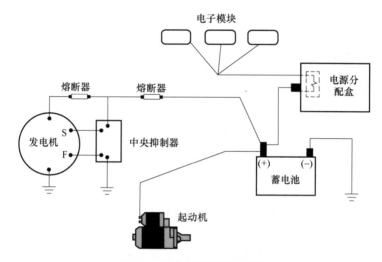

图2-7 汽车供电系统连接图

发电机部分由交流发电机和调节器两部分组成。由于汽车发动机转速是在变化的，导致发电机的转速也在变化，通常情况下的充电电压在14V左右，因此需要调节发电机内部磁场电流大小，转速低时调节的电流就大，转速高时调节的电流就小，从而使发电机输出较为稳定的电压。

这里主要集中讨论乘用车的应用，采用12V蓄电池系统。整个乘用车电气系统的供电主要分为两个部分：蓄电池供电和发电机供电。经过测量和统计，发现两种状态下电气系统的电压并不相同，如图2-8所示。下面对这两种状态下的电压范围进行讨论。

1）当发动机没有起动，只有蓄电池对所有的电气系统供电时，电压范围可分为以下几类：

蓄电池电压范围为13~16V时：当汽车行驶较长一段时间，汽车蓄电池充满时，电压处在一个较高的范围。

蓄电池电压范围为11~13V时：此时的蓄电池处在正常的电量范围内，蓄电池上连接的电气负载也较为正常。

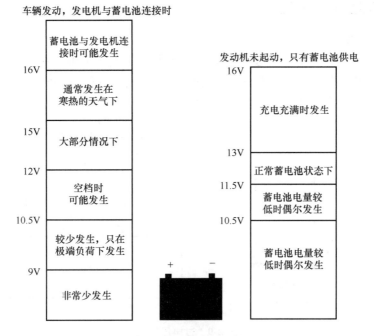

图 2-8 汽车供电电压范围

蓄电池电压范围为 10.5~11V 时：这种情况发生在蓄电池电量较低或电气负载较重（如长时间开启车内空调）时，通常车辆在车库停放过久则会发生此情况。当蓄电池电压大于 10.5V 时，蓄电池可以提供足够的能量发动起动机。

蓄电池电压范围小于 10.5V 时：一般发生在蓄电池电量过低或蓄电池有一部分损坏时，此时车辆已经无法顺利发动，需要将蓄电池取下充电后才能顺利起动，汽车电子模块静态电流的要求较高主要就是这个原因。

2) 当发动机起动，发电机与蓄电池连接以后，整个电气系统的电压范围如下：

蓄电池电压范围在 15V 以上时：在极端低温下，为了保持蓄电池的充电速度和对蓄电池加热，往往需要更高的电压，因此在发电机对蓄电池充电时，供电系统可能出现高于 15V 甚至 16V 以上的电压。

蓄电池电压范围为 12~15V 时：当发电机与蓄电池相连时，电气系统的电压往往高于仅与蓄电池相连的情况，当电气负荷处在正常范围内时，电气系统的电压一般为 12~15V。

蓄电池电压范围为 10.5~12V 时：当电气负荷大于发电机所能提供的电力时，电压会跌落下来，在挂入空档时这个电压范围较为常见。

蓄电池电压范围为 9~10.5V 时：跌落至 10.5V 以下往往很少发生，只有在极端负荷的情况下才可能发生。

蓄电池电压范围小于 9V 时：这种情况只有在发动机失速或接近失速状态下才可能发生，电气系统电压可能跌落至 9V 以下，不过一般情况下电压会随着发动机的重新运转而返回到稳定状态。

2.3.1 过电压与反向电压

1. 过电压实验

通过上节的介绍,我们知道了汽车上可能出现的电压范围,在实际测试中,可采用实验验证的方法来验证电子模块在不同电压下的工作情况。在 ISO 16750 中有两项过电压实验来验证异常的电气系统电压,如图 2-9 所示。

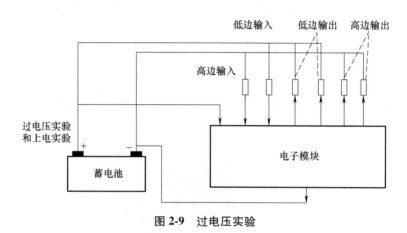

图 2-9 过电压实验

1)18V 过电压实验:实验目的是模拟发电机调节器失效,引起发电机输出电压上升,高于正常电压的情况。注意:此时电子模块的环境温度设置为最高环境温度-20℃,施加电压为 18V,持续时间为 60min。

2)24V 上电实验:实验目的是模拟蓄电池与起动机连接情况下的蓄电池电压环境。在室温下进行实验,施加电压为 24V,持续时间为 60s。

在这两项实验过程中,不仅是电子模块电源线上的电压提高了,电子模块所有的输入/输出端口只要与蓄电池直接相连,这些接口电压也会提升。因此实验的要求也包含在设计之中,比如在产品规范书中要定义电子模块在过电压和上电实验中需要达到的功能和性能要求。在后面第 6 章的设计中,将详细介绍电源管理策略。

2. 反向电压实验

实验目的是检验当蓄电池与起动机连接时,电子模块对蓄电池反向连接的抵御能力;除此以外,在汽车维修的过程中,也容易出现接反的情况。反向电压实验是用 14V 的反向电压,施加到电子模块所有相关的输入端上持续 60s 的时间。与过电压实验情况相同,反向电压实验也是全局性的电压实验,从蓄电池开始的所有电压极性全部反接,电源和输入/输出端口都暴露在负电压之下,这种情况对电子模块可能会造成较大的影响。图 2-10 反映的是在反向电压实验时输入/输出端口的情况。

2.3.2 开路实验与短路实验

汽车电子模块是通过线束连接的,对于模块连接器上的接口来说,可能存在不同的状态。短路和断路是两种最为基本的状态,电子模块不仅需要承受这种状态,还要求对其有识别的能力。

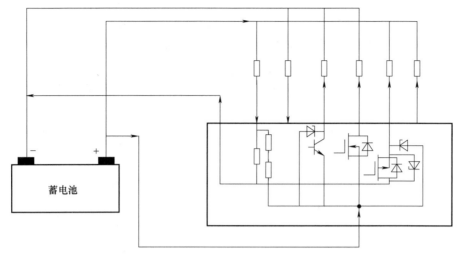

图 2-10 反向电压实验

1. 开路实验

这项实验主要验证线束断开时的特性,是对所有连接器上的端口而言的,包括输入信号、输出信号、通信连接信号和电源地线信号。

单线断路:该测试验证模块的某一路连接断开时模块的工作情况。

多线断路:该测试验证模块的多路连接断开时模块的工作情况。

断路时间在 9~11s,开路阻抗大于 $10M\Omega$。要求是:电子模块允许一定的功能异常,不过恢复连接后需要自动恢复到功能良好的状态。对于断路测试的问题,实际上也存在着一些现实的考量。比如说电子模块往往存在很多个不同的连接器组成接口,在装配过程中还会有不同的持续连接的情况。在一定的时间内,经常存在某些电路已经连接、某些电路还没有连接的情况,这也对后期进行潜在路径分析提出了要求。

2. 短路实验

这项实验主要验证模块的输入和输出端短路至电源或地线时模块的工作情况。

信号输入电路:在其他输入端处于一定的状态下,使得模块的所有输入口依次连接到电源和地线,并持续 60s,需要确定短路是否会对模块的电路造成损坏。

功率输出电路:此项测试验证模块功率输出的抗短路能力。一般来说有 3 种输出电路的形式:短路保护能力、熔断保护能力和不具备短路保护能力,在第 8 章中将进行详细的介绍。

对于具有短路保护能力的输出端来说,端口往往能够承受短路电流且在切断短路电流后能恢复到正常工作状态。通常汽车电子模块有低边开关输出、高边开关输出、恒定输出、继电器和电源传输等几种输出形式,通过表 2-4 可定义各种输出接口类型的详细测试要求。

对于具有熔断保护能力的输出端,应确保能承受短路电流且在更换熔丝后能恢复到正常工作状态。熔断器的结构和制造工艺简单,且成本低廉。通常熔断器的电流越大,熔断或开路时间越短。熔断器的功耗与通过熔断器电流的二次方成正比,当功耗过高时,熔断器熔断。因为熔断器是一次性的保护元件,一旦熔断则必须进行替换,才能保证正常使用，因此往往将熔断器放在一起，置于电气分配盒中，且放置在容易检修的位置。当然也可在模块内部使用熔断器，不过这样就会与设计线束布线有关，这些限制和保护功能增加了模块的成本和可制造的难度。

表 2-4 输出的短路保护

输出类型	测试内容	备注
低边开关输出	持续软短路到电源	5%×负载电阻
	持续硬短路到电源	100mΩ
高边开关输出	持续软短路到地线	5%×负载电阻
	持续硬短路到地线	100mΩ
恒定输出	持续软短路到地线	5%×负载电阻
	持续硬短路到地线	100mΩ
	持续硬短路到电源	100mΩ
继电器和电源传输	继电器和板上走线需要通过过负载测试	通过外部熔丝保护，或采用内部电流采样进行保护
	130%的负载电流测试	
	200%的负载电流测试（短时间）	

对于不具备短路保护能力的输出端，可能会由于短路电流过大而引起端口损坏，这是设计时需要尽量避免的。

如表 2-4 所列，带保护的输出电路种类较多，因此这里对每类输出口进行细致的探讨。

(1) 固态输出（包括低边开关输出和高边开关输出）保护

短路实际上也不是完全没有等效阻抗的直连，短接回路也存在一定的阻抗。按照阻抗的大小划分，一般存在硬短路和软短路两种不同的形式。在 AECQ10012 中规定了集成芯片本身所做的实验，如图 2-11 所示。

硬短路是指输出直接短路到地，短路的等效电阻是 100~200mΩ。在 AECQ 实验中分为 4 种不同的测试状态：

1) 引脚短路的情况：$R_{SHORT} = 20mΩ$ 并且 $L_{SHORT} < 1μH$。

2) 负载短路情况 1：当短路电流 $I_{SHORT} ≤ 20A$ 时，$R_{SHORT} = 110mΩ - R_{SUPPLY}$。

3) 负载短路情况 2：当短路电流在 $20A < I_{SHORT} ≤ 100A$ 时，$R_{SHORT} = 100mΩ$ 并且 $L_{SHORT} = 5μH$。

4) 负载短路情况 3：当短路电流 $I_{SHORT} > 100A$ 时，$R_{SHORT} = 50mΩ$ 并且 $L_{SHORT} = 5μH$。

软短路是指负载过大的情况，一般可根据原有负载电阻的 5%、10%、25% 和 50% 等不同等级划分。

硬短路使得固态开关快速地满足电流保护的条件，往往会快速关断。而软短路由于负载可能存在一定的冲击电流，使得开关只能通过热保护进行关断。在 8.2.4 小节将详细介绍固态开关的诊断和保护策略的分析与制定。

(2) 继电器和电源传输保护

对于继电器和熔断器来说，不是通过阻抗来考虑电气负荷，而是通过额定电流来进行测试。一般分为短时测试和较长时间测试：前者采用130%的负荷，后者一般负担200%的瞬时负荷。继电器保护分成内部和外部两部分：外部使用熔断器保护，内部采用分流器电阻电流检测的方法进行。

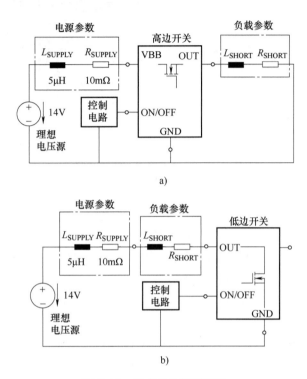

图 2-11 集成芯片短路实验

（3）恒定输出保护

往往某些模块需要输出一个恒定的电压，这类输出一般通过稳压器来实现，对恒定输出也要比较多地考虑短路保护的问题。因此，电子模块并不允许使用低压稳压器向外供电，因为这会导致短路时整个功能的瘫痪，甚至逻辑电源的损坏。

2.3.3 地偏移

从蓄电池引出正极和负极，对汽车所有的电子电气系统进行供电。汽车上的电子设备很多，有传感器、开关、灯泡、电动机和电子模块。如果采用双线制的连接方法，即所有连接回路都通过线束连接到蓄电池的两个接线端上，与蓄电池直接连接的导线就会有上百条甚至更多，这对于布置线束来说，成本很高且复杂程度也令人无法接受。为了节约电线材料和安装方便，现在大部分汽车的电气系统都采用单线制，电源线通过蓄电池正极与电气分配盒连接，然后分配至各个电气回路，如图 2-12a 所示，这样电源线就必须考虑漏电现象的发生。

大部分地线回路通过车身的金属回路引导至蓄电池的负极，地线回路直接搭在车架金属机件上，负载和开关的地线也就近搭在车架金属机件上，利用发动机和汽车底盘的金属体作为公共通道。这种地线与车体相连接的方式称为搭铁，也称为接地或接铁，如图2-12b所示。重要信号的地线回路通过线束连接。

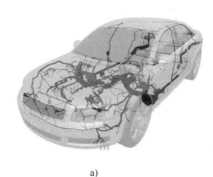
a)

b)

图2-12　汽车线束分布与搭铁线
a）汽车线束分布概览　b）搭铁线

通过上面的布置，可以使线束显得并不那么复杂，成本也能有效地降低。采用地线搭铁，具有对电子元器件干扰少、对车架及车身电化学腐蚀小、连接牢固等优点。为了整车的安全性，还要考虑设置两条以上的搭铁线，因此与蓄电池负极相连的搭铁线有以下不同的选择：发动机与大梁之间、变速器与大梁之间、汽车车厢壳体与大梁之间。为了增加电流承载能力和降低导线阻抗，搭铁线一般采用扁平的铜质或铝质编织线，如图2-12b所示。

正是由于单线制的接法，导致了不同负载上的电流在不同的节点进入，因此可以将整个汽车的搭铁看成一条很长的电阻带。如果发生搭铁不良的情况，则地偏移的现象更为明显。例如，发动机搭铁线紧固螺栓松动，或重接布置搭铁线时随意安装，或搭铁线接头腐蚀电阻增大，这些因素都会造成接触不良，从而迫使电流试图通过另外的回路，引起电压降增大。

因此，在实验中也对地偏移测试情况作了规定，在设计中也要考虑这个必定存在的现象。在模块存在两条或多条地线回路时，需要对这些地线回路施加一定的压降，以检验模块在这种条件下是否能可靠运转。在大多数情况下，地偏移的大小为±1V。在很多时候地偏移都会对模拟采集和功率器件的控制造成一定的困扰，因此，往往会将某些重要传感器信号的地线回路直接连接至模块的地线；也有部分电路会考虑在两个地线之间采用较大功率的二极管进行钳位，以降低地偏移的大小，防止逻辑电平的不匹配。

2.3.4　供电不理想

汽车的供电是通过很长的线束完成的，因此电源的连接可能存在潜在的不理想因素，可以通过以下5个典型的电压实验来表征这种不理想的供电情况。

1. 交流电压叠加实验

该实验主要模拟直流供电电源中残留的交流电，如图2-13所示。其参数为-1V和-4V两个电压等级，内阻范围为50~100mΩ，交流波形的频率范围为50Hz~20kHz。此实验要求整个模块处于正常的功能状态，因此一般在高的等级，电压为8~16V的情况下,电路需要正常工作。

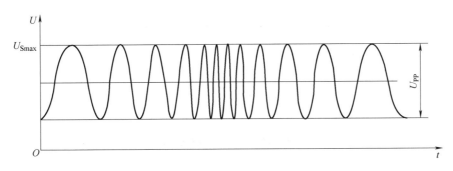

图 2-13 交流电压叠加

2. 供电电压缓降和缓升实验

该实验模拟蓄电池逐渐放电和充电的情况,通过缓慢的变化电压来确认电子模块在渐变过程中是否能正常工作。在实验中会以 (0.5±0.1) V/min 的速率,将供电电压由最大电压降到 0V,然后再从 0V 升到最大电压。实验一般有 4 个等级,在最小电压至最大电压范围内,电路一定要保证正常工作。在电压范围外,部分功能需要做一定的定义。测试电压见表 2-5。

表 2-5 测试电压列表

代码	最小电压/V	最大电压/V
A	6	16
B	8	16
C	9	16
D	10.5	16

3. 供电电压瞬间下降实验

该实验模拟其他电路内的典型熔丝熔断时造成的影响,如图 2-14 所示。注意:实验脉冲的上升和下降时间≤10ms。在这个过程中,大部分功能是需要正常工作的,对于座椅模块等重要的记忆型模块需要完全正常工作。当然有些厂商对这个下降过程的时间要求更苛刻,在 12V 跌落至 0V 后持续时间可达 50ms,因此需要考虑如何避免这个问题,在 6.3.4 小节中缓冲电路的设计部分将会详细介绍如何防止此项实验造成的影响。

4. 电压骤降复位性能实验

该实验检验电压骤降情况下模块的复位性能,适用于具有复位功能的电子模块,如图 2-15 所示。供电电压以 5% 的速率从最小电压 (U_{Smin}) 降到 0.95×最小电压 (U_{Smin}),保持 5s,再上升到最小电压,至少保持 10s 并进行功能实验。然后将电压降至 0.9×最小电压,以最小电压的 5% 梯度继续进行实验直到电压降到 0V,然后再将电压升到最小电压。

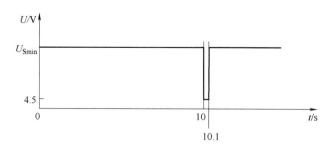

图 2-14 供电电压瞬间下降

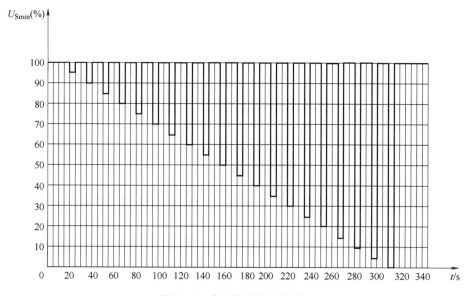

图 2-15 电压骤降复位性能

5. 浪涌脉冲 5a 和 5b 实验

该实验模拟抛负载瞬态现象,是在断开蓄电池的同时,交流发电机正在产生电流对蓄电池充电,而发电机电路上仍有其他负载时产生的瞬态。抛负载的幅度取决于断开蓄电池连接时,发电机转速和发电机励磁场强的大小,如图 2-16 所示。抛负载的脉冲宽度主要取决于励磁电路的时间常数和脉冲幅度。

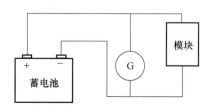

图 2-16 脉冲 5 的产生原因

为了防止全局性干扰,目前通过在新型交流发电机中添加内部钳位电路来实现,用于吸收抛负载能量,承受起动时的蓄电池电压。钳位措施将钳位电压设置为大于最大起动电压，汽车电压峰值仍会达到36~40V。在ISO 16750中，将未钳位信号定义为5a，钳位信号定义为5b。

脉冲5属于能量比较大的脉冲，除了考验电子模块在浪涌脉冲作用下的抗干扰能力外，事实上很大程度也会对内部的元器件构成很大的威胁。

抛负载可能产生的原因是电缆腐蚀、接触不良等，值得庆幸的是，这是一种故障状态，并不是经常会发生的。脉冲5的实际波形和参数如图2-17所示。

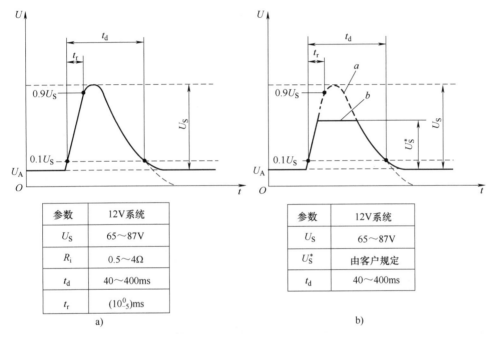

图2-17 脉冲5的实际波形和参数
a）脉冲5a b）脉冲5b

2.4 电磁兼容环境

汽车内部电子模块和负载众多，彼此一起工作构成了一个复杂的电子环境。同时汽车行驶的道路，往往会穿过电网、基站和其他辐射区域，驾驶人也可能在车上使用其他消费电子设备。因此对于每个电子模块来说，需要具有很强的电磁兼容能力才能满足汽车安全运行的需求。这里首先介绍3个概念：

电磁兼容性（EMC）：电子模块在其电磁环境中能正常工作且不能对该环境中任何事物构成不能承受的电磁干扰能力。这也是通俗地表征一个电子模块各方面能力的概念。

电磁干扰（EMI）：分为传导干扰和辐射干扰两种。其中，传导干扰是指通过导电介质把一个电网络上的信号耦合到另一个电网络；辐射干扰是指干扰源通过空间把其信号耦合到另一个电网络。

电磁敏感度（EMS）：指因电磁干扰而引起的设备或系统性能下降的程度。

汽车电子零部件的电磁兼容规范，一般可分为辐射骚扰、传导骚扰、传导骚扰抗扰度、射频电磁场辐射抗扰度、静电抗扰度 5 个方面，ISO 等国际组织对每种类型的规范都做了详细的规定，见表 2-6。

表 2-6　汽车电磁兼容规范

类别	等级	描述	规范
EMI	CE	电源线时域传导发射	7637-2
		电源线频域传导发射	CISPR25
		信号线频域传导发射	CISPR25
	RE	辐射发射——天线接收法	CISPR25
		辐射发射——TEM 小室法	CISPR25
EMS	CS	电源线脉冲抗扰度	7637-2
		信号线脉冲抗扰度	7637-3
		RF 能量直接注入	11452-7
		大电流注入	11452-4
	RS	辐射抗扰度——天线照射法	11452-2
		辐射抗扰度——TEM 小室法	11452-3
		辐射抗扰度——带状线法	11452-5
		辐射抗扰度——磁场环照射法	11452-8
	ESD	静电放电实验	10605

辐射骚扰（RE）考察汽车电子模块通过辐射途径对外造成的电磁骚扰特性。

传导骚扰（CE）考察汽车电子模块通过电源线/信号线的传播途径对外造成的电磁骚扰特性。

传导骚扰抗扰度（CS）通过电源线或信号线对汽车电子模块施加尖峰脉冲，来考察车载电子模块对车内电网或空间电磁环境的抗干扰能力。

射频电磁场辐射抗扰度（RS）考察汽车电子模块对环境的窄带辐射的抗干扰能力。

2.4.1　电池带来的传导干扰

电源线的传导干扰和信号线的传导干扰是传导抗扰度的两个重要方面。对电子模块来说，电源线上的扰动将直接对电源端的电路构成负荷。ISO 7637-2 标准提出的 4 种脉冲波形实际上是综合了多方面的干扰来考核车载电子模块，可以将这些浪涌脉冲按照其特点分为：高速、低能量的脉冲，如脉冲 2a、3a 和 3b；低速、高能量的脉冲，如脉冲 2b；兼顾速度和能量两方面的中等速度和中等能量脉冲，如脉冲 1；直流电压中断与直流电压跌落，如脉冲 4。

1. 浪涌脉冲 1

该脉冲是模拟汽车上电感性负载（又称感性负载）电源断开连接时，其他电源端所产生的瞬态现象，这个脉冲将影响直接与这个电感性负载并联在一起的电子模块的工作，如图 2-18 所示。脉冲可能发生在关灯或按喇叭等操作过程中，因此脉冲 1 是所有的电子模块都必须考虑的一种脉冲，因为在切换任何一种电感性负载时都可能发生干扰。由 ISO 组织进行统计和优化出的标准的浪涌脉冲 1，是内阻较大、电压较高、前沿较快和宽度较大的负脉冲。

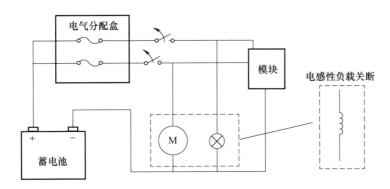

图 2-18　脉冲 1 的产生原因

这个脉冲发生在开关断开时，由于电感性负载需要维持原来的电流，因此会在并联的电源端产生一个幅度较大的负脉冲波形，如图 2-19 所示。

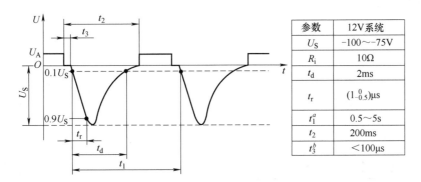

参数	12V系统
U_S	$-100 \sim -75$V
R_i	10Ω
t_d	2ms
t_r	$(1_{-0.5}^{0})$μs
t_1^a	0.5～5s
t_2	200ms
t_3^b	<100μs

图 2-19　脉冲 1 的实际波形和参数

脉冲 1 的主要能量集中在 2ms 的主要时间段内，且脉冲的上升时间较快，属于中等速度和中等能量的脉冲干扰，对电子模块兼顾了功能干扰导致误动作和器件破坏两方面的作用。由于是负脉冲，一般的反接保护电路往往能对该电路进行直接的保护，双向的 TVS 或压敏电阻都可以吸收它的能量。福特公司的测试规范中引入了一种与脉冲 1 波形相似，但是脉冲幅度更大、持续时间更短的波形，即由快速的关断引起的波形，并且是由于线束电感引起的波形。

2. 浪涌脉冲 2

脉冲 2 可分为 2a 和 2b 两种不同的情况。前者主要考虑的是由于电感性负载的关断，由线束的寄生电感引起的浪涌电压干扰；后者主要考虑的是直流电动机的暂态干扰对模块电源的干扰。

(1) 浪涌脉冲 2a

该实验是模拟在线束电感的作用下，与模块并联的装置内电流突然中断引起的瞬态现象，如图 2-20 所示。电感需要维持本身的电压，就产生了一个幅度较高的正脉冲电压，考虑到线束的电感量较小，所以脉冲为幅度不高、前沿较快、宽度较小和内阻较小的正脉冲。

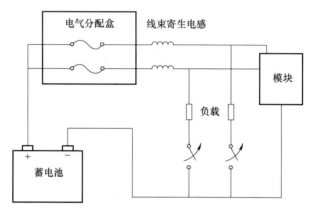

图 2-20　脉冲 2a 的产生原因

如图 2-21 所示，比较特殊的是，这个脉冲存在于正常工作条件下，因此需要模块仍旧处于正常的工作状态。

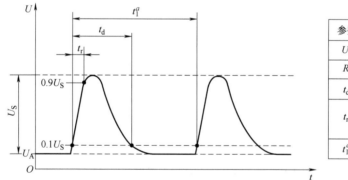

图 2-21　脉冲 2a 的实际波形和参数

脉冲 2a 的上升时间为 $1\mu s$，持续时间为 $0.05ms$，由于内阻较小（为 2Ω），可产生的电流较大。它属于速度偏快和能量较小的脉冲干扰，对器件有一定的破坏作用。

(2) 浪涌脉冲 2b

该实验是模拟直流电动机充当发电机，并且在运行时点火开关断开时的瞬态现象，如图 2-22 所示。这个脉冲包括两部分：当点火开关断开时，由于线束寄生电感的作用，使得电源端的电压迅速跌落；当电压跌落完成以后，直流电动机开始产生发电机效应，这样，又产生了一个幅度较小且持续时间较长的正脉冲波形。总体而言，脉冲 2b 是一个电压不高、前沿较缓、宽度很大和内阻很小的脉冲。如图 2-23 所示，电压降低过程持续时间为 $1ms$，无供电时约为 $1ms$，而正脉冲幅度较低（只有 10V），上升时间较慢（1ms），持续时间较长（为 0.2~2s）。它属于低速和高能量的脉冲干扰，着重考核对设备（元器件）的破坏性。2b 脉冲的这个作用与后面介绍的抛负载的 5a 脉冲波形后半部分有些相似，相比较而言，2b 脉冲电压较低，持续时间更长。

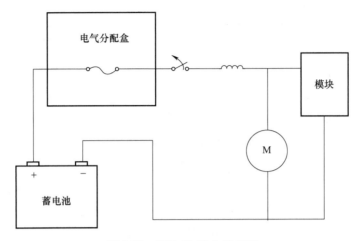

图 2-22 脉冲 2b 产生的原因

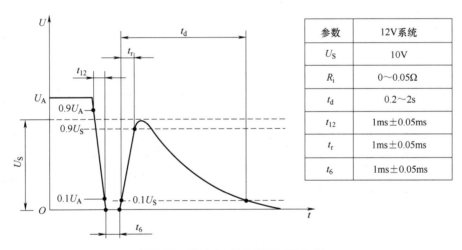

参数	12V系统
U_S	10V
R_i	0~0.05Ω
t_d	0.2~2s
t_{12}	1ms±0.05ms
t_r	1ms±0.05ms
t_6	1ms±0.05ms

图 2-23 脉冲 2b 的实际波形和参数

3. 浪涌脉冲 3

该实验是模拟由开关过程引起的瞬态现象，分为负脉冲 3a 和正脉冲 3b。在模块内部的继电器、固态开关和汽车本身开关闭合和关断的过程中，由于线束的分布电容和分布电感的影响，使得电源端会产生大量的浪涌脉冲，如图 2-24 所示。脉冲 3 是叠加在正常电压下的暂态浪涌，因此对于此脉冲来说，电子模块仍旧需要正常工作，这是一个比较特殊的地方，需要设计者注意。

如图 2-25 所示，线束的分布电容和电感的值通常都很小，持续时间为 100μs，上升时间为 5ns。它是一系列高速、低能量的小脉冲，常能引起电子模块内部的逻辑功能产生误动作。

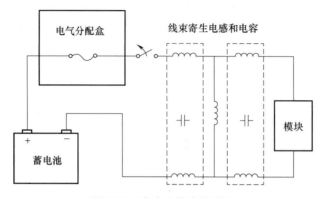

图 2-24 脉冲 3 的产生原因

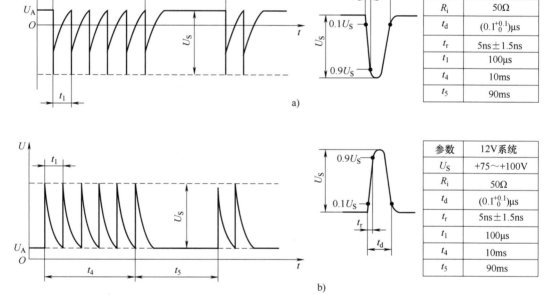

图 2-25 脉冲 3 的实际波形和参数
a）负脉冲 3a b）正脉冲 3b

4. 浪涌脉冲 4

该实验是模拟内燃机的起动机或打开大的负载电路通电时产生的电源电压的降低，不包括起动时的尖峰电压，如图 2-26 所示。当很大的负载通电时需要一个很大的电流，使得整个电池电压降低，这个过程是跌落电压至原有的一半、持续时间很长、达几秒至几十秒的跌落过程。电子模块在电压跌落过程中可能产生误动作，内部 MCU 有可能出现数据丢失和程序紊乱的情况。这种波形出现的现实情况是：在起动发动机时，特别是在寒冷天气、电池没有充满的情况下，机油变得非常黏稠，起动发动机需要提供更大的转矩。因此，起动过程中需要电池提供更大的电流，较大的电流负载会导致电源电压跌落的波形。

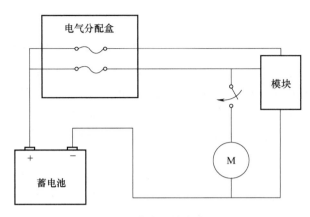

图 2-26 脉冲 4 的产生原因

事实上 ISO 7637-2 和 ISO 16750-2 中有类似的波形设定,只是两者幅度不同,另外内部还有一段叠加的交流干扰。实际中往往需要同时考虑这两个波形,在实验中采取其中一种波形完成操作。某些时候,如带有强制记忆型的电子模块,就需要在这个过程中始终保持稳定。

如图 2-27 所示,从持续的时间来看,这是一个较长的过程,因此需要做好充分的计算和准备。

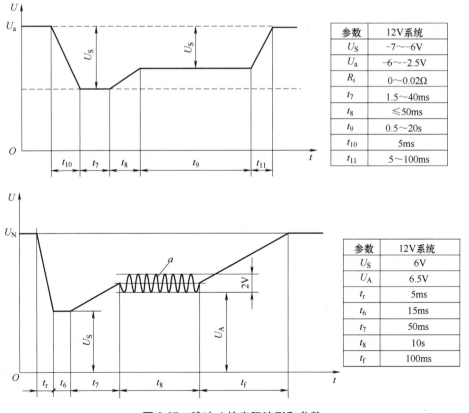

参数	12V系统
U_S	$-7\sim-6V$
U_a	$-6\sim-2.5V$
R_i	$0\sim0.02\Omega$
t_7	$1.5\sim40ms$
t_8	$\leq50ms$
t_9	$0.5\sim20s$
t_{10}	$5ms$
t_{11}	$5\sim100ms$

参数	12V系统
U_S	6V
U_A	6.5V
t_r	5ms
t_6	15ms
t_7	50ms
t_8	10s
t_f	100ms

图 2-27 脉冲 4 的实际波形和参数

2.4.2 静电

在冬天低湿度的环境下,驾驶人身上穿的衣服较厚,若累积的静电电荷到一定程度,在其操控汽车的过程中与电子产品接触,就会通过电子产品到大地的阻抗进行放电,从而产生很大的脉冲电流。实际上静电可以由一系列的环节进行释放,如电子模块的运输与仓储、汽车生产线的装配、汽车维修、汽车操作等。静电放电是汽车电子产品的一个主要干扰源,会使汽车电子元器件被击穿而损坏,造成电子产品误动作或失效。

人们对于静电的设计防范开始于实验与标准,通过审视这些标准,能够更好地理解防止静电破坏的设计边界。汽车电子零部件和整车静电放电抗扰度测试标准有国际标准、地区性标准以及整车厂商自行制定的标准3类,见表2-7。实际上各个国家与地区采用汽车电磁兼容的标准是不一样的,如欧盟的汽车电磁兼容指令要求静电放电测试按照整车厂商的标准进行,北美地区采用 SAE J1113-13 或三大车厂自己的电磁兼容规范,日本采用日本车厂自己定义的电磁兼容规范,其他国家或地区则采用 ISO 10605 或以之为基础的国家标准。

表2-7 静电标准

分类	区域	所属	标准名	描述
区域标准	全球	ISO	ISO 10605:2008	机动车抗静电放电干扰实验方法
	欧洲	TUV	7-Z0445:1995	静电放电抗扰度实验
	美国	SAE	SAE J1113-13	静电放电
	日本	JASO	JASO D001-1994 (5.8)	汽车零部件环境实验方法通用准则
整车标准	美系	福特	ES-XW7T-1A278-AC:2003	元件和子系统电磁兼容性全球要求和测试过程
		通用	GMW3097:2006	电气/电子零部件和子系统电磁兼容要求部分
		克莱斯勒	DC-10614:2005	零部件电磁兼容性要求
	日系	日产	28400 NDS10:2000	电子零部件的耐静电放电
		马自达	MES PW 67600:2001	电子器件
	欧系	雪铁龙	B21 7110:2001 (7)	电子和电气设备有关环境的电气性能的通用技术标准
		宝马	BMW GS 95002-2001	电磁兼容要求与测试
		菲亚特	9.90110:2003 (2.7)	汽车电子和电气设备
		大众	TL 82466-2005	静电放电抗扰度

ISO 10605 在2008年进行了修订,已逐渐取代2001版本,各大厂商对应的静电标准也会随之变化。某种程度而言,新标准更加注重各个地区的标准统一,也方便进行设计。在新版本的标准中引入了 IEC 610042 的模型,有4组参数代表了放电模型。

1)电阻有两种不同的配置,表征着放电的导体:

$R_0=2\text{k}\Omega$ 电阻的实验,代表人体直接通过皮肤放电,相对而言电阻较大,能量较小,是2001版中规定的唯一的人体模型,在2008版中作为一种情况进行考虑。

$R_0=330\Omega$ 电阻的实验,代表人体通过金属部件如工具、钥匙和戒指等放电,选择这个电阻主要是针对车内或车外容易接触的一些电子模块进行操作。

2)电容有两种不同的配置,表征着人的位置:

$C_0=150\text{pF}$,表征人体在驾驶舱外的情况。

$C_0=330\text{pF}$,表征人体在驾驶舱内的情况。

事实上,新的标准对静电的能量比原有标准设计得更大,因为同等的内阻降低了。不同厂家在更新标准时可能对这一点有新的要求,因此对于汽车电子零部件设计工程师来说,需要按照这些标准来指导设计。还有一点需要注意的是,在原有直接放电的基础上,增加了间接放电的方式。

1)直接放电:在电子模块上直接静电释放,可分为接触放电和空气放电。

接触放电:静电直接通过表面接触对电子模块进行放电。

空气放电:靠近电子模块通过气隙对其放电,通常有电弧现象发生。

原则上,凡可以用接触放电的地方一律用接触放电。首先,因为接触放电的不确定因素比较少;与之相应的是,空气放电波形易受环境因素如温度、湿度和电压等的影响,静电枪接近校验靶速度的影响,电子模块表面的形状对电极场强分布的影响,这几个因素使得空气放电实验的重复性很差。其次,接触放电有极其陡峭的上升时间,因此放电电流波形中包含极其丰富的谐波成分,即使选择比较低的实验电压,也能取得比同等级电压较高的空气放电更加严格的测试结果。

2)间接放电:模拟人体在靠近被测设备上的物体时的放电,放电电流产生一个可以影响被测设备的瞬变场。对带电电子模块做间接放电实验时,采取对水平耦合板进行接触放电的方式来模拟,将接触放电施加在模块每一边实验点的水平耦合板上。

不同的放电方式推荐的测试等级也是不同的,可以通过表2-8来选择不同的测试等级。

表2-8 零部件参考实验等级

测试等级	直接接触放电			直接空气放电			间接接触放电			单位
	目录1	目录2	目录3	目录1	目录2	目录3	目录1	目录2	目录3	
L4i	±8	±8	±15	±15	±15	±25	±8	±15	±20	kV
L3i	±6	±8	±8	±8	±8	±15	±6	±8	±15	kV
L2i	±4	±4	±6	±4	±4	±8	±4	±4	±8	kV
L1i	±2	±2	±4	±2	±4	±6	±2	±2	±4	kV

第 3 章

元器件基础

在开始正式的硬件设计之前,需要花一些时间来整理一下元器件方面的知识。汽车电子的元器件,与商业、工业中使用的器件并不划归在同一类里,它具有自己的一些特性,这也是汽车电子硬件工程师进行产品设计时首先需要注意的。从产业的角度而言,目前汽车半导体和元器件市场基本是国外厂商的舞台,即使在中国市场,排名前十位的也都是国外厂商,它们的市场占有率总共接近 70%。如图 3-1 所示是 2021 年全球汽车半导体元器件销售额的分析结果。

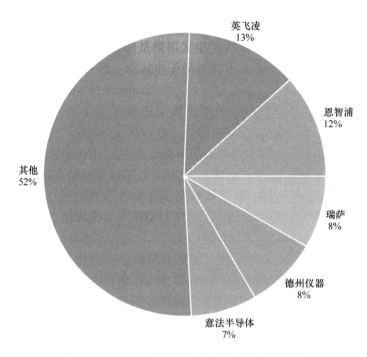

图 3-1 2021 年全球汽车半导体元器件销售额

在电子模块的设计中,元器件基本分为被动元器件、分立元器件、集成芯片、传感器和其他部件这几类。从对主要元器件的选择与使用情况来看,大多汽车电子模块采用的仍是国外厂商生产的芯片,很难找到国内芯片的身影。为了企业的模块成本进一步优化,需要对这些芯片的情况有一些基本的认知。

1. 被动元器件

被动元器件主要包括电阻、电容、电感和晶振等。汽车电子上应用的被动元器件主要供应商集中于日本企业，极具竞争力的成本优势和技术优势，使得它们牢牢地占据了非常大的一块市场，主要供应商见表3-1。

表3-1 被动元器件主要供应商

元器件		供应商			
电阻		KOA	ROHM	VISHEY	TT
电容	陶瓷电容	AVX	KEMET	MURATA	
	电解电容	PANASONIC	SANYO	NICHICON	ELNA
电感		KOA	TOKO	MURATA	EPCOS
晶振		NDK	KDS	MURATA	AVX

2. 分立元器件

分立元器件主要包括二极管、晶体管、场效应晶体管（MOSFET）、继电器和智能功率开关等。这部分市场对技术和工艺要求较高，利润也相对较高，以欧美厂商为主，主要供应商见表3-2。整个分立元器件的市场由于芯片化的过程，正在慢慢被集成芯片同化。

表3-2 分立元器件主要供应商

元器件	供应商			
二极管	ONSEMI	VISHEY	ROHM	NXP
晶体管	ONSEMI	VISHEY	ROHM	NXP
功率MOSFET	INFENION	ST	ON	
智能MOSFET	ST	INFENION	FREESCALE	
继电器	TYCO	PANASONIC	FUJITSU	NEC

3. 集成芯片

由于目前芯片工业的专业化非常强，不同产品都细分成各个小的市场，企业对每块区域有着不同的市场策略。这里对单片机、专用ASIC（Application Specific Intergrated Circuits，即专用集成电路）芯片、低压稳压器、CAN/LIN芯片等供应商进行一个系统的回顾。由于单片机的选择牵涉的问题非常多，包括软件、成本、硬件等很多问题，因此将在后面的章节中着重介绍单片机。LDO（Linear Drop Out，线性稳压器）厂商较多，有INFENION、ST、ONSEMI、TI和National Semiconductor等公司，几乎所有的欧美厂商都涉足了这类产品。CAN/LIN芯片主要是NXP、INFENION和ATMEL公司在做。某些专用的ASIC芯片如胎压传感器芯片、射频接收器件和电源管理芯片等，各个半导体厂商都有各自相应的汽车等级产品。

4. 传感器

传感器主要包括温度传感器、电流传感器等。汽车电子模块本身是很少集成传感器的，大部分传感器都安装在与电子模块分离的车内环境中，因此传感器并不纳入板级采购清单中，但是电子模块却需要对传感器的输出进行调理和采集。在大功率电子模块的应用中，会考虑在内部采用热敏电阻和电流传感器，但是这种情况相对来说比较少。在后面的介绍中，将主要介绍调理电路而不是传感器本身。

5. 其他部件

其他部件主要包括连接器、导线和印制电路板（Printed Circuit Board，PCB）。在连接器市场中，DELPHI和TYCO公司占据了很大的一块市场份额，AMP和KET公司也在中国有较大的市场。国内能够生产完全符合汽车电子要求的PCB供应商并不多，部分全球的PCB厂商在中国有自己的工厂，比如GBM公司等。

对于同一个芯片型号，由不同的厂家提供芯片时，能保证的参数并不完全相同，这是因为芯片工艺和企业质量控制过程不同造成的。对于设计工程师来说，了解和掌握这些元器件的设计和使用的注意事项，并对筛选和选型元器件形成初步的步骤和规范，是必须要掌握的技能。当然，随着汽车电子的发展，对元器件质量控制的要求不断提高，一级零部件提供商的硬件工程师职能也在不断分化，逐渐分为负责具体项目的硬件工程师和支持整个公司研发部门的元器件工程师、功能模块工程师。但对于绝大多数硬件工程师来说，了解这些底层的应用原则和基本结构是很重要的。随着芯片工艺的发展，越来越多的功能和可靠性实质上都是由芯片完成的，硬件工程师需要付出更多的努力来保证选择合适的芯片并使其处在正确的状态下。

就基本的电子元器件成本而言，在电子模块中，集成电路和无源被动元器件分别占生产总成本的46.1%和9.1%，在总安装成本中却分别占12.7%和55.1%。物料清单（Bill of Material，BOM）表只反映了元器件的采购价格，实际上生产和安装也占据了一部分成本，仅重视采购价格而忽略生产中的问题也是不可行的。就元器件的封装而言，为了使模块向小型化、低功耗的方向发展，目前汽车电子模块中大部分都采用了片式元器件（主流是0603和0805两种封装），其中片式电容、片式电阻、片式电感3大无源元件约占片式元器件总产量的85%~90%。贴片元器件具有焊接工艺简单、可靠性较高的特点。

汽车整体的安全性与汽车所有的零部件有密切关系，其底层的汽车电子元器件也有特殊的要求。电子元器件质量的保证和提升不仅与产品的设计、生产相关，也需要严格的管理和控制流程来实现，这正是上一章所介绍的内容。当然前面强调的是电子模块开发过程的控制；对于元器件供应商来说，它们需要面对的是包括汽车电子委员会AEC认证的要求：AECQ100、AECQ101和AECQ200对应集成芯片、分立元器件和被动元器件；对电子零部件企业，有QS9000和IATF 16949的质量管理要求。这里需要注意：直接供给整车企业模块或部件的企业必须通过QS9000和IATF 16949的认证；而零部件企业采用的芯片必须通过AECQ的认证。

当然为了汽车的环保特性，绿色ROHS的要求也是对电子元器件的一个较大的挑战，这将直接对电子模块的加工和制造产生较大的影响。在下面的介绍中，将以电阻、电容、二极管、晶体管和场效应晶体管等基本的元器件为例进行深入的探讨和展开。

3.1 汽车元器件的规范要求

最初,克莱斯勒、福特和通用汽车为建立一套通行的零部件企业资质及质量体系标准而设立了汽车电子协会(Automotive Electronics Council,AEC)。现在,AEC 主要是汽车制造商与美国的主要零部件制造商汇聚在一起成立的,以车载电子部件的可靠性以及认定标准的规范化为目的,AEC 建立了质量控制的标准。同时,由于符合 AEC 规范的零部件均可被上述 3 家车企同时采用,这促进了零部件制造商交换其产品特性数据的意愿,并推动了汽车零部件通用性的实施,为汽车零部件市场的快速成长打下了基础。

针对不同的元器件,AEC 提出了 3 项不同的标准:AECQ100、AECQ101 和 AECQ200,主要用于预防产品可能发生的各种失效或潜在的故障状态,引导零部件供货商在开发过程中采用符合该规范的元器件。这些标准要求元器件供应商对每一个元器件进行严格的质量与可靠性确认,确认产品数据表、使用目的、功能说明等是否符合最初需求的功能,以及在连续使用后功能与性能是否具备持续稳定的特性。

在 AECQ 文件中,对环境温度进行了基本的定义,见表 3-3,确认了元器件需要适应的温度等级。由表 3-3 可知,各种不同的元器件有着不同的适用温度区间。

表 3-3 AECQ 等级

等级划分	最低温度/℃	最高温度/℃	AECQ101	AECQ200
等级 0	-45	150	必须在这个范围内	电阻和高温陶瓷电容,要求最低温度为 -50℃
等级 1	-40	125		网络电阻、网络电容、变压器、谐振器、晶振、压敏电阻、其他钽电容和陶瓷电容
等级 2	-40	105		铝电解电容
等级 3	-40	85	LED	薄膜电阻、磁珠
等级 4	0	70		

在 AECQ 的体系中,还有非强制性的指导规范和对元器件的测试要求,这些规范规定了汽车电子半导体供应商在生产过程中的一些注意事项。

1) AECQ001 零部件平均测试指导原则:提出了参数零部件平均测试(PPAT)方法,用来检测外缘半导体组件异常特性的统计方法,用以将异常组件从所有产品中剔除。PPAT 可分为静态 PAT、动态 PAT 和地域性 PAT。地域性 PAT 即在所有晶圆的裸晶上加入邻近性权重,因此一些被不良裸晶包围或邻近的良好裸晶也可能会被剔除。

2) AECQ002 统计式良品率分析的指导原则:分为统计性良品率限制(SYL)和统计限制(SBL)两种。通过控制关键性测试参数建立一套分析和控制生产变量的系统,可用来检测出异常的材料区域,保证最终产品的质量和可靠性。所有新组件或技术在制造程序前后的不同阶段都可进行统计分析,同时也能在晶圆测试及封装最后测试的阶段被用来进行电子参数测试。AECQ002 为组件制造商提供了使用统计技巧来检测和剔除异常芯片组件的方法，让制造商在晶圆的阶段就能及早发现错误并将其剔除。

3）AECQ003 芯片产品的"电性表现"特性化的指导原则：产品的特性表现对于开发新的芯片或对现有的芯片进行调整相当重要。此标准是针对芯片的电性表现所提出的特性化指导原则，用来生成产品、制程或封装的规格及数据表，目的在于收集组件、制程的数据并进行分析，以了解此组件与制程的属性、表现和限制，检查这些组件或设备的温度、电压、频率等参数特性。

4）AECQ004 零缺陷指导原则：并不是强制性的规范，而是提出在产品生命周期中使用一些工具和制程来达成零缺陷的目标。这包括一系列的步骤，如组件设计、制造、测试和使用，以及在该流程各个阶段中采用零缺陷的工具或方法。

AECQ 的认证流程确认了汽车电子的质量基础，也为芯片业提供了一个客观的门槛，使得工程师们可以根据此项要求作为筛选可靠供应商的初选条件。因此，在电子模块的元器件检查中，确认芯片是否具备 AECQ 认证是流程工作之一。

3.1.1　什么是 ROHS

汽车电子中很强调环保的特性，最为基本的特性就是体现在选用的元器件的环保性。在电子行业中，普遍接受的环保条例是 ROHS（Restriction of Hazardous Substances）条例。2003 年 1 月欧盟议会和欧盟理事会通过了 2002/95/EC 指令，即在电子电气设备中限制使用某些有害物质指令，简称 ROHS 指令。该指令已于 2006 年 7 月 1 日开始正式实施，主要用于规范电子电气产品的材料及工艺标准，使之更加有利于人体健康及环境保护。该标准的目的在于消除电子电气产品中的铅（Pb）、镉（Cd）、汞（Hg）、六价铬（Cr^{6+}）、多溴联苯（PBBs）和多溴二苯醚（PBDEs）6 项有害物质，并重点规定了镉的含量不能超过 0.01%，其他 5 项物质含量不能超过 0.1%。该指令于 2015 年又新增了 4 项邻苯二甲酸酯物质，新增的有害物质含量也要求不能超过 0.1%。因此，被限制的有害物质增至十项，也称为 ROHS2.0。

除此之外，需要注意的是 ROHS2.0 指令已纳入 CE 认证范围，所以现在做 ROHS2.0 需按照 CE 符合性评估程序进行相关评估，出具 CE-ROHS 证书或自我申明，在产品本身或外包装上加贴 CE 认证标志。

对于汽车来说，需要遵循的是报废车辆第 2000/53/EC 决议，并且在汽车整车企业内部有对于电子材料环境保护的要求，例如：FORD 公司有 RMS——材料限制标准；FIAT 公司有汽车零部件材料要求——9.001102；GM 公司有自己的 GP 材料规范。

由于整个指令面对的是整个产品，对于一个模块来说，从元器件本身至加工工程整个都需要符合材料的限制标准。使用的电子零件都可能存在这些有害物质，典型的包括电子元器件、印制电路板材料、覆铜板、印制电路板生产工艺中使用的材料、产品的外壳等，具体如下：

镉：广泛应用于开关、弹簧、连接器、外壳、印制电路板、油墨、触头和电池中；

汞：应用于温控器、传感器、开关、继电器和灯泡中；

铅：应用于焊料、玻璃、PVC 稳定剂；

铬：应用于金属防腐蚀涂层；

多溴联苯和多溴二苯醚：应用于阻燃剂、PCB、连接器、塑料外壳。

面对这样的情况，设计工程师需要在选料前期就必须搞清楚 BOM 表中使用的元器件的情况。在前期也需要引入元器件物料的管理。让人感到困惑的事情是：目前没有统一的符合 ROHS 产品的标识标准或方法，供应商在产品上标识"ROHS Complaint""PbFree"等，每个公司都根据自己的实际情况制定自己的编号标识方法。不过无铅产品的标识可参考 IPC1066 标准，但不表明这样标识的产品符合 ROHS 要求。因此，面对不同地区的项目需要考虑的标准也不同，设计者必须对所有的元器件和模块的制作过程有一个先期的规划和控制。

在印制电路板加工过程中，采用无铅工艺意味着更高的温度，对于某些敏感器件而言，这种焊接过程带来了更多的误差，特别对于湿度敏感器件可能产生破坏性的影响；对整个印制电路板贴装加工的影响也非常大，如图 3-2 所示。

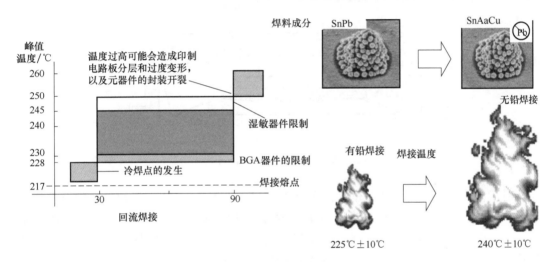

图 3-2 无铅焊接的限制和影响

3.1.2 器件氧化和湿敏元件

湿度敏感器件主要指非气密性贴片器件，包括塑料封装和其他透水性聚合物封装（环氧树脂、有机硅树脂等）。一般 IC（Integrated Circuit，集成电路或集成芯片）、芯片、电解电容、LED 等都属于非气密性 SMD 器件。湿度敏感器件暴露在大气中，大气中的水分会通过扩散渗透到湿度敏感器件的封装材料内部。当器件被贴装到 PCB 上以后，要经过回流焊炉进行回流焊接。在回流区，整个器件要在 183℃ 以上保持 30~90s，最高温度可能为 225℃±10℃；无铅焊接的峰值温度会更高，大约为 240℃±10℃。

在回流区的高温作用下，器件内部的水分在从液态转换为气态的过程中，体积快速膨胀，如图 3-3 所示。器件含有不同的材料，在这个过程中材料之间的热膨胀与水蒸气产生的应力会失去调节，材料之间的结合部位则会产生不良变化，往往会造成器件剥离分层或爆裂，导致器件的电气性能受到影响或破坏。从外部来看，器件外观可能产生变形、裂缝等，内部晶圆也有可能损坏失效，器件中水分的作用可直观地称为"爆米花"现象。这样的破坏是内部的，与 ESD（Electro-Static Discharge，静电释放）

破坏类似，大多数情况下，凭借肉眼是看不出来这些变化的。而且在测试过程中，由湿度敏感性引起的问题也不会表现为完全失效。

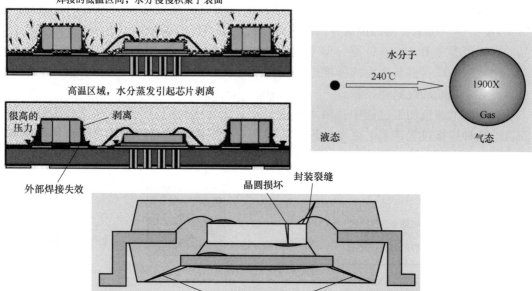

图 3-3　贴片芯片的构成

对于湿度敏感性可采用湿度敏感等级来描述，见表 3-4。硬件工程师通常负责样品申请和样品管理，需要注意并极力避免湿度方面的影响。在手工焊接中，由于温度不均匀，有时出现的问题更为古怪。为了保证管理的合理性，在接收到样品以后，需要进行烘烤处理才能保证样品在手工或者自动生产线上的使用，不同芯片的处理要求见表 3-5。

表 3-4　湿度敏感等级

湿度敏感等级	拆封使用	存放条件	备注
1	不限	<30℃，85%RH	部分被动元器件
2	1 年	<30℃，60%RH	
2a	4 周	<30℃，60%RH	较为敏感的集成芯片
3	168h	<30℃，60%RH	
4	72h	<30℃，60%RH	
5	48h	<30℃，60%RH	
5a	24h	<30℃，60%RH	
6	6h	<30℃，60%RH	器件使用之前必须经过烘烤，并且必须在潮湿敏感注意标贴上所规定的限定时间内回流

表 3-5 不同芯片的处理要求

烘烤条件		温度：150℃			温度：125℃		
		烘烤时间/h			烘烤时间/h		
芯片厚度		$H\leq1.4$mm	$H\leq2$mm	$H\leq4.5$mm	$H\leq1.4$mm	$H\leq2$mm	$H\leq4.5$mm
湿度敏感级别	2a	4	11	24	8	23	48
	3	8	21	24	16	43	48
	4	10	24	24	21	48	48
	5	12	24	24	24	48	48
	5a	14	24	24	28	48	48
烘烤条件		温度：90℃，湿度≤5%RH			温度：40℃，湿度≤5%RH		
		烘烤时间/h			烘烤时间/天		
芯片厚度		$H\leq1.4$mm	$H\leq2$mm	$H\leq4.5$mm	$H\leq1.4$mm	$H\leq2$mm	$H\leq4.5$mm
湿度敏感级别	2a	17	72	240	8	29	79
	3	33	96	240	13	37	79
	4	37	120	240	15	47	79
	5	41	144	240	17	57	79
	5a	54	196	240	22	79	79

3.2 电阻基础

谈起汽车电子中使用的元器件，首先提到的是电阻，它是实现电路的最基本的元件之一，通常在模块的 BOM 表中占据最多的项目和数量。电阻在汽车电子产品中的应用，根据安装方式不同一般分为如下两类：

1）贴片电阻也称为片式固定电阻器，其制造工艺是将金属粉和玻璃釉粉混合，采用丝网印制法印在铝基板上制成的。目前大部分模块中应用最多的电阻类型就是贴片电阻，其相关焊接工艺决定了未来它将占据绝对的主流。此类电阻按照制造工艺可以分为厚膜电阻和薄膜电阻，它们的价格、精度、参数和特性有一定的差异，在使用中需要格外注意。

2）插件电阻就是常说的插孔式电阻，此类电阻在汽车电子的使用中较为少见，通常用于大功率电阻的安装方式，作为限流电阻分离使用。

电阻的参数容易被人忽略，作为工程师不能只关心阻值这个参数，因为其他几个参数也会对电阻的使用造成很大的影响。电阻的常见参数有以下几个：

1）标称值：标称在电阻上的电阻值称为标称值，即通常所说的电阻值。由于电阻精度的定义，电阻值并不是任意选取的，在本书后面将详细介绍电阻的选取。

2）初始精度：每个电阻都有一个初始精度，表征电阻出厂的容许偏差，这个值也是通常谈到的精度。需要注意：这个值表征的是电阻生命周期中最好的状态。

3）额定环境温度：指最大环境温度，注意该环境温度指的是在电子模块中电阻周围接触的空气的温度，并不是电子模块外部环境空气的温度。

4) 额定功率：指在额定环境温度下，电阻可连续运行时所加载的功率最大值。额定功率是由电阻的封装所决定的，电阻的封装越大，其功率也越大，见表3-6。

表3-6 电阻的主要参数

封装型号	额定功率/W	最大工作电压/V	最高负荷电压/V
0201	1/20	25	50
0402	1/16	50	100
0603	1/10	50	100
0805	1/8	150	200
1206	1/4	200	400
1210	1/2	200	400
	1/3	200	400
2010	3/4	200	400
2512	1	200	400

5) 额定电压：指在额定环境温度下，电阻可连续运行时所承受的电压最大值。额定电压与电阻的封装和电阻值有一定的关系。

6) 最大工作电压：指电阻工作时能够连续承受的最大电压。最大工作电压与电阻的封装大小有直接的关系，可参考表3-6。

7) 最高负荷电压：在过负荷实验（IEC 601151：2001 4.13）中5s内可能施加的电压最大值，通常施加的电压是额定电压的2.5倍或极限电压的2倍（两者取较低者）。

8) 耐电压：参照耐电压实验（IEC 601151：2001 4.7），在电极与电阻体指定位置之间施加1min的交流电压。

9) 温度系数：指两个规定温度之间的阻值相对变化除以两个温度之差，一般用每摄氏度百万分之一（10^{-6}/℃）来表示。温度系数越小，电阻的稳定性越好。阻值随温度升高而增大的称为正温度系数，反之为负温度系数。

3.2.1 电阻的选值探究

有些人在进行设计时，往往认为电阻值是可以连续任意调节的，但实际上这是错误的观点。在大规模通用电阻中，并不是所有阻值的电阻都是在市场上存在的。美国电子工业协会在20世纪定义了一个标准电阻值系统，它定义了几个系列精度值的电阻值，见表3-7，分别是E3、E6、E12、E24、E48、E96和E192，E后面的数字代表从100到1000总共有几个阻值，其他电阻值按10的指数乘除得到。电阻厂家会对电阻进行编号，通常使用A～M来代表0.05%～20%的精度等级。贴片电阻在表面一般标有3位或4位数码表示电阻标称值，按从左到右的顺序，前几位为有效值，末位为指数，共同构成了电阻的标识方法。

在汽车电子领域中最为常见的是1%和5%精度的电阻，这两种精度的电阻工艺可以通过金属釉厚膜实现,高于1%的精度必须采用金属薄膜电阻,其价格比厚膜电阻昂贵百倍并且容易受到湿度和应力的影响,设计工程师选择时需要慎重使用此类电阻,在某些精度要求特别苛刻的环境下可以考虑选用。

表 3-7 电阻精度的定义

代号	精度	符号	分类	备注	状态
E3	50%		$\sqrt[3]{10}=2.154$	2 位有效数字	停止使用
E6	20%	M	$\sqrt[6]{10}=1.468$	2 位有效数字	汽车电子领域较少使用
E12	10%	K	$\sqrt[12]{10}=1.212$	2 位有效数字	汽车电子领域较少使用
E24	5%	J	$\sqrt[24]{10}=1.101$	2 位有效数字	通用设计选择
E48	2%	G	$\sqrt[48]{10}=1.049$	3 位有效数字	通用设计选择
E96	1%	F	$\sqrt[96]{10}=1.024$	3 位有效数字	主流高精度选择
E192	0.50%	D	$\sqrt[192]{10}=1.012$	3 位有效数字	价格昂贵,慎重使用
E192	0.25%	C	$\sqrt[192]{10}=1.012$	3 位有效数字	价格昂贵,慎重使用
E192	0.10%	B	$\sqrt[192]{10}=1.012$	3 位有效数字	价格昂贵,慎重使用
E192	0.05%	A	$\sqrt[192]{10}=1.012$	3 位有效数字	价格昂贵,慎重使用

在大多数情况下,选取非通用电阻时,往往需要使用多个电阻进行组合,这会使整个设计变得比较复杂。因此在设计过程中,首要确定的并不是标称电阻值而是电阻的初始精度。初始精度的确定需要根据不同的应用而变化,比如在大部分限流电阻和数字逻辑分压电阻中,并不需要高精度,一般选取 5% 的精度;在模拟电压和电流采集电路中,所用的电阻一般需要选取 1% 的精度。确定初始精度后,再根据表 3-8 中的标称电阻值选取可用的电阻值。电阻值的范围一般是 $1\Omega \sim 10M\Omega$。电阻值越小,对电阻功率的要求越高,往往导致电阻的封装变大;另一方面,若电阻选择偏小,会导致工作电流和静态电流偏大,不能满足低功耗的设计要求。当然,若电阻选择过大,也会导致工作点的电流过小,引起不必要的电压降。因此需要慎重选择标称电阻值的大小,一般 $1k\Omega \sim 1M\Omega$ 的电阻使用最为广泛。

表 3-8 电阻标称值

E24	E48	E96	E192	E24	E48	E96	E192	E24	E48	E96	E192
100	100	100	100	110	110	110	110	120	121	121	121
			101				111				123
		102	102			113	113			124	124
			104				114				126
	105	105	105		115	115	115		127	127	127
			106				117				129
		107	107			118	118			130	130
			109				120				132

（续）

E24	E48	E96	E192	E24	E48	E96	E192	E24	E48	E96	E192
130	133	133	133	200	200	196	196	300	287	287	287
			135				198				291
		137	137			200	200			294	294
			138				203				298
	140	140	140		205	205	205		301	301	301
			142				208				305
		143	143			210	210			309	309
			145				213				312
150	147	147	147	220	215	215	215	330	316	316	316
			149				218				320
		150	150			221	221			324	324
			152				223				328
	154	154	154		226	226	226		332	332	332
			156				229				336
		158	158			232	232			340	340
			160				234				344
160	162	162	162	240	237	237	237	360	348	348	348
			164				240				352
		165	165			243	243			357	357
			167				246				361
	169	169	169		249	249	249		365	365	365
			172				252				370
		174	174			255	255			374	374
			176				258				379
180	178	178	178	270	261	261	261	390	383	383	383
			180				264				388
		182	182			267	267			392	392
			184				271				397
	187	187	187		274	274	274		402	402	402
			189				277				407
		191	191			280	280			412	412
			193				284				417

(续)

E24	E48	E96	E192	E24	E48	E96	E192	E24	E48	E96	E192
430	422	422	422	560	562	562	562	750	750	750	750
			427				569				759
		432	432			576	576			768	768
			437				583				777
	442	442	442		590	590	590		787	787	787
			448				597				796
		453	453			604	604			806	806
			459				612				816
470	464	464	464	620	619	619	619	820	825	825	825
			470				626				835
		475	475			634	634			845	845
			481				642				856
	487	487	487		649	649	649		866	866	866
			493				657				876
		499	499			665	665			887	887
			505				673				898
510	511	511	511	680	681	681	681	910	909	909	909
			517				690				920
		523	523			698	698			931	931
			530				706				942
	536	536	536		715	715	715		953	953	953
			542				723				965
		549	549			732	732			976	976
			556				741				988

以 KOA 公司的电阻系列为例,贴片电阻按照工艺可分为金属釉厚膜电阻和金属薄膜电阻,如表 3-9 所列;按照精度可划分为通用型电阻、精密型电阻和超精密型电阻;同时也有分立电阻和网络电阻的区分。这些电阻是比较常用的类型,后续章节将按照这些分类类型去介绍电阻使用的注意事项。

表 3-9 KOA 电阻系列

系列	类型	0.05%	0.1%	0.25%	0.5%	1%	2%	5%	描述
RK73B	厚膜电阻		√				√		通用型金属釉厚膜电阻
RK73H	厚膜电阻				√	√			精密型金属釉厚膜电阻
RK73G	厚膜电阻				√	√			超精密型金属釉厚膜电阻

(续)

系列	类型	0.05%	0.1%	0.25%	0.5%	1%	2%	5%	描述
RN73	薄膜电阻	√	√	√	√				超精密型金属薄膜电阻
RN73H	薄膜电阻	√	√	√	√	√			耐热性高的金属薄膜电阻
CN	厚膜排阻					√	√	√	通用型金属釉厚膜网络电阻
CNN	薄膜排阻	√	√	√					超精密型金属薄膜网络电阻

3.2.2 不同工艺造成的影响

工程师往往对贴片电阻的内部结构了解较少，电阻结构直接决定了它的特性。如图 3-4 所示，电阻由陶瓷基板、电阻膜、内部电极、保护膜和焊接端子电镀所组成。通常所说的厚膜是指金属釉膜，薄膜是指金属膜。虽然从图 3-4 中看它们的结构非常相似，但是其工艺和制作过程并不相同，电阻的特性也有较大差异。

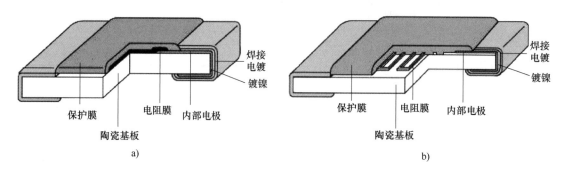

图 3-4 贴片电阻的构成
a) 厚膜电阻 b) 薄膜电阻

1) 金属釉厚膜：是将金属粉和玻璃釉粉混合，采用丝网（厚膜工艺）印制法印在基板上制成的。厚膜电阻成本低，厚膜和薄膜价格相比差十倍以上；厚膜电阻比薄膜电阻鲁棒性要强很多，耐热和耐潮更好，静电特性等也相对较强。因此，如果不是应用在高功率、高精度和高频的场合时，则优先选择厚膜电阻。厚膜电阻的极限精度是 0.5%，并且在 AECQ200 规定的实验中表现相对较好。

厚膜电阻存在着一个很大的问题就是高频特性较差。信号如果在高频段工作时，存在趋肤效应，如图 3-5 所示，厚膜电阻在高频时的电阻值存在一定偏差。同时厚膜电阻的精度较低，在下一节的计算中可看到明显的对比结果。

在采集电路中，如果精度要求较高或在高速采集的场合，并不适用厚膜电阻，因为它的电流噪声较大，且温度系数很大，导致了测量的波动很大。在汽车电子设计中，往往需要在采集的阈值上考虑加上滞回环节，以避免由采集对象的波动和系统噪声引起的状态切换，如图 3-5 所示。

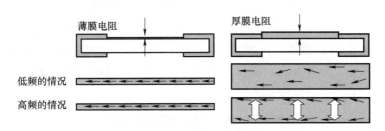

图 3-5 厚膜电阻、薄膜电阻高频特性对比

2) 金属薄膜：是用真空蒸发的方法将合金材料蒸镀于陶瓷基板上制成的。

薄膜电阻的优点是可以做到很高的精度且温度特性好。由于排列紧密，使得薄膜电阻的电流噪声较小。如图 3-6 所示，薄膜电阻由于采用金属薄膜，在趋肤效应中变化并不明显，高频特性非常好；并且由于薄膜电阻排列均匀，其电流噪声和精度变化都要比厚膜电阻小很多。薄膜电阻的电子流动有序而平稳，减少了噪声的产生。与之相反，厚膜电阻内部由于路径较多，电子随机运动导致了噪声的产生。

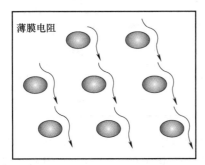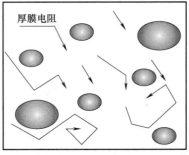

图 3-6 电阻电流噪声对比

厚度在几十 nm 的金属薄膜，外部采用 15μm 的有机涂料保护层，使得金属薄膜免受氧化，然而保护层往往并不具备完全防潮的性能。在生产和装配过程中离子污染的情况和电路板组装过程中薄膜电阻的损坏，会导致薄膜电阻的耐湿性和耐腐蚀性很不理想，例如，通常焊剂内含有钠离子和氯离子物质，在采用无铅焊接方式时情况更严重，因此需要进行充分清洗。

薄膜电阻，特别是 NiCr 材质的电阻，往往是湿度敏感的，在高温高湿的环境下可能失效。在选用时，一定要和供应商确认是否经过 85℃、85% 相对湿度环境中以工作状态运行 1000h 的实验。

薄膜电阻对静电（ESD）更加敏感，其直角拐点处是静电损伤的薄弱区，因此在生产和装配过程中需要特别注意静电的保护。在薄膜电阻的附近也要设计专门的静电泄放回路，以避免工作中的静电对电阻产生影响。

3.2.3 获取电阻的最坏精度

在元器件数据库的参数库中，最坏精度是一个非常重要的参数。电阻的实际偏差和很多因素有关，而人们能看到的初始精度与最坏精度有较大的差距。电阻在模块运行过程中，经过一系列的环境条件之后，其偏差会随着各种条件而增大，这个过程与很多因素有关，因此需要估计在这些因素影响以后的电阻精度情况。在 AECQ200 中有一系列的实验和测试数据，这些内容包括温度系数、焊接高温、潮湿、低温放置、高温放置、热冲击、脉冲冲击、温度循环和寿命影响，这些影响因素的大小如表 3-10 所列。

表 3-10 电阻实验引起的精度变化

实验项目	偏差代号	RK73B	RK73H	RK73G	RN73	RN73H	CN	CNN
初始偏差	Tol	根据初始进度表选取						
温度系数	TC	200	100	50	100	100	200	25
焊接高温	TS	1.0%	0.5%	0.4%	0.1%	0.05%	1%	0.1%
潮湿	TM	1.50%	0.75%	0.6%	0.5%	0.1%	2%	0.25%
低温放置	TL	0.75%	0.5%	0.5%	0.25%	0.15%	1%	0.15%
高温放置	TH	0.75%	0.5%	0.5%	0.15%	0.1%	1%	0.1%
热冲击	TT	0.75%	0.5%	0.5%	0.25%	0.1%	1%	0.1%
脉冲冲击	TP	2.5%	1.5%	1.0%	0.30%	0.3%	1%	0.3%
温度循环	TCC	1.0%	0.75%	0.500%	0.25%	0.25%	1%	0.25%
寿命	TLF	1.50%	0.75%	0.75%	0.25%	0.25%	2%	0.25%

按照 5.2.3 小节介绍的，采用最坏情况分析中平方根分析法计算电阻的精度。需要进行修正的一点是电阻的温度系数，它是线性相关的，可将它与其他影响因素独立出来进行分析，按照这种方法可得到电阻精度的上限值是：

$$\text{Tol}_{\text{high}}(\text{type}, \text{tol}, \text{temp}) := ^{\ominus} \text{temp\_tol}\left(\frac{\text{Ptbl}_{10,\text{type}}}{10^6}, \text{temp}\right) +$$

$$\sqrt{\text{tol}^2 + (\text{Ptbl}_{1,\text{type}})^2 + (\text{Ptbl}_{2,\text{type}})^2 + (\text{Ptbl}_{3,\text{type}})^2 + (\text{Ptbl}_{5,\text{type}})^2 + \cdots + (\text{Ptbl}_{6,\text{type}})^2 + (\text{Ptbl}_{7,\text{type}})^2 + (\text{Ptbl}_{8,\text{type}})^2 + (\text{Ptbl}_{9,\text{type}})^2}$$

精度的下限值是：

$$\text{Tol}_{\text{low}}(\text{type}, \text{tol}, \text{temp}) := \text{temp\_tol}\left(\frac{\text{Ptbl}_{10,\text{type}}}{10^6}, \text{temp}\right) -$$

$$\sqrt{\text{tol}^2 + (\text{Ptbl}_{1,\text{type}})^2 + (\text{Ptbl}_{2,\text{type}})^2 + (\text{Ptbl}_{3,\text{type}})^2 + (\text{Ptbl}_{5,\text{type}})^2 + \cdots + (\text{Ptbl}_{6,\text{type}})^2 + (\text{Ptbl}_{7,\text{type}})^2 + (\text{Ptbl}_{8,\text{type}})^2 + (\text{Ptbl}_{9,\text{type}})^2}$$

经过计算发现，不同材质的电阻即使初始精度相同，其最终的老化精度也不相同，如表 3-11 所列。并且发现，电阻的精度与温度有着很大的关系，比如 RK73H 的电阻在 85℃时的偏差为 -1.84% ~ 3.04%；而在 -40℃时的偏差为 -3.09% ~ 1.79%。在计算过

$\ominus$ ：= 为 MATHCAD 工具软件中的赋值，用于公式的定义。

程中，由于某个时间只有一个温度，使得计算变得很复杂，需要做迭代和分割。为了更简单地完成运算并且不至于得到过小的结果，一般采用增大区间的方法，使用-3%~3%来覆盖整个温度范围内的最大值和最小值。虽然这个值可能并不是真实发生的，不过确实可以在双端值的最坏分析中完成简化的目的。一般有两条经验规则：

1）±1%的电阻采用±3%的最坏精度进行估计。
2）±5%的电阻采用±8%的最坏精度进行估计。

使用这两条规则可快速进行分析和计算，SAE1772 的电阻偏差也是按照此规则进行的。

表 3-11 电阻最终的精度结果

类型	精度							备注
	0.05%	0.1%	0.25%	0.5%	1%	2%	5%	
RK73B	—	—	—	—	—	−6%	−8%	−40℃的最小偏差
	—	—	—	—	—	4%	7.48%	85℃的最大偏差
RK73H	—	—	—	−2.93%	−3.09%	—	—	−40℃的最小偏差
	—	—	—	2.88%	3.04%	—	—	85℃的最大偏差
RK73G	—	—	—	−2.48%	−2.67%	—	—	−40℃的最小偏差
	—	—	—	2.43%	2.62%	—	—	85℃的最大偏差
RN73	−0.82%	−0.86%	−0.99%	−1.26%	−1.92%	—	—	−40℃的最小偏差
	0.82%	0.86%	0.98%	1.23%	1.87%	—	—	85℃的最大偏差
RN73H	−0.55%	−0.59%	−0.74%	−1.05%	−1.78%	—	—	−40℃的最小偏差
	0.55%	0.59%	0.73%	1.02%	−1.78%	—	—	85℃的最大偏差
CN	—	—	—	−8.80%	−8.85%	−9.05%	−10.3%	−40℃的最小偏差
	—	—	—	8.70%	8.75%	8.95%	10.2%	85℃的最大偏差
CNN	−0.61%	−0.65%	−0.79%	—	—	—	—	−40℃的最小偏差
	0.61%	0.64%	0.78%	—	—	—	—	85℃的最大偏差

当然，在精度要求较高的场合，经验法就无法使用了。需要温度系数以外的部分都取常数，并且构造精度与温度的函数：

$$\text{temp\_tol}(TCR, temp) := TCR \cdot (temp - 25℃)$$

在某些情况下，对环境因素还要细分成为电子模块下线校正过程中能去除的部分。这个运算也相对简单，可以选出初始偏差、焊接高温、高温放置和低温放置这几个部分，得到校正时的精度，然后作为一个反馈参数，得到的结果见表 3-12。在后续的设计中，将结合其他偏差详细介绍。

表 3-12 电阻受环境影响精度参数

类型	精度						
	0.05%	0.10%	0.25%	0.50%	1%	2%	5%
RK73B	—	—	—	—	—	4%	6%
RK73H	—	—	—	2.28%	2.44%	—	—

(续)

类型	精度						
	0.05%	0.10%	0.25%	0.50%	1%	2%	5%
RK73G	—	—	—	1.83%	2.02%	—	—
RN73	0.79%	0.80%	0.83%	1.26%	1.27%	—	—
RN73H	0.52%	0.53%	0.58%	0.72%	1.13%	—	—
CN	—	—	—	7.50%	7.55%	7.75%	9.00%
CNN	0.58%	0.58%	0.63%	—	—	—	—

3.2.4 贴片电阻的散热

由于汽车电子中非常糟糕的热环境，使得在使用电阻时，需要对其热情况进行单独的考量。在通常的参考文件中，电阻的耗散功率一般与环境温度有关，并且以电阻降功率曲线来描述散热能力，如图3-7所示。

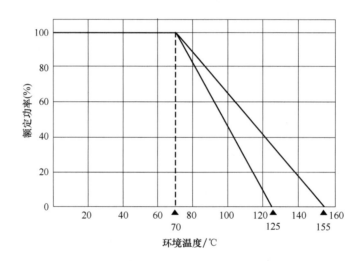

图 3-7 电阻降功率曲线

以典型的电阻降功率曲线为例，图 3-7 中的关键参数说明如下。

70℃：额定的环境温度值，超过这个数值，电阻的散热功率就开始下降了。

125℃：需要注意的是，所有排阻的最高工作温度都是125℃，这是 AECQ200 规定的二类器件，因此从分立的电阻切换至排阻时需要仔细校核电阻的散热情况。

155℃：这是分立贴片电阻的最高工作温度，电阻在不同温度下的降额功率都是通过这个温度来计算的。

环境温度：需要注意的是，这并不是模块外部的环境温度，而是模块内部电阻表面的温度。因此在计算过程中，需要加上模块热量在内部引起的温升。

额定功率降额：按照电阻环境温度以下的额定功率计算当前的实际散热功率。公式如下：

$$P_{\text{derated}} = \left| \begin{array}{l} P_c \cdot \left(1 - \dfrac{T_{\text{a\_max}} - 70}{T_{\text{max}} - 70}\right) \quad \text{if } T_{\text{a\_max}} > 70 \\ P_c \quad \text{otherwise} \end{array} \right.$$

出于降额使用的考虑，电阻的功率一般采用以下的考量：小于 1W 的电阻一般会采用 70%～80%，大于 1W 的电阻一般采用 50%，实际的功率曲线如图 3-8 所示。

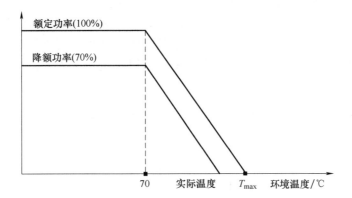

图 3-8 电阻降额功率曲线

3.2.5 电阻防浪涌的能力

上一节主要介绍了电阻的稳态功率，这里则是考虑电阻的瞬态功率。实质上，大多数工程师只有一个很模糊的概念，认为电阻的瞬态功率是稳态功率的好几倍，但是并没有办法确定电阻在哪些浪涌脉冲的条件下会失效。根据电阻供应商提供的测试，一般能够得到电阻的单个脉冲最高功率，如图 3-9 所示。

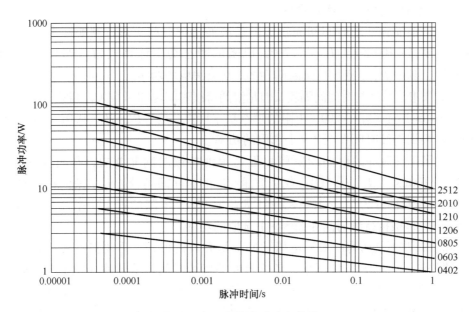

图 3-9 电阻额定脉冲功率曲线

图 3-9 是在额定环境温度以下所做的测试。如果环境温度超过了额定环境温度,则需要对脉冲功率进行降额,环境温度每升高 1℃,脉冲功率降额 1.25%。从上面的脉冲持续时间和封装可以得出各类电阻的单脉冲峰值功率,对照表 3-6,确实可以发现额定的脉冲功率要比电阻的额定功率高很多倍。经过电阻供应商的测试,功率低于图 3-9 中数值时,电阻一般不会有任何明显的退化。但是需要注意的是,在长期的工作过程中,电阻可能经历很多重复的浪涌脉冲,电阻值仍可能会退化。

实质上,由于浪涌脉冲是重复的,还需要考虑脉冲的间隔时间,如图 3-10 所示。一般可以按照下面几种情况来计算电阻额定瞬态功率。需要注意的是,如果计算出的电阻额定瞬态功率小于电阻的额定功率,则以额定功率为主,且必须根据环境温度进行降额。

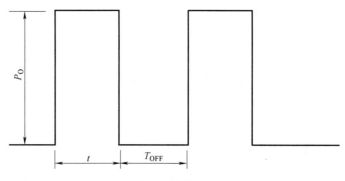

图 3-10 重复脉冲定义

1) 如果浪涌脉冲的时间间隔特别短暂,判断标准为间隔时间 $T_{OFF}<4\mu s$ 或 $T_{OFF}<5ms$ 并且 $(T_{OFF}/t)<1$,将浪涌脉冲看成是稳态连续的功率,电阻的瞬态功率计算式为:$P_M=P_C$,其中 P_C 为电阻的额定功率。

2) 如果浪涌脉冲的时间间隔较短但是浪涌持续时间更短,判断标准为间隔时间 $T_{OFF}>4\mu s$,$T_{OFF}<100\mu s$ 且 $T_{OFF}/t<700$,电阻的瞬态功率计算式为:$P_M=P_0 \cdot 0.01 \cdot (T_{OFF}/t)^{0.7}$,其中 P_0 是根据持续时间在图 3-9 上选取的功率。

3) 如果浪涌脉冲的时间间隔较长但是浪涌持续时间也相对很久,判断标准为间隔时间 $T_{OFF}>100\mu s$ 并且 $T_{OFF}/t<200$,电阻的瞬态功率计算式为:$P_M=P_0 \cdot 0.01 \cdot (T_{OFF}/t)^{0.85}$,其中 P_0 是根据持续时间在图 3-9 上选取的功率。

4) 如果浪涌脉冲的时间间隔较短但是浪涌持续时间非常短,判断标准为 $T_{OFF}>4\mu s$,$T_{OFF}<100\mu s$ 且 $T_{OFF}/t>700$;或是浪涌脉冲的时间间隔较长但是浪涌持续时间也相对很短时,判断标准为 $T_{OFF}>100\mu s$ 并且 $T_{OFF}/t>200$,电阻的瞬态功率计算式为:$P_M=P_0$,其中 P_0 是根据持续时间在图 3-9 上选取的功率。

实际上,并不是所有的浪涌电压脉冲都是方波的形式,需要将不规则脉冲功率转化成方波的形式,如图 3-11 所示,考虑脉冲的持续时间是从脉冲开始至电阻瞬时功率与电阻额定功率相等时。如图 3-11 所示,将整个脉冲等效成 $t/2$ 的方波,上下两个三角形的面积是近似相等的。因此面临单个浪涌脉冲时,计算出脉冲功率即可对照图 3-11 得出对比结果。

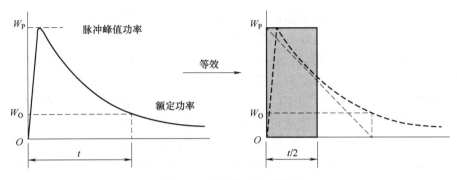

图 3-11 电阻脉冲功率等效

如果存在电阻功率呈现交流的波形，则取"包络线"进行等效，然后再通过上面的方法等效，如图 3-12 所示。

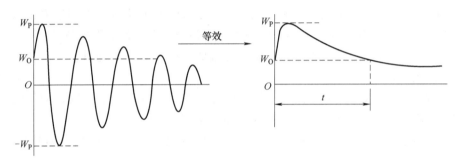

图 3-12 交流电阻脉冲功率等效

3.2.6 大封装产生的问题

汽车电子中的冷热环境对电阻选用也存在一定的限制。贴片电阻的基材一般是氧化铝，由于和电路板的热膨胀系数不同，在反复施加热循环的等热应力时，连接部的焊缝会发生裂纹。这是因为受热使印制电路板发生弯曲变形，待电路板完全冷却后，元器件会受到一个直接力的作用，使得焊点产生裂纹。特别需要注意：2010 和 2512 大封装电阻，由于热膨胀大且电阻自身的发热较为严重，故在环境温度变化较大或热冲击时，电阻的裂纹非常容易产生，如图 3-13 所示。

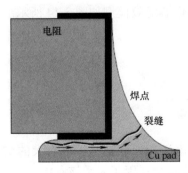

图 3-13 大封装电阻在温度循环下的焊接裂纹

在实际测试中，采用环氧树脂印制电路板，在-40~155℃的范围内进行热循环实验时，0402~1206 封装的电阻都不容易产生裂纹。因此，需要慎重使用 2010 和 2512 这两种封装的电阻。需要注意的是，热应力产生的裂纹与电阻焊盘大小、焊锡量和电路板的散热特性有关，设计者需要事先就大电阻的问题与工厂的工艺工程师沟通。

一般很少采用 0201 以下的电阻，这是因为 0201 片状电阻比 0402 电阻小 75%，这种封装要求贴装精度高但又不能降低速度。采用这种封装意味着更高的密度，这也是困扰较小元器件的主要原因之一。高密度使得贴装的任务难度大了一个数量级，更小的焊盘意味着更窄的元器件间距。对于密度高的 PCB，贴装精度直接影响回流焊接后的装配缺陷数量；并且由于电路板需要经受振动和冲击实验的考验，一般采取较大的封装。

在设计过程中，其他贴片元器件使用注意事项如下：

1) 贴片电阻的端子排列应与印制电路板的垂直方向一致。

2) 如果采用拼板，电阻元件不能放在过于贴近印制电路板边沿的地方，以免焊完后分板时，由于印制电路板的变形、弯曲等受到各种应力导致电阻失效。

3) 不要在接插件附近放置贴片电阻，在接插件插入和拔出的过程中，产生的应力也会使电阻失效。

4) 电阻的焊盘大小必须一致，否则将会导致焊盘上焊锡量的不同，使得两端的应力不同，电阻会被拉向一边，这个问题可以通过阻焊解决。

5) 如果电阻放在其他大的元器件周围，焊锡凝固时，电阻也容易拉向大元器件一边。

3.3 电容基础

电容虽然从数量上比电阻用得略少，但在汽车电子中也是必不可少的，也会占据 BOM 表的很大一部分。在汽车电子中，电容按功能用途不同可分为高频旁路、低频去耦、滤波、调谐、高频耦合和低频耦合等。对于以上的功能分类，通俗地说电容在电路中起到缓冲的作用，包括提供电流或者是吸收电流两种方式。

在实际使用过程中需要注意：电容在很多时候都不是理想电容，因此了解电容的等效模型是非常重要的。除了电容的容值以外，电容还有等效串联电阻 ESR、等效串联电感 ESL 和等效并联电阻 EPR 这 3 个寄生参数。电容等效模型如图 3-14 所示。

图 3-14 电容等效模型

ESR 由电容的引脚电阻与电容两个极板的等效电阻相串联构成。当有大的交流电流通过电容时，ESR 使电容消耗能量，由此电容中常用损耗因子表示该参数。

ESL 由电容的引脚电感与电容两个极板的等效电感串联构成。

EPR 为电容泄漏电阻,在交流耦合应用、电荷存储应用和高阻抗电路中应用时,它是一项重要参数。理想电容中的电荷应该只随外部电流变化,然而实际电容中的 EPR 使电荷以 RC 时间常数决定的速度缓慢泄放。

接下来,通过一个电容的参数来分析电容使用过程中应该注意哪些问题。根据这些测定的参数,将计算得到想要获取的数据。

1)标称电容量:电容产品标出的电容量值。这个电容容量通常需要与额定电压一起才有意义。通常电解电容的容量较大但精度较低,陶瓷电容的容量较小但精度较高。当然,与电阻类似,电容的许用容值也是有限的。其精度代号为:D == 005 级 == ±0.5%,F == 01 级 == ±1%,G == 02 级 == ±2%,J == Ⅰ级 == ±5%,K == Ⅱ级 == ±10%,M == Ⅲ级 == ±20%。

在具体介绍各种电容时会详细叙述不同的材质和特性对电容的影响。

2)温度范围:电容设计所确定的能连续工作的环境温度范围。有 3 个参量较为常用:最大工作温度、最小工作温度和额定温度,其中额定温度是指可以连续施加额定电压的最高环境温度。环境温度与电容的特性有着密切的关系,比如铝电解电容低温时 ESR 会突然增大,某些电容的温度系数非常高,在后续分析中将重点介绍。

3)额定电压:在最小工作温度至额定温度之间的任一温度下,可以连续施加在电容上的最大直流电压或最大交流电压的有效值或脉冲电压的峰值。

4)损耗因数:也称为损耗角正切,是在规定频率的正弦电压下,电容的损耗功率除以电容的无功功率即损耗因数。损耗因数也是 ESR 同容性阻抗的比值,因此与 ESR 有关,其关系如图 3-15 所示。

5)漏电流:指在给定的额定电压下流过电容的直流电流值。这个数值与几个因素有关,分别是电容上的电压、电容的容量和电容的温度。通过下式可以进行估计:

$$I_{LEAK} = k \times V_{DC} \times C$$

式中,k 是常数;C 是电容的容量。

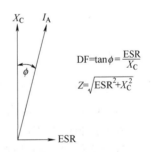

图 3-15 损耗因数

在实际的电路设计中,经常使用的电容类型有 3 种:独石电容、铝电解电容和钽电解电容。

独石电容也称为多层陶瓷电容(MLCC)。它的结构是在若干片陶瓷薄膜坯上被覆以电极浆材料,叠合后一次烧结成一块不可分割的整体,外面再用树脂包封而成。它的优点是体积小、容量大、可靠性高和高温特性好,在汽车电子电路中大量使用这种电容,比例可能超过 90%。

铝电解电容用浸有糊状电解质的吸水纸夹在两条铝箔中间卷绕而成,是用氧化膜作介质的电容,内部的氧化膜有单向导电性质,因此铝电解电容是有正、负极的。它的特点是:有正、负极性,容量超大,能耐受大的脉冲电流;容量偏差大并且受寿命影响,存在较大的泄漏电流。在汽车电子中,它的使用慢慢呈现下降趋势,因其在电压环境下易受到钽电解电容的影响,在高压下易受到薄膜电容的威胁。它的优点是价格低,缺点是寿命短。

钽电解电容采用烧结的钽块作正极,电解质使用固体二氧化锰。与普通电解电容相比较而言,其在容量偏差、体积、寿命、温度特性、频率特性和可靠性方面均占有特别的优势,最为突出的还是漏电流极小,储存性良好。最大的缺点是耐压特性差,特别是对脉冲电流的耐受能力非常弱,失效后短路状态的概率较高,这极大地限制了钽电解电容的使用范围。

3.3.1 数字噪声来源

讨论电容的作用要从分析电源噪声的来源开始,通过分析可深入地了解电容在这个过程中起到了什么作用。噪声的本质是数字电路中形成的瞬间冲击电流,主要有两个成因:负载电流和穿通电流。

负载电流指当输出为容性负载时,状态切换时电容的充电电流与放电电流。数字电路的电流波动很大一部分是由负载电流的变化引起的。由于驱动电路的负载并不一定是纯阻性的,当负载电容比较大时,电路完成电平转换就需要对负载电容充电、放电才能完成信号的跳变。在信号上升沿陡峭时,信号的频率较高,电容的容抗相对较低,使得瞬时电流也随之增加。对于驱动电路来说,完成转换需要的瞬时电流是从电源线上抽取的,如图3-16所示。

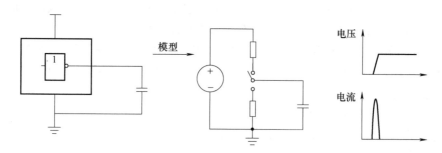

图3-16 容性负载电流分析

穿通电流指输出级控制逻辑输出的 PMOS 和 NMOS 管短时间同时导通,电源与地线之间瞬时短路产生瞬态尖峰电流,如图3-17所示。

数字逻辑电路内部是由一对 PMOS 和 NMOS 管构成的输出结构。当输出状态由高电平转变成低电平的过程中,PMOS 管由导通至断开,NMOS 管由断开至导通。在这个暂态过程中出现了两者同时导通的暂态过程,形成了瞬态尖峰电流。同样,在由低电平转变成高电平的过程中,也会发生这样的情况,如图3-18所示。

1) 同步开关噪声或变化电流噪声:由上面的分析可知,当信号从低电平转变为高电平时,由于负载电流和穿通电流的共同作用,电流从 PCB 上流入芯片的电源 V_{CC} 引脚,经过内部 NMOS 管,流经等效电感 L_{VCC},最后通过地线。电流在传输线网络上持续一定的时间,之后整个传输线处于电荷充满状态,不需要额外流入电流来维持。当电流瞬间通过等效电感 L_{VCC} 时,将在芯片内部电源和 PCB 上产生一个电压被拉低的扰动,该扰动在电源中被称为同步开关噪声。

2) 地弹噪声:当信号从高电平转变为低电平时,负载电流和穿通电流同样在传输线、地平面、等效电感 L_{GND} 以及内部 NMOS 管之间形成一个回路,芯片内部至 PCB 地节点前产生参考电平被抬高的扰动,该扰动在电源系统中被称为地弹噪声。

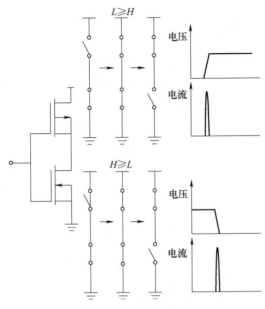

图 3-17 穿通电流分析

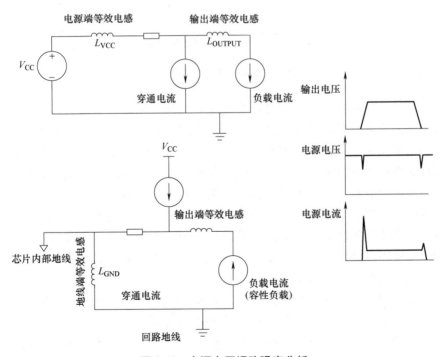

图 3-18 电源电压塌陷噪声分析

在上述过程中,负载电流会在输出和等效电感上产生一个上冲和下冲电压。实际电源系统中,芯片引脚、PCB 走线、电源层、底层等任何互连线都存在一定电感值,就整个电源分布系统来说，这就是所谓的电源电压塌陷噪声。添加电容的作用就是尽量避免噪声的影响扩散至整个电源线路环节。

3.3.2 去耦电容和旁路电容

在实际的电路运用说明中，通常建议使用两个电容并联作为旁路电容和去耦电容，并给出参考的容值和封装。对去耦和旁路这两个概念从功能上可以这样区分：

去耦电容就是起到一个小电池的作用，满足电路中电流的变化，避免相互间的耦合干扰。如果去耦电容放置在一个芯片附近，其主要目的就是满足芯片在工作中的电流需求，包括输出电流和穿通电流的变化两部分。

旁路电容实际也是去耦合的，只是旁路电容一般是指高频噪声旁路，也就是给高频的开关噪声提供一条低阻抗泄放途径。高频信号可能是从电源输入的，或是从后级耦合的电压干扰信号。

两者之间的区别也可以通过图 3-19 显示出来。

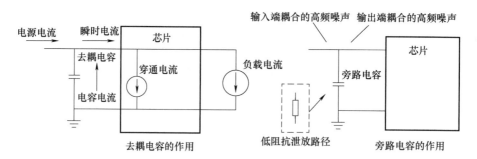

图 3-19 去耦电容与旁路电容的作用

一般来说，旁路电容要比去耦电容小很多。根据不同的负载设计情况，去耦电容的选值可能区别很大，而旁路电容相对较小，选值比较固定。具体的数值选择：如果是理想电容，选用越大的电容，性能也越好。这是因为电容越大，其存储的电量也越大，能够瞬时提供电量的能力越强，由此引起的电源轨道塌陷的值越低，电压值越稳定。但是，实际的电容并不是理想元件，因为材料、封装等方面的影响，电容会有电感、电阻等附加特性，尤其是在高频环境中表现的更像电感的电气特性，因此实际的去耦电容也是需要根据其寄生参数进行妥协。而旁路电容一般使用多层陶瓷电容，其最大的特点是使用多层介质叠加的结构，高频时电感非常低，具有非常低的等效串联电阻，因此是高频旁路电路的首选。

这里通过 MURATA 公司的陶瓷电容 X7R 来介绍高频信号频率与阻抗的关系，如图 3-20 所示。实际电容的网络阻抗特性：在频率较低时，呈现电容特性，即阻抗随频率的增加而降低；在某一点发生谐振，在这点电容的阻抗等于等效串联电阻 ESR；在比谐振点更高的频率上，由于 ESL 的作用，电容阻抗随着频率的升高而增加，这时电容呈现电感的阻抗特性；频率在谐振点以上时，由于电容的阻抗增加，因此对高频噪声的旁路作用减弱，甚至消失。电容的谐振频率由 ESL 和 C 共同决定，电容值或电感值越大谐振频率越低，也就是电容的高频滤波效果越差。ESL 首先和电容的封装直接相关，封装越大，ESL 也越大。因此并联 3 个电容以上对于滤除噪声来说并不十分明显。由于电容工艺的原因，达到一定耐压值的电容，其封装大小与容值是矛盾的，很难得到完全合适，可以使用 0402 封装的 0.1μF 电容。

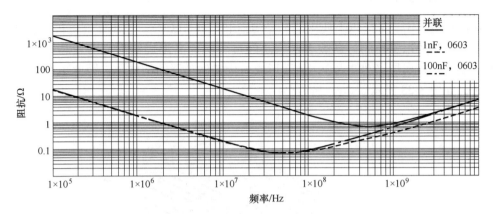

图 3-20 "100nF, 0603" 和 "1nF, 0603" 频率阻抗图

如图 3-21 所示，通常通过大容值、大封装的去耦电容和小容值、小封装的旁路电容的并联，来解决抗干扰和潜在的 EMC 问题。通过图 3-20 可以发现，即使按照容值相差 100 倍去选择电容，旁路电容的封装也是影响并联效果的直接原因。"100nF, 0603" 与 "1nF, 0603" 组合的等效阻抗在高频段要比 "100nF, 0603" 与 "1nF, 0402" 组合的阻抗高很多，如图 3-22 所示。

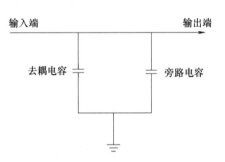

图 3-21 电容并联图

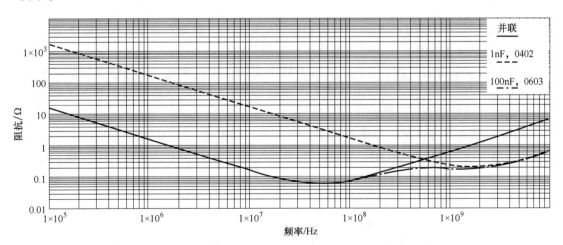

图 3-22 "100nF, 0603" 和 "1nF, 0402" 频率阻抗图

在实际设计中，如果只是考虑 1MHz 以内的噪声，一般去耦电容和旁路电容的设计规则可以简化为只用 0603 封装的 0.1μF 电容去旁路每一个芯片。同时元器件摆放和电

路布局也是需要注意的：电路板上的铜线存在一定的寄生电感，并且任何电流路径上的电感与该路径的闭环面积成正比，故需要将这两个电容尽量贴近芯片。

3.3.3 陶瓷电容详解

在汽车电子中，80%以上使用的都是陶瓷电容（MLCC）。它由印好电极（内电极）的陶瓷介质膜片以错位的方式叠合起来，经过一次性高温烧结形成陶瓷芯片，再在芯片的两端封上金属层（外电极），从而形成一个类似独石的结构体，因此也有独石电容的叫法，如图3-23所示。

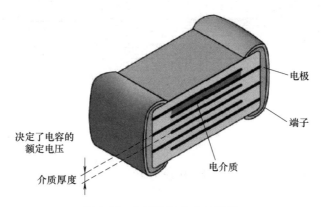

图3-23 多层陶瓷电容结构图

多层陶瓷电容具有很多优点，主要有以下几点：

1) 由于使用多层介质叠加的结构，高频时电感非常低，具有非常低的等效串联电阻，因此可以使用在高频滤波电路上。

2) 无极性，可以使用在高纹波电路或交流电路上，在汽车电子中反接时也能保证不损坏。

3) 封装较小，由于耐压相对较高和容值变化较小，因此不需要大幅度降额使用。

4) 当电容击穿时，不燃烧，不爆炸，安全性较高。

多层陶瓷电容的特性主要是由内部介质决定的，在汽车电子中能够使用的主要有两种电介质的陶瓷电容：一类电介质和二类电介质。三类电介质和四类电介质的电容由于精度和温度稳定性太差现在已不使用。

1) 一类电介质：电气性能最稳定，基本上不随温度、电压和时间的改变而改变，容量较小。比较常用的是C0G，其中C代表温度系数为0；0代表乘数为-1，随温度上升而下降；G在整个温度范围内为$60 \times 10^{-6}/℃$。由于介电常数为15~100，因此能做到的容值较低，一般用于高频电路。

2) 二类电介质：电气性能较稳定，在温度、电压和时间改变时性能的变化并不显著，由于二类电介质属于强电介质，因此容量较大。比较常用的是X7R，X代表最低温度-55℃；7代表最高温度125℃；R代表电容容量精度为±15%。由于介电常数可达2000~4000，因此容值相对较大，是汽车电子中最为常用的类型。

在设计与选择使用陶瓷电容时需要注意以下几个问题：

1) 与大封装电阻一样,大容量的电容就意味着封装较大;与电阻不同的是,多层陶瓷电容由于内部结构更容易受弯曲应力而产生裂缝形成短路,因此 3.2.6 小节中大封装电阻需要注意的问题在电容上同样也要注意。而且大容值电容与印制电路板的板边需有一定的距离,以避免分板时受剪切应力的影响。

2) 在上面的分析中,得到电容的精度是受到环境和寿命影响的。一般来说,±10%精度的 X7R 电容,最坏情况偏差为±27%;精度±20%的电容,最坏情况偏差为±37%。需要考虑容值的下降对短时电压的影响。

3) 选择电容时应该将容值和耐压值两个参数一起考虑,特别需要注意的是,建议慎重选择某个系列最大值的电容,因为通常每个封装和耐压的种类或系列中最大值电容的技术并不成熟,因此可靠性比同系列容值小一些的电容要低不少,如表 3-13 所列。

表 3-13 容值和耐压值参数表

类型	大小	额定电压/V	容值范围
GCM18	0603	100	1000pF~0.022μF (0.047μF, 0.1μF)
		50	1000pF~0.1μF (0.15~0.22μF)
		25	0.033~0.047μF, 0.15~0.22μF, 0.47μF, 1μF
		16	0.068~0.047μF, 0.15~0.22μF
		10	1μF
		6.3	2.2μF
GCM21	0805	100	1000pF~0.33μF
		50	1000pF~0.47μF
		35	0.6~1μF
		25	0.15~0.22μF, 0.47~1μF, 2.2μF
		16	0.6~4.7μF
		10	2.2μF
		6.3	10μF
GCM31	1206	100	0.1~0.22μF (1μF)
		50	0.1~2.2μF
		25	0.22~0.47μF, 0.68~4.7μF
		16	4.7μF, 10μF
		10	6.8~10μF
		6.3	22μF
GCM32	1210	100	2.2μF
		50	1μF, 3.3~4.7μF
		25	2.2μF, 4.7μF, 10μF
		16	10~22μF
		10	22μF
		6.3	47μF

4）由于大量的陶瓷电容用于端口上，既需要考虑电容的额定电压大于稳定时的使用电压，也要考虑瞬态时电容的抗压能力。很多电容厂商是参考 DIN 40839-1 标准（道路车辆的电磁兼容性，沿 12V 和 24V 车上设备供电线路传导的干扰）中的脉冲定义的，如图 3-24 所示。

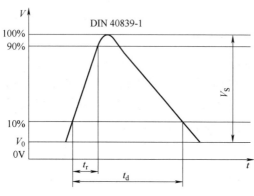

图 3-24 电容脉冲电压

当然我们面对的不只是这种时间宽度的脉冲，根据上升时间可以分为 3 种不同的脉冲，见表 3-14。不过由于缺乏数据，通常还会进一步将电容降额使用，一般在端口上的电容额定电压值都选 100V，不过随着电容工艺的改善，这种情况可能会得到改变。在电源端往往将 MOV 和 TVS 放置在前，因此电容相对较为稳定。

表 3-14 电压脉冲

	上升时间	能量等级		典型脉冲
快速	1ns	能量低	0.001~1mJ	静电脉冲
慢速	1μs	中等能量	1~10mJ	脉冲 1 和 3a
慢速	0.1~10μs	能量高	1~100J	抛负载脉冲

3.3.4 电解电容应用

电解电容应用过程中有很多需要考虑的问题，需要仔细处理这些细节，以保证选择的电解电容能够正常工作。

（1）电解电容的寿命估计与计算

电解电容的寿命是其最大的短板，因此对其寿命的深入分析和估计是非常有必要的。影响电容寿命的因素主要有 3 个：环境温度、自身发热和施加的电压。计算公式为

$$L_X = L_0 \times K_T \times K_R \times K_V$$

式中，L_0 为电容供应商能够保证的基本时间，一般为在最高环境温度 105℃ 和额定电压使用条件下的保证使用寿命；K_T 为环境温度修正系数；K_R 为纹波电流在电容 ESR 上发热引起的寿命降低；K_V 为实际使用中电压和额定电压的修正系数。

对上一公式展开可得

$$L_X = L_0 \cdot 2^{\frac{T_0-T_a}{10K}} \cdot K_i^{\left[1-\left(\frac{I_a}{I_0}\right)^2\right] \cdot \frac{\Delta T_0}{10K}} \cdot \left(\frac{U_a}{U_r}\right)^{-n}$$

对于环境温度对寿命系数的计算公式是比较一致的,其中 T_0 为 105℃, T_a 为实际的环境使用温度。关于长期的温度问题,后面的章节会有较为完整的说明。

对于额定电压的系数而言,不同的厂家对 n 的取值有不同的理解,见表 3-15。

表 3-15 电容寿命系数

厂家	Illinois	Hitachi	NICHICON	NIPPON	Panasonic
电压系数	1	2.5	—	4.4	—
	—	—	—	2	—

对于由纹波电流引起的温升,上面的计算公式提供了一种与允许施加最大纹波电流比例而调整的计算方法,注意:ΔT_0 为在最高保证温度下工作的电容的温度增量,105℃和125℃下电容增量为5℃,85℃下电容增量为10℃。这个因素需要结合电容的 ESR 和温度上升一起讨论。

(2) ESR 的估算过程

ESR 是电解电容非常重要的指标,从图 3-15 中可以看出其来源,其计算方法为:$ESR = \tan\phi/(2 \times \pi \times f \times C)$。

由于一般给出的阻抗是 100kHz 下的阻抗 Z_{100kHz},假定此时阻抗与电阻值相同,可以得出:

$$\tan\phi 100kHz = Z_{100kHz} \times 2 \times \pi \times 100kHz \times C$$

因此,假定频率为 120Hz～100kHz,且 $\tan\phi$ 是线性的,则可以得到损耗系数的斜率为

$$slope_{\tan\phi} = (\tan\phi_{100kHz} - \tan\phi_{120Hz})/(100kHz - 120Hz)$$

$$\tan\phi_{10kHz} = \tan\phi_{100kHz} - slope_{\tan\phi} \times (100kHz - 120Hz - 10kHz)$$

如果算上低温-40℃与20℃的阻抗比 Z_{temp},则可以得到相应的 ESR 估算值为

$$ESR_{10kHz\_-40℃} = \tan\phi_{10kHz} \times Z_{temp}/(2 \times \pi \times 10kHz \times C)$$

(3) 电解电容累积能量的问题

如果电路中使用了电解电容吸收浪涌电压,如 RC 吸收电路,则需要考虑给电解电容配置阻抗泄放路径,否则将会导致电容吸收能量后电压的逐渐累积。当达到一定值时,电容可能被击穿。

(4) 预防电解电容的再生电压

部分电解电容存在"记忆电压",电容在充电和放电后,再经过一段时间,两端子间存在电压上升的现象,一般是固定的电压比例(10%)。这种现象产生的原因是极化反应造成的,当电压施加在介质之上时,在介质内部引起电子的转移,从而在介质内部产生感应电场,其方向与电压的方向相反。在施加电压引起介质极化后,即使放电完全,但是开路放置一段时间后,一种潜在的电动势将出现在端子上,引起再生电压。如果没有低阻抗的泄放路径,则容易引起再生电压而导致电路功能混乱。

3.3.5 钽电容应用

前面介绍了钽电容很多的优点,不过钽电容在使用过程中也可能存在问题,主要有4个方面。

1) 场致失效:给钽电容施加高电压时,会在其内部形成很高的电场,易造成局部的击穿。当钽电容上的电压接近于击穿电压时,击穿概率会显著增加。在某个疵点发生的热逃逸使发生故障的概率也随之增加。因此出现场致失效的问题,往往是所施加的直流电压过高,而叠加在直流电压上的纹波和电压脉冲导致钽电容的失效。

2) 热致失效:钽电容的介质氧化膜具有单向导电性能,当有充放电的大电流通过介质氧化膜时,会引起发热失效。在没有充放电的大电流通过时,介质氧化膜相当稳定,处于无定形结构,离子排列不规则且无序。在大电流作用下,钽电容发热,引起内部结构变化,转为定形结构,逐步变为有序排列,这个现象称为"晶化",这种疏散的结构会导致钽电容性能恶化直至击穿失效。

3) 自愈失效:钽电容是有自愈反应的,在电压和温度的作用下,导电二氧化锰负极氧化,从而转化为具有更高电阻的锰氧化物。在钽电极的介质层表面存在着比临近区域薄的介质层,这样大部分的电流就会流到该区域。当疵点处的温度上升时,自愈反应就会发生,将低阻抗的二氧化锰转化成较低导电性的结构,这种反应起到了电隔离作用,防止介质氧化膜进一步造成破坏。但是一次"击穿"后的再一次"击穿"的电压会比前一次要低一些。在每次击穿之后,其漏电流将有所增加,而且这种击穿电源可能产生达到安培级的电流,同时钽电容本身的储存能量也很大,从而导致钽电容永久失效。

4) 浪涌击穿:虽然钽电容存在一定的自愈能力,但是在高浪涌而低阻抗的应用条件下,介质层的击穿过程要比自愈作用过程快,会导致钽电容发生硬短路或全面的热击穿,从而导致其损坏。钽电容上的电压上升速率决定了浪涌电流的大小,而钽电容的额定电压决定了其承受浪涌电流的能力。电介质越厚,内部场强就越低,钽电容的额定电压就越高,承受浪涌电流的能力就越强。在这一点上,场致失效和浪涌击穿的机理是非常类似的。

上述这些缺陷限制了钽电容的使用范围,并且需要注意在汽车电子上应用的特殊性,以下几点为总结出来的对钽电容应用的经验。

1) 在汽车电子应用中,需要仔细考虑钽电容的降额幅度。在电容供应商的数据中,往往需要降额1/2,考虑到整个温度范围则需要降额1/3使用。在12V电源线上不允许使用钽电容,这是因为瞬态钳位的安全值在40V左右,这对钽电容来说是一个非常高的电压。在需要低ESR的低压电源上可使用钽电容。

2) 反向电压:与铝电解电容类似,钽电容也是有极性的,在汽车电子设计中反向电压是个不得不面对的问题。因此在输出电路含有滤波和保护作用时不能使用钽电容,需要充分考虑可能存在反向电压的情况。

3) 在使用钽电解电容时,应该在其规定的允许纹波电压内使用。纹波电流流过钽电解电容时会产生有功功率损耗,进而使钽电解电容自身产生温升,导致热击穿失效概率增大,因此应该限制通过钽电解电容的纹波电流或电容量允许的功率损耗。

4）带一定的感性负载时，在开关过程中都会产生过渡状态下的瞬时电压，这个值通常较大，因此在输出口或这段电路可以耦合到的附近区域，需要注意钽电容的使用。

随着工艺的发展，钽电容的可靠性在不断提高；近年来也出现了用铌电容来替代钽电容的情况，不过由于材料的限制，一般限于5V以下的电路应用。注意不能因为钽电容的寿命和ESR的因素，而选择将其替换为电解电容，否则将会造成严重的后果。

3.3.6 电容偏差

与电阻一样，电容的精度也与很多因素有关。根据平方根的分析法也可以得到电容实际的偏差变化情况，表3-16是从MURATA公司的汽车用片状独石陶瓷电容的说明中获取的。

表3-16 电容受环境影响测试

测试项目	C0G	X7R	X7R	测试项目	C0G	X7R	X7R
初始偏差	2.5%	10%	20%	高湿偏置	3.0%	12.5%	12.5%
温度漂移	2.5%	15%	15%	使用寿命	3.0%	12.5%	12.5%
耐温特性	2.5%	10%	10%	热振荡	2.5%	10%	10%
温度周期	2.5%	10%	10%	真实偏差	7%	33%	37%
耐湿特性	3.0%	12.5%	12.5%				

通常而言，在计算中将±10%的陶瓷电容估计为±30%，将±20%的陶瓷电容估计为±40%；而电解电容的容量往往考虑得更恶劣一些，将±20%的电解电容估计为-50%，这是因为电解电容面临的问题永远是容值下降导致容差超过范围。这是综合考虑了各种实验数据的情况。不过在上面的估计中，有两个因素并没有考虑周全。

1）电容容量的温度单向性：例如X7R系列电容，电容容量随着温度的上升不断下降。这个过程是单向的，为负温度系数。

2）电容容量的电压依存性：所施加的电压越高，其容量减小越明显。

通过MURATA公司的Murata Chip Capacitor Characteristics Data Library软件，选取GRM188R72A103KA01，得到其变化曲线如图3-25所示。通过图3-25可以发现，如果

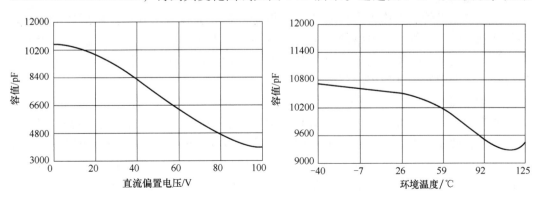

图3-25 电容主要偏差变化图

建立全范围的偏差区间，可能会造成一定的偏差，这是因为某些变化是单向的，因此不太可能在两个方向上都达到最大的变化值。从可靠性的角度考虑，将容量和额定电压设置在一个安全的位置是比较有利的。

3.4 二极管基础

汽车电子中，经常使用二极管作为保护用的器件，二极管是基础的元器件之一，其内部核心就是PN结。关于二极管的原理这里不再详细描述，下面主要介绍几种在汽车电子中常用的二极管。

1. 小信号开关二极管

小信号开关二极管通常也称为通用二极管，主要用在10mA以下的小电流中。它的主要作用是防止反向电流，保证电路正常的正向工作。

2. 整流二极管

整流二极管也称为功率二极管。由于热阻较小，使得整流二极管允许通过的电流比较大，同时反向击穿电压比较高，非常适用于电源端浪涌电压较大的情况下。其缺点是PN结电容比较大，通常使用在低频电路中。因此，整流二极管的电流较大并且允许应用在比较恶劣的浪涌电压环境，实际应用中往往从这两个角度去考虑其环境应力。

3. 快速二极管

在汽车电子上有越来越多的功率模块，因此高频电源的应用中大量使用了快速二极管。二极管的功耗主要有3部分：导通功耗、反向静态功耗和反向恢复期间内的功耗。普通二极管工作在开关状态下的反向恢复时间可能长达4~5ms，因此反向恢复期间的功耗就占了很大的比例，不能适应高频开关电路的要求。快速二极管主要应用于高频整流电路、高频开关电源、高频阻容吸收电路、逆变电路等，其反向恢复时间可达10ns。快速二极管主要有两种：快恢复二极管和肖特基二极管。

快恢复二极管是一种具有开关特性好、反向恢复时间短和耐压较高特点的半导体二极管。其工艺比较特殊，采用PIN结型工艺，即在P型硅材料与N型硅材料中间增加了基区I。这种改进使得基区变薄，减小了反向恢复电荷，达到反向恢复时间短和正向压降低的效果。

肖特基二极管通常称为肖特基势垒二极管，是以金属与半导体接触形成的势垒层为基础制成的二极管。在电路使用中其主要特点是正向导通压降小，一般为0.45V左右，并且反向恢复时间比较短。肖特基二极管通常使用在钳位电路中，但是由于其耐压较低，大大限制了其使用的范围。

4. 稳压二极管

通常称为齐纳二极管，它是利用PN结的反向击穿特性，达到稳压目的的二极管。稳压二极管被反向击穿后，在一定反向电流范围内反向电压不随反向电流变化。在反向电压较低时，稳压二极管处于截止状态；当反向电压达到一定数值时，反向电流突然增大并进入击穿区。反向电流变化时，稳压二极管两端的反向电压也能保持基本不变。当反向电流增大到一定数值后，稳压二极管则会被彻底击穿而损坏。在设计中，采用稳压二极管的目的还是为了保护电路,因为电路在实际应用时往往会发生一些意想不到的情况。某些高精度的稳压二极管也可以起到为模/数转换提供高精度电源的作用。

3.4.1 二极管的正向特性和参数

二极管最基本的特性就是单向导通,当二极管的正极和负极存在一定的电压差时,二极管就会导通,称为正向偏置。加在二极管两端的正向电压很小时,流过二极管的正向电流十分微弱。当正向电压高于门槛电压时,二极管才能真正导通。导通后二极管两端的电压变化较小,这个参数也称为二极管的正向压降。

这里以安森美公司的 BAV70LT1 二极管为例进行介绍,如图 3-26 所示。

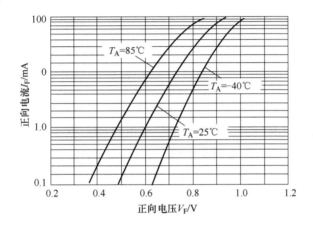

图 3-26　BAV70LT1 正向电压

正向电压与环境温度和正向电流都有非常大的关系。当正向电流增大时,正向电压也随之增大;当环境温度增大时,正向电压随之减小。因此,在设计中往往需要在低温初始点和高温工作点去校核二极管的选用情况。

如果用一定的数据估算出可能的导通电流,则可根据这个导通电流来选择导通电压。这个过程存在着一定的问题,因为往往需要迭代来完成设计,而且需要得出电流与电压的函数。这个过程可根据 PN 结电流的基本方程,得出电压与电流的方程:

$$I = I_s \cdot (e^{\frac{V_j}{U_T}} - 1)$$
$$V_d = I \cdot R_{eq} + V_j$$
$$V_d = I \cdot R_{se} + U_T \cdot (\ln(I + I_{OS}) - \ln(I_{OS}))$$

因此可以将函数分为 3 部分:$I.f$、$\ln(I.f)$ 和电压常数,在 MATHCAD 软件中可以使用 linfit 函数完成这个过程。

3.4.2 稳压二极管的特性计算

稳压二极管在汽车电子中用处较多,有的用在保护单元中,也有的用在基准源中。本小节将整理稳压参数的容差影响。

下面以 BZX384 系列稳压二极管和 LM4041 系列高精度稳压二极管为例介绍稳压二

极管的主要参数。

(1) 稳压电压值（V_Z）

当流过稳压二极管的电流为某一规定值时，稳压二极管两端的压降称为稳压电压值。通常来说，稳压二极管都有标称值和精度两个概念。标称值代表着稳压二极管稳压电压的典型值；而精度代表着在一定环境条件下，稳压电压值的制造误差。

BZX384 系列稳压二极管的电压范围为 2.4~75V，其电压标称值也是离散并且有限的。2.4~10V 之间共有以下的稳压电压值：2.4V、2.7V、3.0V、3.3V、3.6V、3.9V、4.3V、4.7V、5.1V、5.6V、6.2V、6.8V、7.5V、8.2V、9.1V、10V；但是精度等级较低，有 B 和 C 两个系列，分别对应2%和5%的情况。高精度稳压二极管往往只有一个标称值，比如 LM4041 系列高精度稳压二极管只有 1.2V 的稳压电压值，但是其精度等级较高，它有 5 个精度等级，分别是 A、B、C、D、E，对应的精度分别为 0.1%、0.2%、0.5%、1%、2%。

需要注意的是，以上的精度等级是基于常温下测量得到的，因此可以说代表着稳压二极管的制造误差。如果需要考虑整个温度范围内的误差，则必须结合电压温度系数考虑。

(2) 稳压电流（I_Z）

当工作电压为稳定电压时，稳压管的反向电流称为稳压电流。这个参数反映了稳压二极管的工作情况：当工作电流小于稳压电流时，稳压二极管的稳压特性比较糟糕；当工作电流过大时，稳压二极管可能会过热并烧毁。对于高精度的稳压二极管来说，为了保证其精度，一般存在最小稳压电流这个参量，即稳压二极管工作于稳压电压时所需的最小反向电流。对于一般的稳压二极管来说，常给出动态电阻来表征两端电压变化与电流变化的比值，这个参数随工作电流的不同而改变，工作电流越大，动态电阻则越小。

(3) 电压温度系数

稳压二极管的稳压电压值相对于温度的变化比例称为电压温度系数。在高精度的稳压二极管中一般以 ppm（即 10^{-6}）表示，而一般的稳压二极管则采用 mV/℃ 来表示。电压温度系数与通过稳压二极管的电流、稳压二极管的稳压电压值均有关系。

根据图 3-27 可以看出，电压温度系数随着电流的增大而增大。在工作电流较小和稳压电压值低于 5.1V 时，其温度系数为负值；当稳压电压值大于 5.6V 时，其温度系数为正值。某些稳压电压较高的稳压二极管，如果想平衡温度漂移，则采用两只稳压二极管反向串联而成。利用两只稳压二极管处于正、反向工作状态时具有正、负不同的温度系数，可以得到很好的温度补偿。

当然对于某些高精度的稳压二极管，往往将电压温度系数和电流电压系数分别考虑。以 LM4041 为例，其电路结构如图 3-28 所示，计算高精度的稳压电压在全温度范围内的过程如下：

1) 选择精度等级，如果选择 A 等级 0.5% 精度的稳压二极管，则可得到制造误差为 2.4mV。

2) 选择电压温度系数 $\Delta V_R/\Delta T$，为 $\pm 100 \times 10^{-6}$。

3) 确认最小稳压电流，为 0.073mA。

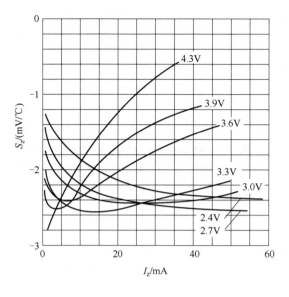

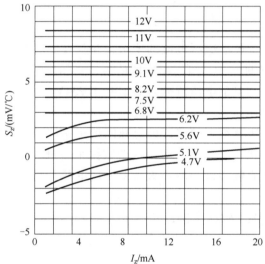

图 3-27 稳压二极管电压温度系数

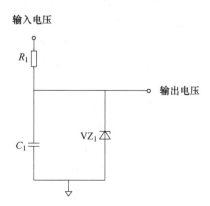

图 3-28 典型高精度稳压二极管电路

4) 选择动态电阻系数 $\Delta V_R/\Delta I$，LM4041 系列高精度稳压二极管并没有直接给出这个数据，只是给出了一个范围：在最小稳定电流到 1mA 以内最大变化为 2mV；在 1~12mA 内可能达到 8mV。

5) 确定电阻的阻值，为 10kΩ，电阻精度最坏为 ±8%；输入电压为 5V，精度为 ±2%。

不考虑工作电流，计算稳定电压的最小值和最大值：

$$V_{Z_{max}} := (1.225V + \text{initial\_tol}) \cdot [1 + \text{temp\_coeff} \cdot (85℃ - 25℃)]$$

$$V_{Z_{min}} := (1.225V - \text{initial\_tol}) \cdot [1 + \text{temp\_coeff} \cdot (-40℃ - 25℃)]$$

$$V_{Z_{min}} = 1.215V$$

$$V_{Z_{max}} = 1.235V$$

因此可得到此时的最大工作电流和最小工作电流：

$$I_{r_{max}} := \frac{V_{s_{max}} - V_{r_{min}}}{R_{1_{min}}} = 0.422\text{mA}$$

$$I_{r_{min}} := \frac{V_{s_{min}} - V_{r_{max}}}{R_{1_{max}}} = 0.341\text{mA}$$

很明显工作电流符合最小稳压电流的要求，并且在原有的稳压电压范围中可能还有 2mV 的偏差。在这个理解中，可以粗略地认为，实际稳定电压的最小值和最大值都要减去 1mV，因此可以得到的电压范围为 1.214~1.234V。

(4) 允许功耗和热阻

虽然热阻分析的方法有很多缺陷，但是热阻值也是能够得到的一个数据。因此在分析稳压二极管的工作状态时，往往使用这个数据来衡量。需要注意的是，一般高精度稳压二极管的工作电流较小，一般不太需要专门的热分析，因此要将大部分精力集中于普通的稳压二极管。

以 BZX384 系列稳压二极管为例，其热阻为 415℃/W，可计算得到其在 85℃ 的散热功耗为

$$P_{\text{diode}} := \frac{T_{j_{max}} - T_{a_{max}}}{\theta_{\text{diode}}}$$

计算得出 P_{diode} 为 157mW。实际计算中最麻烦的是工作电流与电压温度系数，这将直接影响到稳定电压，往往需要一个迭代的过程。

考虑电流大于 5mA 时动态电阻的大小。由于 1mA 时的动态电阻最大为 480Ω、5mA 时为 60Ω，在电流增大的过程中动态电阻可能继续减小。为了不至于过高估计，以 40Ω 为计算基础。

确定工作电流，仍旧采取图 3-28 中的结构，只不过将电阻变小，并且将稳压二极管换成普通的二极管，则可以得到工作电流与稳压电压之间的关系。

$$I_{r_{max}}(V_{r_{max}}) := \frac{V_i - V_{r_{max}}}{R_{1_{min}}}$$

确定稳压电压，根据初始误差、电压温度系数和动态电阻 3 部分来确认稳压电压。其中初始误差为 0.1V，这是在 5mA 的基准下获得的数值。需要注意的是，5.1V 的管

子其温度系数虽然与电流相关，但是变化较小，因此采用恒定值 1.2mV/℃。

$$V_{r_{max}}(I_r) := 5.1\text{V} + 0.1\text{V} + (85\text{degC} - 25\text{degC}) \cdot \frac{1.2\text{mV}}{\text{degC}} + R_d \cdot I_r$$

因此这就形成了一个相互关联的过程，需要采用迭代的计算方式来计算整个功耗，而且这样的计算结果会比较准确：当电阻为 500Ω 时，计算得到 132mW；当电阻小于 425Ω 时，管子将超过许用的额定功率。因此在设计中需要充分利用迭代的过程来完成计算。

$$P_{r_{act}} := \begin{array}{|l} \ominus \text{result} \leftarrow 0 \\ \text{ii} \leftarrow 0 \\ \text{while ii} < 5 \\ \quad \begin{array}{|l} I_{rc} \leftarrow I_{r_{max}}(V_{r_{cal}}) \\ V_{r_{cal}} \leftarrow V_{r_{max}}(I_{rc}) \\ \text{ii} \leftarrow \text{ii} + 1 \end{array} \\ \text{return } I_{rc} \cdot V_{r_{cal}} \end{array}$$

3.4.3　二极管功耗细致计算

二极管应用在较高频率下时，需要注意：二极管除了正常导通状态和正常截止状态以外，在两种状态转换过程中还存在着开启效应和关断效应。二极管在开关过程中电流和电压的变化过程如图 3-29 所示。

1）开启效应：表征着二极管由截止过渡到导通的特性，从反向电压 V_R 正向导通，跳变至最高电压 V_{FP}，然后慢慢降低为二极管正向导通电压 V_{on}，达到稳定状态的过程称为二极管的正向恢复过程。这一过程所需要的时间称为正向恢复时间。开启过程是对反偏二极管的结电容充电，使二极管的电压缓慢上升。由于 PN 结耗尽区的工作机理，使电压的上升比电流的上升要慢很多。

2）关断效应：表征着二极管由导通过渡到截止的特性，从二极管正向导通电压 V_{on} 跳变至负向最高电压 V_{rr}，然后反向截止达到稳定状态 V_R，称为二极管的反向恢复过程。这一过程所需要的时间称为反向恢复时间。由于电荷的存储效应，二极管正向导通时会存在非平衡少数载流子积累的现象。在关断过程中存储电荷消失之前，二极管仍维持正偏的状态。为使其承受反向阻断的能力，必须将这些少子电荷抽掉。反向恢复时间分为存储时间 T_s 与下降时间 T_f。存储时间是二极管处在抽走反向电荷的阶段，在这段时间以后电压达到反向最大值，二极管可开始反向阻断；下降时间则是对二极管耗尽区结电容进行充电的过程，直到二极管完全承受外部所加的反向电压，进入稳定的反向截止状态。

二极管的暂态开关过程就是 PN 结电容的充、放电过程。二极管由截止过渡到导通时，相当于电容充电；二极管由导通过渡到截止时，相当于电容放电。二极管结电容越小，充放电时间越短，过渡过程越短，则二极管的暂态开关特性越好。

⊖ :=| 表示 MATHCAD 工具软件中的选择函数。

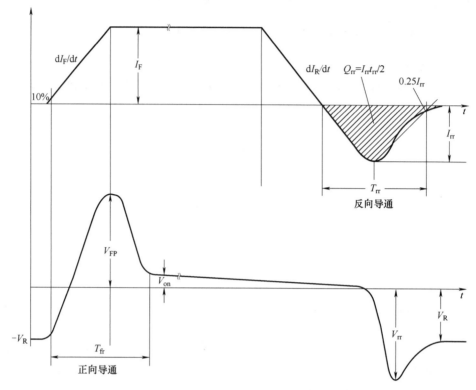

图 3-29 二极管的开关过程

与二极管的正向恢复时间相比,其反向恢复时间要长得多。

3.5 晶体管基础

小封装的晶体管在汽车电子中使用较为广泛,它作为电流控制器件,在电子模块中起着很重要的作用。其功能是电流放大和开关,属于典型的无触点开关,主要特点如下所述。

1) 电流控制电流:晶体管打开的条件是基极所加的电压大于基极的开启电压 V_{BE},不过这只是一个表象。电压达到开启的条件以后,主要由基极电流(I_B)来控制集电极电流(I_C)。

2) 静态功耗大:从上面的分析可以发现,如果要驱动晶体管处于开关状态,必须使晶体管进入饱和状态。这样的情况下,晶体管的基极电流必须较大才能满足要求。因此与 MOS 管相比,晶体管的驱动电流要大得多,这就限制了晶体管的应用。

3) 对扰动电压的脆弱性:晶体管的输入特性曲线与二极管的特性曲线非常类似。从输入端看,可以完全将之当成二极管去考虑,只不过这个二极管非常脆弱。晶体管有 3 个击穿电压:

V_{BRCEO}:是指基极开路时,集电极与发射极间的反向击穿电压。

V_{BRCBO}：是指发射极开路时，集电极与基极间的反向击穿电压。

V_{BREBO}：是指集电极开路时，发射极与基极间的反向击穿电压。

V_{BRCEO} 和 V_{BRCBO} 一般在 50V 以上，而 V_{BREBO} 一般小于 5V。基极一般都有限流电阻，因此用晶体管设计电路时需要注意采取保护措施，特别是带电感性负载时，如前面所涉及的继电器驱动电路。目前看来，晶体管仍主要应用在集成芯片的内部，而在分立元器件中用得并不是很多。

值得一提的是，晶体管有很多种封装，并且热阻都不一样。在选择晶体管以后，特别要注意晶体管的封装问题，否则将容易造成热损坏，可按照 5.6 节中介绍的热分析方法操作，在此不再讲述。

3.5.1 最容易出问题的地方

晶体管在开关状态下使用时很容易出现问题，这是因为晶体管从放大区进入饱和区是个过渡过程，可分为饱和、浅度饱和、深度饱和 3 个状态。

1）饱和：当晶体管的基极电流增加而集电极电流不随之增加时进入饱和状态，把进入饱和状态的统称为饱和区。

2）浅度饱和：当基极电流 I_B 较小，晶体管刚从放大区进入饱和区的状态为浅度饱和状态，此时管压差 V_{CE} 较大，一般大于 0.4V。此状态的判断条件为：电流增益接近放大倍数时。

3）深度饱和：当基极电流 I_B 足够大，使得管压差 V_{CE} 在很小的范围内（0~0.3V）时为深度饱和。此状态的判断条件为：电流增益远小于放大倍数时，一般以 20~30 倍为基准。注意：定义实际电流放大倍数（β_Q）= 集电极电流（I_C）/基极电流（I_B）。

如图 3-30 所示，实际上饱和压降可进一步降低，需要特别注意的是 300mA 时浅度饱和带来的压降较大，比较理想的数值都是在基极电流大于 10mA 时达到的。从图上可看出，集电极电流越大，V_{CE} 的饱和管压降也越大。当然 V_{CE} 与温度也有一定的关系，温度越高，其数值也越高。不过按照 NXP 公司的 BC817 的测试数据，-55℃、25℃ 和

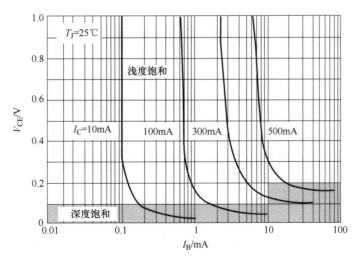

图 3-30 BC817 的曲线

155℃的饱和压降差距较小。

晶体管的输入级等效于一个二极管，因此它符合二极管的所有特性。在计算过程中也需要注意其导通压降的变化，这对于计算低温环境下的电流增益有非常重要的意义。由于基极比较脆弱，因此采用电阻保护的形式，其结构为基极限流电阻和基极电阻并联，电阻值通常为 10kΩ，电阻比例为 1∶1。这样做的目的是确保晶体管的限流和启动。

3.5.2 晶体管使用中应采取的措施

使用晶体管时，首先需要区分其作用是开关应用还是放大信号。当然目前的分立晶体管往往应用在低频开关中，更高速度和更高开关频率的应用场合往往选择 MOSFET。相对来说晶体管的应用非常成熟，但是在一些具体的应用中，还特别需要注意一些要点。这里通过以下几个例子对可能会考虑不周的地方进行分析。

晶体管的基极电流需要单独配置，在一路信号驱动多路输出时特别需要注意。如图 3-31 所示，左半边是存在问题的设计：逻辑输出端口控制 NPN 管，后级连接 3 个 PNP 管的基极。

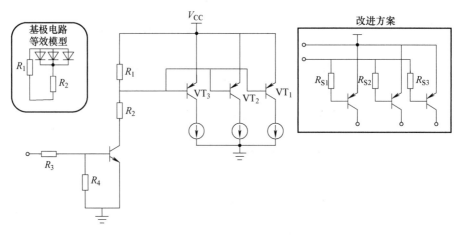

图 3-31　晶体管并联问题

如前所述，进入饱和的条件是实际的电流增益要远小于直流电流增益 H_{FE}。基极电路的等效模型为 3 个并联的二极管调节电流，每个管子的开启电压 V_{BE} 并不相同，虽然二极管发热以后等效电阻变化使得在一定程度上实现了均流，但是实际电流仍与参数的分布有关系。在初始的设计中，由于负载电流的不同，使得进入饱和区的基极电流条件也有区别。实际现象是，某一个 PNP 管不能正常进入饱和区。由于曲线的偏差，使得在二极管电压相同的情况下，等效电阻有一定的偏差，V_{BE} 比较低的管子等效电阻最低，流过的电流最大。如果进入不了深度饱和区，PNP 管的输出电压幅度就不满足要求。改进的方案是：给每个晶体管提供一个偏置电阻，这个电阻较大，使得 V_{BE} 的差距变得不是那么明显，并且应根据后级的电流要求进行一定的调整。

3.6 功率 MOSFET 基础

随着汽车电子向功率化的方向发展,功率 MOSFET 应用场合越来越多。元器件商更是在其基础上加入了驱动、保护和诊断等其他功能,作为汽车电子专用的智能功率器件,在第 8 章中将会进行详细介绍。

3.6.1 MOSFET 参数介绍

功率 MOSFET 输出电流较大,一般在几安至几十安的范围内。MOSFET 与晶体管相比具有如下特点:MOSFET 是电压控制型器件,栅极输入阻抗高,驱动时并不需要很大的静态电流;导通时的损耗较小,由于目前沟道型的 MOSFET 导通电阻通过工艺的改进越来越小,因此其导通功耗也在逐渐下降;工作频率范围宽,开关速度快。通过合适的驱动电路,MOSFET 可应用多种软开关技术降低开关损耗。应用功率 MOSFET 首先需要了解其参数,按照性能可将其参数分为极限参数、静态参数和动态参数 3 种。

1. 功率 MOSFET 极限参数

极限参数是指 MOSFET 能够承受的最大极限值,这些极限值很多是在常温下进行测试的,在某些应用中需要对这些量进行重新估算。

最大漏源电压(V_{DSS}):常温下栅源两极短接时,漏源极间未发生雪崩击穿前所能施加的最大电压。这个参数并不具有太重要的意义,相对来说雪崩击穿电压更准确一些。

最大栅源电压(V_{GSS}):常温下栅源两极间可以施加的最大电压。栅源两极间电压过高会导致栅极氧化层损伤,实际栅极的氧化层可承受高于 V_{GSS} 的电压,但如果 MOSFET 的制造工艺不同会改变这个极限,因此使用 V_{GSS} 保证 MOSFET 的可靠性,一般为 ±20V。

连续漏源极电流(I_D):MOSFET 在常温下,结温达到最大额定结温 T_{JMAX} 之前,漏源极可允许的最大连续直流电流。此数值不包含开关功耗,并没有太大的意义。

脉冲漏源极电流(I_{DM}):表征 MOSFET 能承受的脉冲电流的大小,I_{DM} 远大于 I_D。往往 MOSFET 处在放大区、漏源极电压较大时,此数值到达极限。

雪崩能量(E_{AR}):表征 MOSFET 可以承受的瞬时浪涌脉冲能量的最大值,可分为单脉冲雪崩能量(E_{AS})和重复脉冲雪崩能量(E_{AR})两种不同的定义方式。MOSFET 切断感性负载时产生的瞬态电压是需要仔细确认的。

雪崩击穿电流(I_{AR}):在雪崩击穿过程中,部分 MOSFET 对瞬态的雪崩电流最大值存在一定的限值。通常验算雪崩能量和击穿电流两个参数来验证瞬态抑制的过程。

如图 3-32 所示,t_a 为雪崩击穿的时间,此时 MOSFET 上的电压超过最大漏源电压但还未达到雪崩击穿的区域,$V_{DSS} < V_C < V_{(BR)DSS}$,其中 V_C 表示保护端的钳位电压。

2. 功率 MOSFET 静态参数

比起极限参数,静态参数较为完整地描述了 MOSFET 的主要静态特性,如 MOSFET 在导通和截止时的特性。静态参数包括以下几个参量:

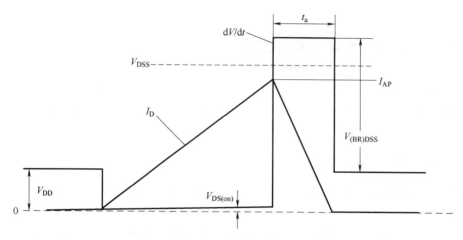

图 3-32 击穿过程参数

漏源破坏电压（$V_{(BR)DSS}$）：指在特定的温度和栅源极短接的情况下，当流过漏极的电流为一个特定值时的漏源电压。该参数有非常大的正温度系数，在低温 -40℃ 时的 $V_{(BR)DSS}$ 约是常温下最大漏源额定电压的 90%。

栅极阈值电压（$V_{GS(off)}$）：能使 MOSFET 开始导通（漏极有电流）或关断 MOSFET 时（电流消失）的栅极电压。不同的 MOSFET 阈值电压存在一定的差异。$V_{GS(off)}$ 是负温度系数的参数，在低温时，MOSFET 需要较高的栅源电压才能顺利开启。

导通电阻（$R_{DS(on)}$）：在常温下，在特定的漏源极间电流和栅极电压下，测得的漏源极间的电阻。该参数是 MOSFET 最重要的参数之一，直接决定了导通损耗，并且受温度、栅极电压、漏源极间电流 3 个参数影响。导通电阻具有正温度系数，并且是曲线上升的，与栅极电压和漏源极间电流都呈现负相关性，栅极电压和漏源极间电流越大，导通电阻越小。

漏极泄漏电流（I_{DSS}）：当栅源电压为零时，在特定漏源电压下的漏源极之间的泄漏电流。泄漏电流随着温度的增加而增大，该参数也是降低静态电流需要面对的重要参量。

栅源泄漏电流（I_{GSS}）：在特定的栅源电压下流过栅极的漏电流。

3. 功率 MOSFET 动态参数

动态特性主要涉及 MOSFET 开关控制时栅极和漏极的特性，这些参数对实现开关控制意义重大。

（1）MOSFET 寄生电容

MOSFET 寄生电容包括输入电容（C_{ISS}）、输出电容（C_{OSS}）和反向传输电容（C_{RSS}）。

栅源电容 C_{GS} 是由源极和沟道区域重叠的电极形成的，其电容值由实际区域的大小决定，C_{GS} 在不同工作条件下保持恒定。栅漏电容 C_{GD} 是由 JFET 区域和栅极的重叠、耗尽区电容两部分组成的，等效的 C_{GD} 电容是基于 V_{DS} 电压的函数。漏源电容 C_{DS} 是由体二极管的结电容作用引起的，是非线性的电容，与 V_{DS} 电压相关。通常在说明书中会记录各个电容值，实际的值可能需要进行修正和调整，如图 3-33 所示。

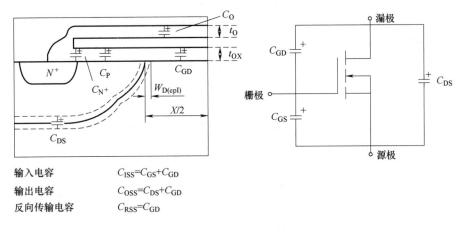

输入电容　　　　　$C_{ISS}=C_{GS}+C_{GD}$
输出电容　　　　　$C_{OSS}=C_{DS}+C_{GD}$
反向传输电容　　　$C_{RSS}=C_{GD}$

图 3-33　MOSFET 寄生电容

输入电容（C_{ISS}）：将漏源极短接，用交流信号测得的栅极和源极之间的电容就是输入电容。C_{ISS} 由栅漏电容 C_{GD} 和栅源电容 C_{GS} 并联而成。C_{ISS} 对器件的开启和关断延时有直接的影响。

输出电容（C_{OSS}）：将栅源极短接，用交流信号测得的漏极和源极之间的电容就是输出电容。C_{OSS} 由漏源电容 C_{DS} 和栅漏电容 C_{GD} 并联而成，在软开关应用中 C_{OSS} 可能引起电路的谐振。

反向传输电容（C_{RSS}）：在源极接地的情况下，测得的漏极和栅极之间的电容为反向传输电容。反向传输电容等同于栅漏电容，对于开关的上升和下降时间来说是其中一个重要的参数，还影响着关断延时时间。C_{RSS} 也称为米勒电容，并随着漏源电压的增加而减小。

（2）栅极电荷（Q_{GS}、Q_{GD} 和 Q_G）

栅极电荷值是指存储在端子间电容上的电荷。在开关的瞬间，电容上的电荷随电压的变化而变化，所以设计栅驱动电路时经常要考虑栅电荷的影响，如图 3-34 所示。

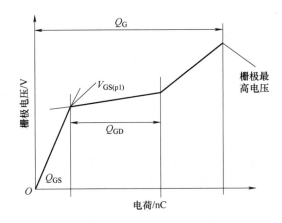

图 3-34　MOSFET 栅极电荷

Q_{GS} 是从起点开始到第 1 个电压拐点处的电荷总量；Q_{GD} 称为米勒电荷，是从第 1 个拐点到第 2 个拐点之间的部分；Q_G 表征栅极开启过程中所有的电荷。漏源极间的电流和电压变化对栅极电荷值影响比较小，栅极电荷不随温度变化而变化。

（3）MOSFET 时间参数

导通延时时间 $t_{d(on)}$：从栅源电压上升到 10% 栅极驱动电压时到漏电流升到规定电流的 10% 时所经历的时间，在说明书中规定了栅极电阻 R_G。这段时间实质上为 Q_{GS} 的时间。

关断延时时间（$t_{d(off)}$）：从栅源电压下降到 90% 栅极驱动电压时到漏电流降至规定电流的 90% 时所经历的时间。这显示电流传输到负载之前所经历的延时，与 $t_{d(on)}$ 相对应。

上升时间（t_r）：上升时间是漏极电流从 10% 上升到 90% 所经历的时间，这段时间包括 Q_{GD} 的时间。

下降时间（t_f）：下降时间是漏极电流从 90% 下降到 10% 所经历的时间。

实质上，MOSFET 时间参数和 MOSFET 性能参数是相互联系的，在下面的介绍中，将导出其换算关系，以进一步估计在不同的驱动条件下，MOSFET 真正的开启和关断的时间。

3.6.2 MOSFET 的开启和关断特性

MOSFET 的开启和关断特性容易使人困惑，在这里介绍一下其真实的开关过程，并介绍驱动电路的功耗计算过程。在 MOSFET 直接接地时，MOSFET 的开启和关断过程分为 4 个阶段，如图 3-35 所示。

1）开启过程第 1 阶段：栅极电压 V_{GS} 由 0V 逐渐上升至 $V_{GS(off)}$，栅极的电流主要给 C_{GS} 充电，一小部分通过 C_{GD}。就 MOSFET 整个工作状态而言，是处于断开状态的，V_{DS} 维持高电压，无漏极电流，即 $I_D = 0$。

2）开启过程第 2 阶段：栅极电压从 $V_{GS(off)}$ 上升至平台电压 V_{MILLER}，栅极的电流主要给 C_{GS} 充电，一小部分通过 C_{GD}。在此期间内 MOSFET 开始导通并进入饱和状态，V_{DS} 缓慢下降但总体变化不大。I_D 开始上升，与栅极电压成正比。由于导通电阻与栅极电压相关，此时导通电阻数值很大，I_D 上升到最大值。

3）开启过程第 3 阶段：栅极电压保持不变，栅极的电流主要给 C_{GD} 充电，C_{DS} 储存的电荷也全部泄放出来。在此期间内 MOSFET 仍处于饱和状态，V_{DS} 迅速下降，I_D 保持不变。

4）开启过程第 4 阶段：栅极电压从 V_{MILLER} 继续升高，MOSFET 退出饱和状态进入完全导通状态。此时 C_{GD} 和 C_{GS} 都在充电。

放电过程与充电过程非常类似。需要注意，这个过程完全基于理想的状态。

栅极电压与栅极电流的关系为 $I_{G1} = (V_{DRV} - V_{GS})/R_{G\_EQ}$，其中，$R_{G\_EQ}$ 为栅极端所有等效电阻，包括驱动电路内阻、限流电阻和 MOSFET 内部等效电阻 3 部分；V_{GS} 为栅极上的实际电压，在不断上升。对栅极电流进行积分可得到栅极充电的电量，可获取 Q_{GS}：

$$Q_{GS} = \int_0^{t_{12}} I_{G1} dt = \int_0^{t_{12}} \left(\frac{V_{DRV}}{R_{G\_EQ}} - \frac{t}{t_{12}} \cdot \frac{V_{GS\_PL}}{R_{G\_EQ}} \right) dt = \frac{t_{12} \cdot (2 \cdot V_{DRV} - V_{GS\_PL})}{2 \cdot R_G}$$

由于栅极电压是线性上升的，根据 t_1 的计算结果，可以得到第 1 阶段的时间为

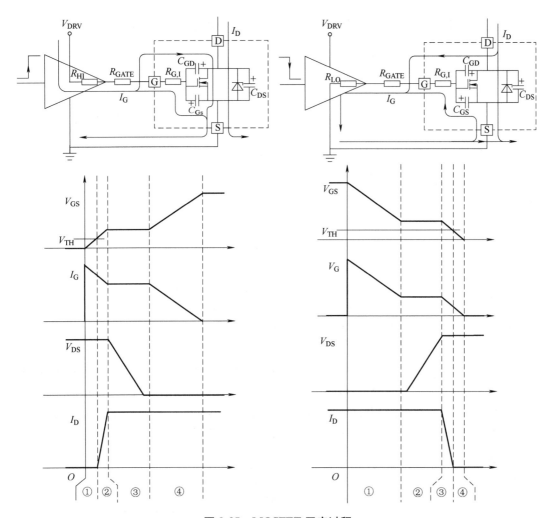

图 3-35 MOSFET 开启过程

$t_{\text{phase1}} = t_{12} \times V_{\text{GS(off)}} / V_{\text{GS\_PL}}$,第 2 阶段的时间为 $t_{\text{phase2}} = t_{12} - t_{\text{phase1}}$。

第 3 阶段为恒流充电,因此 $I_{G3} = (V_{\text{DRV}} - V_{\text{GS\_PL}})/R_{\text{G\_EQ}}$,$t_{\text{phase3}} = Q_{\text{GD}}/I_{G3}$。

$$Q_G - Q_{GD} - Q_{GS} = \int_0^{t_4} I_{G4} dt = \int_0^{t_4} \frac{V_{\text{DRV}} - V_{\text{GS\_PL}}}{R_{\text{G\_EQ}}} \cdot \left(1 - \frac{t}{t_4}\right) dt = \frac{t_4 \cdot (V_{\text{DRV}} - V_{\text{GS\_PL}})}{2 \cdot R_{\text{G\_EQ}}}$$

第 4 阶段电压继续上升,可得第 4 阶段的时间为:$t_{\text{phase4}} = t_4$。

根据上面的分析,导通延时时间 $t_{d(\text{on})}$ 与第 1 阶段的时间 t_{phase1} 是非常相近的;而上升时间 t_r 则是第 2 阶段和第 3 阶段的时间和,为 $t_{\text{phase2}} + t_{\text{phase3}}$。

而在这个过程中,充电驱动器需要给 MOSFET 提供的功率为:$P_C = C_G \cdot V_{\text{DRV}}^2 \cdot F_{\text{SW}} = Q_G \cdot V_{\text{DRV}} \cdot F_{\text{SW}}$,驱动电路内阻、限流电阻和 MOSFET 内部等效电阻分别消耗了这部分的功耗。由于电流都是相同的,所以功耗分配的比例是与电阻阻值成正比的。

按照上面的分析,对驱动端的电流和电压的假设比较接近于实际的电路。但是对于漏极和源极之间的电流和电压,只能得到一个理想的结果。上面是基于负载是电流源的情况下进行分析的,如图 3-36a 所示,事实上大部分教材和应用手册都是这样讲述的。在实际应用中，所使用的都是带负载的恒压源，如图 3-36b 所示。

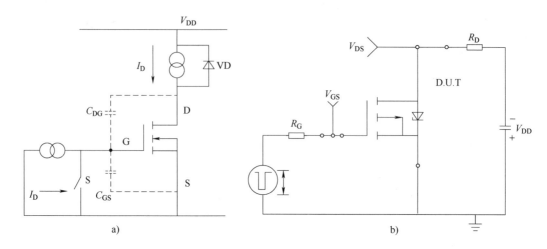

图 3-36 MOSFET 负载为电流源和电阻的情况

a）理想的情况（负载为电流源） b）实际的情况

注：D. U. T 表示 Device under Test，即"待测设备"。

由于这两者存在较大的差距，因此其分析过程都是不同的。前者由于电流源的作用，在第 2 阶段就上升到了最大值；后者由于实际负载 R_D 客观存在，负载电流是和 $V_{DD}-V_{DS}$ 相关的，因此实际的电流变化过程持续时间较长，其电流 I_D 的计算为：$I_D = (V_{DD}-V_{DS})/R_D$。

因此，在很多文献中提到的功耗分析过程如图 3-37 所示。

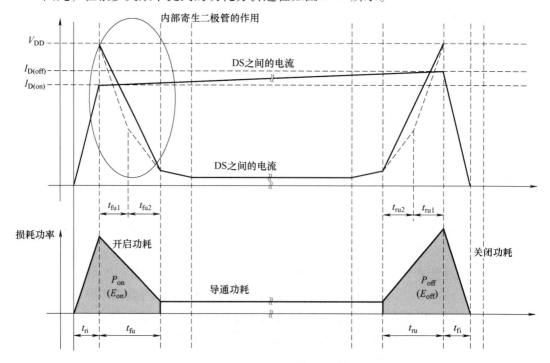

图 3-37 MOSFET 功耗理想分析

图 3-38 是 INFENION 公司 BTS149 的测试波形，从中可以发现实际的 I_{DS} 并不是像理想分析的那样，整个开启时的功耗为 $P_D = V_{DS} \times I_{DS} = V_{DS} \times (V_{DD} - V_{DS})/R_D$。

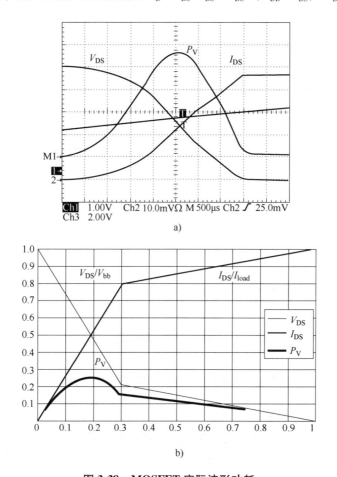

图 3-38 MOSFET 实际波形功耗

a）BTS149 实际波形 b）归一化的开启过程

3.6.3 直接耦合驱动电路设计

驱动 MOSFET 有直接耦合和隔离两种不同的电路形式。直接耦合的驱动电路主要应用在低压电路或非桥结构的 MOSFET 电路中；隔离式电路主要应用在高压、半桥和全桥形式的 MOSFET 电路中。

这里介绍直接耦合的驱动电路。直接耦合的驱动电路由几个部分组成：充电回路、放电回路、保护电路和加速电路。前面已经介绍过，MOSFET 驱动电路需要通过 R_{OH} 对 MOSFET 栅极电容充电，通过 R_{OL} 释放栅极电容上的电荷。抽象的直接耦合驱动电路如图 3-39 所示，可以发现，整个环路中存在着很多寄生电感。这些寄生电感包括驱动电路电源端电感、输出端电感、地线电感、驱动电路与 MOSFET 之间的引线电感，以及 MOSFET 的栅极、源极和漏极的电感。这些寄生电感是由 MOSFET 晶圆和封装之间的引线感抗和源极封装引脚至 MOSFET 焊盘之间的感抗所组成的。

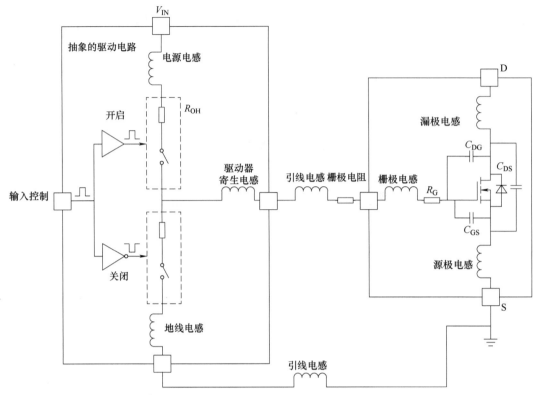

图 3-39 驱动器和 MOSFET 寄生等效模型

1. 寄生参数对电路的影响

这些寄生参数会影响驱动电路的性能,有些严重的甚至会影响整个电路设计。

1)MOSFET 的开启延时和关断延时增加。由于栅极前面有多种寄生电感的存在,使得 MOSFET 在开启和关断初期,驱动器输出电流的变化率被大大限制了,输出电流的变化速度减慢,使得驱动器对栅极电容充电和放电的时间变长,整个开关过程被拉长了。在开启过程中,驱动电路的电源电感、驱动器的输出电感、引线电感和栅极电感起作用,反之在关断过程中,地线电感和地线回路上的引线电感则会大大抑制关断的速度,这点直接导致了后面引入加速电路。

2)栅极电感和等效输入电容可能会发生谐振,在驱动电压快速变化时,丰富的谐波频率给电感、电容的串联提供了足够的能量,其现象是在栅极发生振荡尖峰。因此,不仅 MOSFET 内部存在栅极电阻 R_M,在栅极前面还会加入 R_G,这两个电阻与驱动电路的内阻一起有效地消耗能量,抑制这个振荡。

MOSFET 内部的电阻 R_M 已经确定,因此只能通过选择栅极电阻和驱动电路内阻的方式进行电路的优化。电阻过小则会引起栅极电压的过冲且不能阻止振荡尖峰的存在,电阻过大则会使开启过程变得过慢,加大了开启的时间。

从谐振的角度考虑,电阻选择为:$R_{EQ} = \sqrt{\dfrac{L_{EQ}}{C_{ISS}}} - R_M$。当然这个取值也要满足时间的需求，电阻取值也有一定的限制：

$$R_G \leqslant \frac{V_{GS\_PL} \cdot t_{d\_on} \cdot (2 \cdot V_{DRV} - V_{GS\_PL})}{2 \cdot Q_{GS} \cdot V_{GS\_OFF}}$$

3）源极电感会阻碍漏源极间电流 I_{DS} 的变化。当 MOSFET 开启时，初始时电流变化率 dI/dt 偏大，因此在源极电感上产生了较大压降，从而使源点电位抬高，栅极电压分压在源极电感上，栅极电容上的电压 V_{GS} 减小。由于 I_{DS} 变化较大，这个影响因素会很大程度上使开关时间变长。

4）在 MOSFET 开启时，漏极电感起到了很好的作用，有效地限制了电流变化率，减少了开启过程的功耗。但是在关断时，漏源极间电压 V_{DS} 形成明显的下冲，显著地增加了关断时的功耗。

2. 驱动电路的功耗

根据以上一些因素来考虑驱动电路的设计，驱动电路的功耗较大，主要分为 3 部分：MOSFET 栅极电容充电和放电产生的功耗、MOSFET 驱动器交越穿通电流产生的功耗、静态电流产生的功耗。最后一部分相对较小，这里主要考虑前面两部分。

1）MOSFET 栅极电容充电和放电产生的功耗，与驱动器内阻 R_{OH}、栅极（前）电阻 R_G、MOSFET 内部栅极电阻 R_M、栅极电荷 Q_G、驱动电压 V_{DRV} 和开关频率 F_{SW} 有关，计算公式如下：

$$P_{DRV} = \frac{R_{OH}}{R_{OH} + R_G + R_M} \cdot (Q_G \cdot V_{DRV} \cdot F_{SW})$$

2）MOSFET 驱动器交越穿通电流产生的功耗，与驱动管的交越常数 C_C、驱动电压 V_{DRV} 和开关频率 F_{SW} 有关，计算公式如下：

$$P_S = C_C \cdot V_{DRV} \cdot F_{SW}$$

大部分的集成芯片输出电流都比较小，这是因为在控制频率较高的情况下，芯片的晶圆大小受到了一定的限制。

在驱动器上，较高的功耗也导致了 IC 的封装成本较高，因此驱动芯片只是提供较小的电流，由扩展电路完成对 MOSFET 的驱动。最为典型的是图腾柱结构，如图 3-40 所示，这是最便宜、有效的驱动方式，可采用晶体管或者小功率 MOS 管实现。将输出电路贴近 MOSFET 以后，可使暂态过程中的大电流环路尽可能小，配置专门的旁路电容以后，可很好地改善 EMC 特性，降低地线引线电感和输出的引线电感。在晶体管电路中，两个晶体管的基极与源极之间的导通二极管，可有效钳制住由引线电感引起的暂态浪涌电压。

由于前面所说的寄生电感的存在，使得驱动电路在容性负载之外多了感性负载，有着振荡和过冲的风险。因此要对驱动电路进行保护，特别是感性的负电压存在，使得设计电路时需要考虑驱动电路能够经受的最大限制。保护驱动电路可以从电路内部着手，也可以在外部加额外的管子进行保护。如前面所述，使用晶体管的基极二极管钳位或者使用 MOS 管内部的寄生二极管进行钳位，都是不错的办法。当然，若电路结构不同，有时也可以考虑在驱动电路附近使用肖特基二极管来保护驱动电路的输出级，使驱动电路的电压钳位在 $-0.4V \sim (V_{DRV}+0.4V)$ 的范围内。

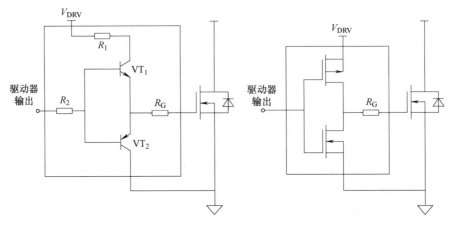

图 3-40 驱动电路的图腾柱结构

3. 优化 MOSFET 驱动电路

在使用集成芯片作为 MOSFET 驱动电路时,由于集成芯片无法与 MOSFET 放置得很靠近,因此寄生参数的现象会非常明显。按照前面的分析,由于 MOSFET 的功耗主要集中于开关过渡期间的损耗,因此如何改善驱动电路的性能是非常重要的。在 MOSFET 开通时,往往速度较快;而矛盾主要集中在断开 MOSFET 的期间,这个过程往往时间较长,这里可以采取一些基本的电路拓扑进行优化。一般有 4 个方案可供选取,分别是二极管、PNP 管、NPN 管和 NMOS 管方案,如图 3-41 所示。

(1) 二极管关断电路

如图 3-41a 所示,这是最简单的加速电路,栅极电阻 R_G 调整着 MOSFET 的开启速度。关断时,由于二极管短路电阻的作用,此时栅极电流最小为:$I_{min} = V_F/R_G$。这样大大加速了关断的速度,但是它仅在电压高时工作,电压低时电流仍旧通过 R_G。二极管关断电路的缺点是:它并没有独立的地线回路,电流仍旧通过驱动电路的地线返回,无法最大程度降低关断时的电流回路面积。

(2) PNP 管关断电路

如图 3-41b 所示,这是最流行和通用的电路,利用 PNP 管完成快速关断。在关断期间,PNP 管导通,源极和栅极被 PNP 管短路,之间的电压差为饱和压降。电路中的二极管提供了 MOSFET 开启时的电流通路,并且对 VT_1 管进行了钳位,有效地保护了 PNP 管发射极 E 和基极 B 间免受反向电压的影响。PNP 管关断电路的最大好处是:放电电流的尖峰被限制在最小的环路中,电流并不返回至驱动电路,因此也不会在地线回路上由于引线电感引起地弹的现象。在同等的开关速度下,驱动电路的功率可明显减小,这是因为晶体管的存在减小了回路电感。PNP 管关断电路的缺点是:栅极电压并不释放到 0V,而是存在 PNP 管的饱和压差 V_{ec_sat}。

(3) NPN 管关断电路

NPN 管的优点和上面的 PNP 管相同,但是由于 NPN 管的动作特性与 PNP 管相反,因此需要加入一个晶体管电路构建的反相器,如图 3-41c 所示。这个电路本身也会造成一些延时,这是因为晶体管的偏置电流建立需要一定的时间。当然该电路的优点是:

有一条电压钳位的路径，可以控制栅极电压的过冲。

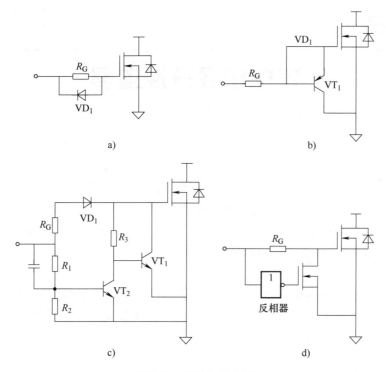

图 3-41 驱动加速电路

（4）NMOS 管关断电路

如图 3-41d 所示，这个电路可以使 MOSFET 关断非常快，并且栅极电压完全释放至零电压。当然 NMOS 管需要一个反相电压来驱动，因此与 NPN 管电路一样需要构建一个反相电路。NMOS 电路的问题是：NMOS 管的输出电容 C_{OSS} 和主 MOSFET 的输入电容 C_{ISS} 合成变成等效的电容，这样就人为地加大了 MOSFET 的开启时间。

第 4 章 汽车电子开发流程

由于汽车电子产品高质量的要求，汽车电子企业在公司内部需要实行完整的开发与生产的流程管控。通俗来说，流程就是标准化的过程，按照标准的程序去完成某项步骤，将所有的资源都集中于同一个方向，这也是流程的作用。对于硬件工程师而言，即在整个开发过程中运用标准的设计方法，标准化地将过程中的节点记录并以文件的形式保存下来。

汽车电子工程师最为关心的是汽车电子零部件开发设计过程中的相关流程。它是整个汽车电子部件在生命周期中的初始环节，也是最为关键的一部分。产品质量先期策划（APQP）中对零部件的过程定义如图 4-1 所示。

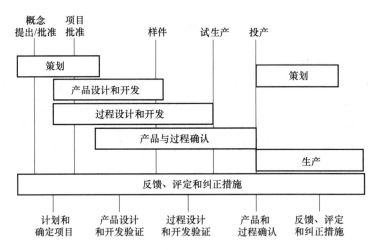

图 4-1 汽车行业质量管理体系架构

汽车电子产品是从汽车上分化而来的，在标准体系和开发过程上有着很大的继承性。通常整车的开发体系和质量管理的控制工具将直接决定零部件所采用的质量控制方法。零部件企业在遵从 IATF 16949 框架的基础上，根据自身开发过程和方法的特点，修正并形成自身的开发流程。当实际的开发项目产生时，零部件企业再根据不同的整车企业的要求，对零部件设计开发过程进行修正，提供不同的过程文档。国内的零部件企业起步较晚，想要实现企业内部开发过程良好的管理，并不是光靠几个质量指导文档就可以的，也不仅仅是引入 V 型开发过程这么简单。最为可行的办法是在内部施行标准的作业化流程，在与不同的整车企业合作开发项目的过程中，不断提升和改进流程管理的能力，以达到完善产品的质量控制和核心技术能力积累的目的。

在本章中，主要对汽车电子生产企业的管理流程进行分析与探讨，对以前装为主要目标市场的零部件供应商所采用的成熟、先进的管理经验进行分解与讨论，在此也希望抛砖引玉，为工程师的工作方法和参与项目设计开发过程提供一种参考。

4.1　汽车和零部件的质量管理体系

汽车制造业都奉行全球化的战略，包括全球研发与设计、全球采购、全球生产、全球销售与全球服务，这些新的变化使得汽车行业的质量管理体系不断提高。而质量管理体系也是从满足各个地区单独的需求，慢慢地过渡成为全球化的标准。在汽车质量管理体系形成初期，汽车工业发达的国家先后制定并实施了相应的质量保证标准，管理汽车产品从设计、开发到服务的全过程质量控制。

国际上主要采用的汽车工业质量体系如下所述。

1) 美国的汽车工业质量体系（QS9000）：美国三大汽车厂商（通用、福特和戴姆勒克莱斯勒）于1994年在ISO 9000质量体系的基础上，结合汽车行业的特定要求和顾客的特殊需要而编制的供应商质量体系要求。它的基础为《供方质量保证手册》《Q101质量体系标准》《创优目标》和《采购物料通用标准》，是各家供应商之间协调的结果。

2) 德国的汽车工业质量体系（VDA6.1）：由德国汽车工业联合会（是由奔驰、宝马、大众、保时捷和汽车零部件供应商所组成的）制定。VDA6.1是以ISO 9001质量体系为基础，并参考了QS9000质量体系标准建立的，同时包括一些额外的特殊要求。

3) 法国的汽车工业质量体系（EAQF94）：由标志、雪铁龙和雷诺三家法国制造商在供应商质量能力标准EAQF94的基础上共同建立起来。

4) 意大利的汽车工业质量体系：由菲亚特和依维柯汽车制造公司以ISO 9001为基础建立的AVSQ1995标准。

5) 日本的汽车工业质量体系：执行JIS标准和JAMA要求，主要有丰田、本田、三菱和铃木等车厂在此体系下进行全面质量管理。

汽车工业质量体系发展图谱如图4-2所示。

从上述内容可以看出，不同地区的整车企业形成了自己的质量体系。但是随着汽车制造业的不断全球化，整车企业寻找供应商的范围也在不断扩大。为了降低成本，势必需要对这些质量管理体系予以统一。在这个大背景下，2002年国际汽车特别工作组和日本汽车制造商协会，以ISO 9001质量管理体系为基础，结合QS9000、VDA6.1、EAQF94和AVSQ等质量体系的要求，颁布了IATF 16949质量管理体系要求（技术规范）第2版标准，建立了共同的汽车质量体系要求。通过IATF 16949统一全球质量系统标准和注册程序，使所有的汽车整车企业达成共识，达到互相承认并减少第二方和第三方审核的目的。

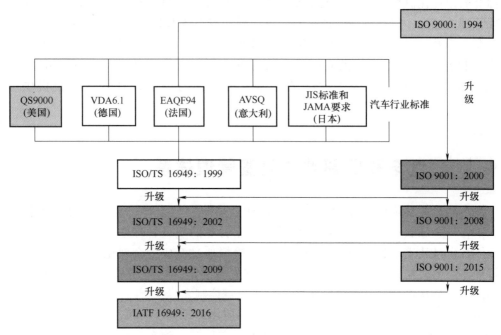

图 4-2 汽车工业质量体系发展图谱

目前，IATF 16949 已经成为世界范围内共同和唯一的汽车行业质量管理体系基本要求。对于零部件制造商而言，通过这个认证，等于拿到了向全球市场提供零部件的"许可证"，也是企业在管理上达到某种水平的象征，体现了零部件企业在缺陷防范和减少产品质量波动方面的能力。需要注意的是，IATF 16949 对所认证的公司厂家资格有严格的限定。只具备支持功能的单位，如设计中心、公司总部和配送中心等，不能独立获得 IATF 16949 认证。因为 IATF 16949 注重的是零部件提供商的产品及实现这个产品的质量系统能力，这实质上是整个制造过程活动的基础。当然在认证之外，国际上的整车企业也会有自己的一些特殊的需求，可以说拿到入场券并不代表就已经有能力胜任这个角色，只有更多的技术积累才能建立起一定的成本和质量上的优势，才能在国际竞争的舞台上立足。

4.1.1　IATF 16949 内容介绍

IATF 16949 的体系架构如图 4-3 所示，它是在 ISO 9001 的基础上建立起来的。通过规定内容，界定每个供应商各个层次的行为。

整个 IATF 16949 的体系是以顾客为中心，关注包括顾客要求和期望、缺陷预防、过程方法、持续改进、建立指标体系等内容。它包含 7 个基本文件：文件资料管理程序、质量记录控制程序、内部审核控制程序、不合格品控制程序、纠正措施控制程序、预防措施控制程序和培训管理程序。最主要的内容包括以下五大工具。

1. 产品先期质量策划

产品质量先期策划（Advanced Product Quality Planning，APQP）是 IATF 16949 体系中最重要的部分，贯穿整个产品开发过程。它是一种产品开发的结构化方法，用来

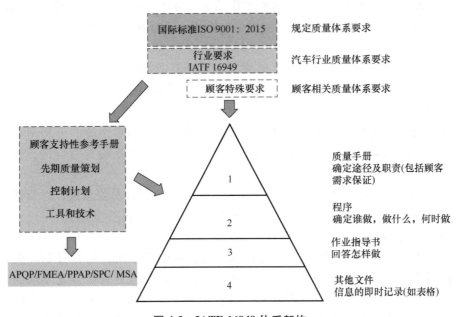

图 4-3 IATF 16949 体系架构

定义和执行为确保产品满足顾客所必需的活动。通过团队的努力,从产品的概念设计、设计开发、过程开发、试生产到生产和全过程中的信息反馈、纠正措施和持续改进活动。APQP 的内容包括 5 个阶段:①计划和确定项目阶段;②产品设计和开发阶段;③过程设计和开发阶段;④产品与过程确认阶段;⑤反馈、评定和纠正措施阶段。

实施 APQP 的目的:为满足产品、项目或合同规定,在新产品投入以前,用来确定和制定确保生产某具体产品或系列产品使客户满意所采取的一种结构化过程的方法;为制订产品质量计划提供指南,以支持顾客满意的产品或服务的开发。

2. 生产件批准程序

生产件批准程序(PPAP)规定了包括生产和散装材料在内的生产件批准的一般要求。PPAP 的目的是确定供应商是否已经正确理解并执行工程设计记录和规范的所有要求,其生产过程是否具有潜在能力,是否能在实际生产过程中按规定的生产节拍生产出满足顾客要求的产品。PPAP 是整个 APQP 计划中的一个环节,是 APQP 计划的重要内容。

实施 PPAP 的目的:确定供方是否已经正确理解了顾客工程设计记录和规范的所有要求,并且在执行所要求的生产节拍条件下的实际生产过程中,具有持续满足这些要求的潜能。

3. 潜在失效模式及影响分析

(潜在)失效模式及影响分析(Failure Mode & Effect Analyse,FMEA)是一种定性的具有工程实用价值的可靠性分析方法,旨在产品/过程/服务等的策划设计阶段,对构成产品的系统、子系统、零部件和对构成过程/服务的各个步骤逐一进行分析,找出潜在的失效模式,并分析其可能的影响,评估其风险,从而预先采取必要的措施降低风险,以提高产品质量和可靠性,确保顾客满意的系统化活动。它可以分为设计阶段的 DFMEA 和过程阶段的 PFMEA，这些工作的导入事件多为 APQP 的初期或早期。

FMEA 会尽可能地罗列出所有可能的失效模式，并对其进行分析和控制，强调的是预防失效的发生。

实施 FMEA 的目的：能够容易、低成本地对产品或过程进行修改，从而降低事后修改的概率，找到能够避免或减少这些潜在失效发生的措施。

4. 测量系统分析

测量系统分析（MSA）使用数理统计和图表的方法对测量系统的分辨率和误差进行分析，以评估测量系统的分辨率和误差对于被测量的参数来说是否合适，并确定测量系统误差的主要成分。

实施 MSA 的目的：了解测量过程，确定在测量过程中的误差总量，以及评估用于生产和过程控制中的测量系统的充分性；促进了解和改进（减少变差）。

5. 统计过程控制

统计过程控制（SPC）是应用统计技术对过程中的各个阶段进行评估和监控，建立并保持过程处于可接受且稳定的水平，从而保证产品与服务符合规定要求的一种质量管理技术。它是过程控制的一部分，从内容上说主要有两个方面：一是利用控制图分析过程的稳定性，对过程存在的异常因素进行预警；二是计算过程能力指数，分析稳定的过程能力满足技术要求的程度，对过程质量进行评价。

实施 SPC 的目的：对过程做出可靠的评估；确定过程的统计控制界限，判断过程是否失控和过程是否有能力；为过程提供一个早期报警系统，及时监控过程的情况，以防止废品的发生；减少对常规检验的依赖性，定时的观察以及系统的测量方法替代了大量的检测和验证工作。

五大质量工具是 IATF 16949 的核心，是经过证明适用于汽车行业的质量工具，对于提高汽车行业的质量管理水平和竞争力将起到重要作用。

4.1.2 七项基本原则

1）以顾客为关注焦点：质量管理的主要关注点是满足顾客要求并且努力超越顾客的期望。组织只有赢得顾客和其他相关方的信任才能获得持续成功。与顾客相互作用的每个方面，都提供了为顾客创造更多价值的机会。理解顾客和其他相关方当前和未来的需求，有助于组织的持续成功。

2）领导作用：各层领导建立统一的宗旨及方向，他们应当创造并保持使员工能够充分实现目标的内部环境。统一的宗旨和方向，以及全员誓约，能够使组织将战略、方针、过程和资源保持一致，以实现其目标。

3）全员誓约：整个组织内各级人员的胜任、授权和参与，是提高组织创造价值和提供价值能力的必要条件。

为了有效和高效地管理组织，各级人员得到尊重并参与其中是极其重要的。通过表彰、授权和提高能力，促进在实现组织的质量目标过程中的全员誓约。

4）过程方法：当活动被作为相互关联的功能过程进行系统管理时，可更加有效和高效地始终得到预期的结果。质量管理体系是由相互关联的过程所组成的。如图 4-4 所示，理解体系是如何产生结果的，能够使组织尽可能地完善体系和绩效。

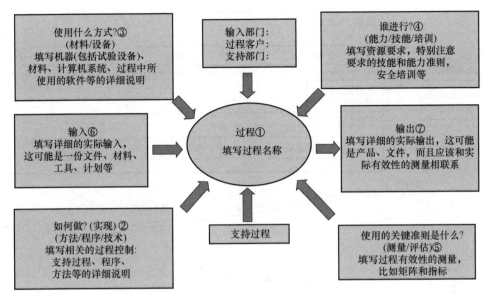

图 4-4 过程方法

5) 改进:成功的组织总是致力于持续改进。改进对于组织保持当前的业绩水平,对其内外部条件的变化做出反应并创造新的机会都是非常必要的。

6) 询证决策:基于数据和信息的分析和评价的决策更有可能产生期望的结果。决策是一个复杂的过程,并且总是包含一些不确定因素。它经常涉及多种类型和来源的输入及其解释,而这些解释可能是主观的,重要的是理解因果关系和潜在的非预期影响。对事实、证据和数据的分析可使决策更加客观、更有信心。

7) 关系管理:为了持续成功,组织需要管理与供方等相关方的关系。相关方影响组织的绩效,组织管理与所有相关方的关系,以最大限度地发挥其在组织绩效方面的作用。对供方及合作伙伴的关系网的管理是非常重要的。

4.2 汽车电子产品的开发流程

如上节所介绍的,汽车电子产品是由零部件商提供给整车厂的。为了控制风险和提高质量,整车企业往往要求零部件提供商提供不同时期的样件。整车厂为了控制风险,通常采取多轮实验的方法,并且在开发过程中将实验和样件结合在一起,构成整个开发。整个过程如图 4-5 所示。

A 样品:也称为原型样件或部分功能样件,整车厂并不会将其用来进行装配实验,因此在图 4-5 中没有出现。它只是开发初期的样件,主要用于软件调试和台架测试,一般在零部件商内部使用。

B1 样品:全功能样件,第一次上车调试样件,确认所有功能的完整度,并进行性能实际检验。对零部件商而言,需要完成完整的软件逻辑验证和硬件功能验证。

B2 样品:设计验证的样件,用于全面检验样件是否符合测试计划中的各种实验,

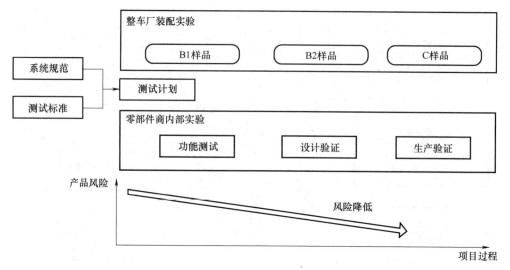

图 4-5 样件与实验的关系

往往需要进行分组实验,并给整车厂提供测试报告。

C 样品:生产验证的样件,主要将所有在生产过程中潜在的问题暴露出来,这项实验往往被很多厂商忽略。其内容 90% 与 B2 样品类似。

整车厂提供的产品规范中可能有一份最为主要的系统规范,根据这份规范,还可以细分为以下 4 个规范:

1)模块工程规范:定义电子模块的安装信息和外壳规范,主要为机构工程师的设计提供重要的依据,某些生产信息也在其中体现。

2)模块软件规范:定义模块软件的功能,往往包括通信和诊断内容,实际上所有模块大部分系统功能都集中于软件实现。

3)模块硬件规范:定义模块硬件的性能指标,某种程度上硬件规范不会太细致,部分整车厂会提供硬件设计的参考,这是其过往经历的一些设计失误的汇总。

4)模块测试规范:测试标准和测试要求的内容构成了产品验证的核心,测试工程师需要据此设计测试计划,以保证实验的进行。

对于电子模块的开发而言,往往都是根据整车的开发计划进行分化的,不同的整车厂对不同的产品有着不同的控制方式。对零部件商来说,内部的开发和生产过程对内保持统一,对外保持一定的弹性,这是企业争取到不同整车厂项目的一个非常有竞争力的手段;否则将要面临同一个功能的类似产品由于供应给不同的厂商而要采取不同的开发过程,这对工程师来说负担非常大。

4.2.1 电子模块开发流程

对于汽车零部件供应商来说,如何保证产品的质量与满足客户的需求是两个非常重要的方面。产品涉及设计开发与生产制造两个大的方面,需要依照一定的流程来保证整个过程控制。与客户要求的样件递交时间节点相对应,零部件厂商内部一般有一套完整的开发制造的过程,一般可分为 5 个阶段:产品报价阶段、产品开发准备阶段、产品试制阶段、产品试生产阶段和产品正式生产阶段,如图4-6所示。

1)产品报价阶段:这个阶段可以从整车厂获取一些基本的信息,国内较多的是给出汽车电子产品的制作任务书;国外较多的是给出功能规范、网络定义、安装说明、诊断规范等文件的集合。

2)产品开发准备阶段:这个阶段是正式进入产品开发项目启动的阶段,需要把客户所有的需求清楚地整理出来。实际上这很难做到,一般都是在初期给出一些模糊的定义,需要在设计和交流的过程中不断更改。

3)产品试制阶段:这个阶段从需求分析完开始,到设计冻结结束,也称为工程样件阶段。它分为手工样件与工装样件两个过程。这是设计工程师工作量最大、也是开发最核心的过程,当然也和生产阶段的工程师有一定的联系。

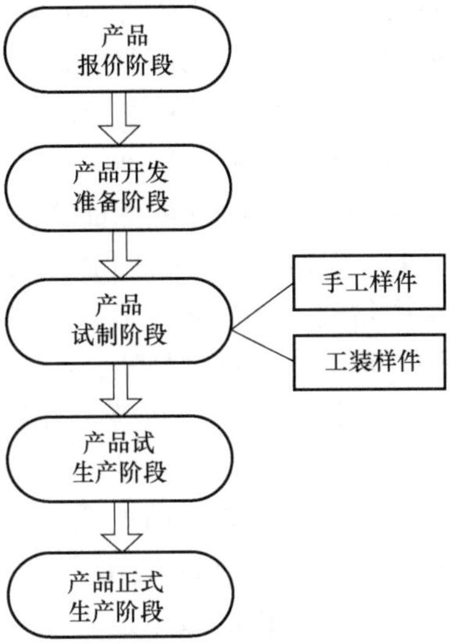

图4-6 汽车电子产品开发流程

手工样件:这个阶段的样件开发过程,主要围绕着功能来进行。换句话来说,是给软件工程师一个调试平台来完成所有要求的功能,当然也要兼顾其与机构工程师所设计的外壳的匹配。一般来说,手工样件并不能用来进行装车实验。

工装样件:与上个阶段不同,经过手工样件的调试与功能需求的更改,需要开始对产品产线制程实行初步的验证,当然这个过程并不限定生产线。这个样件是设计中重要的分水岭,因为从工装样件开始,硬件的设计工作就初步冻结了,同时它也要面临装车实验的挑战。在工装样件完成后,一般将会有一系列的实验来验证样件的性能。

4)产品试生产阶段:这个阶段的工作主要解决产品生产与测试的问题,与一般的理解不同,控制产品质量的关键在于生产线的生产与验证。在这个阶段完成后,仍旧需要进行一系列实验来验证样件的实际性能。值得一提的是,如果上个阶段的工装样件发生问题,试生产阶段的实验则是检验产品设计符合客户需求与质量规范的唯一手段。设计工程师更多的工作在于协助生产的工艺工程师完成各类技术支持的工作。

5)产品正式生产阶段:不出意外的话,这个阶段已经整个转移到了生产这边,设计工程师并不会投入更多的精力。

特别需要注意的是,对于新开发产品与旧有产品的不同平台开发,整个流程在名义上是一致的,时间分配比例却不太相同。对于新开发的产品来说,需要花更多的时间用于预研和报价上,这是因为没有相类似的开发经验,往往会在成本控制、开发难度及风险评估上估计不足,从而导致额外的问题。

每个阶段的实现过程中,都必须引入循环设计的概念来完成各个阶段的工作。一般可分成4个步骤:设计分析、初步校验、存档冻结和测试结果。

1)设计分析:从设计目标开始,分析设计要求后的实施设计过程。通常通过文件的形式来体现设计过程,通过文件中得到的结果传递至下一步骤。

2）初步校验：对设计的结果与设计的过程进行校验，通过相似产品的技术积累，一般能够得到一些工程经验的汇总，通过这些积累与经验丰富的设计人员的校验，可完成对设计综合性的完整验证。

3）存档冻结：这是一个非常重要的过程，对每个阶段来说，需要完成对这个阶段设计与校验结果的短期冻结。往往几个软件、硬件、机构之间有相互牵连的地方，需要一定的存档机制才能保证这几个方面的协调。

4）测试结果：设计和校验必须在实际的测试结果中得到证明，每个阶段的测试内容可能并不相同，覆盖与侧重也是随着不同阶段而变化的。

循环设计的概念在整个开发过程中是重复进行的，如图4-7所示，尽管在各个不同的阶段内容有所差异。如果对前期定义与需求进行细致的分析与设计，后期的工作开展起来就会越容易。需要注意对文件的版本进行控制，否则不同设计文件的版本将会使文件管理难度增大。

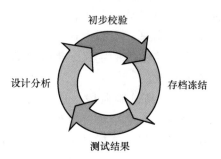

图 4-7 循环设计的概念

4.2.2 V型开发过程详解

V型开发过程在汽车电子中的应用非常广泛，系统设计、机构设计、硬件设计、软件设计和测试环节中都可以引入V型开发过程。虽然在每个小部分上略有不同，但是总体来说是类似的，如图4-8所示。

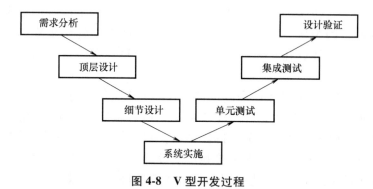

图 4-8 V型开发过程

1）需求分析：这是对客户的需求或内部其他部分一些需求的分析，比如系统部门需要与各个职能工程师共同对客户的规范进行系统性的划分。一般可整理为硬件设计规范、软件设计规范、测试验证内容、网络和诊断规范、机构安装规范等不同的需求文件。

2）顶层设计：通过对需求进行分析，在各自的小的系统层面需要对全局性的内容进行设计。对硬件工程师来说包括：初步功能芯片的选型，电路整体热分析估计，系统级的潜在路径分析，从而得出电子模块框图和接口规范等信息。

3）细节设计：也称为详细设计，顶层设计的工作完成以后，就需要对一些细节的问题进行深入的验证。对硬件工作而言，得到初步的原理图只是整个设计工作的开始。

对原理图中的电路设计需要得到一个全面的评估，如初步的失效率、初步的电路最坏情况分析、元器件的热应力分析、重要功能的故障模式，用这些分析方法去评估原理图的细节参数。第 5 章中将对这部分内容进行详细的讨论。

4）系统实施：对于软件来说，就是代码实现；对于硬件来说，就是印制电路板的制作；对于结构工程师来说，就是机构开模；对于测试工程师来说，就是测试设备的搭建。这部分工作内容往往是最复杂和琐碎的。

5）单元测试：完成系统实施后，就可以得到一部分样件，从硬件、软件和机构等方面进行针对性的实验，以找出在前期设计中存在的一些问题。这时需要相互的支持——软件工程师给硬件工程师提供小型的测试软件，硬件工程师给软件工程师提供调试板等。

6）集成测试：在软件完成所有逻辑层面代码测试的基础上，按照模块的功能要求完成一系列的集成测试。

7）设计验证：将电子模块按照所有的实验要求进行测试，更多的是按照整车厂的要求去完成对整个设计和电子模块性能的评估。

实际上，每个公司对 V 型开发模型进行调整时，都会结合循环设计的概念将设计开发过程整合至整个项目周期，具体实施时可能会采取一些简化或添加。

4.2.3 开发内容划分

产品开发中必不可少的是系统工作内容、硬件工作内容、软件工作内容、测试工作内容和机构工作内容等。

(1) 系统工作

系统工作要求能够完全了解整车厂的规范，将之分化成不同的规范和要求，并且从系统层面与整车厂进行协调和补充。可以说系统工作是与项目管理最为接近的工作，两者的不同之处在于：系统工作内容主要集中于产品的功能；项目管理主要集中于管理项目的开发进度和时间。

(2) 硬件工作

对一个样件来说，硬件设计工作是最基本的，也是与其他工作交集最多的一部分内容。根据阶段不同，硬件工作内容包括以下 5 个方面。

1）系统规范分析与系统设计：这部分的工作内容主要是对系统功能规范、诊断规范、网络定义和安装定义等系列内容进行梳理，并在系统层进行散热分析、供电分析设计，同时需要整理出产品的测试规范。测试规范的内容将决定整个产品设计的约束与边界，这项工作内容往往是与机构工程师一起完成的。

2）底层设计与分析：通俗地讲，底层设计与分析就是原理图的设计。只不过由于汽车电子硬件设计的特殊性，需要考虑元器件的 AECQ 和 ROSH 检查、模块的可靠性分析、失效模式分析、错误树分析、元器件热分析和潜入路径分析等，同时需要与软件一起，在模块的系统策略实现过程中，完成对硬件参数的分析与计算过程。可以说，这部分设计的过程是保证硬件设计质量的重中之重，在后面的章节中将作为重点解析对象。

3）印制电路板设计：电路板的电磁兼容性能大部分反映在印制电路板的设计过程

中，因此围绕着 EMC 将进行电路板布局分析、地平面布局分析、布线分析和总体 EMC 评估。在工程样件阶段，将重点考虑印制电路板的可制造性分析，这贯穿了印制电路板的设计过程。

4）样件调试与测试：当设计完成后，制作焊接完毕的电路板，并进行一系列功能测试与性能测试。在递交样件时，也需要完成一系列的测试评估才能提交给供应商，这些工作通常都划分在硬件工作的内容当中。当然，还要有内部实验报告和外部实验报告。如果测试结果合格，则采用内部的实验报告记录测试过程与结果；一旦样件出现问题，则需要完成结构化的问题解决办法，并撰写 8D 报告。

5）经验总结：将这部分单独列出的原因是共性的错误往往批量出现，不同项目的设计可能会出现相同的设计失误，因此通过实验结果总结设计中出现的错误和不足非常必要。通常经验总结须以文件的形式保存，以清单的形式为后续的设计提供快速检查的依据。

以上 5 个部分的工作内容，在整个产品开发过程中是不断更新的，实际上在报价阶段就有了一个初步的原理图和相对应的元器件列表。在后续的手工样件、工程样件和试生产样件的更新中，以上各个过程不断在重复，可能某些阶段的更改程度并不相同。

在硬件设计工作中，为了提高工作效率，往往会考虑将很多硬件方面的工作进行分离，一般包括以下几种：

1）电路板图设计工程师：由于电路板布线的专业性较强，往往将这项工作分离出来交给专门的团队来完成，这样可以很好地完成 EMC 和可制造性的设计，再由设计工程师和布线工程师共同确认。

2）射频电路工程师：由于射频通信电路在初期要牵涉较为复杂的调试，在部分公司射频电路工程师是与硬件工程师独立的，主要负责调整射频电路信道电路的阻抗匹配和其他相关的测试、设计工作。

3）元器件工程师：在较为专业化的公司，往往将元器件的性能、成本的优化交由专门的工程师负责，这是随着半导体技术的飞速发展而形成的机制，因为需要公司根据半导体工艺的变革对选型的变化做出较为快速的抉择，此时元器件工程师的设置是非常有必要的。

4）模块化电路工程师：对于很多较为相似的电路，可以通过专门的模块化电路工程师对所有通用和重复的功能进行各个方面的分析，以统一应用、降低成本，同时也将大大降低每个电子模块的复杂度。

（3）软件工作

与硬件工作类似，软件工作的内容是在各个阶段提供与硬件匹配的程序软件，以保证样件的工作。由于汽车电子安全性的要求，基本诊断管理与管理策略较多，逻辑部分内容占了很大一部分。

软件设计的流程较为普遍，一般可分为需求确认、概要设计、详细设计、编码、单元测试、集成测试、系统测试和维护。与硬件工作类似，软件工作需要对系统的功能规范、诊断规范、网络定义有较为深刻的解读，通过对这些需求的分析，软件工程师可以完成顶层软件结构的划分与定义。子系统的设计与代码实现也被称为底层软件设计。较为理想的软件设计可划分成3层：应用层、服务层和驱动层。

1）应用层主要完成功能规范中客户定义的功能。

2）服务层的功能是完成信号处理的工作，包括网络管理、诊断功能、输入信号处理和部分顶层驱动的管理。

3）驱动层的功能是直接驱动通信芯片与输入/输出操作等。

（4）测试工作

设计和校验必须在实际的测试结果中得到证明，每个阶段的测试内容可能并不相同，测试工作的覆盖面与侧重点也是随着不同阶段而变化的。在项目的前期、中期和后期，测试工程师往往需要完成不同的任务。

项目前期主要支持单元测试计划，一般包括软件测试和硬件测试。前者主要针对软件本身的一些运行和逻辑进行验证；后者是对硬件的电路模块进行验证。此阶段还需要为整车厂需要的设计验证实验计划做准备，再对实验进行归类和分解，对不同的实验进行重组，得到实验的流程图。

项目中期主要为实验搭建不同的测试台架，完成设计验证和产品验证。测试工程师往往需要和供应商一起就测试设备的设计进行磋商，以确认提供正确的设备，完成设计验证和产品验证。某些实验的长时间特性和监测的特点往往要求较高的数据容量。

项目后期下线测试设备的支持工作：在生产过程中，最后一项内容是模块的下线测试。这方面的工作往往是由测试工程师牵头整理的。

（5）机构工作

为电子模块选择合适的外壳材料、设计匹配的外壳、保证其机械特性；确定设计模块在车内的安装方式。机构工作实际遇到的问题远比看上去要复杂，甚至连插接器的材料和选择都需要机构工程师亲自去确认。

4.2.4 团队构建

汽车电子企业通常采用矩阵式管理的方法来协调开发项目与资源管理两个方面的内容。矩阵式管理是指项目运行与工程团队的调度方式，其结构如图4-9所示。

1）矩阵的横向以项目为主线，贯穿各个不同职能的工程师团队，终点是各个项目的项目经理。

2）矩阵的纵向以各工程师团队为主线，连接所有的项目，其终点是各部门的项目经理。

每个工程师是矩阵的交叉点。工程师团队内部管理和项目管理对于项目的工作目标是一致的，即项目经理是从项目管理的角度来保证项目目标的实现，工程师团队是从专业管理的角度来保证项目目标的实现。在大部分公司工程师团队可划分为：系统工程师团队、机构工程师团队、硬件工程师团队、软件工程师团队、测试工程师团队、项目经理和各工程师团队的部门经理。

在具体实施矩阵式管理的过程中还存在着不同的模式，常见的有3种：弱矩阵式项目组织结构、强矩阵式项目组织结构和平衡矩阵式项目组织结构。下面将一一介绍其特点和适用性。

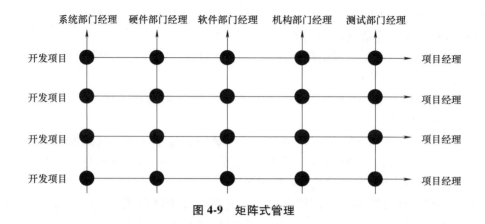

图 4-9 矩阵式管理

（1）弱矩阵式项目组织结构

一般是指在项目团队中没有一个明确的项目经理，只有一个协调员负责协调工作。团队各成员之间按照各自职能部门所对应的任务，相互协调进行工作。实际上在这种模式下，相当多的项目经理职能由部门经理分担了。这种组织模式的特点是：对于部门经理的要求较高，需要涉及非常多的具体事务。

（2）强矩阵式项目组织结构

这种模式的主要特点是：有一个专职的项目经理负责项目的管理与运行工作，项目经理往往来自于公司的专门项目管理部门。项目经理与上级的沟通通过其所在的项目管理部门负责人进行。这种组织模式可以根据不同的项目选择专门的项目经理，相比于弱矩阵式的结构，对于部门经理的要求就小了很多；并且可由项目的特性来选择合适的项目经理，这样对于项目的技术和时间管理有可能组织得更好。

（3）平衡矩阵式项目组织结构

这种模式下，是项目经理由职能部门中的团队成员担任，其工作除项目的管理工作外，还可能负责本部门承担的相应项目任务。此时的项目经理与上级沟通不得不在其职能部门的负责人与公司领导之间做出平衡与调整。对于涉及面较广、存在很大技术难题并且时间上有一定裕量的项目，这是一种非常有效的管理方式。

4.2.5 内部检查会议注意事项

在某些关键的节点上或出现某些设计与过程问题，需要全员参与进行验证和检查时，PEER REVIEW（检查会议）是一项非常重要的手段。通俗地说，它是个会议，需要根据不同的时间节点以及不同的讨论内容筛选不同的参与人员。在需求分析、顶层设计、细节设计、系统实施、单元测试、集成测试和设计验证各个不同阶段的入口，需要进行系统性的总结，以确定当前的工作是否可以进入下一个阶段，这对项目而言有里程碑式的意义。以硬件的工作而言，系统分析、原理图冻结、印制电路板冻结和测试结束这些阶段末期就是需要工程师准备检查会议的时间。

会议由谁参与？这是一个非常重要的问题，参会人员往往分为部门外和部门内。部门外的工程师指与之相关的人，比如印制电路板冻结时就需要工厂负责制造工艺的工程师、负责电路板测试的工程师、机构工程师和电路板布线工程师一起参与。在部门内,从培养队伍的角度,将记录会议问题和解决方法的任务交给助理工程师效果较好,既保证会议内容的完整性又使助理工程师可以参与到项目的关键问题上。从专业的角度,负责平行项目的工程师和资深的核心工程师都需要进行参与:前者保证各个项目的统一;后者提供技术支持。为了更好地将潜在的问题找出并予以解决,需要保证一定的参加人数。

主管项目的工程师需要准备些什么?对于硬件工程师来说,在各个阶段中完成的过程文档的结果概要需要以简洁的形式呈现出来,系统性的检查列表清单也需要在会议开始以前就准备好。检查会议的进行过程就是从清单的内容展开到各个细节的分析和验证。

在内部检查会议中,需要我们去注意并努力克服由于长期的不良习惯造成的问题,需要遵守下面的原则:

1) 检查会议的目的是寻求检查过程中可能存在的缺陷,将潜在的问题尽可能暴露出来。在这个过程中可能会出现对技术和细节问题的争论,但是争论和统一意见都不是目的,而是通过实验去验证问题所在。

2) 争论过程中,不能对负责项目的人本身存在争议,也不能将项目中的设计失误作为评价工程师的依据,发现问题才是解决问题的第一步。

3) 需要保证检查会议的主题和进程,可以将某些分支进行记录,以保证主要内容的进行。

4) 提出问题时要用充分的论据,所有的索引文件都需要记录,在检查会议开展的过程中不能过度使用经验主义的结论,而需要进行详细的分析,且需要过程文件的支持。

5) 要以事实为依据,对某些不良设计需要进行修改,要充分尊重检查会议的结果,主管工程师应避免坚持错误的意见。

6) 对每个工程师而言,要分清技术探讨与只准自己发言的区别,在尽可能理解他人意见的前提下展开技术方面的交流和探讨。

7) 所有的过程都需要有记录,包括项目的范围、牵涉的问题、严重的程度、讨论的内容、可能的办法以及采取的措施,并以妥善的方式保存,并且确保每个人都要签名,以保证检查会议的有效性。

8) 在从技术层面尽量理解对方的基础上,用不同的角度去思考,因为人们在技术上可能存在一定的盲从和经验主义的思路,检查会议的最大目的就是集合多人的智慧寻找问题和解决问题。

很多公司都会举办论证和研讨会议,不过在某种程度上缺乏开放而独立的氛围,会议可能就沦为形式。实质上,一个好的检查会议对各个层次的工程师而言都会大有裨益,使他们既开阔了思路也有了表达意见和观点的机会。因此,检查会议需要有平等和活跃的气氛支持才能达到较为理想的结果。

4.2.6 文件命名和文件管理系统

这里想探讨的是文件命名和文件管理的系统分析,事实上基于过程的开发会产生大量的文档,其命名和结构管理是非常重要的。对一个公司而言,管理好文档可以使工程师既能快速找到文档，也能容易地接受一套既成规则。文件命名普遍存在的问题是命名的随意性，特别是有的随意以中文命名，在开发后期文件较多并且版本混乱时将很难追踪。

对于文件的命名，可以采用如下的命名方式：

<文件类型>_<项目或平台>_<文件描述>_<版本>. 后缀名

1）文件类型：文件名称的第 1 项内容是文件类型，主要表征文件的用途。在流程中会有很多过程文件，一般以数字标识流程的各个设计阶段和步骤，通常使用两位数字即可索引所有的过程。对于文件的标识，若通过完整的英文来表示则文件名会过长，在文件结构深的时候甚至会导致系统出错，因此一般使用英文简写的方式进行统一标识，见表 4-1。

表 4-1 文件命名表格

简写	对应文档类型	英文描述	简写	对应文档类型	英文描述
HW/SW	硬件或软件的流程文件	Hardware/Software Process Document	PPA	引脚配置	Pin/Port Assignment
			IL	内部正式邮件	Internal Letter
DR	开发报告	Development Report	MM	会议记录	Meeting Minutes
TR	测试报告	Test Report	OIL	问题清单	Open Issue List
BD	系统图	Block Diagram			

2）项目或平台：文件名称的第 2 项内容是需要描述的项目或平台信息，介绍和表征对应文件所属的项目信息，如项目代号。当然可能同一个车型项目下会有不同的产品，这时需要表征出所设计模块的特点，如车身控制模块（BCM）、车门控制模块（DM）、空调控制模块（ACM）、座椅调节模块（STM）和安全气囊控制模块（ACM）等，用其缩写代表模块的功能。

3）文件描述：在流程文件中，需要对文件进行一定的描述，因此对于流程文档需要加入特有的注释信息。同样的情况也存在于开发报告和测试报告中，需要简明说明其内容。

4）版本：实质上这项内容必须与日期相结合，表达形式为 Vx.x.x_MMDDYY。其中，第 1 个 x 代表不同的阶段，第 2 个 x 代表发布的次数，最后的 x 代表每次小的修改。

文件的目录结构，可以按照 V 型开发模型的 7 个不同阶段来整理，如图 4-10 所示。这里可分为：10 需求分析、20 顶层设计、30 细节设计、40 系统实施、50 单元测试、60 整合测试和 70 设计验证。在不同的阶段应建立各个流程文件的目录，并以数字进行排列，如 01 产品规范、02 硬件规范和 03 系统框图；在流程文件较多时也可以使用 3 位数来排列，如 110、120 和 130 等。为了每个样件阶段的更新和发布方便，在每个流程文件的目录下面，还需建立样件的 4 个不同阶段的文件夹；①报价阶段；②工程样件阶段；③设计验证阶段；④生产阶段。

注意：核心的内容是，文件一旦发布，在原有的版本

图 4-10 文件结构管理

上不能修改。

4.2.7 过流程化与去流程化

在很多公司通常会出现两个典型的错误过程：过流程化和去流程化。前者发生在公司逐步扩张和项目增多的过程中，后者发生在人员和项目减少的过程中。

过流程化是指从上到下开始追求质量控制，但是仍旧保持着苛刻的时间开发节点。某些项目从整车推出就崇尚快节奏和低成本两大策略，使得汽车电子产品也必须遵循这两条原则。而在这种很短的开发周期下，公司领导追求过程文档的完整性和复杂性，同时以高标准来要求所有工程师完成过程文档，则非常容易出现文档篇幅很长、格式很复杂，但是本身的内容很少、可用性差的问题。很明显这是犯了过犹不及的错误。

去流程化与过流程化相对，是指将质量控制过程降至最低限度，将对工程师造成工作负担的所有复杂问题，甚至包括部分重要流程环节的过程文档全部省略，乃至漠视开发流程。这时往往能在项目的开发前期，超前地完成预计的时间节点，但是却为后面的质量管控埋下了无数的"炸弹"。因为工程师已经无法从过程文档中获取足够的信息，以保证不断地改进设计，可以说保证设计质量完全成了一句空话。实际上，最后的结果往往是在产品调试和实验中发现非常多的问题及失效。到了产品设计的后期，任何的修改一般都要推翻原有的工作，等于重新再来，这是这种工作方式最大的风险。

流程化的意义在于质量控制，而大部分公司的组织形式想要完全实现完整的流程控制需要付出相当大的努力和时间。现实的限制在于项目的开发周期很短，而有经验的工程师并不多，而且不一定能够快速地适应文档化的工作。另一方面，由于某些高校的培养模式使得毕业生缺乏实践能力，课堂上学习到的知识陈旧且脱离实际，因此也造成大部分公司在技术和人才积累上的不足。

所谓设计的流程，即在设计的各个阶段加入各种定性与定量的工作去考核与评判，虽然工作量加大了，实质上却是多了评价设计的指标和追踪过程的手段，更是对工程设计人员的一种保护。在流程中的产品功能、性能、可靠性和负荷，在各个阶段都是冻结和有据可循的东西。在样件的每个阶段测试中发现的问题，可以通过流程文件的结果复核，给设计者提供一条快捷的途径去查找设计失误，而不是从头到尾去猜测问题点。另一方面，流程更是一种强大而有凝聚力的工作方式，使得在不同环境下养成不同工作习惯、拥有不同知识背景的工程师，可以在同一个平台和设计方法的范围内去完成设计任务。这种特点很大程度上避免了由单个工程师的技术水平决定产品特性的情况发生。对于一个追求长期发展的公司来说，在一定人员流动率下能够保持设计开发的稳定，实施流程控制是必需的。

引入流程控制的方法，不一定要在环节上一步到位，在每个设计中也要按照"循环设计"的概念，在每个不同的阶段进行更新与扩充，在考虑内容和问题时不断优化和细化。在具体的过程文档中，是从简单和快速生成的初始文档开始，经过不断修改和完善，最后形成了全面覆盖设计所有需要考虑事项的最终版本。比如在最坏情况分析中，初期可采用参数估计的简易方法——极值分析法；可靠性分析考虑使用元器件失效率的计数法；热分析考虑采用简易的元器件热估算的方法。在完成初期的分析以后，中间会有很多等待的时间，比如等待印制电路板制作和样件制作的时间，则可以对前期的文档不断更新，在产品的测试过程中发现问题并提出改进方案，通过过程文档进一步验证，通过流程文档的不断更新来完善产品本身的设计。

一个公司的研发部门中，决定流程和设计成败的往往是工程师的平等意识，这点似乎被大多数的管理者所忽视。这是因为，设计本身是鼓励不同意见、不同层次的工程师在设计层面不断交流和探讨。比如在设计的回顾会议中，虽然经验丰富的工程师与经验较少的工程师可能考虑问题的角度并不相同，但必须保证每个工程师都有对设计问题提出质疑的权力，并在设计内容和技术探讨的范围内进行讨论。

第 5 章
硬件设计可靠性预测及分析

本章主要讲述汽车电子硬件设计中使用的验证方法。对于硬件工程师而言存在一个普遍的问题，即工程师了解了产品需求、定义了各部分功能并完成了电路的设计和选型之后，用什么样的设计方法可以定量地分析设计的质量呢？产品在设计、生产和测试过程中可能遇到的失效问题，如何以一种规范化的方法寻找到原因所在，这都是需要在前期设计冻结之前解决的。从这一点上而言，设计和验证的方法是不可分割的，也是硬件工程师的价值所在，而并不是通常被认为的根据产品功能绘制原理图，将元器件使用说明中的应用电路进行简单的组合和拼接。

在第 4 章中所提到的"循环设计"概念，需要在硬件设计的阶段得以体现。而最为重要的阶段，是在完成电路原理图至开始绘制印制电路板之间的阶段，在这个阶段需要通过细节的设计和验证方法，通过电路可靠性指标将设计的质量进行显化，根据这些指标来评价当前产品的电路硬件设计水平。所谓流程化的过程，正是将这些工作以文档的形式规范地整理出结果，作为各个不同阶段的设计成果，便于追踪和检查。通过流程的文档，工程师既能以数值化的指标与整个团队进行确认和交互，也能降低风险，把可能出现的问题预先筛选出来，在实验阶段进行实践验证。在产品的生命周期内，可能会出现很多问题，比较典型的包括设计验证阶段的实验、试生产时的产品验证、装车过程阶段乃至正式下线后的问题，这些都是追溯的依据，对于产品而言是不可分割的一部分。

汽车电子模块往往被赋予更高的质量要求，这是因为汽车中有很多的零部件，电子模块在车内起着核心的控制作用，一旦出现问题，与之相关的子系统就会发生功能失效，这会给驾驶人带来巨大的麻烦。以车身控制器为例，由于车门、车窗、刮水器、车灯和门禁系统，都直接受车身控制器控制，当这些功能失效后会直接引起消费者的使用安全问题，导致索赔和相应的维修费用产生；更为麻烦的是失效一旦累计到某个程度，汽车 OEM 必须召回这些车辆。所以对于汽车电子模块而言，质量保证是其最基本的要求，当前的质量要求使得产品在设计阶段就必须考虑周全的质量控制，才可能满足越来越苛刻的要求。

对于硬件工程师而言，在完成一个产品设计时，还需要考虑由元器件和电路引起的失效率及寿命估计、失效及原因分析、极端条件下的最坏情况分析、潜在电路及模式分析和稳暂态的热状态分析等内容，这些内容被作为一个模块强壮性的依据，换句话来说就是验证设计的"靠谱"程度。

本章中介绍的方法主要有可靠性预测、故障树分析、失效模式影响分析、最坏情况分析、潜在路径分析和模块热分析。

1）可靠性预测：对于电子模块而言，其可靠性是通过失效率或平均无失效时间等指标来表征的。可靠性预测的计算过程是从单个元器件的失效率计算开始，通过故障树分析与失效模式影响分析进行综合分析，可以获取各个产品功能的失效率，因此这部分工作内容是整个产品可靠性设计的基础。

2）故障树分析：该方法提供了一种直观的视图，即先根据电路图的连接将整个电路划分成各个子功能，然后分析各个子功能失效的原因。通过引用元器件的失效分布与失效率的参数，可得出每个子功能的失效率，故障树为失效模式影响分析提供了重要的依据。

3）失效模式影响分析：该方法为模块提供了完整的错误功能发生的原因与评估影响的方法。它的优势在于既为设计过程中的调试提供了指导，又为后期产品的监控分析与维修提供了依据。

4）最坏情况分析：可靠性分析不仅是计算评估无失效时间，而且还需要分析在最坏情况下的模块的各个功能，以此作为增强模块健壮性的手段。它在容差分析的基础上，保证电路在最恶劣的条件下依旧能够满足设计的要求。

5）潜在路径分析：汽车的储存时间和运输时间上存在很大的跨度，但客观上又无法把所有电子模块的静态功耗降至零状态，也无法将所有的熔丝全部去除，因此需要考虑不同电源之间的潜在侵入。同时，内部的一些潜在路径也会使电路出现某些预期不到的错误，这就需要通过计算机辅助完成对电路行为的检测，以保证其正常工作。

6）模块热分析：热损坏是很多电子模块特别是大功率应用模块最主要的失效因素之一，因此需要对每个电子元器件进行单独的热估算，后期再进行整个模块的热仿真，这是汽车电子模块设计中必要的环节。

在完成这些设计步骤以后，还需要执行两项内容。

1）实验验证：产品开发过程中前期的设计和分析，是建立在模型和数据之上的，这与实际的情况存在一定的差异；对设计约束和产品性能进行妥协和折中得到的指标，需要最后通过实验验证设计的有效性和合理性。电路在达到功能与性能要求之前，有一段时间的调试与摸底的过程，需要运用标准化的分析过程去规范整个实验的过程和整理实验结果。对于硬件工程师来说，这是最容易被忽略的内容，但恰恰是开发过程中最重要的一环。

2）电路模块化设计和错误总结：汽车电子模块的功能组成有很多部分是相似的，对应的硬件结构和设计思想也是共通的。企业在设计了较多的项目以后，可以将某些具有共性的功能电路进行抽象形成模块化的设计内容，在不同的项目设计中根据不同的需求进行配置，这样做可以大大节约设计时间，也可以通过不同项目的测试与应用反馈，将设计不断完善和优化。

在本章接下来的各节中，将按照以上的划分对具体开发设计的方法展开细致的描述和探讨。

第 5 章 硬件设计可靠性预测及分析

5.1 可靠性预测

可靠性预测是整个产品质量评估和设计的起点与基础，同样也是最为烦琐和易出错的一部分工作。这里首先明确一下经常被提及的两个基本概念：可靠性与可靠性工程。

可靠性在 ISO 8402 质量标准中的定义为：一个对象在规定的期限内，在规定的条件下，能够实现预定的功能。

可靠性工程分析预期实际产品（过程或服务）的可靠性，通过分析以确定采取何种措施，以减少失效或减轻失效带来的影响。通常包括预测失效率、分析失效模式和危害、设计实验流程，最后提出设计或制造加工时的改进计划。最终目的是使产品更加稳定，避免维修和过高的成本。

在日常的分析中，一般采用两个最为基本的参数：失效率和平均无失效时间，作为衡量元器件可靠性的性能指标。

失效率（FR）通常以 FITS（每十亿个小时的失效次数）或 FPMH（每百万个小时的失效次数）为单位。指工作到某一时刻尚未失效的产品，在该时刻后的单位时间内发生失效的概率，一般记为 λ。系统的失效率等于所有部件的失效率。

平均无失效时间（MTBF）指相邻两次失效之间的平均工作时间，也称为平均失效间隔，单位一般为小时。

两者的换算关系为 MTBF = 1/FR。在实际使用过程中，可能还会用到基本可靠性 $R(t)$ 和失效概率函数 $F(t)$，其计算方法为

$$R(t) = (e^{-\frac{t}{\lambda}}) \times 10^6$$

$$F(t) = (1 - e^{-\frac{t}{\lambda}}) \times 10^6$$

式中，λ 以 FPMH 计；t 为需要元器件工作的时间，以小时为单位。往往考虑的是 365 天×N，N 为一天工作的小时数。

元器件的失效率从趋势上服从于失效率曲线。大多数电子模块的失效率是时间的函数，形象的说法是浴盆曲线，曲线呈两头高、中间低的形状，具有明显的阶段性，可划分为 3 个阶段：早期失效期、偶然失效期和耗损失效期，如图 5-1 所示。

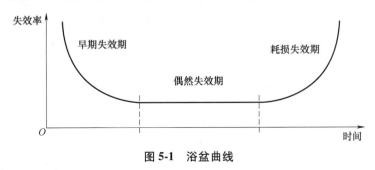

图 5-1 浴盆曲线

第 1 阶段是早期失效期（Infant Mortality）：表明产品在开始使用时失效率很高，但

随着产品工作时间的增加，失效率迅速降低。这一阶段失效的原因大多是由于设计、原材料和制造过程中的缺陷造成的。

第 2 阶段是偶然失效期，也称随机失效期（Random Failures）：这一阶段的特点是失效率较低且较稳定，往往可近似看作常数。产品可靠性指标所描述的就是这个时期。这一时期是产品的良好使用阶段，偶然失效是由质量缺陷、材料弱点、环境和使用不当等因素引起的。

第 3 阶段是耗损失效期（Wear out）：该阶段的失效率随时间的延长而急速增加，主要由磨损、疲劳、老化和耗损等原因造成。

进行可靠性预测，首先需要分析零部件中每个元器件的失效率。失效率是基于巨量统计数据之上的，一般根据其应用条件、查询数据库得出某个元器件的失效率。由于汽车电子模块并不是作为消费者使用的单独产品，这方面的特殊性使得汽车电子方面的应用并没有针对性的失效数据库，因此只能求助于其他应用方向的元器件失效手册中提供的材料，可以参考的标准有以下几种：

1）MILHDBK217F2：《电子设备可靠性预计》，美国国防部颁布，1995 年最新更新，是使用最广泛的模型。

2）Telcordia Issue 1/2（SR332）：广泛应用于通信领域中的预测。

3）RDF：2000UTE 颁布，一般用于欧洲的可靠性预测。

4）HRD5：《可靠性手册（第 5 版）》，由英国电信公司开发。

5）IEC 62380：IEC 62380 是基于最新欧洲可靠性预测标准的可靠性预测方法。最初是由电力技术联盟［UTE，RDF 2000（UTE C 80-810）］2000 年 7 月发布的法语标准，该标准逐渐发展成熟并成为欧洲的可靠性预测标准（IEC 62380）。其独特的预测方法已获得全世界的认可。与旧的可靠性标准相比，IEC 62380 是可靠性预测向前迈出的重要一步。

以上几个标准主要集中于通信领域和军用领域。鉴于汽车电子独特的使用环境，一般可以使用军用标准的数据库进行相对元器件失效率的计算，然后通过向下修正的方法得出元器件可靠性；另外一种方法是对通信领域的数据库向上修正得出参考。这两种方法在实际中都有应用，但是前者使用较多。

可靠性预测在设计中作为基础数据，为其他分析方法提供了重要的数据来源。若元器件的数量较多，则需要耗费较多的时间，如果想要得出精确的数据，就需要获取每个元器件详细的数据，使得这种方法会耗费更多的工作时间。为此在设计的不同阶段往往有不同的处理方法：在设计初期，需要快速得出报价产品可靠性性能时，可采用元器件计数预计法进行快速估计；而在后期设计样件时，可采用元器件应力分析预计法，在逐步的改进设计中将元器件的可靠性预测数据精确化。

1）元器件计数预计法：根据设备中各类元器件的数量及该类元器件的通用失效率、元器件质量等级和设备的应用环境类别来估算电子设备可靠性的一种方法。操作步骤如下：

① 将电子产品根据关键功能，初步划分成若干个子系统。

② 列出子系统的典型元器件清单（种类、数量、质量等级、模块的应用环境类别）。

③ 根据典型元器件计算失效率。

④ 计数后得出各个子系统的失效率。

通过这种方法可简单得出各个关键功能的失效概率，为报价产品提供初步质量保证。

2) 元器件应力分析预计法：提供所有元器件的实际工作情况，通过应力系数进行计算后得到失效率预计模型。在这种情况下，需要对每个元器件的应力负荷进行分析，包括可能的参数、温度、电压等。操作步骤如下：

① 获取样品完整的参数列表（包括元器件名称、型号规格、数量、性能额定值及有关的设计、工艺、结构参数和工作应力数据等）。

② 分析各元器件的应用方式、工作环境温度和电应力负荷等数据。

③ 汇集成应力系数表。

④ 按照数据库提供的参数进行计算，得出元器件失效率。

通过这种方法得出来的元器件分析结果，可以作为基础数据提供给故障树分析和失效模式影响分析。

3) 预测可靠性计算的先决条件：该预测仅基于固有可靠性，假定已遵循可靠性构建中涉及的要素。

① 设计的正确。

② 元器件使用正确（应力研究和任务剖面）且合格。

③ 元器件和装配寿命与任务兼容。

④ 适应元器件和组装制造商控制的可变性的过程。

5.1.1 基本元器件失效率计算

美国军标 MILHDBK217F2《电子设备可靠性预计》是一份严谨而翔实的材料，但由于其统计的样本较早，而现在 IC 企业的工艺和可靠性都已经有了飞速的提升，所以以它的数值来进行评估，结果很悲观并且不太切合实际。因此，人们往往根据这份材料来做一个相对结果，然后根据企业自身对数据进行调整。

在这份可靠性预计手册中，介绍了每个元器件的失效率计算方法，通常是根据不同的系数相乘得出来的，手册中也给出了每个系数是如何根据条件选取的。根据分析，大部分元器件的系数可分为相似系数和特有系数两部分，其中相似系数主要有质量系数和环境系数。

π_Q 为电子元器件的质量系数，通过元器件的等级进行选取。

π_E 为环境系数，可概括成 14 种类型，分别是 GB、GF、GM、NS、NU、AIC、AIF、AUC、AUF、ARW、SF、MF、ML、CL。实际上这个环境因素对于汽车电子产品并没有太多的参考意义，往往统一选择一个环境，然后在每个元器件运算时代入计算即可。需要注意的是，不同的元器件在同样的环境下，其环境系数的数值是不相同的。

下面是在 MILHDBK217F2 手册中给出的各个不同元器件的失效率计算方法和参数定义。

1) 电阻的失效率计算：

$$\lambda_{p\_resistor} = \lambda_b \cdot \pi_R \cdot \pi_Q \cdot \pi_E$$

式中，λ_b 是电阻基本工作失效率，与环境温度和电阻的使用系数有关；π_R 是阻值系数，需根据电阻值的分段范围选取，总体来看电阻值越大失效率也越大。

2）电容的失效率计算：

电容的失效率计算分为陶瓷电容和固态电解电容两种不同的情况。

陶瓷电容的失效率计算：

$$\lambda_{p\_cap1} = \lambda_b \cdot \pi_{CV} \cdot \pi_Q \cdot \pi_E$$

固态电解电容的失效率计算：

$$\lambda_{p\_cap2} = \lambda_b \cdot \pi_{Sr} \cdot \pi_{CV} \cdot \pi_Q \cdot \pi_E$$

式中，λ_b 是电容基本工作失效率，与电容的温度和电容上的电压有关；π_{CV} 是电容量系数，需根据电容量的大小选取，电容量越大失效率越高；π_{Sr} 是串联电阻系数，与等效电阻和所加电压的比值有关。

3）电感的失效率计算：

$$\lambda_{p\_inductor} = \lambda_b \cdot \pi_C \cdot \pi_Q \cdot \pi_E$$

式中，λ_b 是电感基本失效率，与电感的实际使用温度和最高使用温度均有关；π_C 为结构系数。

4）晶体管的失效率计算：

$$\lambda_{p\_diode} = \lambda_b \cdot \pi_T \cdot \pi_S \cdot \pi_C \cdot \pi_Q \cdot \pi_E$$

式中，λ_b 为晶体管基本失效率，需要根据二极管的不同类型选择；π_T 为温度系数；π_S 为电压应力系数，与二极管承受的电压有关；π_C 为结构系数。

5）晶体管的失效率计算：

$$\lambda_{p\_transistor} = \lambda_b \cdot \pi_T \cdot \pi_A \cdot \pi_R \cdot \pi_S \cdot \pi_Q \cdot \pi_E$$

式中，λ_b 为晶体管基本失效率，有 NPN 和 PNP 之分；π_T 为温度系数；π_A 为应用系数，分为线性应用和开关应用两种；π_R 是晶体管的额定耗散功率系数；π_S 是集电极和发射极两端的电压应力系数。

6）场效应晶体管失效率计算：

$$\lambda_{p\_mosfet} = \lambda_b \cdot \pi_T \cdot \pi_A \cdot \pi_Q \cdot \pi_E$$

式中，λ_b 为场效应晶体管基本失效率，有 MOSFET 和 JFET 之分；π_T 为温度系数；π_A 为应用系数，分为线性应用和功率应用两种。

7）继电器的失效率计算：

$$\lambda_{p\_RELAY} = \lambda_b \cdot \pi_L \cdot \pi_C \cdot \pi_{CYC} \cdot \pi_F \cdot \pi_Q \cdot \pi_E$$

式中，λ_b 为继电器基本失效率，与实际温度和使用温度有关；π_L 为继电器负载的影响，与负载容性、阻性和感性有关，并与负载电流和额定电流的比值有关；π_C 为触点系数；π_{CYC} 为每小时的动作次数；π_F 则与继电器的应用相关。

8）插接器的失效率计算：

$$\lambda_{p\_CONNECTOR} = \lambda_b \cdot \pi_C \cdot \pi_K \cdot \pi_P \cdot \pi_E$$

式中，λ_b 为插接器基本失效率，与实际温度和插接器的材料有关；π_C 为触点系数；π_K 为插接器插拔次数；π_P 为插接端子有效引脚的数目。

9）晶振的失效率计算：

$$\lambda_{p\_CRYSTAL} = \lambda_b \cdot \pi_Q \cdot \pi_E$$

式中，λ_b 为晶振基本失效率，与晶振的频率相关，频率越高失效率也越高。

10）集成芯片的失效率计算：
$$\lambda_{p\_IC} = (\pi_T \cdot C_1 + \pi_E \cdot C_2) \cdot \pi_Q \cdot \pi_L$$

式中，C_1 为芯片晶圆大小，有 MOS 型与晶体管之分，与门数也有关系；C_2 为芯片封装形式，封装不同失效率也不同；π_T 为温度系数；π_L 与芯片的投产时间相关。

可以通过表 5-1 概览电子元器件的计算参数和计算方法，由以上方法得出失效率 λ 的单位为百万分之一/小时。可通过这个失效率，折算成为各个需要的指标，为后续的其他方法起到一个铺垫的作用。

表 5-1 各种电子元器件的失效率因素

元器件	基本失效率 λ_b	影响因素					预测失效率 λ_π
集成芯片		π_T	C_1	C_2	π_L	π_Q	π_E
晶体管		π_T	π_A	π_R	π_S	π_Q	π_E
场效应晶体管				π_T	π_A	π_Q	π_E
二极管		π_T		π_C	π_S	π_Q	π_E
电感				π_C		π_Q	π_E
陶瓷电容				π_{CV}		π_Q	π_E
固态电解电容				π_{Sr}	π_{CV}	π_Q	π_E
电阻				π_R		π_Q	π_E
插接器			π_C	π_K		π_P	π_E
晶振						π_Q	π_E
继电器		π_L	π_C	π_{CYC}	π_F	π_Q	π_E

概览以上公式，可以通过以下几种方法完成失效率的计算。

1）手工计算方法：将以上的公式整理入 Excel 内，可通过分类和整理得出每个元器件的失效率。在这个过程中，需要准备环境温度表格、结温表格及电压应力表格，通过对照每种元器件失效系数和基本失效率进行逐个运算，这种方法需要占用非常多的时间和精力。

2）采用 Excel 脚本完成计算：这需要在公司内部进行协调，先将军标 MILHD-BK217F2 中的表格与计算公式导入 Excel 源数据库，再通过脚本去查询得出各个因素。实际上只需要从 BOM 表中导出元器件的参数，通过对比后即可得出计算结果。

3）采用可靠性软件进行计算：如 RelCal 5.0，其操作相对简单，省去了手工操作的复杂时间，也不需要编写脚本软件。

经过计算后，首先能得出的结果是失效最严重的元器件，对比各类不同的元器件失效情况可以反映设计的均衡情况。为了达到成本最优化的目的，需要使得元器件的失效率比较均衡，满足产品整体的失效率要求。对于失效严重的元器件，需要进行选型的修改。一个典型的产品可以得到图 5-2 所示的直方图。

影响元器件失效率的参数，主要有元器件的热应力、电压应力、元器件的质量等级和模块所处的环境。因此在使用应力分析法进行详细计算时，一定要准备完整的温度运算结果（环境温度和本体的温度）和实际电压应力表，这项内容应该作为参数设

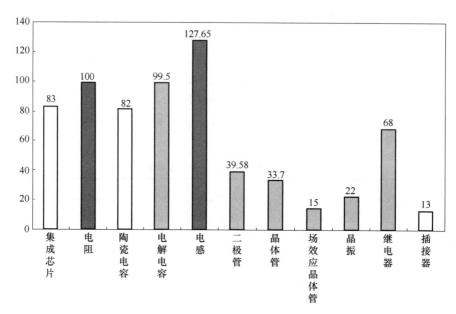

图 5-2 元器件失效率对比

计的一部分，做完以后可沿用到可靠性预测的设计过程中。

5.1.2 元器件失效分布

单个元器件的损坏往往会造成不同的结果，不同表现形式的失效也会对模块产生不同的影响。元器件的失效统计数据告诉我们，元器件的失效是按一定的概率进行分布的。失效模式用来描述元器件的失效现象，解释产生失效所发生的物理过程或这些过程的综合效应。而通过获取失效模式的分布概率，则可以得出更为完整的失效率结果。元器件的失效模式通过查找 MIL-HDBK-338B 来获取，它是根据特定元器件所有可能发生的失效的统计数据和资料而获得的元器件的失效模式分布。注意：MIL-HDBK-338B 是一份指导书性质的资料，所有的数字只具有参考意义。

失效的分析也按照主动元器件、被动元器件和其他元器件的划分进行整理。主动元器件的失效模式较单纯，主要为电气失效，如开路或断路、短路、漂移及不稳定等。开路和短路属于硬式失效，从结构特性方面进行考量；而漂移和不稳定则属于软式失效，随着时间的推移其特性会发生衰变，属于功能老化问题，是从任务时间方面进行考量的。而被动元器件的失效模式除了上述的电气失效之外，还有机械失效。

1) 集成电路的失效模式主要有功能失效、参数漂移、短路和开路等，由于很多集成电路的引脚众多，因此分析失效的过程也是按照引脚去分析的。

2) 分立元器件的失效模式主要有短路、开路和参数漂移等，一般的分立元器件引脚比集成电路少，比被动元器件多，也需要按照每个引脚单独分析。

3) 被动元器件的失效模式主要有参数漂移、短路、开路和封装破裂等，由于被动元器件的引脚一般只有 2 个，因此计算相对较为容易。

4) 其他元器件如插接器、继电器、传感器和霍尔器件等，其失效模式主要表现为参数漂移和功能失效。

元器件的失效原因有很多，硬件工程师并不需要了解每个元器件的内部失效原因，而是通过与元器件供应商的工程师合作来分析和解决元器件失效的模式。以被动元器件为例，其失效原因有过电应力、机械应力、热变应力、腐蚀和银迁移等。

每个元器件存在很多种失效模式，确认每个失效模式发生的概率是进行失效分析非常重要的工作。经过统计失效数据并进行整理分析后，可找出每一个失效模式的发生概率，称为失效模式分布 α。图 5-3 为某个元器件的失效分布饼状图，比较直观地显示了在元器件失效时各个失效模式的概率。

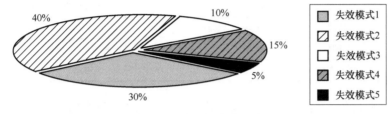

图 5-3 失效模式的概率

在使用中，通过查找 MIL-HDBK-338B 可以将所有常用的元器件整理为失效表，见表 5-2；同时得出失效率和失效分布后，整个可靠性的基础工作才能告一段落，为后期进一步分析提供完整的参数。

表 5-2　各种元器件的失效分布

元器件	失效模式	分布概率	元器件	失效模式	分布概率
铝电解电容	短路	0.53	整流二极管	短路	0.51
	开路	0.35		开路	0.29
	电解质泄漏	0.1		参数变化	0.2
	容值变化	0.02	小信号二极管	开路	0.24
陶瓷电容	短路	0.49		短路	0.18
	容值变化	0.29	电压基准齐纳二极管	参数变化	0.69
	开路	0.22		开路	0.18
钽电容	短路	0.69		短路	0.13
	开路	0.17	电压调节器齐纳二极管	开路	0.45
	容值变化	0.14		参数变化	0.35
薄膜电阻	开路	0.59		短路	0.2
	参数变化	0.36	晶体管	短路	0.73
	短路	0.05		开路	0.27
网络电阻	开路	0.92	结型场效应晶体管	短路	0.51
	短路	0.08		输出低	0.22
变压器	开路	0.42		参数变化	0.17
	短路	0.42		开路	0.05
	参数变化	0.16		输出高	0.05

(续)

元器件	失效模式	分布概率	元器件	失效模式	分布概率
线圈	短路	0.42	场效应晶体管	开路	0.61
	开路	0.42		短路	0.26
	电感值减小	0.16		参数变化	0.13
继电器	无法吸合	0.55	变压器	开路	0.42
	假吸合	0.26		短路	0.42
	短路	0.19		参数变化	0.16
通用二极管	短路	0.49	插接器	开路	0.61
	开路	0.36		接触不良/间歇性	0.23
	参数变化	0.15		短路	0.16

当然，表5-2的最大问题是：参数变化究竟对整个电子模块的功能产生何种作用。由于功能失效划分较多，因此对分析产生了较大的影响。如果按照表5-2所描述的内容进行分析，将会得出一系列模糊的失效内容，这对设计分析的简化并不是很有利。

5.1.3 分布修正方法

MIL-HDBK-338B给出了较多的失效模式，这使得失效原因和错误树分析会非常复杂，而且我们比较关心的是一些关键性的失效模式，这就需要对某些分布进行合并和简化。实际操作中将会对元器件的失效分布进行一定的修正，见表5-3。对于普通的元器件，将参数变化和漂移这项内容去除，直观地考虑元器件的短路和开路，这样可以使问题向简单化方向发展。在容差分析过程中，考虑了元器件的参数偏差对整个系统的影响，一旦出现超差，将很难确认功能究竟会出现何种变化。因此，往往需要对分析过程进行一定的简化，将部分失效模式进行归类，等效成为几种基本的失效模式，如短路和开路等。

表5-3 经过简化的失效分布

元器件	失效模式	分布概率	备注
陶瓷电容	短路	0.9	
	开路	0.1	
电解电容	短路	0.8	
	开路	0.2	
电阻	开路	0.4	忽略了短路的失效模式
	阻值变化	0.6	
齐纳二极管	开路	0.3	
	短路	0.7	
小信号二极管	开路	0.2	
	短路	0.8	
电感	短路	0.2	
	开路	0.8	

(续)

元器件	失效模式	分布概率	备注
晶体管	短路	0.85	
	开路	0.15	
继电器	短路	0.2	
	开路	0.8	
插接器	开路	0.61	
	间歇性断开	0.23	
	短路	0.16	

采用具体的概率分布数据时，往往是根据实验过程中的一些反馈进行修改的，每个公司可能在具体数值上存在一定的差异，所以表 5-3 仅是一个参照。

由于半导体工艺的飞速发展，元器件的可靠性在不断提高。同一种芯片可能由不同的厂家使用不同的工艺处理，其失效率也存在一定的差异性。可靠性的数据库，由于需要大量的实验环节积累进行统计和分析，因此会有一定的滞后性和悲观性。在汽车电子中引入可靠性预测的方法，最主要的还是得到一个相对的可靠性结果；通过结果分析可调整某些元器件的电应力系数和热应力系数，以保证整个系统不在某个或某部分上面存在明显的低谷，尽可能达到电子模块内部元器件的失效率均衡。对某些安全性的功能，主要通过破坏性实验或加速的寿命实验进行测试，以获取更为准确的结果。

5.1.4 降额设计

元器件的失效率是直接与其各种应力负荷直接相关的，若计算完一遍失效率得出不理想的结果，再去调整每个元器件的载荷比率是一项较为复杂和辛苦的工作。因此，这里往往需要在前面的元器件参数设计时就遵循一定的准则。降额设计就是使元器件工作时承受的工作应力适当低于元器件规定的额定值，从而达到降低基本失效率并提高模块整体可靠性的目的。对元器件的某些参数适当降额使用，就可以大幅度提高元器件的可靠性。通过上面的介绍可以发现，模块的可靠性在电应力系数和热应力系数两个方面比较敏感，故而合理地对元器件做降额设计也是提高设计可靠性的一个很好的解决办法。

对于各类电子元器件，都有其最佳的降额范围，在此范围内工作应力的变化对其失效率有明显的影响，在设计上也较容易实现，并且不会在产品体积、质量和成本方面付出过大的代价。在这里初步以被动元器件、分立元器件、集成芯片为划分类别，探讨进行降额设计的原则。需要注意的是，这里所探讨的数值并不是绝对的，主要参考了军用标准 GJB/Z 35—93 的元器件降额准则并结合一些经验法则进行探讨。插接器、电路板、晶振和 LED 的降额分析将在后续的章节中进行讨论，这里并不单独展开分析。

（1）被动元器件降额设计

被动元器件的数量较多，往往是失效的大户，因此对其进行降额设计性价比较高。

通用的方法可参考表5-4。在某些特殊的功能下，可能需要进一步对降额系数进行优化。

表5-4 被动元器件降额设计

降额项目	环境温度 (T_{AMB})/℃	工作电压 (V_{OP})	冲击电流 (I_{SURGE})	纹波电流 (I_{RIPPLE})	工作电流 (I_{OP})	功率 (P_D)	热点温度 (T_{TH})/℃	瞬时电流 (I_{TR})
陶瓷电容	$T_{MAX}-10$	70%	—	—				
钽电容	$T_{MAX}-10$	50%	1A	待计算				
铝电解电容	$T_{MAX}-10$	70%	$10 \times I_{RIPPLE}$	待计算				
小功率电阻（<1W）	根据计算					70%	70%	
大功率电阻（>1W）	根据计算					70%	50%	
电感	60%~70%	50%					$T_{TH}-25$	90%

1）电容需要按陶瓷电容、钽电容和铝电解电容进行不同的分析。

陶瓷电容降额的主要参数是工作电压和环境温度。使用中需要确保电容的直流电压与交流峰值电压之和不得超过降额后的直流工作电压。

铝电解电容降额的主要参数是工作电压和环境温度。使用中需要确保铝电解电容的直流电压与交流峰值电压之和不得超过降额后的直流工作电压。

钽电容具有对冲击电流非常敏感的特性，因此在电路设计中应有不小于3Ω/V的等效串联阻抗，工作电压需要做深度降额处理。

2）电阻降额的主要参数是功率、电压和环境温度，在3.2节有详细的分析。

3）电感元器件包括各种线圈和变压器，降额的主要参数是热点温度。为防止绝缘击穿，线圈的绕组电压应维持在额定值。降额准则是：电感元器件的额定热点温度与线圈绕组的绝缘性能、工作电流、瞬态初始电流及介质耐压有关。

（2）分立元器件降额设计

分立元器件降额设计见表5-5~表5-7。二极管按功能可分为普通二极管、开关二极管、肖特基二极管和齐纳二极管等类型，所有二极管降额的参数基本相同。从失效机理来看，高温是对二极管破坏性最强的应力，对二极管的功率和结温必须进行较深的降额，从结温、电流和最大允许功率等参数进行限制，其中电流为基于最大正向平均电流。电压击穿是导致二极管失效的主要因素，所以二极管的电压也需降额，一般考虑从反向峰值工作电压降额。

高温是对晶体管破坏性最强的应力，因此晶体管的功耗和结温必须进行降额；为了防止电压击穿导致晶体管失效，电压限额也是需要从最大需用电压开始降额。

对于MOSFET而言，钳位能量和栅极电压这两个较为特殊的参量也需要进行降额考虑。

表5-5 二极管降额设计

降额项目	结温 (T_J)/℃	正向电流 (I_F)	击穿电流 (I_Z)	反向电压 (V_R)	功率 (P_D)
普通/开关二极管	$T_{JMAX}-25$	80%	—	70%	70%
肖特基二极管	$T_{JMAX}-40$	80%		70%	70%
齐纳二极管	$T_{JMAX}-40$	—	70%		50%

表 5-6　晶体管降额设计

降额项目	结温（T_J）/℃	结电流（I_{CE}）	结电压（V_{CE}）	功率（P_D）
普通晶体管	$T_{JMAX}-25$	70%	80%	75%
功率晶体管	$T_{JMAX}-25$	70%	80%	75%

表 5-7　其他晶体管降额设计

降额项目	结温（T_J）/℃	沟道电流（I_{DS}）	栅极电压（V_{GS}）	沟道电压（V_{DS}）	功率（P_D）	钳位能量（E_C）
MOSFET	$T_{JMAX}-25$	75%	60%	75%	80%	
智能 MOS	$T_{JPROTECT}$	75%	—	75%	80%	

（3）集成电路降额设计

集成电路分为模拟电路和数字电路两类，其降额设计见表 5-8。根据制造工艺的不同，可分为双极型、CMOS 型和混合型集成电路 3 类。随着集成电路工艺的发展，芯片的封装越来越小，导体断面上的电流密度越来越大，在有源结点上的温度也越来越高。高结温是对集成电路破坏性最大的应力。集成电路降额的主要目的在于降低高温集中部分的温度，降低由于器件的缺陷而可能诱发失效的工作应力，延长器件的工作寿命。中、小规模集成电路降额的主要参数是电压、电流或功率以及结温；大规模集成电路主要是降低结温。

表 5-8　集成电路降额设计

降额项目	结温（T_J）/℃	供电电压（V_S）	输入电压（V_I）	工作频率（f）	输出电流（I_O）	功率（P_D）
模拟集成电路	115	80%	70%		80%	75%
数字集成电路	110	—		80%	90%	75%
复杂处理芯片	100	—		80%	90%	75%

5.2　最坏情况分析

元器件的失效往往不一定在稳定的状态下，有时是在恶劣的环境下，各种负荷和条件集中在一起的时候，使得模块突然超过了其容忍程度。因此，评估在各种极端条件下模块中的电路特性是非常有必要的。设计的一般要求是验证模块的各个主要功能符合规定的范围，通常热分析是作为最坏情况分析的一部分，两者有一定的重叠和交叉。

最先引入最坏情况分析方法的是航天领域的 NASA（美国国家航空航天局）。由于汽车的安全性要求，最坏情况分析也在汽车电子设计领域得以应用。从本质上而言，最坏情况分析是容差分析的一种，容差分析是一种预测电路性能参数稳定性的方法，而引起电路性能参数变化的因素主要有 3 种。

1）初始偏差：元器件参数一般都是以标称值表示的，每种元器件的参数都存在着一定的偏差。需要注意的是，元器件出厂时的参数偏差与经过焊接、模块加工完成后的参数偏差也有所差异。这种偏差更多地体现在大规模生产时，模块与模块之间会存在一定的差异。这两种偏差在模块生产完毕后就固定了，因此把这两种误差归为模块的初始误差。

2）汽车电子环境条件：由于模块需要适应汽车环境的各种状态，因此电子元器件的参数偏差也会随着汽车环境条件的变化而变化。为了简化分析的过程，可将永久性的变化和随环境变化的因素分开，前者归入元器件退化效应中，后者作为环境条件。环境分析中最常见的是温度效应分析，主要考虑不同的环境温度对电路中各元器件参数的影响。分析过程为建立元器件的温度效应模型，根据模型计算不同温度下的元器件参数，再将该元器件参数代入电路的数学模型中，最后计算得出电路输出参数对温度变化的结果。

3）元器件退化效应：随着存储和工作时间的推移，经历苛刻的环境条件后，元器件或多或少都会老化，其参数也会随着时间而发生变化，这往往是不可逆的。在元器件的长期使用中，大概有3种因素会引起元器件的退化：

① 元器件本身的材料缺陷、内部劣化机理。
② 外部电应力，如瞬间功率过载、静电及电压浪涌损伤。
③ 外部环境应力，如热冲击、温度循环和高湿度环境。

这些因素都会导致元器件的特性退化，并通过元器件的参数出现不可逆的漂移时表现出来，一般将之根据不同的环境视为一种现象。

最坏情况分析是容差分析的一种应用，是在电路组成部分参数最坏（极端）组合情况下，评价电路性能的性能与偏差，找出在参数给定限制变化情况下电路的最坏可能输出，同时针对重要的元器件进行电压应力和热应力的分析，根据这个结果来选用元器件并且进行降额使用。

与可靠性预测一样，最坏情况分析的流程文件也可分为初期文档、中期文档和优化文档。报价阶段和初期样品阶段，往往是研发时间最短但是对可靠性要求较高的时期。在设计的初期必须考虑简化的最坏情况分析设计。初期的内容主要集中于热损坏、关键性能等非常重要的参数，通常采用双端值法。元器件参数也可考虑简易的模型进行运算，这种做法虽然人为地放大了设计裕量，但是节约了时间，为后期调整和优化提供了一定的空间。而在中期，则需全面考虑电路参数和认真分析元器件参数模型，将电路的设计裕量调整到一个合理的程度。最后的成本优化阶段，主要通过不同的选型计算，选择性价比更高的方案来替换原有的设计。

1. 最坏情况分析的内容

1）元器件应力分析：电路中往往存在一些关键的元器件，针对这些不同的元器件，分析各个元器件的性能和使用状态，比如热应力、电压应力和不同的工作状态等。元器件的应力分析往往与特定元器件的性质有很大关系，并按照降额设计的准则进行对比。

2）电路性能参数分析：针对整个电路进行划分，并对电路的性能参数进行分析。模拟电路和数字电路有不同的关键参数，需要通过性能分析来考核电路的设计情况。对于常用的电路参数来说，以下为需要分析的内容。

① 模拟电路分析需要考虑的因素包括：供电电压的变化范围和瞬态电压；输入与

输出的电压变化范围；输入与输出对象的模型；电路内部的元器件参数的变化范围；电路性能要求与变化范围；温度环境变化范围；因退化效应引起的参数变化；由于开启、关断和状态的改变引起的电压和电流的瞬变；周期性的应力负荷和温度循环；电路影响其他模块的条件；测量电路的精度；模块和模块之间的接口条件；模拟电路频率和滤波要求；反馈环路的稳定性。

② 数字电路分析需要考虑的因素包括：接口逻辑电平的兼容性；扇出分析，驱动能力分析；未使用输入接口分析；接口悬空分析；时序余量分析；传输线效应分析；串扰噪声和地弹噪声分析；亚稳态分析；解耦和旁路分析；逻辑电源时序分析；状态分析。

需要注意的是，在电路的最坏情况分析过程中，首先需要确定的就是分析内容，因此分析内容首先需要罗列在各个表格中。

2. 最坏情况分析的方法

最坏情况分析方法按照实现计算过程，可划分为 3 种：极值分析法、平方根分析法和蒙特卡罗分析法，见表 5-9。这 3 种方法都有各自的优缺点，也都不能完全真实地再现实际情况。面对这样的局限，在完成最坏分析后，需要通过实验来验证，并且收集产品运行的数据，为新的设计提供材料。

表 5-9 最坏情况分析 3 种方法对比

方法	输入	输出	优点	局限性
极值分析法	最坏情况下器件变化（最大/最小值），电路的灵敏度方向	最坏情况下最大/最小值	简便和直观，计算较为简单，并不需要统计	结果最为保守，元器件的参数需要单独计算
平方根分析法	元器件参数概率分布的标准方差与相对元器件变化的灵敏度	电路性能概率分布的平均值和标准方差	不要求参数分布类型	电路性能参数服从正态分布，假定电路灵敏度为常数
蒙特卡罗分析法	每个元器件参数的概率分布	电路性能概率分布的直方图	最为真实的估计	电路参数的概率分布

1）极值分析法：将所有变量设定为最坏值，然后分析对电路性能的影响，结果可得出参数最坏值，可分为最大最坏值和最小最坏值。一般情况下，电路都是受多参数影响的，需要组合不同参数的最坏情况得到最坏情况极值。极值分析法是最坏情况分析中最简单的方法，最容易得到最坏情况下电路性能的估计，但是它得出的结果是最悲观的。

2）平方根分析法：在所有输入参数相互独立且已知各参数分布的均值和方差的情况下，考虑电路性能对各参数灵敏度的影响，按标准方差平方和的平方根作为电路性能的标准差，假设电路性能服从于正态分布，得到电路性能参数的极值。平方根分析法的结果相对而言更实际些，但是计算过程可能存在错误，分析的前提是假设灵敏度是线性的，参数分布是正态的。

3）蒙特卡罗分析法：当电路组成部分的参数服从任意分布时，由电路组成部分的参数抽样值分析电路性能参数偏差的一种统计分析方法。蒙特卡罗分析的前提是确定元器件所有参数的分布，然后通过计算机程序生成随机数，经过运算后统计得出准确的结果。在这个分析过程中，不得不提到灵敏度的概念。参数的灵敏度是指参数变化对电路的性能函数的影响程度。灵敏度有方向和大小两个量，在多元函数中，指其他参数不变时，参数对电路函数的影响。根据灵敏度的值，可以判断多元函数组合而成的结构。正的灵敏度代表参数与函数同向变化，负的灵敏度代表参数与函数反向变化。参数灵敏度绝对值越大，参数变化对函数值的影响越大。

3. 实现步骤

实现最坏情况分析过程要遵循一定的步骤，概括如下。

1）根据功能划分电路：在转化功能规范进而得出原理图的过程中，已经对功能进行了划分，这里需要细致地列出各个模块，与最坏情况分析相关的原理图、电路结构框图和输入/输出接口图都是需要准备的。

2）确定分析内容：由于每个电路功能和性能并不相同，因此需要确定不同电路的性能参数和重要元器件的分析内容。需要注意的是，在确定内容的同时也需要确认分析内容的可接受指标。

3）确认电路的各种条件：由于电路并不是独立存在的，因此需要确认以下的内容。

输入条件或负载：与输入/输出相关的模块，外部的输入条件和输出的负载条件必须给定。

模块间传递参数：模块并不是独立的，因此其他模块的计算结果和限制对本模块存在传递关系。

确认温度和电压条件：电源电压和环境温度是首先要确认的参数。注意：环境温度一般是指电路表面的空气温度，而不是模块外部环境温度。

元器件清单：由于不同厂家的元器件参数可能存在不同，因此需要确认元器件的厂家与相应的确切的参数。

4）确认元器件参数范围：根据厂家提供的测试数据建立参数模型。

5）确认电路结构：同一个设计要求可能存在不同的电路结构，因此需要确认电路的结构。需要注意的是，由于电路结构直接关系到设计的成败，因此在初始选择时，就必须完成粗略的计算。

6）建立电路分析模型：这是最坏情况分析的核心步骤。如果采用直接计算方法，可采用节点电压法或网孔电流法得出相应的计算结果；如果采用软件仿真方法，需要先画出电路图，然后由计算机建立电路模型和计算规则。

7）最坏分析：根据电路分析模型的结果，代入函数的各个参数最坏值的组合，得出电路性能和元器件特性的最坏结果。

8）判断是否满足要求：根据定义的内容和指标，判断内部的电路参数在最坏情况下是否符合最初的设计要求。

9）元器件更改：如果无法接受最坏情况，首要的更改措施是元器件的替换。一般根据影响最大的参数去筛选可用的元器件。

10）电路结构更改：在元器件更改无法满足要求的情况下，需要考虑电路结构是否合理。

11）分析结束，得出参数表（将电路的参数结果整理完成后列表），以方便其他模块的调用。

整个过程可以通过图5-4所示的流程图梳理清楚。当然，上述这些步骤在实际的操作过程中有一部分是在一定简化条件下得到的。

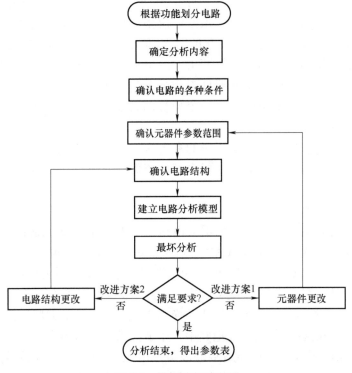

图 5-4 最坏分析流程图

事实上，如果选用 MATHCAD 作为工具软件，则可以得到一个标准的电路分析文件格式，并且建立一套多文件之间的参数传递系统，这样就保证了某些关键电路的修改，使其他电路模块产生变化时，不会因为缺乏关联性而被忽略。因此，整个计算方法的数据库系统是随着公司的成长和项目的积累慢慢完善的，整个文件系统会随着经验的增长逐渐完善。

注意：在其他章节中，使用了大量的 MATHCAD 工具软件内的公式，有些描述可能引起一定的误解，在此需要特别说明：

:= 为 MATHCAD 中的赋值，用于公式的定义。

= 为 MATHCAD 中的求值，用于公式的求取。

:= | 为选择函数，其中←为变量赋值。

具体的使用方法可参考 MATHCAD 14.0 的帮助。

5.2.1 从电路原理到实际应用

实现最坏情况分析的方法有直接计算方法和软件仿真方法。直接计算方法一般采用 MATHCAD 软件或 Excel 软件进行。最坏情况电路分析的首要工作是对电路进行分类与分割，通常首先根据不同的功能与类型进行划分，然后在某个功能下划分为子电路。软件仿真方法主要包括两部分工作：建立元器件模型数据库和电路计算过程。

（1）建立元器件模型数据库

元器件供应商设定元器件的初始容差，这仅是保证所有元器件的出厂偏差，各个批次都在偏差范围内。元器件在汽车电子的环境中运行，特别是经过老化和冲击后，其参数偏移会远大于初始容差。建立元器件模型数据库的目标是开发一个最坏情况数据库的文件，给出元器件关键参数变化的最大/最小值。文件需要包含影响参数变化的因素，如环境、初始容差、温度、热冲击、温度循环和寿命等，并注明这些因素是偏置型还是随机型的变量，以确定元器件参数的分布情况。最后需要注意的是，数据来源是必须首先要确认的，不同厂家同一个型号的元器件可能数据并不相同，因此元器件的文件是与供应商挂钩的。

元器件最坏情况数据库提供了统一的参考源，以保证不同项目和不同电路都采用相同的数据源进行分析；需要集合公司内部的资源，对不同供应商的元器件进行统一的计算和维护、扩充、修改。

（2）电路计算过程

电路的计算过程主要是按照基尔霍夫电压定律和电流定律完成的，可采取节点电压法和网孔电流法完成，在 MATHCAD 中可采取矩阵的方法实现。

1）节点电压法：以电路中节点电压为未知量，根据基尔霍夫电流定律写出独立的节点电流方程，然后联立求解出节点电压的方法。节点电压法的一般步骤如下：

① 首先把电压源与阻抗的串联形式转换为电流源与阻抗的并联形式。

② 标出电路中的各个节点，并把其中一个节点选为参考节点。

③ 列出节点电压方程，自导纳乘以该节点电压+∑与该节点相邻的互导纳乘以相邻节点的电压=流入该节点电流源的电流−流出该节点电流源的电流。

④ 以矩阵的方式联立解出上面所有的节点电压方程。

2）网孔电流法：以网孔电流作为电路的变量，利用基尔霍夫电压定律（KVL）列写网孔电压方程，进行网孔电流的求解，进而求出电路中各电流和电压的方法。网孔电流是一个假想沿着各自网孔内循环流动的电流，网孔电流的方向选择可以任意。网孔电流法的一般步骤如下：

① 选定各网孔电流的参考方向。

② 按照网孔电流方程的一般形式列出各网孔电流方程。自电阻始终取正值，互电阻前的符号由通过互电阻上的两个网孔电流的流向而定：若两个网孔电流的流向相同，则取正；否则取负。等效电压源是理想电压源的代数和，注意理想电压源前的符号。

③ 联立求解，解出各网孔电流。

④ 根据网孔电流及电路的要求，进一步求出待求量。

5.2.2 极值分析法

极值分析法是将设计参数的偏差值按最坏情况组合，直接代入电路参数的函数中，求出性能参数的上限值和下限值。当然求取函数的极值也是一件困难的事情，函数简单时可以通过人工判断的方法来完成这项工作；但是在某些参数较多、函数较为复杂的情况下，就需要采取数学的办法去解决这个问题。联系到前面介绍的灵敏度概念，可通过对它进行操作获得极值并取得多个参数的组合。在数学中，在函数均为单调函数的情况下，多元函数的极值可通过求取偏导数的值得到其变化特性。这个过程主要分为两个步骤：判断函数的单调性和灵敏度的求解。

（1）判断函数的单调性求解（单调函数）

首先根据节点电压法或网孔电流法求解得到电路性能函数。为了方便，假定有3个参数，分别为 Para1、Para2 和 Para3：

$$\text{Function}(\text{Para1},\text{Para2},\text{Para3}) := \frac{\text{Para1} \cdot \text{Para3}}{\text{Para1}+\text{Para2}}$$

确定3个参数的范围后，对每个参数求偏导；如果在函数范围内，偏导数函数存在零值，则函数为非单调函数；如果不存在零值，则函数为单调函数，如图5-5所示。

$$\text{Senstive}(\text{Para1}) = \frac{d}{d\text{Para1}}\text{Function}(\text{Para1},\text{Para2},\text{Para3})$$

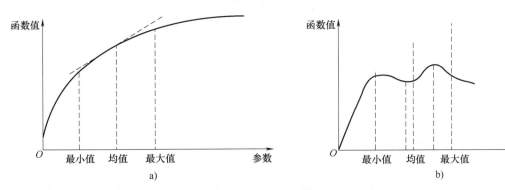

图 5-5　单调函数与非单调函数的对比

a）单调函数　b）非单调函数

当然，通过趋势分析可以较为清楚地判断是否是单调函数，将每个区间的数值代入，可以得到一组图像，这样可以较为清晰地分析函数在整个范围区间内的单调性，如图5-6所示。注意：当求 Para1 的单调性时，选定 Para2 和 Para3 的中值。

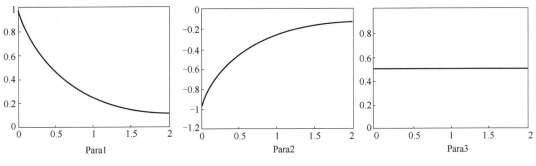

图 5-6　单调函数的判断

（2）函数的灵敏度求解（单调函数）

单调函数的灵敏度求解非常简单，直接求偏导即可，正值时取参数最大值，负值时取参数最小值，其他的参数用均值代入。

$$\text{Function\_s1,0} = \begin{cases} \text{"max"} & \text{if } \dfrac{d}{d\text{Para1}}\text{Function}(\text{Para1},\text{Para2},\text{Para3})>0 \\ \text{"min"} & \text{if } \dfrac{d}{d\text{Para1}}\text{Function}(\text{Para1},\text{Para2},\text{Para3})<0 \\ \text{"zero"} & \text{otherwise} \end{cases}$$

通过上面的计算可以得到函数最大值的参数组合。为了更清晰地表达，可使用矩阵的方式将每个参数的选择罗列出来：

$$\text{Function\_s} = \begin{pmatrix} \text{"Para1"} & \text{"Para2"} & \text{"Para3"} \\ \text{"max"} & \text{"min"} & \text{"max"} \end{pmatrix}$$

经过上面的矩阵计算判断后，将显示为 max 参数的上偏差和最大输入量以及显示为 min 参数的下偏差和最小输入量代入电路参数的函数中，可求出电路性能参数的上限值；将偏导数为正的电路组成部分参数和输入量的下偏差以及偏导数为负的电路组成部分参数和输入量的上偏差代入网络函数中，求出电路性能参数的下限值。

（3）非单调函数的求解

在某些参数区间较大、函数较为复杂的情况下，可能会得到非单调函数。这时，选择在其他参数取典型值，然后画出某个参数的全范围的函数图像，根据图像判断灵敏度为零的极值点。获取到这些点的参数值后，代入函数值与范围的起点、终点的函数值比较，可求得该参数在区间内取得的最大值和最小值。同单调函数一样，通过计算可以得到完整的参数组合，获取函数最终的最大值和最小值。

极值分析法是将所有参数引起的函数变化的最大影响组合在一起，结果往往比较悲观，其输出只有两个极端的数值，覆盖了所有可能出现的情况。在计算中甚至会将某些不可能发生的错误情况计算入电路功能中，这是由于影响电路性能的各个参数并不独立，最典型的因素就是温度的影响。大部分元器件的参数都随着温度变化而变化，比如电阻的允许偏差，由于电阻的温度系数是相对固定的，电阻的允许偏差会随着温度升高而出现上偏差上升、下偏差下降；二极管的管压降，随着温度的升高会很明显地变化，它会随着温度的升高而下降；晶体管的饱和压降，同样随着温度的上升会减小。在这几个例子中，往往把整个温度内的最大偏差都组合在了一起，将最高温度的上偏差和最低温度的下偏差结合在一起使用时，就会得出某些实际上可能并不存在的误差，因为通常情况下，元器件的温度是相对均匀的。这将会造成非常大的问题，可能将误差估得过大，使得完成电路的设计需要更苛刻的元器件参数条件。另外一个因素也需要注意：由于普遍存在的参数偏差分布特性，汽车电子产品往往会在下线时采用实验收集数据用来校正精度，因此在分析校正前和校正后时，需要进一步对模型进行修正，将参数进一步细分。

5.2.3 方均根分析法

方均根分析法是一种组合标准方差的统计技术，是基于大数定律（中心极限理论）的。如果多个变量进行组合统计，则其结果分布是正态的，与组合变量的分布形式无关。因此在所有参数独立并已知分布的均值和方差的情况下，通过数学方法有效统计多个变量组合下电路性能的标准方差，考虑每个参数的灵敏度，按标准方差平方和的平方根来求取电路性能的标准差。

仍旧以上节的例子来进行分析，3 个参数的均值分别为 Para1_avg、Para2_avg、Para3_avg，方差分别为 σ_{Para1}、σ_{Para2}、σ_{Para3}，则可求出电路参数的均值和平方根。

$$Fun_{avg} := Function(Para1\_avg, Para2\_avg, Para3\_avg)$$

$$\sigma Fun := \sqrt{\sigma_{Para1}^2 + \sigma_{Para2}^2 + \sigma_{Para3}^2}$$

按照表 5-10 给出的正态分布置信表，可求得最坏情况的值：

最大值为 $Y_{MAX} = Fun_{avg} + 6 \times \sigma_{Fun}$；

最小值为 $Y_{MIN} = Fun_{avg} - 6 \times \sigma_{Fun}$。

表 5-10 正态分布置信表

标准差	超差的概率	正常的概率	备注
1	69%	31%	
2	31%	69%	
3	6.7%	93.3%	
4	0.62%	99.38%	
5	0.023%	99.977%	汽车级芯片的出厂误差
6	0.00034%	99.99966%	系统的要求

如图 5-7 所示，通过这种方法可覆盖大部分的概率，从结果来看也可覆盖大部分的情况。其缺点是，实际上这种方法是一种等效，是在特定的条件下有效的，因此实际得到的结果可能与正态分布存在较大的差异，并且无法定量评估这个误差。方均根分析普遍运用在建立元器件数据库中，在第 5 章中计算电阻和电容的最坏精度分析法，都应用了方均根分析法。

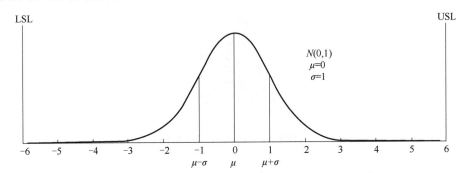

图 5-7 标准差概率分布图

5.2.4 蒙特卡罗分析法

蒙特卡罗方法，或称计算机随机模拟方法，是一种使用随机抽样统计来估算数学函数的计算方法。由概率的定义可知，某事件的概率可以用大量实验中该事件发生的频率来估算，当样本容量足够大时，可以认为该事件的发生频率即为其概率。对影响输出结果的参量进行大量的随机抽样，然后把这些抽样值一组一组地代入输出功能函数式，求出每次运算的结果，最后求出每个结果的取值概率，可以得到统计的结果值，是较为直观的分析结果。

蒙特卡罗分析法的主要步骤有构造数学模型、实现从已知概率分布的抽样和建立各种统计量的估计。具体实现步骤如下：

1) 首先求取电路的功能函数 $G=f(x_1, x_2, \cdots, x_k)$。
2) 调用 Montecarlo 函数可生成样本：

$$M := \text{Montecarlo}(f, n, \text{Rvals}, \lim, \text{dist})$$

式中，f 是定义的电路的功能函数；n 是需要进行的循环数量；Rvals 是每个分布的均值和标准差；lim 是两个参数的限值；dist 是参数的分布，可以选择正常的正态分布 Normal 或是均匀分布 Uniform。

Montecarlo 函数返回的输出是一个 $k+1$ 列的矩阵，因此需要把生成的向量单独放置。

$$i := 0 .. \text{rows}(M) - 2$$
$$X_{1_i} := M_{i+1, 0} \quad Y_{1_i} := M_{i+1, 1} \quad R_{1_i} := M_{i+1, 2}$$

在这里可以把这些向量绘制成图形的形式。

3) 绘制柱状图，可调用 histogram 将结果分为 N 个柱，可得如图 5-8 所示的图形。

$$H_Y := \text{histogram}(100, Y_1)$$

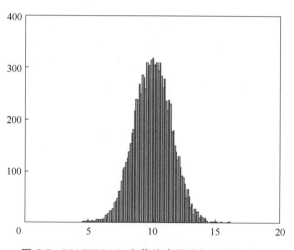

图 5-8 MATHCAD 中蒙特卡罗分析结果柱状图

4) 最后可以通过统计结果，求取结果的平均值和标准差来获取分析结果。采用 mean 函数来求取平均值，采用 stdev 函数来求取方差，最后求得最坏结果。

$$\text{Counts\_I\_4}\sigma\_\text{high} := \frac{\text{Average} + 4 \cdot \sigma}{\sqrt{2}} \quad \text{Counts\_I\_4}\sigma\_\text{low} := \frac{\text{Average} - 4 \cdot \sigma}{\sqrt{2}}$$

5.2.5 PSPICE 仿真

使用基本分析法将会占用较多的时间，因此也可以使用一些电路分析的辅助工具，在 PSPICE 中进行最坏情况分析的过程是较为简单的。首先需要设置电路组成部分的参数偏差，对于每个元器件的模型参数，使用标称值、最小值和最大值。如图 5-9 所示，在对话框中选择最坏情况分析，注意需要观测的输出变量的选项。有几种选项选择最坏分析的定义后，PSPICE 中使用所有元器件的标称值进行运算，并初始化输出变量。然后进行电路参数的多重灵敏度分析，确定电路的各个参数对输出的最坏分析的单独影响；逐个改变元器件参数，并进行仿真，记录下模型参数的增加造成的最坏含义变化方向。最后用直接代入法，将每个参数值都改变为使最坏含义最坏的偏差限值，求出最坏情况输出。一般结果往往以曲线的形式输出。

PSPICE 中蒙特卡罗分析的实现步骤：首先根据需要对电路组成部分的参数设置偏差范围和分布类型，并设置抽样次数，参见图 5-9 中的 Number of runs 项。PSPICE 软件自动产生随机数，并在参数偏差范围内根据偏差的分布类型进行随机抽样，根据得出的随机数据结果对电路进行运算，作为独立的一组输出。经过反复的 N 次计算，软件得到 N 组随机数据。在输出结果中可对数据组中的数据进行统计分析，画出直方图的结果。这样完成后可求出不同容许偏差范围内的出现概率。

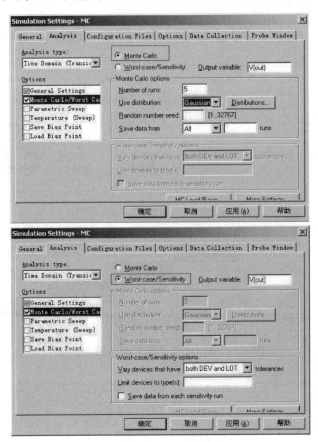

图 5-9　PSPICE 中蒙特卡罗设置

进行蒙特卡罗分析时要求有必要的电路分析，它并不是独立进行的，而是与直流分析、交流分析或暂态分析等一起完成的。

5.3 DFMEA 失效模式与影响分析

5.3.1 实施 FMEA 的目的

1) FMEA 有助于在产品设计阶段对风险进行早期识别，大大减少后期变更（如图纸、模具、设备等）的次数，从而降低产品开发成本。
2) FMEA 是控制计划、SOP 等文件编写的重要依据。
3) FMEA 是公司技术经验的积累和总结，可以为后续开发同类产品提供宝贵经验。
4) FMEA 是 IATF 16949 认证的重点审核部分，是汽车行业获取客户订单的必备条件。

5.3.2 实施 FMEA 的时机

新的 SAE J1739 FMEA 标准对 DFMEA 和 PFMEA 的开始和完成时间进行了以下规定（见图 5-10）：

启动：FMEA 应该在设计或过程概念建立后立即启动。

完成：FMEA 应该在设计或过程最终确定之前通过行动计划确定来完成。一般来说，DFMEA 应在验证测试开始之前完成。PFMEA 应在机器认证开始之前完成。

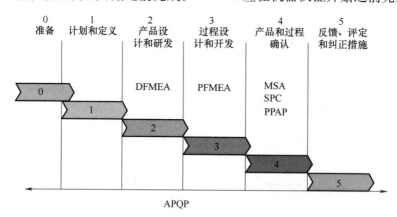

图 5-10 APQP 定义的 FMEA 应用时机

在设计阶段，早期执行的 FMEA 具有及时发现设计或系统配置问题的优点，以便在构建之前进行修改。

FMEA 可作为设计评审过程中的输入，并将进行更新以反映任何设计更改。尽管将这种类型的分析完全集成到设计过程中会减慢开发速度，并由于设计更改而增加成本，但其好处超过了最初的付出。其好处包括：

1) 更安全的设计，因为最优的风险控制选项通常在设计过程的早期就被纳入其中。

2）通过消除昂贵的改造或建造后的系统升级而实现的节省可能超过最初的支出。

FMEA 的有用性很大程度上取决于它的发现和纠正措施在设计过程中被纳入的程度。FMEA 是在产品设计或生产制造之前完成的一项活动，如果在制造过程中才实施 FMEA，则不能体现其预防缺陷的功能，这样的 FMEA 活动将毫无意义。如果对 DFMEA 和 PFMEA 的使用要求既有效又高效，那么适当的时机至关重要。

在设计和制造产品时，通常有 3 道控制缺陷的防线：

1）避免或消除失效起因。
2）预先确定和检测失效。
3）减少失效的影响。

5.3.3 如何做好 FMEA

最常用的 FMEA 包括 DFMEA（Design Failure Mode and Effects Analysis，设计失效模式与影响分析）和 PFMEA（Process Failure Mode and Effects Analysis，过程失效模式与影响分析），DFMEA 是对产品特性的定义和分析，PFMEA 是对过程特性的定义和分析。

对产品/过程特性的定义包括 3 个维度：Severity（严重度 S）、Occurrence（频度 O）、Detection（探测度 D）。3 个维度的乘积被称为风险系数（RPN），即 RPN = SOD，其中，S、O、D 的取值范围均为 1~10，具体标准见表 5-11~表 5-14。

需要注意的是，最新版的 FMEA 已将 RPN 替换为 AP 表格，但总体思想是一致的，都是需要识别出高风险的失效模式。

表 5-11 严重度 S

根据这些标准对潜在失效影响进行评级		
S	影响程度	严重度标准
10	非常高	影响到车辆和/或其他车辆的操作安全，驾驶人、乘客、道路使用者或行人的健康状况
9		不符合法规
8	高	在预期使用寿命内，失去正常驾驶所必需的车辆主要功能
7		在预期使用寿命内，降低正常驾驶所必需的车辆主要功能
6	中	失去车辆次要功能
5		降低车辆次要功能
4		外观、声音、振动、粗糙度或触感令顾客（75%）感觉非常不舒服
3	低	外观、声音、振动、粗糙度或触感令顾客（50%）感觉中度的不舒服
2		外观、声音、振动、粗糙度或触感令顾客（25%）略微感觉不舒服
1	非常低	没有可察觉的影响

表 5-12　频度 O

O	影响程度	频度标准
10	极高	在没有操作经验和/或在操作条件不可控制的情况下的任何地方对新技术的首次使用。没有对产品进行验证和/或确认的经验 不存在标准，且尚未确定最佳实践。预防控制不能预测使用现场性能或不存在预防控制
9	非常高	在公司内首次应用具有技术创新或材料的设计。新应用，或工作周期/操作条件有改变。没有对产品进行验证和/或确认的经验。预防控制不是针对识别特定要求的性能
8		在新应用内首次应用具有技术创新或材料的设计。新应用，或工作周期/操作条件有改变。没有对产品进行验证和/或确认的经验。极少存在现有标准和最佳实践，不能直接用于该设计产品。预防控制不能可靠地反映现场性能
7	高	采用相似技术和材料的新型设计。新应用，或工作周期/操作条件有改变。没有对产品进行验证和/或确认的经验 标准、最佳实践和设计规则适用于基础设计，但不适用于创新产品，预防控制提供了有限的性能指标
6		应用现有技术和材料，与之前的设计相似。类似的应用，工作周期或运行条件有改变。之前的测试或使用现场经验 存在标准化设计规则，但不足以能确保不会出现失效起因。预防控制提供了预防失效起因的部分能力
5	中	应用成熟的技术和材料，与之前的设计相比有细节上的变化，类似的应用、工作周期或运行条件。之前的测试或使用现场经验，或为具有与失效相关测试经验的新设计 在之前的设计中所学到的与解决设计问题相关的教训。在本设计中对最佳实践进行再评估，但尚未经过验证。预防控制能够发现与失效起因相关的产品缺陷，并提供部分性能指标
4	中	与短期现场使用暴露几乎相同的设计。类似的应用，工作周期或运行条件有细微变化。之前测试或使用现场经验。之前设计和为新设计而进行的改变符合最佳实践、标准和规范要求 预防控制能够发现与失效起因相关的产品缺陷，尽可能地反映设计符合性
3	低	对已知设计（相同应用，在工作周期或操作条件方面）和测试或类似运行条件下的现场经验的细微变化或成功完成测试程序的新设计 考虑到之前设计的经验教训，设计预计符合标准的最佳实践。预防控制能够发现与失效起因相关的产品缺陷，并预测了与生产设计的一致性

(续)

根据以下标准对潜在失效起因进行的评级，在确定最佳预估频度（定性评级）时应考虑产品经验和预防控制		
O	影响程度	频度标准
2	非常低	与长期现场暴露几乎相同的设计。相同的应用，具备类似的工作周期或运行条件，在类似运行条件下的测试或使用现场经验 考虑到之前设计的经验教训并对其具备充足的信心，设计预计符合标准和最佳实践，预防控制能够发现与失效起因相关的产品缺陷，并显示出对设计符合性的信心
1	极低	失效通过预防控制消除，通过设计使失效起因不可能发生

产品经验：在公司内使用产品的历史（新品设计、应用或使用案例）。已经完成的探测控制结果提供了设计经验

预防控制：在产品设计中使用最佳实践、设计规则、公司标准、经验教训、行业标准、材料规范、政府规定条款，以及以预防为导向的分析工具的有效性（分析工具包括计算机辅助工程、数学建模、模拟研究、公差叠加和设计安全）

注：频度10、9、8、7可根据产品验证活动降低。

表 5-13 潜在的频度 O

根据以下标准对潜在失效起因进行的评级，在确定最佳频度（定性评级）时应考虑产品经验和预防控制				
O	影响程度	每千件产品/车辆的失效率	基于时间的失效起因预测	频度标准
10	极高	>100/1000，>=1/10	每次	在没有操作经验和/或在操作条件不可控制的情况下任何地方对新技术的首次使用。没有对产品进行验证和/或确认的经验，不存在标准，且未确定最佳实践。预防控制不能预测使用现场性能或不存在预防控制
9	非常高	50/1000，1/20	几乎每次	在公司内首次应用具有技术创新或材料的设计。新应用，或工作周期/操作条件有改变，没有对产品进行验证和/或确认的经验。预防控制不是针对识别特定要求的性能
8		20/1000，1/50	每班超过一次	在新应用内首次应用具有技术创新或材料的设计。新应用，或工作周期/操作条件有改变，没有对产品进行验证和/或确认的经验。极少存在现有标准和最佳实践，不能直接用于该设计产品。预防控制不能可靠地反映现场性能

（续）

O	影响程度	每千件产品/车辆的失效率	基于时间的失效起因预测	频度标准
根据以下标准对潜在失效起因进行的评级，在确定最佳频度（定性评级）时应考虑产品经验和预防控制				
7	高	10/1000, 1/100	每日超过一次	根据相似的技术和材料进行的新型设计。新应用，或工作周期/操作条件有改变。没有对产品进行验证和/或确认的经验。标准、最佳实践和设计规划适用于基础设计，但不适用于创新产品。预防控制能提供有限的性能指标
6	高	2/1000, 1/500	每周超过一次	应用现有技术和材料。与之前设计相似，或类似的应用，工作周期或运行条件有改变。之前的测试或使用现场经验。存在标准和设计规则，但不足以确保不会出现失效起因。预防控制提供了预防失效起因的部分能力
5	中	0.5/1000, 1/2000	每月超过一次	应用成熟的技术和材料。与之前设计相比有细节上的变化。类似的应用、工作周期或运行条件，之前的测试或使用现场经验。具有与失效相关测试经验的新设计。在之前的设计中所学到了与解决设计问题同样的教训，在本设计中对最佳实践进行了再评估，但未经过验证。预防控制能够发现与失效起因相关的产品缺陷，并提供部分性能指标
4	中	0.1/1000, 1/10000	每年超过一次	与短期现场使用暴露几乎相同的设计。类似应用，运行条件有细微变化。之前的测试或使用现场经验，之前的设计和为新设计而进行的改变符合最佳实践、标准和规范要求。预防控制能够发现与失效起因相关的产品缺陷，尽可能地反映设计符合性
3	低	0.01/1000, 1/100000	每年一次	对已知设计（相同应用，在工作周期或操作条件方面）和测试或类似运行条件下的现场经验的细微变化或成功完成测试的新设计。考虑到之前的经验教训，设计预计符合标准和最佳实践。预防控制能够发现与失效起因相关的产品缺陷，并预测了与生产设计的一致性

(续)

根据以下标准对潜在失效起因进行的评级，在确定最佳频度（定性评级）时应考虑产品经验和预防控制			
O	影响程度	每千件产品/车辆的失效率	基于时间的失效起因预测	频度标准
2	非常低	0.001/1000，1/1000000	每年少于一次	与长期现场暴露几乎相同的设计。相同应用，具备类似的工作周期或运行条件，在类似运行条件下的测试或使用现场经验。考虑到了之前设计的经验教训并对其具备充足的信心，设计预计符合标准和最佳实践。预防控制能够发现与失效起因相关的产品缺陷，并显示出对设计符合性的信心
1	极低	通过预防控制避免失效	从未发生	失效通过预防控制消除。通过设计失效起因不可能发生

产品经验：在公司内使用产品的历史（新品设计、应用或使用案例）。已经完成的探测控制结果提供了设计经验

预防控制：在产品设计中使用最佳实践、设计规则、公司标准、经验教训、行业标准、材料规范、政府规定条款，以及以预防为导向的分析工具的有效性（分析工具包括计算辅助工程、数学建模、模拟研究、公差叠加和设计安全）

表 5-14 潜在探测度 D

根据探测方法成熟度和探测机会对探测控制进行评级		
D	影响程度	探测方法成熟度	探测机会
10	非常低	测试程序尚未开发	测试方法尚未定义
9	非常低	没有为探测失效模式或失效起因而特别地设计测试方法	通/止测试、失效测试、老化测试
8	低	新测试方法，尚未经过验证	通/止测试、失效测试、老化测试
7	低	已经验证的测试方法，该方法用于功能性验证或性能、质量、可靠性以及耐久性确认；测试计划时间在产品开发周期内较迟，如果测试失败将导致重新设计、重新开模具，导致生产延迟	通/止测试
6	中	^	失效测试
5	中	^	老化测试
4	高	已经验证的测试方法，该方法用于功能性验证或性能、质量、可靠性以及耐久性确认；计划时间充分。可以在开始生产之前修改生产工装	通/止测试
3	高	^	失效测试
2	高	^	老化测试
1	非常高	之前的测试证明不会出现失效模式或失效起因，或者探测方法经过实践验证总是能探测到失效模式或失效起因	

因此，做好 FMEA 的关键就在于正确的定义产品和过程特性，识别高风险失效模式，并对其进行优化改进，降低风险。

5.3.4 FMEA 分析经典流程

图 5-11 所示为 FMEA 分析七步法，其核心逻辑：建立产品结构→导出功能要求→

导出失效模式/影响/原因→进行风险分析→采取措施优化。

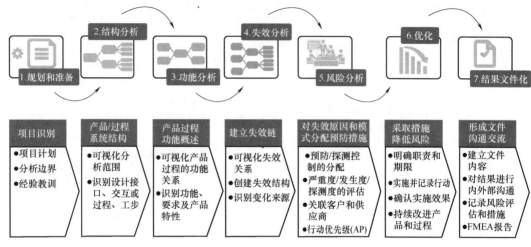

图 5-11 FEMA 分析七步法

1. 规划和准备

采用 QFD、边界图、风险矩阵等工具确定分析的重点包括哪些范围。

QFD——准确定义产品功能（FMEA 分析的前提）；

边界图——识别 FMEA 分析的范围；

风险矩阵——对系统、子系统和零部件进行风险优先度判断。

2. 结构分析

采用框图、结构树等工具确定新开发的产品包括哪些系统、子系统和零部件。

框图——识别分析范围的内外部组件的接口关系；

结构树——对分析范围的产品逐层分级为系统、子系统、零部件。

3. 功能分析

功能是依赖结构实现的，采用功能网、参数图等工具根据产品结构导出产品的全部功能。

4. 失效分析

不满足功能要求的情况称为失效。本阶段的重点是要识别失效模式、影响及原因，并采用失效树、失效网等工具分析它们之间的关系。

5. 风险分析

通过失效分析找出所有的潜在失效模式，并对其进行量化分析。

6. 优化

根据风险分析的结果，对高风险的失效模式采取改进措施，以降低风险。

7. 结果文件化

形成完整的 FMEA 报告，并进行动态化更新。

5.3.5 FMEA 内容简介

FMEA 内容见表 5-15。

表 5-15 FMEA 内容

AIAG & VDA DFMEA

结构分析（第2步）	功能分析（第3步）	失效分析（第4步）	DFMEA 风险分析（第5步）	DFMEA 优化（第6步）
1. 上一较高级别 2. 关注要素 3. 下一较低级别或特性类型	1. 上一较高级别功能及要求 2. 关注要素的功能及要求或特性 3. 下一较低级别或特性的功能及要求	1. 对于上一较高级别要素和/或最终用户的失效影响（FE） 2. 失效影响严重度（S） 3. 关注要素的失效模式（FM） 4. 下一较低级别要素或特性的失效起因（FC）	当前对失效起因的预防控制（PC）; 失效起因/失效模式的频度（O）; 当前对失效模式的探测控制（DC）; 失效模式的探测度（D）; DFMEA 措施优先级; 筛选器代码（选填）	DFMEA 预防控制; DFMEA 探测措施; 责任人姓名; 目标完成日期; 状态; 采取基于证据的措施; 完成日期; 严重度（S）; 频度（O）; 探测度（D）; DFMEA 措施优先级; 筛选器代码（可选）; 备注

AIAG & VDA PFMEA

结构分析（第2步）	功能分析（第3步）	失效分析（第4步）	PFMEA 风险分析（第5步）	PFMEA 优化（第6步）
1. 过程项 2. 过程步骤 3. 过程工作要素	1. 过程项的功能 2. 过程步骤的功能和产品特性 3. 过程工作要素的功能和过程特性	1. 对于上一过程步骤、工厂、客户端和/或最终用户的失效影响（FE） 2. 失效影响严重度（S） 3. 关注要素的失效模式（FM） 4. 工作要素的失效起因（FC）	对失效起因的当前预防控制（PC）; 失效起因/失效模式的频度（O）; 失效模式的当前探测控制（DC）; 失效模式的探测度（D）; PFMEA 措施优先级 AP; 筛选器代码（选填）	PFMEA 预防控制; PFMEA 探测措施; 责任人姓名; 目标完成时间; 状态; 采取基于证据的措施; 完成时间; 严重度（S）; 频度（O）; 探测度（D）; PFMEA AP; 特殊特性; 备注

1. 项目/功能/要求

项目：FMEA 小组通过产品示意图、逻辑框图等识别的项目或零部件；

功能：分析项目的功能，要求必须能够达到顾客的要求或者小组讨论的设计意图；

要求：输入满足每项功能的具体要求。

2. 潜在失效模式

指不能满足功能要求的失效情况。

3. 潜在失效影响

对失效影响的分析，需要运用失效链分析方法，可以从以下几方面考虑：

1）对完成规定功能的影响。

2）对系统内其他模块的影响。

3）对上级系统功能的影响。

4）对广义顾客满意的影响。

5）对安全要求和法规要求的影响。

4. 严重度等级

严重度等级是对潜在失效影响的影响程度的评价，一般而言，分数越高代表影响越严重，如涉及安全或法规问题，严重度等级一般是 9~10 分。需要注意的是，当严重度 $S \geq 8$ 时，无论 RPN 值有多小，都必须立即采取措施降低风险，并且只有通过修改设计才能降低严重度等级。

5. 潜在失效起因

失效起因是对失效模式的原因分析，针对每个失效模式，尽可能列出其所有可能的失效起因。失效起因分析包括如下方法：

1）5Y（Why）分析。

2）4M1E 分析。

3）DOE 验证。

4）FTA 失效树分析。

5）头脑风暴分析。

6. 控制预防/控制探测

指现有的对失效模式的预防和探测措施，并对其进行风险评价。

预防——预防失效的起因和失效模式的出现，或者降低其出现的概率；

探测——探测失效的起因和失效模式的存在。

7. 措施优先级（AP）

团队完成失效模式、失效影响、失效起因和控制的初始识别、评级后，必须决定是否需要进一步做出努力来降低风险。由于资源、时间、技术和其他因素的固有限制，必须选择将这些工作进行优先排序。

措施优先级（AP）方法，提供了所有 1000 种 S、O、D 的可能组合。该方法首先着重于严重度，其次为频度，然后为探测度，其逻辑遵循了 FMEA 的失效预防目的。AP 表建议将措施分为高、中、低几个优先级别。不推荐使用风险顺序数（RPN）阈值来确定所需要的措施。

优先级高（H）：评审和措施的最高优先级。团队采取适当的措施来改进预防和/

或探测控制，或证明并记录为何当前的控制足够有效。

优先级中（M）：评审和措施的中等优先级。团队可采取适当的措施来改进预防和/或探测控制，或由公司自行决定，证明并记录当前的控制足够有效。

优先级低（L）：评审和措施的低优先级。团队采取措施来改进预防或探测控制。

对于潜在的严重度为9~10且措施优先级为高和中的失效影响，建议至少由管理层评审，包括所采取的任何建议措施。

措施优先级不是对高、中、低风险的优先排序，而是对降低风险的措施的优先排序。一旦评估了初始风险水平，团队就必须决定是否需要进一步努力以降低风险。由于对资源、时间、技术的固有限制，团队必须选择如何最好地确定这些工作的优先级。

表5-16给出了DFMEA和PFMEA的措施优先级。

表5-16 DFMEA和PFMEA的措施优先级

措施优先级是以严重度、频度以及探测度综合评级为基础的，目的是为降低风险而对各项措施进行优先排序							
影响	S	对失效起因发生的预测	O	探测能力	D	措施优先级（AP）	备注
对产品或工厂的影响度非常高	9~10	非常高	8~10	低、非常低	7~10	H	
				中	5~6	H	
				高	2~4	H	
				非常高	1	H	
		高	6~7	低、非常低	7~10	H	
				中	5~6	H	
				高	2~4	H	
				非常高	1	H	
		中	4~5	低、非常低	7~10	H	
				中	5~6	H	
				高	2~4	H	
				非常高	1	M	
		低	2~3	低、非常低	7~10	H	
				中	5~6	M	
				高	2~4	L	
				非常高	1	L	
		非常低	1	非常高、非常低	1~10	L	
对产品或工厂的影响度高	7~8	非常高	8~10	低、非常低	7~10	H	
				中	5~6	H	
				高	2~4	H	
				非常高	1	H	
		高	6~7	低、非常低	7~10	H	
				中	5~6	H	
				高	2~4	H	
				非常高	1	M	

(续)

影响	S	对失效起因发生的预测	O	探测能力	D	措施优先级（AP）	备注
对产品或工厂的影响度高	7~8	中	4~5	低、非常低	7~10	H	
				中	5~6	M	
				高	2~4	M	
				非常高	1	M	
		低	2~3	低、非常低	7~10	M	
				中	5~6	M	
				高	2~4	L	
				非常高	1	L	
		非常低	1	非常高、非常低	1~10	L	
对产品或工厂的影响度为中	4~6	非常高	8~10	低、非常低	7~10	H	
				中	5~6	H	
				高	2~4	M	
				非常高	1	M	
		高	6~7	低、非常低	7~10	M	
				中	5~6	M	
				高	2~4	M	
				非常高	1	L	
		中	4~5	低、非常低	7~10	M	
				中	5~6	L	
				高	2~4	L	
				非常高	1	L	
		低	2~3	低、非常低	7~10	L	
				中	5~6	L	
				高	2~4	L	
				非常高	1	L	
		非常低	1	非常高、非常低	1~10	L	
对产品或工厂的影响度低	2~3	非常高	8~10	低、非常低	7~10	M	
				中	5~6	M	
				高	2~4	L	
				非常高	1	L	
		高	6~7	低、非常低	7~10	L	
				中	5~6	L	
				高	2~4	L	
				非常高	1	L	
		中	4~5	低、非常低	7~10	L	
				中	5~6	L	
				高	2~4	L	
				非常高	1	L	

措施优先级是以严重度、频度以及探测度综合评级为基础的，目的是为降低风险而对各项措施进行优先排序

（续）

影响	S	对失效起因发生的预测	O	探测能力	D	措施优先级（AP）	备注
对产品或工厂的影响度低	2~3	低	2~3	低、非常低	7~10	L	
				中	5~6	L	
				高	2~4	L	
				非常高	1	L	
		非常低	1	非常高、非常低	1~10	L	
没有可察觉到的影响	1	非常低、非常高	1~10				

注：1. 酌情在备注部分写上诸如"无需进一步措施"一类的陈述，这可能会有帮助。
　　2. 可以是串行的也可以是并行的，请考虑风险评估的最高严重性引导（S）。

5.4　故障树分析

故障树分析（FTA）技术是美国贝尔电报公司的电话实验室于1962年开发的，是一种倒立的树状逻辑因果图，可形象地进行失效和起因的分析工作，特点是直观明了、思路清晰和逻辑性强，可以用来确定潜在的失效、不确定的状态和不希望发生的状态。故障树对于设计工程师而言，可以较为清晰和简洁地获取重要功能的相关内容，从而较为简单和有针对性地提高产品某部分功能的可靠性。

故障树分析技术是一种自上而下的图形演绎法，其分析的起点是一个普通的部件失效，然后罗列出可能导致失效的错误原因，每个错误节点可能有另外的导致错误的子节点。如图5-12所示，故障树是包含各个层次的。一般也分为整车级、电子模块级和零部件级。整个故障树可以看作若干个树型结构的合成体，对于复杂系统而言，故障树分析是一项非常大的工程。

当然，一定程度而言，故障树分析（FTA）与设计失效模式及影响分析（DFMEA）都是对故障模式和故障起因的识别，两者并不矛盾，并且在大多数情况下都需要联合使用才能最大程度地发挥相互补充的特性。原因如下：

1）FTA是一种自上而下的分析方法，而DFMEA是一种自下而上的分析方法。两种归纳与演绎方法的联合使用可确保分析的完整，保证潜在的故障都被正确识别和分析覆盖。

2）单一的故障分析及多重的故障分析。在DFMEA中首先被涉及，但是分析时可能会有遗漏；通过特定事件的分析，使FTA完成故障起因分析非常有效。

3）比较而言，DFMEA更有助于全面地确认所有可能发生故障的基本事件；FTA更有助于识别故障模式和起因，特别是多种起因共同作用时。

FTA与DFMEA需要在开始阶段保持各自的独立运行，在初步完成后进行一致性检查，保证所有的FTA中单点失效在DFMEA中有完整的体现。注意：单点失效是指如果该故障发生将导致整个系统瘫痪。

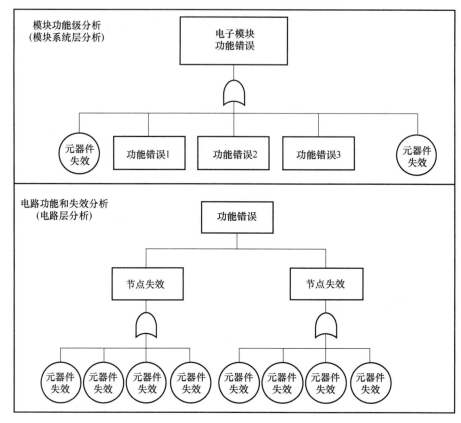

图 5-12 故障树分析示意图

和 DFMEA 一样，FTA 也是在项目开发阶段的早期就开始进行，开始于系统框图阶段，甚至早于元器件的选型。在模块的功能规范定义之后，就可以得到所有的模块功能列表，同时也可以得到功能错误的列表，从系统的角度去列举所有的错误状况。故障树分析也需要工程师在早期就完成电路功能的划分和对应电路模块的构建；随着设计的进行，分析会逐渐进入到元器件级。

可以把这种图形分成两类：定性分析和定量分析。前者主要挖掘有多少种问题；后者则细致考虑每种问题发生的概率。

定性分析寻找导致电子模块发生故障的潜在原因或多种原因的组合，搜索顶事件发生的所有故障模式。

定量分析在完成定性分析以后，在底事件互相独立和计算其发生概率的条件下，确定顶事件的发生概率和底事件的重要度等定量指标。在定量分析中，首先要利用元器件失效率的预测，来确定初级事件的概率。

实现故障树分析的简单过程：针对一个电路系统，首先要做的是选定顶事件，这个顶事件是整个电子模块功能的一项失效；选择某一影响最大的系统失效，然后根据系统框图分解成系统框图中的错误（这里也可以把它分解成电路图上各个部分的错误），将造成系统失效的原因逐级分解为中间事件，在电路图上分解成每个元器件的失效；分析到最底层之后，其中的底事件是不能或不需要分解的，这里一般为每个元器件的失效；通过上面的分解后，就构成了一个树状的逻辑图。这里需要说明的是：一般都是把图分解成若干张图，通过链接后构成完整的故障树图形。我们可以从模块失效分析到各个子电路功能错误的阶段，也可以分析到每个元器件级别，故这里需要限定范围和失效标准。

5.4.1 由"树"型链接起来的故障

故障树是一种逻辑因果关系图，构图的元素是事件和逻辑门。事件用来描述系统和元部件故障的状态；逻辑门把事件联系起来，表示事件之间的逻辑关系。事件也是故障产生的原因，细究其理，整个电路故障的成因可分为3类：

1）一次故障，由于电子模块内部元器件的内在原因失效而产生的故障。

2）二次故障，由于外部原因、环境恶化和负载超差等造成模块内部元器件的故障。

3）其他原因故障，或称为受控失效，对于这类部件不能工作的原因尚需进一步的分析。

1. 事件符号

基本的事件符号有基本事件、中间事件、条件事件、正常事件和未探明事件等多种形式，如图 5-13 所示。

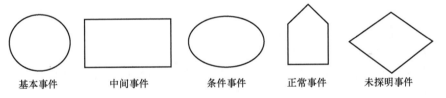

图 5-13 故障树事件示意图

1）圆形符号：基本事件，在国标中称为初级事件，是基本原因事件，是那些最基本的或不能继续再往下分析的事件，可以是人为错误操作或是机械、元器件甚至是其他模块的失效，也可以是外部环境的不良因素等。在电子模块级的分析中一般至元器件的引脚错误为止。

2）矩形符号：中间事件，表征中间的状态；需要往下分析的事件，将事件简要记入矩形方框内。一般在分析中由各种节点的失效构成。

3）椭圆形符号：条件事件，描述逻辑门起作用的具体限制的特殊事件。

4）屋形符号：正常事件，是系统正常状态下发生的正常事件。一般为其他错误原因的先决条件或是部分条件因素。

5）菱形符号：未探明事件，主要用于表示不必进一步剖析的事件，或是由于信息不足，该事件可能发生，但是概率较小，不能进一步分析的事件，在故障树定性、定量分析中一般可以忽略不计。

2. 逻辑符号

故障树中表示事件之间逻辑关系的符号有与门、或门、与非门、顺序与门、限制门、转入符号和转出符号等，如图 5-14 所示。

1)与门：仅当所有输入事件都发生时，输出事件才发生。
2)或门：至少有一个输入事件发生，输出事件就发生。
3)与非门：几个事件当中，当所有输入事件都发生时，输出事件才不发生。
4)顺序与门：输入事件既要都发生，又按一定的顺序发生，输出事件才会发生。
5)限制门：当输入事件 B 发生且满足条件 X 时，输出事件才会发生；否则输出事件不发生。注意限制门仅有一个输入事件。
6)转入符号：转入以对应的字母或数字标注的子故障树部分符号。
7)转出符号：该部分故障树由此转出。

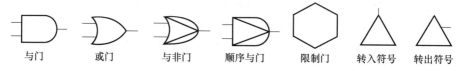

图 5-14 故障树逻辑符号示意图

3. 故障树的构建

故障树的构建从定义顶事件开始，它是一个推理过程。第一步是清晰地定义顶事件、故障树的范围和目的、系统的边界或分析的对象以及分解方案。

1)分析目的应该以顶事件的形式进行定义，并对分析的问题进行描述，以确定顶事件发生的原因。一般而言，顶事件是模块的故障，分析的目的是确定导致顶事件发生的事件，并确定设计缺陷和不可靠的部分。

2)分析范围应该定义故障树中包括的事件和失效模式，包含分析的问题、分析系统设计的版本水平、其他的运行和环境条件等细节，边界应该定义系统所包含的和排除在系统外的。

3)分解方案应该说明将在何种程度上对系统进行分析，它是详细分析与组件层次分析相结合的说明性材料。

定义完以上的内容以后，故障树就可自上而下进行构建了。顶事件有输入事件，并通过适当的门建模和表示；然后这些输入又按其起因，系统地展开各自的输入事件。每个输入事件分别自上而下地开发各自的故障树，当达到初级事件时，故障树的构建就完成了。在构建过程中，需要注意以下几点。

1)分析直接原因：分析导致顶事件发生的直接充分必要原因，它是导致失效的直接原因或直接机理，可能包含初级事件和中级事件，对于中级事件需要继续向下分化。

2)故障树在开始构建之前，应该将故障的命名标准化，以减少误解。

3)初级事件至元器件引脚的失效，或者其他模块的信号、人为操作等。

构建完故障树以后，整个定性分析就基本完成了。在定量分析中，还会有很多特殊的概念，比如最小割集、逻辑分析和串并系统的计算等较为复杂的操作。但是随着软件的发展，越来越多的分析软件能够做到在完成定性分析之后，只要给定初级事件的概率就可以自动完成计算，这大大缩短了计算时间。

5.4.2 实现操作方法

在软件中，事件的定义是非常类似的，但是每个底层事件都需要对应的数据库。由于级数设计有限，需要将系统划分为多个故障树，这在软件操作中需要注意。图 5-15 是典型的故障树的例子。

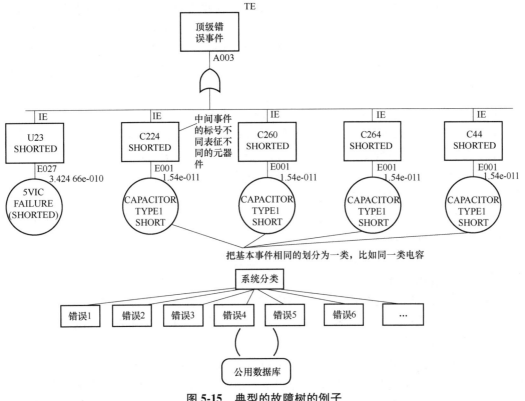

图 5-15　典型的故障树的例子

有以下几个原则需要说明：

1）每个故障树的文件需要配置一个专门的概率数据库文件，也可以建立其整个模块的公用数据库。

2）TE 为顶事件，IE 为中间事件，底层事件以 E 开头，它是与概率数据库的接口，最后得到的顶事件结果是自动计算出来的。

3）数据库通过元器件失效率预测得出，根据不同的失效模式得到每个错误的概率数值。这并不是只把元器件的失效率填入就可以，实际上还要考虑失效分布。

4）定量分析时可以得出错误的权重。一般而言概率在同一个数量级时，不考虑"与门"关系。在设置时，用最直接的原因进行分析即可。

在完成以上所有的故障树以后，需要有专门的文件将所有的树型结构和分解方案整合在一起。整理出重要的元器件，并且得到每个顶事件的失效概率。

5.5　潜在路径分析

汽车中的电气系统较为复杂，为了保护不同的电气电路，会将电源进行一定程度的隔离，使用熔丝盒作为保护各个负载的手段。这也导致了汽车电子模块往往会经受更多潜在的电路路径的侵袭，造成很多本不应该存在的情况出现。潜在路径分析是美国波音公司在阿波罗登月计划期间，针对航天设备中的电子电气系统提出的，通过对许多失效与事故案例的研究发现：部分失效与事故并不是由元器件失效引起的，而是由系统设计方案中非预想的状态引起的。在这些状态下，系统存在着某些设计者未认识到的电路回路，它们不同程度地传递着某种能量流、信息流或控制信号流。系统的有关部分一旦被这些潜在流所激发，就会产生非预期的功能，也有可能会抑制预期的功能，引起系统性的失效。

潜在路径分析方法经过不断发展，形成了3种主要的分析方法。

1）波音公司的规范 SCA 方法：网络树生成工具和专用线索表。严格按以下 6 个步骤进行：数据采集、系统划分、数据输入、路径跟踪、网络树绘图和分析。

2）欧洲空间局的简化 SCA 方法：潜在通路分析搜索出在"源点"和"目标点"之间的所有路径，以识别潜在问题。

3）SoHaR 公司的潜在电路分析系统 SCAT：搜索在同一电路分支中允许电流双向流动的所谓"双向路径"。

对于汽车电子而言，需要努力去找出可能存在的风险，主要包括汽车电源的潜在路径和内部的潜在电路。

1）汽车电源的潜在路径：在汽车中同样可能存在着这样的潜在路径，而且可能问题更加严重。在汽车运输和仓储过程中，往往为了防止静态电流消耗电池电量，会从电气分配盒中取出部分重要通路的熔丝。

电子模块中存在很多电源，为了保护电气连接，经常采用多根熔丝进行保护。这里需要分析的是：在主电源的熔丝去除以后，其他电源对整个模块的影响。如果存在较大的侵入电流，就有可能使模块产生一些异常的工作状态，导致模块的损坏或误动作。图 5-16 所示是最为经典的例子，这是由于制动开关的导通使得原本不应该存在的收音机电源通路存在了。

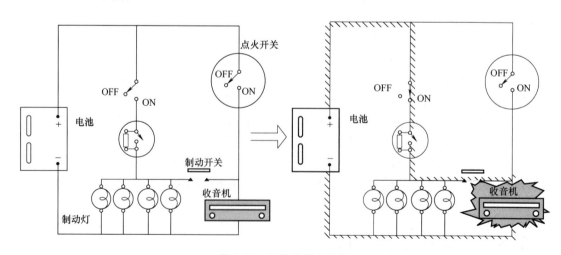

图 5-16 系统的潜在路径

2）内部的潜在电路：在电子模块内部也可能存在一些潜在的通路，从而引起误动作的情况发生。比如有两个芯片直接通过输入/输出口相连接,一个芯片在电源关闭以后,另一个芯片会通过其输出口经由内部的钳位二极管将电流灌入另一芯片的输入口。

5.5.1 "熔丝"问题

汽车在仓储和运输期间,为了保证电池的电量充足,工作人员可能将部分熔丝取出。这项工作是通过调整熔丝接线盒完成的,如图 5-17a 所示。这时对于多电源供电的汽车电子模块来说,可能面临的情况是部分电源有供电,部分电源无供电,在某种程度上,需要分析在输入和输出之间是否存在潜在的通路,使得电子模块在部分断电期间出现异常的工作状态,或者仍旧维持以前的功能。

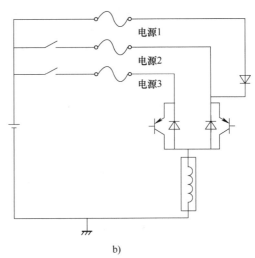

a)   b)

图 5-17　熔断器接线盒
a) 熔断器接线盒　b) 潜在通路

如图 5-17b 所示,如果由两个不同的模块来驱动同一个负载,且内部存在二极管的情况下,就容易出现潜在路径。在电源 2 无电时,电源 1 和电源 3 就可能替代电源 2 的角色,使原有的电路逻辑出现了错误,这样电源 2 无法关闭使得其他模块都会获取错误的信号。图 5-17b 中的二极管是分立的,起到保护作用;同时,在某些芯片内部也有可能存在泄漏通路,同样可能是保护二极管和钳位二极管造成的影响。

系统性地考虑电源之间的侵入,需要从两个层面去考虑:系统层和电路层分析。

1) 系统层的工作:需要根据模块的系统框图确认模块与外部电源的连接情况,详细罗列成一份清单,并画出每个部分的功能框图。首先断开某个熔断器,从某个功能部分开始,分析其他熔丝是否会对它产生侵入电流,分析完所有的分支后继续下个功能模块,最后将可能存在和肯定不存在的功能模块汇总做成表格。

2) 在电路层面的工作,需要考虑可能存在的电路。检查具体的半导体元器件内部的框图是否存在保护二极管等潜在的电流通路,主要针对的还是继电器、高边开关和其他 12V 电源供电的元器件。另一点需要注意的是:某些芯片的侵入电流可能流入其他的引脚,引起正常工作过程中的错误状态,因此这项工作需要完整的芯片结构框图,需要与供应商联系紧密共同完成。

这项工作主要由人工完成，比较费时费力，需要整理完整的电路功能框图和输入/输出框图。

5.5.2 潜在电路分析

潜在电路是指在一些条件下，电路中产生的不希望有的通路，会引起功能异常或抑制正常功能。与前面的分析不同的是，需要考虑模块内部电路中的潜在电路。在假定所有组件均正常工作的情况下，分析哪些是能引起功能异常或抑制正常功能的潜在通路。

最简单的例子是输出给输入的供电，输出口通过钳位二极管给芯片供电，这是一个典型的电路级潜在电路的例子，如图 5-18 所示。由于潜在电路可能遍布于整个电路，而且存在着很多的条件，如电路的导通、断开等，因此要想找到整个模块的潜在电路并予以解决，是一项非常有挑战性的工作。

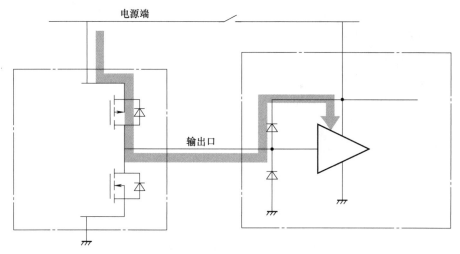

图 5-18　潜在电路

为了更好地完成这项工作，如果部分采用软件进行分析，一般可以按照以下的步骤来实现：

1) 获取模块所有的电路通路：在完成电路原理图的绘制以后，可以生成元器件的网表，得到模块内部的元器件及其相互连接的电路网络关系表。

2) 网络树的划分，将所有电源置于每一个网络树的顶端，而底部是地，并使电路按电流自上而下的规则排列。以输出和输入电路为核心进行整理后，就可以完成基本的拓扑结构划分。通常有 5 种类型：直线型（L 型）、电源拱型（O 型）、接地拱型（倒 O 型）、组合拱型（M 型）及 H 型，这对于分析基本结构非常有帮助。

3) 功能仿真与推理：通过上面的网络树划分，可由功能仿真算法确定系统中元器件的工作状态，将得到的执行元件功能状态信息与执行元件期望的工作状态比较，可以很简单地找出潜在通路。仿真包括静态仿真和动态仿真：静态仿真主要基于图论的最短路径算法和深度优先搜索算法，用于实现对具有确定性拓扑结构的电路功能仿真；动态仿真是在静态仿真的基础上对继电器和逻辑器件等进行的电路功能仿真。

4) 功能缺陷分析：通过上面的定性分析，可以得出潜在路径的各种情况，得出可能存在的功能缺陷。

当然也可以直接通过专业的软件系统 SCAT 来完成分析，只需要将普通 CAD 软件的标准网络表文件导入 Mentor Graphics、Protel 数据文件即可。SCAT 会产生全部列表，包括所有被阻断的路径、所有反向电流路径、所有电源到电源、地到地的路径；还可以选择定制的输出格式，这会使软件分析变成一项较为轻松的工作。

5.6 模块热分析

汽车电子模块对环境温度有很苛刻的要求，主要体现在环境温度的标准定义中。在第 2 章中有关于温度的详细分析。即使采用了汽车级别的元器件，散热设计的不周也会导致元器件烧毁或者寿命严重缩短。因此，汽车电子中的热设计往往处在非常重要的地位。广义的热设计，并不仅需要面对高温，而是需要全面考虑整个温度范围，考虑高温、低温甚至是冷热交替对电路造成的负面影响。

1）高温的影响：由元器件损耗引起的温度急剧上升可能会导致超过元器件的温度使用范围，甚至直接让元器件烧毁。由于元器件与环境温度之间过大的温差，使得不同热性质材料的元器件产生较大的机械应力，从而导致脆弱的结构部分受力过大和诱发早期失效。高温也会对元器件可靠性产生巨大的影响，根据阿伦尼乌斯方程可得：温度每升高 10℃，元器件的寿命会缩减一半，这个规律也可称为"10℃法则"。

2）低温的影响：半导体元器件的性能在低温下会发生显著变化，受影响的是元器件本身的参数。具有代表性的例子是 PN 结电压在低温下会大大升高，二极管和晶体管都会受到明显的影响，并且大部分元器件都有温度系数，甚至有些会突变，比如铝电解电容的 ESR。低温还可能对电路产生振荡、不稳定、过冲和速度变慢等影响。

3）冷热交替产生热冲击：电路从高温到低温，然后又从低温到高温，这种状况会造成热冲击，也会毁坏元器件焊接点和元器件本身。在测量电路中，由于焊接材料和元器件引脚材料并不相同，温度梯度可能会由热电偶效应产生小电压误差，使电路产生问题。

汽车电子模块的热分析和热设计技术，就是考虑以上 3 种不同的温度条件对模块的影响，其中应特别着重于高温的分析，低温的影响一般在电路的最坏分析之中作为分析内容之一，热冲击则在元器件选型和生产工艺中涉及。因此在这里所谈的热分析和热设计，就是分析模块内部的各个功能和元器件的热损耗与模块整体的散热特性，通过选型和优化，降低元器件本身的功率损耗，并提高整个散热效果，将模块内部的热量散发至汽车的外部环境中，确保模块可靠和安全地工作。

1. 热设计

汽车电子的热设计可分为 3 个层次：系统级的热设计，一般在整车厂主导下进行，是对电子模块和发热部件整体的热设计；板级热设计，是针对模块内部的电路板和散热器等所展开的；元器件级的热设计，是针对所有的元器件进行的。

1）系统级的热设计：传统的汽车电子领域中，大部分模块由于发热量较小，并不需要专门对此进行分析和设计。在混合动力汽车和电动汽车的研发中，高压电池、电池保护器、车载充电器和 DC-DC 转换器等大功率模块的热量散发是整车研究的重要内容。

2）板级热设计：对于大部分汽车电子产品来说，板级热设计是非常重要的，考虑的内容主要是发热元器件在模块内部环境中的散热情况。一般为了防水设计，外壳都是需要密闭的，因此此项内容格外重要。板级热设计一般通过软件仿真完成，在印制电路板布线完成后可以进行。

3）元器件级的热设计：元器件级的热设计开始于元器件选型时，一般可以分为稳态分析和暂态分析两种。

在目前的电动汽车和插入式混合动力汽车的开发中，部件大功率化非常明显。在效率很难提高时，越大的功率意味着越大的功率损耗，绝大部分能量以热能的形式释放出来。因此对于现在的汽车电子来说热分析和热设计越来越重要。

2. 热分析

热分析大部分都是围绕着散热进行的。散热就是热量传递，其传递方式主要有 3 种：热传导、热对流和热辐射。

1）热传导：物质本身或当物质与物质接触时的能量传递，这是最普遍的一种热传递方式。

2）热对流：流动的流体（气体或液体）将热量带走的热传递方式。

3）热辐射：指的是依靠射线辐射传递热量。

这 3 种散热方式都不是孤立的，在大部分常见的热量传递中，这 3 种散热方式都是同时发生、共同起作用的。对于一个模块来说，首先需要考虑系统可以采取的散热方式。

3. 散热方式

按照从模块带走热量的方式，分为主动散热和被动散热两种。

1）主动散热：对于主动散热可进一步细分为风冷散热和液体冷却等。

风冷散热是主动散热中最常见且非常简单的散热方式，即使用风扇带走模块耗散的热量。从防尘防水的角度，一般考虑使用系统风扇对一片区域进行散热，并使用空调产生的经过过滤的冷风，效果是比较好的。将冷空气送入模块的外壳包装内，一般可采取两种方式：连续流和平行流。连续流是空气从包装的一端流入、从另一端流出；平行流是相同流速的总气流被分成几股，分别流入模块的内部，要根据内部的结构对空气进行分配。

液体冷却是用液体在泵的带动下强制循环带走模块内部耗散的热量。一般通过金属的管道将大功率的模块直接与金属散热板相连，与风冷散热相比，具有安静、降温稳定和对环境依赖小等优点。液体的传热介质可以采用水、乙二醇甚至制冷剂，它们的黏度比大多数油低，有较高的传热系数。模块的散热板和传热介质之间进行传热的速率取决于液体的热导率、黏度、密度和流动速率等。在相同流速下，大多数直接接触式流体传热速率远高于空气。但是采用液体冷却需要考虑冷却液的循环回路和增压泵，这些都大大增加了成本。传统的汽车电子模块是很少采用此种散热模式的；但是在新能源汽车上，大功率 DC-DC 变换器、充电机和逆变器都必须采用液体冷却的方式才能完成正常的工作。

2）被动散热：也称为自然冷却，具有无机械故障、可靠性高、无空气流动和无噪声等特点。模块主要是依靠其外壳进行直接的热传导式散热，内部较热的元器件可采用金属散热器进行散热。由于汽车行驶中会产生一定的自然风，也就会被外部空气吸收较多的热量。采用被动散热的方式，散热的功率会受到一定的限制，因此只能用于低功率的场合。目前绝大多数传统的汽车电子模块都是采用自然冷却的方式。

对于模块热设计的方式，可采取不同的方法对原有的设计进行调整，以下几种方法经过测试较为有效：

1) 在原来的基础上多增加两层印制电路板的内层，可以起到很好的散热效果。
2) 在插接器中采用铜材质的螺钉，可使模块内部空气对外部环境有一个相对低的热阻，以达到模块整体散热的目的。
3) 模块的外壳采用黑色，以增大模块散热的效率。

5.6.1 稳态的散热计算方法

元器件的热分析贯穿于整个设计开发过程，需要开始于系统设计较早的阶段。对于设计工程师而言，需要一种较为简略和详细的分析方法来实现。需要注意的是：某种程度上元器件热分析包含很大一部分参数设计的内容，也是整个热设计的基础。由于元器件的测试数据与实际使用情况存在巨大的差异性，使得估计模型符合实际情况变得困难，因此在设计初期需要从简单的方法入手，在设计过程中不断改进模型以获得较为准确的结果，最后通过实验进行验证，以确保该设计在散热方面的效果。

在这里首先介绍较为简单的基本计算方法，元器件的热分析可分为3个步骤：首先估算元器件的热损耗功率，计算产生的热量；然后估算元器件的散热功率，计算能散掉的热量；最后根据模块的环境温度，加上模块内部的空气升温后，计算元器件的结温。

1. 估算热损耗功率

元器件热损耗功率的简单估算见表5-17，这是利用直流稳态的计算方法。注意，这里考虑元器件将所有的功耗全部转化成热量。

表5-17 元器件热损耗功率计算

元器件	热损耗功率
电阻	$P_{d\_res}(I_r, R) := I_r^2 \cdot R$
电解电容	
二极管	$P_{d\_diode}(I_f, V_f) := I_f \cdot V_f$
稳压管	$P_{d\_zener}(I_Z, V_Z) := I_Z \cdot V_Z$
晶体管	$P_{d\_bjt}(I_{ce}, I_{be}, V_{ce}, V_{be}) := I_{ce} \cdot V_{ce} + I_{be} \cdot V_{be}$
低压稳压器	$P_{d\_reg}(I_q, I_Q, V_{in}, V_{out}) := I_q \cdot V_{in} + I_Q \cdot (V_{in} - V_{out})$
场效应晶体管	$P_{d\_mos}(I_d, R_{ds}) := I_d^2 \cdot R_{ds}$
继电器	$P_{d\_relay\_coil}(I_{coil}, R_{coil}) := I_{coil}^2 \cdot R_{coil}$ $P_{d\_relay\_contact}(I_L, V_{contact}) := I_L \cdot V_{contact}$

事实上，只考虑正常稳定导通状态下的直流分析存在着很大的缺陷，这是因为大多数元器件并不是处于一个较为稳定的状态。即使考虑最恶劣的情况，也需要考虑元器件可能处在开关状态中，甚至可能处理一些不规则的信号，这就造成了一定的误差。因此，往往上面的计算公式只是一个非常粗略的探讨结果，只能为初期的选型做一个简单的估算。在后面的元器件分析和设计中，将会继续对元器件的热损耗功率进行详细的分析和探讨。

2. 估算散热功率

在估算元器件的散热功率时可以采用热阻作为一种计算方法，它表征了元器件阻止热流通过的能力，单位是℃/W（摄氏度每瓦）。将允许的温升除以热阻后，就可以得到元器件的散热功率。在说明书中，往往有好几个热阻，对于这些不同的参数，需要注意它们的区别，如图5-19所示。

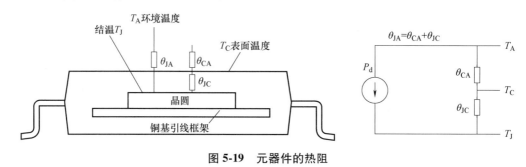

图 5-19　元器件的热阻

1）元器件内核至外界环境的热阻 θ_{JA}：该热阻值通常指当元器件未连接散热片或未焊接至印制电路板时的特性值，某些元器件是指特定的测试条件下得出的测试数值。元器件说明书中的 θ_{JA} 是根据 JESD51 标准给出的，其标准环境是指将元器件安装在很大的印制电路板上，并置于 1ft³（1ft³ = 0.0283168m³）的静止空气中。使用这个数值往往存在很多的问题，因为实际的环境与测试的环境相差非常大。在较为苛刻的场合，并不能使用该数值进行计算，因为得出的数值是偏小的。不过在目前的简略分析中，一般采用该热阻值进行估算。

$$P_{deraed} = \frac{\Delta T_r}{\theta_{JA}} = \frac{T_J - T_A}{\theta_{JA}}$$

特别要注意的是，元器件说明书上的最大允许耗散功率只是个参考值，这是因为给出的允许功耗是指特定测试条件下（一般是常温）的数值，并没有很大的参考意义。通过上面的公式计算得出的最大允许功耗比元器件说明书中的数值要小很多，虽然这个计算公式得出的结果本身就是偏大的。

2）元器件内核到元器件外壳的热阻 θ_{JC}：它表示散热通路到封装表面的热阻。θ_{JC} 的测试一般是不需要电路板的，是元器件未焊接时的测试结果。

$$\theta_{JA} = \theta_{JC} + \theta_{CA}$$

θ_{JC} 是从元器件的封装特性（如晶圆尺寸、引线框架和外壳材料）推导出来的。在特定的通过传导方式进行热传递的散热通路热阻和特定的器件封装 F，则 θ_{JC} 是特定不变的。而实际的 θ_{JA} 则表示的是通过传导、对流、辐射等方式进行热传递的散热通路的热阻，由于实验环境与使用环境的不统一，相比较而言 θ_{JC} 的计算要准确一些。

3）元器件外壳到外界环境的热阻 θ_{CA}：此数值与模块的通风冷却条件、元器件的封装及元器件在电路板上的固定形式、电路板走线宽度和外部散热器等因素有关。它表征焊接好的元器件到模块环境的导热通路情况。由于特定的使用情况，实际使用时的 θ_{CA} 加上 θ_{JC} 并不等于元器件说明书中的 θ_{JA}，这是因为使用情况和测试环境差异很大。需要注意的是，对于那些大功率的元器件来说，往往还需要考虑一个散热片的因素。

$$\theta_{CA} = \theta_{CS} + \theta_{SA}$$

在大封装的元器件下，外壳的散热片的热阻 θ_{CS} 较为关键，因为一般而言，在良好的散热条件下，可以认为散热片至环境的热阻 θ_{SA} 约等于 0。

4）元器件内核到印制电路板的热阻 θ_{JB}：该热阻值并不多见，它定义的是在所有热量几乎都由芯片内核传到测试板的环境下，由芯片内核到测试板上的热阻。它同样是基于印制电路板的，描述了元器件到电路板之间的散热关系。θ_{JB} 包括来自两个方面的热阻：从元器件内核到封装底部参考点的热阻；贯穿封装底部的电路板的热阻。

3. 计算结温

"结温"这个词普遍用于各种文献中，本来是用于描述 PN 交界处的结温度的，传统意义上是特指二极管和双极晶体管两种半导体器件的 PN 结温度。随着其意义的扩展，元器件的结温后来指的是在元器件内部温度最高的部分。在说明书中所列举的这个数值是元器件的极限温度，在正常工作时是不允许达到或者接近这个温度的。元器件结温阈度如图 5-20 所示。

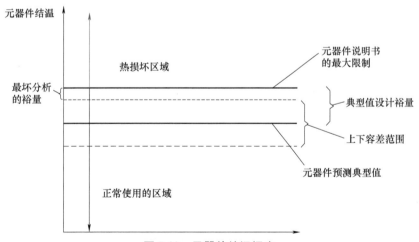

图 5-20 元器件结温阈度

可以根据两个指标去判断元器件的散热情况：
热损耗功率/最大的散热功率，即

$$P_{\text{STRESS}} = \frac{P_D}{P_{\text{derated}}}$$

元器件估计的"结温"为

$$T_{J(v_{\text{batt}})} = T_A + P_D \cdot \theta_{JA}$$

在传统的汽车电子领域中，不同的零部件厂商会按照设计的不同而有所侧重。通常可分为 3 种判断的条件：

1）最大环境温度 & 最大电压为 16V：这时认为这是正常可达到的最恶劣的条件，此时判断元器件的热设计安全的要求为：P_{STRESS} 小于 80%，甚至是小于 70%，温度裕量比极限温度小 15~20℃。

2）最大环境温度 & 过电压为 18V：这时认为这是模块处在非正常的恶劣条件下，需要保证模块不坏，因此可以不考虑裕量。此时判断元器件的热设计安全的要求为：P_{STRESS} 小于 100%，最高温度小于极限温度。

3）环境温度 55℃ & 上电电压为 24V：在前面的介绍中实验只需要持续 1min，因此只考虑短时的情况。此时判断元器件的热设计安全的要求为：P_{STRESS} 小于 100%，最高温度小于元器件所能承受的最高极限温度。

为了进一步简化计算过程和减少工作量，可以在 Excel 中编辑公式进行计算。

5.6.2 热特性参数计算方法

采用热阻的计算方法，不管是 θ_{JA} 还是 θ_{JC}，往往都比较粗略，因为存在很大的差异性。在标准 JESD5112 中，较为准确地采用热特性参数 Ψ 来分析和检测元器件的特性。

热特性参数 Ψ 是指在所有已知的传导路径下，大部分热量传递状况下元器件的散热特性；而热阻 θ 是指全部的热量传递，是规定了某条散热路径的参数。在实际的电子系统散热时，热会由封装的上下甚至周围传出，而不一定会由单一方向传递，因此 Ψ 比较符合实际系统的量测状况，如图 5-21 所示。

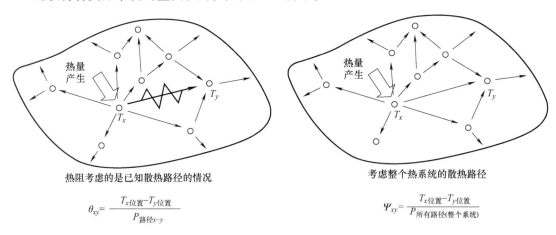

图 5-21 热阻和热特性参数比较

如果使用 θ_{JA} 进行估算，其结果是非常糟糕的，仅适用于理想的电路板、理想的贴装和理想的环境，只能作为定性分析之用。同样的，如果使用 θ_{JC} 进行估算，其结果也是非常糟糕的，只有接近理想的封装，特别大的封装（比如 TO220）才有意义，这时直接传导占据最主要的比例，如图 5-22 所示。

1）Ψ_{JB} 是结到电路板的热特性参数。与热阻 θ_{JB} 测量中的直接单通路不同，Ψ_{JB} 测量的元器件功率通常是基于多条热通路的。这些 Ψ_{JB} 的热通路中包括封装顶部的热对流，

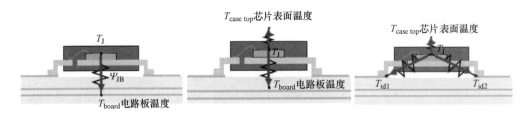

图 5-22　热特性参数模型

因此更加便于用户的应用。

2）Ψ_{JT}是衡量结温和封装顶部温度之间的温度变化的热特性参数。当封装顶部温度和功耗已知时，Ψ_{JT}有助于估算结温。

3）Ψ_{JC}是衡量结温和引脚温度之间的温度变化的热特性参数。

使用Ψ估计会取得更精确的结果，但是非常遗憾很多厂家一般不会在说明书中把这个数值标识出来，因为这种方法需要更详细的数据，因此实际操作起来不具可行性。

5.6.3　板上印制线的发热情况

印制电路板的印制线并不是理想的，它有一定的电阻和其他的寄生参数。由此衍生出来了两个问题：印制线的电压降和印制线的载流能力。

（1）印制线的等效电阻和电压降

首先需要了解一下美国导线规格（AWG）体系，其直径的增长有一定规则，导线直径的对数与导线规格曲线几乎是直线，导线规格为：$S_1 = -9.6954 - 19.8578 \times L_g(D)$，其中 D 为导线直径。

注意印制线的横截面是长方形而不是圆形。以横截面面积为参量可计算等效导线规格：$S_2 = 1.08 + 0.10 \times L_g(1/A)$，其中 A 为横截面面积。

根据导线规格表中相关规格的一些参数值，可估计某段长度印制线的电阻。电阻系数、导线长度、横截面面积与电阻之间的关系为：$R_L = \rho \times L/A$，其中 L 为导线长度，A 为横截面面积，纯铜的电阻系数 $\rho = 1.724 \mu\Omega/\text{cm}$。电阻系数随温度变化，通常所给出的是 20℃ 时的电阻系数。因此，在不同温度下的等效电阻需要进行折算。

（2）印制线的载流能力

印制线的电流负载能力是有限的。通常，它与外部环境条件、引线的宽度、印制电路板的厚度和引线在内层或在外层有关。在一定环境条件下，需要定义一定宽度和厚度的印制线，在规定的导线温升内，导线所能承受的最大负载电流作为参考设计的标准。当印制线上流过的电流过大时，会由于印制线发热而引起持续升温，温升过高时就会破坏印制线与基板绝缘材料的结合力，这会引起铜箔与基材分离、起翘、鼓泡，甚至会使印制电路板变形，所以印制线负载电流量不能超过引起温度升高而破坏印制线与基材结合力的电流量。

美国军标 STD. 275 印制线最大负载电流见表 5-18，这是根据实验结果得来的，根据对各个因素的拟合和逼近，在实际的设计过程中，可根据一定的计算公式来进行优化。IPC2221A 标准中提供了温升的曲线，并给出了导线宽度的计算公式。

表 5-18 美国军标 STD. 275 印制线最大负载电流

温升/℃	10			20			30		
铜厚/oz①	0.5	1	2	0.5	1	2	0.5	1	2
线宽/in②	印制线最大允许通过电流/A								
0.025	0.9	1.7	2.5	1.2	2.2	3.3	1.5	2.8	4
0.03	1.1	1.9	3	1.4	2.5	4	1.7	3.2	5
0.05	1.5	2.6	4	2	3.6	6	2.6	4.4	7.3
0.075	2	3.5	5.7	2.8	4.5	7.8	3.5	6	10
0.1	2.6	4.2	6.9	3.5	6	9.9	4.3	7.5	12.5
0.2	4.2	7	11.5	6	10	16	7.5	13	20.5
0.25	5	8.3	12.3	7.2	12.3	20	9	15	24.5

① 1oz（盎司）= 28.3495g。
② 1in（英寸）= 0.0254m。

第一步是计算印制线的横截面面积大小：

$$\text{Area}(I, T_r) = \left(\frac{I}{kT_r^b}\right)^{\frac{1}{c}}$$

式中，T_r 是上升温度；k、b 和 c 都是内层参数。

通过前面的式子得到横截面面积以后，对于一定厚度的印制线来说，其宽度的限制为

$$W(I, T_r) = \frac{1}{T_{oz} \cdot 1.378} \cdot \left(\frac{I}{k \cdot T_r^b}\right)^{\frac{1}{c}}$$

在 IPC2221A 中，可根据拟合曲线取得这些关系式的最新参数。内层参数：$k = 0.024$，$b = 0.44$，$c = 0.725$；外层参数：$k = 0.048$，$b = 0.44$，$c = 0.725$。用这个数据拟合出来的图形与 IPC2221A 中的数据图形比较，在10℃时略微有差距。根据 IPC2221A 的数据图形在10℃进行优化拟合，可以得到对应图形中的内层参数：$k = 0.0150$，$b = 0.5453$，$c = 0.7349$，外层参数 $k = 0.0647$，$b = 0.4281$，$c = 0.6732$。在实际设计中，可根据具体情况进行选取，结果如图5-23所示。

负载电流往往是冲击电流，在分析中也需要引入持续电流和瞬间冲击电流两种电流方式。持续电流是指在电路工作时印制线上连续流过的电流；瞬间冲击电流是指在电路工作时，在印制线上瞬间流过超过正常持续电流的过载电流。前者采用稳态的电流方法计算，后者则根据脉冲时间的长短进行折算。

（3）其他因素

除了以上的因素以外，还有几个因素影响着印制电路板导线的实际载流能力。

1）在印制电路板加工中，由于对孔进行金属化和图形电镀时会使导线铜层的厚度增加，提高了载流能力。

2）蚀刻时导线的侧蚀会使宽度减小，会影响负载电流。

3）印制电路板上的阻焊膜和敷形涂层会影响导线的散热，同样温升下导线的负载电流能力会有所下降。

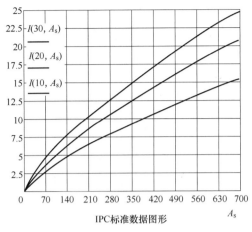 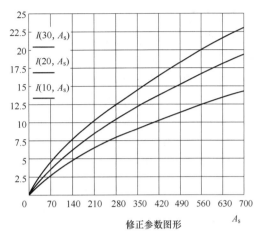

IPC标准数据图形　　　　　　　　　　修正参数图形

图 5-23　印制电路板经过电流拟合

4) 导线散热条件不好也会引起估算模型与实际情况的偏差，其中导线的间距过小、印制电路板的热设计不良，也会影响导线的有效电流负载能力。

这在客观上增加了分析的复杂程度，为此可通过软件仿真得到一定的参考结果，并通过计算得到一些先期参数，在实验中予以验证。

5.7　模块失效问题报告

在产品的生命周期内可能会出现很多问题，如前面所说的设计验证阶段的实验、试生产时的产品验证和装车过程阶段等，这时如果发生问题需要设计工程师尽快找出故障原因并予以解决，否则将会导致产品开发产生较大的延时。在标准化地寻找问题和解决问题的方法中，失效模式影响在其中起到了至关重要的作用。汽车整车企业提供了一套标准化的解决故障和问题的方法，在设计与生产产品的流程与实际的产品质量提升上构成了连接作用，最为典型的是福特公司的 8D、克莱斯勒公司的 7D 和通用公司的 5P 处理方法。以下是 8D 处理方法的内容。

D1：成立解决问题的小组，确认小组成员；
D2：明确问题的描述与说明；
D3：实施并验证临时措施；
D4：确定并验证问题产生的根本原因；
D5：选择和验证永久解决问题的纠正措施；
D6：实施永久解决问题的纠正措施；
D7：预防问题再次发生的措施；
D8：小组任务结束。

7D 报告中只少了第 7 项：预防问题再次发生的措施；而 5P 报告则少了 D1、D7 和 D8 这 3 项。总结起来就是，以下内容基本都是需要注意的。在设计完成之后，产品如果发生了任何问题，就需要采用结构化的方法去解决问题。

1) 明确问题的描述与说明：用量化的术语详细说明与该问题有关的客户的抱怨，

明确模块存在什么问题、发生问题的地点和时间、严重程度和发生频率等信息。对于供应商来说，应收集和组织所有有关数据用来说明问题、审核现有数据、识别问题、确定范围和细分问题。最终是需要将复杂现象抽象成为单个问题，并且与客户共同确认问题的说明。最为重要的是描述问题的严重度和在多少辆车上发生了该问题。

2）实施并验证临时措施：在找到永久解决问题的纠正措施前，为了保证客户的使用，需要避免形成连锁反应的恶劣影响。对供应商来说，需要给出解决问题的时间计划，在短时间内做出调整，给出最佳的临时解决办法并验证可行性。

3）确定并验证根本原因：首先确认模块内部是否有失效模式影响分析，确认是否存在相关的分析。在确认是全新问题的情况下，采用统计工具列出导致问题的所有潜在原因，通过实验设计，将一系列事件、环境和原因相互进行隔离测试，并确定产生问题的根本原因。

4）选择并验证永久纠正措施：在调整生产过程之前，需要对方案进行评审和验证，以确定所选的校正措施能够解决客户的问题，同时又不影响其他过程。

5）实施永久纠正措施：制订一个实施永久纠正措施的计划，以取代前面的临时措施，确定过程控制方法并纳入文件，确保消除了使问题发生的根本原因，在生产中应用该措施时监督其长期效果。

6）预防问题再次发生：修改现有的管理系统、操作系统、工作惯例、设计与规程，以防止这一问题以及所有类似问题重复发生。

对于设计工程师来说，无论在项目的哪个阶段，都需要以结构化的解决问题的方法去处理突发情况；而有效的 DFMEA 非常有助于在问题发生以前解决潜在的"火苗"。

5.7.1　8D 问题求解法的含义

8D 问题求解法包含 8 个解决问题的方法步骤，其中的 D，是英文单词"方法（Disciplines）"的首字母。

8D 问题求解法十分强调团队协同，通常比较适合以团队为单位来解决问题。该方法的指导思想认为，团队作为整体所拥有的智慧要远大于团队成员个体智慧之和。

8D（Eight Disciplines）问题求解法往往也被称作 Global8D 问题求解法（G8D）、福特 8D 问题求解法（Ford8D）、团队导向 8D 问题求解法（Team Oriented Problem Solving，TOPS8D）。

5.7.2　8D 问题求解法的应用范围

8D 问题求解法主要应用在以下场合：
1）不合格的产品问题。
2）顾客投诉问题。
3）反复频发问题。
4）需要团队作业的问题。

5.7.3　8D 问题求解法的优势与缺点

8D 问题求解法是发现真正根本原因的有效方法，并能够采取针对性措施消除真正根本原因，执行永久性矫正措施。

8D 问题求解法的优势：能够帮助探索允许问题逃逸的控制系统。逃逸点的研究有助于提高控制系统在问题再次出现时的监测能力。预防机制的研究有助于帮助系统将问题控制在初级阶段。

8D 问题求解法的缺点：8D 问题求解法的局限在于培训费时，且本身具有难度。除了需要对 8D 问题求解流程进行培训外，还需要数据挖掘的培训，以及对所需用到的分析工具（如帕累托图、鱼骨图和流程图等）进行培训。

5.7.4 8D 问题求解法的要点

（1）D1：组建团队

公司明确团队队长由第一副总亲自担任；质保部负责召集和组织团队的活动；团队成员由包含与问题密切相关的技术人员或管理人员、相关的质量工程师组成。

要点 1：六大问题相关方；

要点 2：学会寻找专家和权威。

（2）D2：描述问题

为了容易找到问题症结所在、以防问题再次发生，应使用合理的思考及统计工具来详细地描述问题：发生了什么问题、发生地点、发生时间、问题的大小和广度，从这几方面收集关键资料。

要点：描述问题的四个基准。

（3）D3：围堵行动

为使外部或内部客户都避免受到该问题的影响，制定并执行临时性的围堵措施，直到已采取了永久性的改进措施，要确保围堵行动收到预期的效果。

要点：不良处置的四大步骤、六大方法。

（4）D4：找出根本原因

将问题描述和收集到的资料进行比较分析，分析有何差异和改变，识别可能的原因，并测验每一个原因，以找出最可能的原因，并予以证实。

要点 1：分析原因的 5Y 法；

要点 2：末端原因的 3 个特性。

（5）D5：永久性纠正

对于已确认的根本原因制定永久性的纠正措施，要确认该措施的执行不会造成其他任何不良影响。

要点 1：确定纠正措施的六大要点；

要点 2：临时对策和长久对策；

要点 3：具体化描述的 5W2H 法；

要点 4：实施纠正措施的六大要点。

（6）D6：验证措施

执行永久性的纠正措施，并监视其长期效果。

要点：效果验证的四化。

（7）D7：预防再发生

修正必要的系统，包括方针、运作方式、程序，杜绝此问题及类似问题的再次发生。必要时，要提出针对体系本身改善的建议。

要点1：预防问题的3种方法；

要点2：责任追究与人员教育；

要点3：产生责任和质量责任。

（8）D8：肯定贡献

完成团队任务，衷心地肯定团队及个人的贡献，并予以祝贺。由最高领导者签署，建立时时与目标对比的体制，实现动态管理。

要点：善于转化。

5.7.5 8D问题求解法操作流程

8D问题求解法操作流程图如图5-24所示。

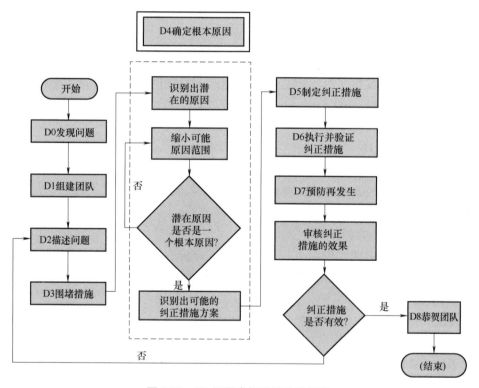

图5-24 8D问题求解法操作流程图

5.7.6 8D问题求解法的具体实施

1. D0——发现问题

首先，需要做好实施8D问题求解法的各项准备工作。先考虑是否需要应用8D法，并不是所有的问题都需要用8D法来解决，有些问题采取通常的防范措施即可。而且，8D法是一种基于事实的流程作业法，需要适应于持续改善的特殊技能和组织文化。在实施有效的 8D 法之前，组织也许还有必要提供一些相关的学习和培训。

2. D1——组建团队

组建一支跨越组织各功能区域的 8D 团队（包括一名能力较强的指挥官），他们具有所需的知识、技能、时间和授权，能够胜任 8D 工作，解决问题，执行矫正方案。为了使团队能够高效运作，还要进一步设置团队的结构、目标、程序、角色以及明确团队成员之间的相互关系。

3. D2——描述问题

借由可量化的术语，运用 5W2H 分析法（Who, What, When, Where, Why, How, How many），详细叙述内部/外部顾客的问题并记录之。

4. D3——实施及确认暂时性的围堵行动

这是临时应对之法。在永久性对策还未确定之前，先对问题进行界定并实施围堵行动，以使内部/外部顾客免受问题的困扰。根据确凿数据，确认围堵行动的有效性。

5. D4——界定及确认真正根本原因

指出所有会造成该问题的可能原因，画出因果图（Cause and Effect Diagram）。然后根据 D2 的问题描述及相关数据，逐一测试各个可能原因。找出真正根本原因，并提出处理真正根本原因的方案。注意两种平行的真正根本原因存在的情况：

1）事故性根本原因（Root Cause of Event），系统允许问题情况发生；

2）逃逸点根本原因（Root Cause of Escape / Escape Point），系统允许问题情况发生且失察。

6. D5——选择并确认矫正行动

确定所选定的矫正措施确实能为顾客解决问题，同时不会产生不良影响。如果有必要的话，根据可能出现的负面影响的严重程度，制定意外事故对策。

7. D6——实施永久性矫正计划

确定并执行最好的永久性矫正措施，并实施有效控制机制，以确保该真正根本原因已被消除。一旦正式生产后，还需监视其长期影响，若有必要，立即实施紧急处理措施。

8. D7——防止问题复发

界定并执行必需的步骤，以防止同样的问题或类似问题再次发生：改进管理系统、操作系统及工作程序，修订操作程序规程，评估工作流程，加强培训，等等。

9. D8——恭贺团队

肯定团队的集体努力，发表工作成果，在组织内分享知识。

第 6 章

低压电源设计

在开始这章以前,先看一张汽车车身控制器的系统结构图,如图 6-1 所示。

图 6-1 详细介绍了车身控制器的对外接口,包括电源接口、输入接口、输出接口和通信接口 4 个部分。相对应地,在车身控制器内部,整个模块的电路主要可以分为低压电源电路、输入接口处理电路、输出接口处理电路和主控与通信电路。因此,第 6~9 章分别对应以上的内容详细介绍汽车电子模块设计的细节。

汽车电子模块的低压电源转换电路,主要功能是将汽车上的蓄电池电压转换为逻辑电路用的 5V 或 3.3V 电压,并给其他需要供电的部分提供电源。因此电源输入部分的设计是非常重要的,特别需要注意汽车在不同的条件下电气系统的电压范围(在第 2 章中介绍)。

在汽车电子模块中,典型 12V 至 5V 的转换电源电路的结构如图 6-2 所示,这部分电路可分为防反接保护电路、浪涌抑制电路、电压监测电路和低压转换电路 4 个部分。

1. 防反接保护电路

此部分电路主要是由于汽车电子模块必须具有防电源反接功能而设计的,将在 6.1 节中探讨不同的设计方案和要点。在图 6-2 中,防反接保护电路部分主要包含 D1 和功率电路反接保护电路。

D1 逻辑电源的反接保护电路:这是最简单也是成本最低的方案,只适用于像逻辑电源这样所需电流不大的供电线上。

功率电路反接保护电路:如果模块存在较大的功率输出,则必须考虑采取反接保护电路,以保证模块的正常工作。

2. 浪涌抑制电路

此部分电路主要抑制电源电压上的各种浪涌波形和静电,将在 6.2 节中具体展开。在图 6-2 中,浪涌抑制电路部分主要包含 C_1、C_2、VZ_1、L_1、R_S 和 C_{f1}。

C_1 和 C_2:这是两个防静电电容,由于电源线上的特殊需要,需要电容串联,防止单个电容短路引起供电线短路。

VZ_1:浪涌电压抑制器,一般采用大功率的 TVS 管(瞬态抑制二极管)或 MOV 管(压敏电阻),它的主要作用是吸收能量较大的浪涌脉冲,如 ISO 167 中的 5b 脉冲和其他电源线上的正脉冲干扰。

L_1:共模电感,可限制逻辑电流变化的速度,以提高模块的电磁兼容特性,属于预先考虑的类型,可同时并联 0Ω 电阻,如不需要 L_1 就焊接 0Ω 电阻。

第 6 章
低压电源设计

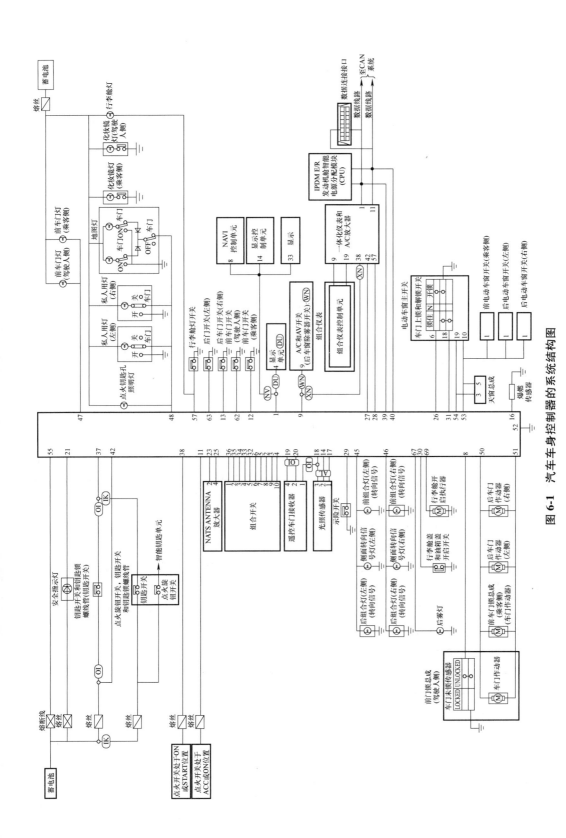

图 6-1 汽车车身控制器的系统结构图

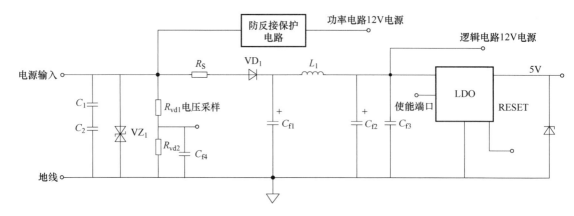

图 6-2　典型 12V 至 5V 的转换电源电路的结构

R_S：限流电阻，和 C_{f1} 形成低频滤波环节，在某些场合下，可取代 VZ_1 成为浪涌脉冲的抑制环节，此电阻的另一目的是防止模块上电时由于去耦电容过大引起二极管的损坏。

C_{f1}：低频滤波电容，与 R_S 配合使用，同时也起到了去耦电容的作用。

3. 电压监测电路

汽车电源电压范围很宽，因此模块中对电压进行监测确认电压所处的状态是必须具备的功能，此部分电路将在 6.3 节详细介绍。在图 6-2 中，电压监测电路主要包含 R_{vd1}、R_{vd2}、C_{f4} 和 C_{f2}、C_{f3}。

R_{vd1} 和 R_{vd2}：电源电压监测的分压电阻，是模块实现电压管理最主要的元件，通过合适的分压比可覆盖整个电压范围，一般需要采用高精度电阻才能取得理想的效果。

C_{f4}：电压监测滤波电容，限制电源监测的采集带宽，滤除不必要的瞬态干扰。设计时需要考虑取值范围，在电压采集的速度与滤波截止频率间做权衡。

C_{f2}：去耦电容，一般采用大容量的电解电容，该电容的主要作用类似微型电池，在电压跌落时，起到电量缓冲的作用。

C_{f3}：高频旁路电容，一般采用贴片陶瓷电容，实现高频电压脉冲干扰的滤除，在某些场合可能需要使用两个不同封装、容值相差 100 倍的电容。

4. 低压转换电路

低压转换电路主要实现 12V 电压至 5V 电压的转换，也是整个电路的核心，由于考虑因素较多，此部分内容在 6.4 节具体展开。在图 6-2 中，低压转换电路主要包括 LDO 和稳压管两部分。

LDO：电压变换的环节，将 12V 电压转换成 5V 电压；LDO 还具有使能、看门狗、重启等功能。

稳压管：LDO 后的稳压管主要是防止模块在睡眠时注入 5V 逻辑电平的电流过大，从而引起 5V 电压逻辑电平的上升，损坏逻辑芯片。采用该稳压管后对电压上升有了限制。

6.1 电源反接保护概述

在模块的实验要求中,电源端需要进行反接保护的设计。反接电路根据保护元器件的不同可以划分为二极管、NMOS 管、PMOS 管和继电器 4 种,如图 6-3 所示。

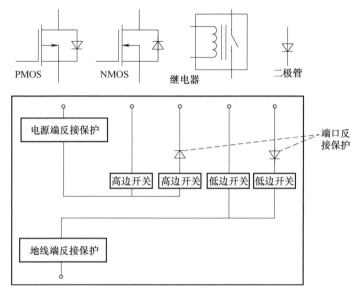

图 6-3 反接保护电路示意图

二极管反接保护电路:这是最基本的电路结构,成本最低。二极管的压降较大,一般为 0.4~1.2V,并且流过二极管的电流要有限制,否则二极管可能过热。

NMOS 管(N 沟道场效应晶体管)反接保护电路:该电路的驱动是最复杂的,一般在电源端需要采用升压电路才能使 NMOS 管工作。在某些设计中,也可以将 NMOS 管放在地线回路中。

PMOS 管(P 沟道场效应晶体管)反接保护电路:由于工艺的原因,该电路有一个很大的缺点,即源漏极之间的耐压不够高,一般在 30V 左右。此电路的优点是,驱动较简单,控制较为方便。

继电器反接保护电路:继电器反接保护电路的应用范围非常广;其缺点也很明显,有一定的噪声且寿命受限制,在高温下对起动电压有一定的要求。

而反接保护电路根据其在电路中的位置,还可划分为 3 种方式,如图 6-3 所示。

电源端的反接保护:在电源端进行反接保护可以有效地保护所有与模块电源线相连的元器件,包括逻辑电路、高边开关、PNP 晶体管和继电器等元器件。在电源端配置反接开关需要考虑所有流经电源的电流、电源的压降以及分析保护元器件本身的散热情况。一般采用二极管、PMOS 管和继电器较多。

地线端的反接保护:在地线端进行反接保护存在一个较大的缺点是容易造成更大的地偏移,特别是在电流较大的情况下,因此只有在经过精确计算得出结论后才可以使用电线端的反接保护,一般采用 NMOS 管。

单个输入/输出的反接保护:当功率单元较多时,统一在电源端或地端进行反接保护往往对元器件的导通电阻要求较高,而且由于会产生全局性的电压偏移,因此一种更为实用的配置就是,根据每个单独的输入/输出口配置二极管进行反接保护,这样可以降低元器件成本。

6.1.1 电源电路的划分

在设计电路时,通常需要将模块的功率电源和逻辑电源通过反接电路进行隔离,如图 6-4 所示,这样的做法使得不同的负载有着不同的电流通路。对于这样的设计,需要仔细确认划分的正确性和上电的特性。

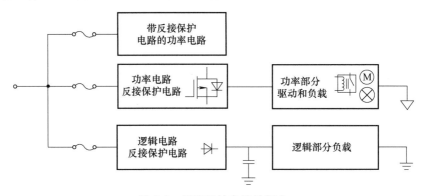

图 6-4 反接保护电路的划分

首先来解释一下这样做的必要性,为不同的负载划分不同的反接电路,通常有以下几个原因:

1)在每个电子模块之前有电气分配盒,通过熔丝的划分,将每个不同的负载与电源的连接梳理开来。因此当不同的电源进入汽车电子模块时,需要用不同的反接电路分别进行保护,也就需要对每个电路进行独立的归类与整理。

2)电压降与散热的问题:已经进行初步电压分配后,从同一电源进行反接保护,需要进行电压降和反接保护电路散热的核算。无论何种电路都存在一定的等效阻抗,当电流流经反接保护电路时,都会产生一定的电压降,这个电压降将会导致元器件发热。

3)功率电源端的干扰旁路问题:功率部分电源需要连接继电器线圈或高边驱动的感性负载,在切换过程中会产生浪涌脉冲,虽然在每个端口都加有抑制突变的环节,但还是有一定的干扰会耦合至电源端,这样的设计会直接对逻辑电源产生干扰,因此需要将所有的逻辑电源与功率电源彻底分离。

4)电源电压跌落的问题:在电压跌落过程中,模块按照电源管理策略需要监测电压的情况,如果将功率部分和逻辑部分合在一起,由于功率电路消耗的电量很大,旁路电容存储的电量有限,在单片机没有做出应对策略之前,稳压电路前端的电压就迅速下降至 RESET 电压,导致单片机无法记录当前状态而直接重启。模块的负载就会出现反复开关切换,导致所有的电源管理策略无法执行,单片机无法进行后续操作。

根据以上的分析，在设计反接保护电路之前，一定要对电源进行分割，列出节点电压与电流表，可通过表6-1进行划分。在汽车电子模块中，往往存在着电气分配盒，因此较大的功率输出都是单独通过熔丝接入模块的。对于此类单独的电源往往采取单路的反接保护。在模块本身的输入电源处划分时，一般按照逻辑电源和功率电源进行划分。为了区分方便，也借助树状图的方式来进行填写，如图6-5所示。

表 6-1 电路基本划分

电压节点	符号	电压值	对应电流	符号	电流值
模块电源	KL30		模块电流	I_m	
功率电源	V_P		功率电流	I_P	
逻辑电源	V_L		逻辑电流	I_L	
常供逻辑电源 12V	V_L_A		常供逻辑电流	I_L_A	
开关逻辑电源 12V	V_L_SW		开关逻辑电流	I_L_SW	
芯片逻辑电压	V_5V		芯片逻辑电流	I_5V	
常供逻辑电压 5V	V_5V_A		常供逻辑电流(5V)	I_A_5V	
开关逻辑电压 5V	V_5V_SW		开关逻辑电流(5V)	I_SW_5V	

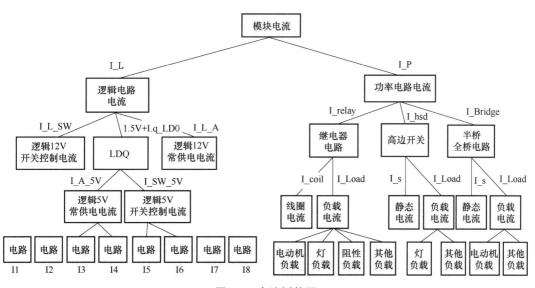

图 6-5 电流树状图

通过图6-5所示的树状图，可以简单得出电流的关系，从下到上分别计算各个芯片电流，然后得出整个电路划分的稳态电流。简单的计算关系如下：

模块电流 = 功率电流 + 逻辑电流；

逻辑电流 = 常电逻辑电流 + 开关逻辑电流 + 芯片逻辑电流 + 转换电压损失电流。

这里值得注意的是冲击电流的问题，这也是需要在后面详细探讨的。在考虑稳态电流的同时，也需要注意：负载开启和断开的瞬态转换过程中可能需要一定的瞬态电流，这就对整个电源和开关控制电路造成了瞬态的电流冲击，并且会在相应的寄生电感上产生一些非理想的浪涌波形。

6.1.2 二极管电路的设计

实际上模块的功率电源和逻辑电源往往通过反接电路进行隔离，如图6-4所示。

在使用二极管作为反接保护电路时，首要进行的就是二极管本身散热的计算。二极管的发热可由下式计算得出：$PD_{diode}(V_f, I_f) := V_f \cdot I_f$。由此式可知，二极管功率由工作时的导通电流和导通电压共同决定。

首先考虑导通电流：计算二极管的发热需要对所有从二极管通过的电流进行统计，核算出总的干路电流。比较简单的方法是通过电源布局进行树状列举，如图6-5所示。从每个单独的分支中计算消耗电流后，汇总可得出所有经过二极管的电流。

其次考虑的是二极管的导通压降，通常与几个关键参数相关，分别为通过的电流、环境温度和二极管的热阻；后两者将会决定二极管实际工作时的PN结结温。由于二极管在低温时导通压降较大，随着温度的上升导通压降降低，因此在实际设计中有3种方法来选择导通电压。

1）选择最大的导通电压：实际上这是典型的"过设计"，因为二极管在低温下的导通电压最高，且导通电压随着温度的上升而下降。选择最大导通电压，很容易使设计成本增大。

2）采用固定温度的压降，通过设定温度的方式直接从数据表中的图示上估计一个压降，这显然比上一种方法更精确一些，不过潜在的问题是：实际中二极管并不可能达到设定的温度，或者如果设定的温度不合理则会导致计算不能反映实际情况。

3）参数拟合和迭代计算，这是最精确的方法，在前面已经提出了二极管参数的拟合方法。通过以下的迭代计算非常容易得到二极管最终的温度：

$$Tj_{diode}(T_{max}, I_f) := \begin{vmatrix} i \leftarrow 0 \\ \text{while} \quad i \leq 10 \\ \begin{vmatrix} P_{diode} \leftarrow V_f(I_f, T_j) \cdot I_f \\ T_j \leftarrow T_{max} + R_{th\_diode} \cdot P_{diode} \\ i \leftarrow i+1 \end{vmatrix} \\ \text{return} \quad T_j \end{vmatrix}$$

通过上面的结温计算，即可获取二极管的功率信息；调整二极管的参数和封装，可选出成本最优化的二极管。注意：在开关电源的设计中，由于有反向的过程，还要加上反向恢复的功率和反向直流功率才能计算二极管的总功率。

二极管反接电路的主要缺点是在低温下会有很大的压降，因此在低温下汽车起动且模块电压较低时，模块无法工作。需要注意：在电源电路端并不能采用肖特基二极管，虽然在导通电压的环节上，肖特基二极管比普通二极管小得多，但是其反向耐压较低且易击穿的性质，使得在大浪涌脉冲下非常容易失效，而这是在电源端不能接受的设计，因为这样将导致模块的可靠性降低。

6.1.3 PMOS管电路的设计

PMOS管是比较理想的功率电源端反接电路，由于PMOS管驱动容易，只需要简单拉低栅极就能使管子导通；并且由于其导通内阻小，因此大量应用于汽车电子的功率保护电路中，如图 6-6 所示。

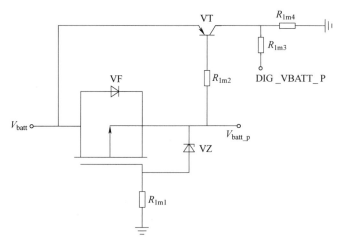

图 6-6 PMOS 管驱动图

图 6-6 中，VF 是主 PMOS 管，主要承担导通电流的作用，在选择时根据功率电源的电流进行调整。该驱动电路可以简单地完成功率电源的状态诊断功能，通过检测电压的高低反馈可迅速地反馈监测 PMOS 管的状态。VT 是完成电路诊断的 PNP 晶体管，当 VF 导通时，VT 的基极处于高电平状态，使得 VT 处于截止状态。需要注意：如果 VF 上压降太大使得 VT 导通，则诊断也会出现高电平状态，因此电路设计需要有一个约束条件 Rdson_max · If_max ≤ Veb_pnp_min。

MOS 管的导通内阻具有正温度特性，而晶体管的开启电压具有负温度特性，因此这种诊断上的错误往往在高温下发生。如果 R_{lm2} 选取得当，VT 处在线性放大区时，也存在一定余地，这使得单片机上的端口电压小于低电平的最大值。配置 R_{lm2}、R_{lm3}、R_{lm4} 最主要的作用还是在 VF 失效时，单片机能够正确地检测电平。首先需要确认 VT 的基极电流和集电极电流：

$$V_{MCU\_in} = V_{batt} - V_{ec\_pnp}$$

$$I_b = \frac{V_{batt} - V_{eb\_pnp}}{R_{lm2}}$$

$$I_c = \frac{V_{batt} - V_{ec\_pnp}}{R_{lm4}}$$

$$I_{inj} = \frac{V_{batt} - V_{ec\_pnp} - V_{clamped}}{R_{lm3}}$$

当 I_c/I_b 较大、处在线性区时，I_b 由 R_{lm2} 决定，I_c 由固定的电流放大增益和 I_b 决定，因此需要确认 $I_c \cdot R_{lm4}$ 大于单片机识别高电平的最小电压。通过改变 R_{lm2} 和 R_{lm4} 的大小，选择设计使 VT 处于饱和区，此时 V_{ce} 的电压是固定的，需要合理选择 R_{lm3} 的大小，防止电源注入单片机输入口的电流过大。

如 6.1.2 小节所述，功率电源需要连接继电器线圈和高边驱动的感性负载，如图 6-7 所示。在切换过程中会产生浪涌脉冲，浪涌脉冲从输出端口耦合至功率电源处，这个浪涌脉冲的幅度是由电感量和开关速度决定的。虽然每个输出端口都有一定的抑制脉冲幅度和吸收能量的元器件,但还是会有一部分能量耦合至 PMOS 的栅极和源漏极之间的沟道。由于 PMOS 管工艺的原因,使得管子源漏极之间的耐压较低,一般来说管子的耐压为 30V,而 MOS 管栅极本身具有很大的脆弱特性,因此需要考虑设计一个能量泄放通路。VZ 和 R_{lm1} 就是起这个作用,这条通路在浪涌脉冲电压高于 VZ 的击穿电压时导通,通过钳位保护 MOS 管。

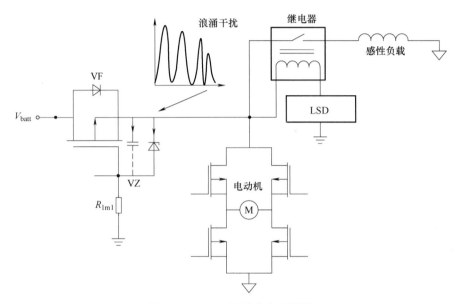

图 6-7 PMOS 浪涌脉冲干扰图

PMOS 管还需要计算发热的问题,PMOS 管的导通电阻较小,可通过的电流较大。首先考虑的还是导通电流,计算方法如下式所示:$PD_{PMOS}(R_{doson}, I_f) := R_{doson}^2 \cdot I_f$。

功率电源的主要对象是高边开关(HSD)、继电器的线圈和继电器触点驱动的外部负载,如同二极管一样,也可以列出整个功率电源的电流树状图,这里不再给出。通过该图可清晰地统计出所有经过 PMOS 管反接保护电路的功率电源的电流。

这里需要注意:灯负载和电动机负载都有起动电流大于正常工作电流的情况,且电动机的堵转电流甚至要大于起动电流,因此需要按以下两种方式来进行核算。

1)以正常工作电流来核算正常的发热情况。这时选取的所有负载电流都是正常工作电流的最大值,导通电阻也是按照迭代方法计算。

2)以起动电流或堵转电流来核算短时间内温度上升的情况。由于起动电流和堵转电流都有一定的脉冲波形,通过近似的拟合,可得出短时间内功率电源电流的脉冲波形,可通过 PMOS 管的单脉冲波形进行核算。

其次考虑的是 PMOS 管的导通内阻,由于管子的导通内阻与导通电流和管子的结温都有很大的关系,因此与二极管一样也有相对应的 3 种取值方法。

1)选择最大的导通电阻。这是最简易的方法,缺点是人为降低了产品的裕量,给出了错误的结果。一般这种方法用在前期的估算中,在后期项目正式开始后的设计和验证中很少采用。

2）采用固定温度的导通电阻。通过设定温度的方式直接从图上估计一个导通电阻，这种方法误差较小，计算方法简单，大多数的设计者采用这种方法来计算。

3）参数拟合和迭代计算，前面已经提出了 MOS 管参数的拟合方法。通过以下的迭代计算非常容易得到 PMOS 管的最终温度，这种方法耗费时间较长，在完成初次计算后，后续设计只需要修改部分参数即可，推荐使用。

$$\mathrm{Tj}_{\mathrm{MOS}}(T_{\max}, I_\mathrm{f}) := \begin{vmatrix} i \leftarrow 0 \\ \text{while} \quad i \leqslant 10 \\ P_{\mathrm{MOS}} \leftarrow R_{\mathrm{doson}}(I_\mathrm{f}, T_\mathrm{j})^2 \cdot I_\mathrm{f} \\ T_\mathrm{j} \leftarrow T_{\max} + R_{\mathrm{th\_MOS}} \cdot P_{\mathrm{MOS}} \\ i \leftarrow i+1 \\ \text{return} \quad T_\mathrm{j} \end{vmatrix}$$

通过上面 PMOS 管的结温计算，可完成选型和演算。

总的来说，PMOS 管是功率电源反接保护较为理想的选择，其成本虽然比 NMOS 管略高，但是综合考虑管子和驱动电路的成本则较低。

6.1.4 NMOS 管电路的设计

NMOS 管可布置在电源端和地线端，布置方式不同其驱动电路也不尽相同。NMOS 管导通的条件为栅极电压比源极电压高出 V_{TH}（最低导通电压）；布置在电源端时 NMOS 管的栅极电压必须比电源电压高出 V_{TH}，因此需要专门的升压电路，一般采用单独的驱动芯片，内部的结构为 Boost 升压电路或者电荷泵电路。

相对而言，在电源端的 NMOS 管成本要高一些，NMOS 高边配置如图 6-8 所示。

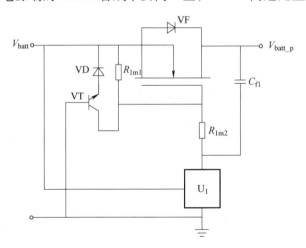

图 6-8　NMOS 高边配置图

其中 VT 是保护电路，当反接时应确保 VT 是导通的，VF 的栅极电压始终被钳位至二极管的导通压降加上 VT 集电极和发射极之间的饱和压降，确保 U_1 即使出现任何状况也能断开 VF 管。R_{lm1} 的作用是提供驱动电路必要的负载电流，升压电路需要一定的负载，而 VF 管的栅极电流非常小，因此 R_{lm1} 的作用既提供了一条负载通路，在 U_1 无效时又提供了一条泄放渠道，使得 VF 能够尽快断开。

NMOS 管布置在地线端的优点是驱动简单，如图 6-9 所示。NMOS 管在低边，只要从电源端直接取电压经过串联的限流电阻后，连接至 VF 的栅极即可实现对 VF 导通的控制。稳压管 VZ 用于防止栅极电压过高引起 NMOS 管的损坏。该电路的缺点在于：交变电流在 NMOS 管的源漏极间产生了一个交变的干扰电压，这对很多的控制电路造成了很大困扰；同时这个电压也人为引起了功率地线和逻辑地线之间的地线偏移，对于直接用逻辑电平控制负载的应用造成了一定的风险。

与 PMOS 管一样，也需要核算 NMOS 管的耗散功率，其方法与 PMOS 管的计算过程完全一样，这里不再展开叙述了。需要补充的是，如果负载电流非常大，则可采用多个管子并联驱动。MOS 管导通电阻具有正温度系数特性，因此并联管之间的初始电阻误差可以随着管子温度上升而逐渐抵消，形成均流的情况。当然同样需要计算温升，且相对而言要复杂一些。

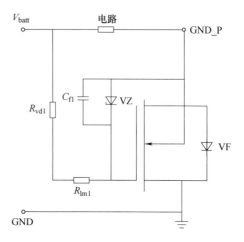

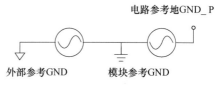

图 6-9 NMOS 低边配置图

与 PMOS 管相比，NMOS 管本身由于产量较大的原因，成本相对要低一些。NMOS 管的源漏极耐压较高，普遍高于 40V，这使得对电源端的脉冲抑制电路要求低得多。

6.1.5 继电器电路的设计

继电器电路有着驱动简单、触点电流大的特点，在大功率的条件下，几乎是反接保护的唯一选择。这是因为与场效应晶体管相比，触点的电阻非常小，并且继电器由于体积较大，热阻相对要小很多，因此相同成本的继电器能够承受的电流是 MOS 管的几倍。

继电器的电路如图 6-10 所示，这个电路的主要目的是保证正向能导通，电压反向之后不能导通。图中各元器件说明如下：

VD_1：继电器驱动电路的反接保护二极管，可以使用逻辑电路的二极管。

VD_2：续流二极管，防止继电器线圈产生的感性电压损坏 VT 管，不过在某些情况下续流可能导致继电器的关断和导通时间加长，使得继电器寿命减少。

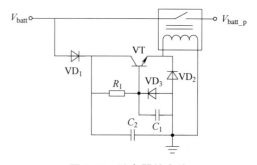

图 6-10 继电器的电路

VD_3：高压保护二极管，一旦电压超过某个数值，可使用 VD_3 将 VT 的基极电压钳住，使得 VT 关断，作为硬件的过电压保护。

R_1：限流电阻，给 VT 提供一个基极电流。

VT：PNP 晶体管，在正向电压处于一定范围内时，VT 处于饱和状态，驱动继电器线圈。

C_1：高频旁路电容，防止浪涌电压对 VT 的基极产生破坏作用。

C_2：高频旁路电容，防止高频的浪涌电压对 VT 的集电极造成损坏。

当然图 6-10 仅是一种参考，在后续的继电器驱动中将会继续对其进行分析，使设计取得更好的效果。

6.1.6 开关控制电路的设计

由于静态电流的要求，在设计中往往需要将一部分存在较大静态电流电路的电源在模块休眠时关断，因此需要设计开关控制电路。此电路需要在反接保护电路方案完成后设计，或者直接在反接保护电路的基础上进行修改。

电源的开关电路根据电压可分为两种。

1）12V 开关电路：控制电路一般是 5V 逻辑，因此需要考虑到电源的分离，必须要采用两级控制。在电流较小的场合，往往使用图 6-11 所示的晶体管电路；在电流较大的场合，可考虑采用 MOS 管或者直接采用 HSD 元器件。

2）5V 开关电路：采用单级控制就可以实现，往往用带分压电阻的 PNP 晶体管或者 PMOS 管实现。缺点是 PNP 晶体管的 ec（发射极-集电极）间的压降较大，只能用在电压降要求不高的场合；优点是 PMOS 管控制容易，在此类应用中使用较多。

晶体管电路最为普遍并且成本较低。图 6-11 中，采用 VT_2 所示的 PNP 晶体管作为主开关管，采用 VT_1 所示的 NPN 晶体管作为控制端接入，实现了 12V 电源和 5V 电源的电平兼容。电路包括 2 个回路：第 1 个回路是单片机输出口经过 R_3 和 R_4 的分压驱动 VT_1，其中 R_3 的作用是基极限流，R_4 是基极的泄放回路，保证单片机悬空时寄生电容上的电荷的释放，使得 VT_1 处于关闭状态，R_3 和 R_4 的分压比需要使得 VT_1 在各种条件下能够正确开启；第 2 个回路是 VT_2 的基极回路，R_1 与 R_2 也分别是限流和泄放的作用，C_1 作为滤波环节，防止 VT_2 的误导通。

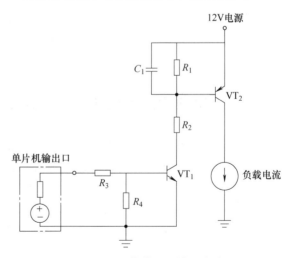

图 6-11 晶体管开关控制电路

在设计过程中需要保证 VT_1 和 VT_2 处于过饱和状态，特别是 VT_2 的电流本身较大，如果电流放大倍数过大，VT_2 容易烧毁，输出电压也会由于压降太大使得电路工作不正常。校核电路需要考虑以下几个方面：

1) VT_1 和 VT_2 电流增益<30，主要验证 R_1、R_2、R_3 和 R_4 的取值，其中 R_2 和 R_3 较为关键。

2) 单片机的输出电压>VT_1 的开启电压，主要因素为单片机输出口的 R_{dson}、R_1 和 R_2 的取值，需要注意 R_1 和 R_2 的比率。

3) VT_1 和 VT_2 的功耗计算。

虽然此电路已经过大量使用，但它还存在着一些明显的缺点。首要的问题是：由于晶体管是电流控制型的，导致了整个电路的偏置电流较高，一般设计为 2~4mA。而且由于 PNP 管进入深度饱和时间较长，因此在苛刻的时间场合内是不能使用的。

如前所述，PMOS 管的优点有很多。如果只是将图 6-12 中 PMOS 管 VF 的反接电路做一些简单的数值修改，当然是无法单独使用的，因为它并没有考虑防反接。事实上如果不与大电流的反接保护电路一起使用，将此电路直接接在 12V 上，则

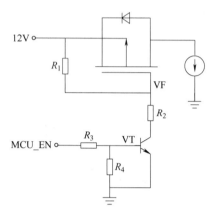

图 6-12 PMOS 管开关控制电路

在反接时将烧毁 PMOS 管。将 12V 输入换成 5V，去掉 VT，将 VT 的集电极处改为直接接上 MCU，这样的电路在控制低电压通断，特别是 5V 和 3.3V 时非常合适，如图 6-12 所示。

最为简单的还是直接使用 HSD（High Side Device）器件，而且可以直接用单片机的输出口来控制，目前 HSD 器件的价格也不高。汽车电子的发展正是不断芯片化的过程，选用可靠性更高、价格更便宜和使用更容易的器件是人们追求的目标。在使用中应该搞清楚选型的依据，这部分介绍上述设计方案更多的也是为工程师选型提供依据。

6.2 电源的静电和浪涌保护

在第 2 章中详细介绍了汽车电子静电和浪涌电压的环境。大部分汽车电子模块通过启动开关由汽车电池供电。汽车环境中存在的电气干扰和高频影响，通过线束传导会耦合至电子模块的电源端，ISO 7637 和 ISO 16750 标准中 5 个脉冲波形是由于干扰源（启动系统、交流电机、负载切换、开关抖动以及抛负载等）作用产生的。在设计电子模块电源输入端的调理电路时，这些耦合的干扰都是需要被滤除的对象，以避免干扰脉冲传导至其他电路，进而影响整个功能。

对于能量脉冲而言，一般选择 TVS 和 MOV。在表 6-2 中对 TVS 和 MOV 做了深入的对比，可以发现：TVS 反应速度快，长期特性好，适宜处理较快的电压脉冲干扰，但是旁路大能量脉冲的价格较贵；MOV 价格便宜，适宜处理能量较大、速度较慢的波形。这两种抑制元器件都提供了一条快速泄放能量的低阻抗路径，通过它们可以实现对整个电源输入部分及后续元器件的保护。

表 6-2 TVS 和 MOV 对比

关键参数或极限值	特点对比			
	TVS		MOV	
反应速度	非常短（ps）	√	相对长（ns）	
是否会老化	无老化	√	老化现象明显	
最高使用温度/℃	175	√	115	
元器件极性	单极或双极		无极性	√
反向漏电典型值/μA	5	√	200	
钳位因子	大于 7	√	小于 1.5	
封装性质	密封	√	不密封	
价格	贵		便宜	√
寄生电容	较低	√	很大	
耐压耐流	相对低		耐压较高	√

想要选定一个芯片，不光需要从定性的角度去分析，而且需要定量地去选择合适的型号。

6.2.1 静电电容的选择

对于已选定的电容来说，用图 6-13 所示模型进行数值验算和分析。

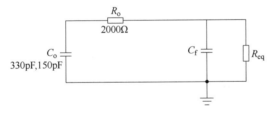

图 6-13 静电电容模型

假定在静电瞬间，所有的电荷全部被静电电容吸收，如图 6-13 所示，则可得到如下式子：

$$V_{\text{f\_applied}} = \frac{C_o}{C_f} \cdot V_{\text{ESD}}$$

对于理想的电容来说，电容容值越小，电容上的电压越高。大容值的电容可以经受更为严酷的电压等级。

(1) 电容的内部材质的影响

对于实际的陶瓷电容来说，内部的材质对电容特性有很大的影响，也表现在防静电特性上。在同样的容值、同样的封装和同样的耐压值下，C0G 的电容比 X7R 的电容能够承受更高的静电电压，并且由于 C0G 的静电容量稳定性更好，所以从长期设计的角度考虑用 C0G 的电容。

(2) 电容的封装

电容的封装对直接放电的情况来说，并没有很大的影响。在相同的耐压值下，封装越大，电容能够达到的容量也越大。由于设计越来越趋于小型化，在减小尺寸的同时一定要考虑过小的尺寸是否会导致空气放电的失效。小于0603封装的电容由于两个电极之间距离过小，静电可能通过空气在电极之间放电，此时的静电电平要比内部电解质击穿的电压小。一般情况可选择0603的电容封装，面对苛刻的情况时，需要选择0805甚至是1206的封装。

（3）电容的直流耐压值

从实验数据来说，直流耐压值从50V、100V到200V的增大对抵抗静电等级有很大的提升作用，但并不是简单的倍数关系。如表6-3所列，数据引用自KEMET的测试数据，通过表格可折算出C0G电容的瞬态击穿电压/直流耐压值可达10倍以上；X7R电容的该比例系数稍差，但也可以达到4倍以上。这样的测试结果与通常认为的电容瞬态能够承受的电压是电容额定工作电压的2.5倍这一结论有些出入，一方面是电容工艺改进的结果，另一方面是由于不同厂家的电容特性也有所不同。

表6-3 电容抗静电性能

瞬态破坏电压	C0G		X7R			单位
	50	100	50	100	200	V
抗静电平均值	1223	1200	635	857	1100	V
抗静电最大值	1020	1464	540	640	1020	V
抗静电最小值	1470	1690	690	990	1420	V
3倍标准差下限	942	1178	537	620	941.5	V

由于电源线上的静电电容非常关键，所以往往采用串联电容的方式，并且采用十字布局的方法，防止应力引起的短路损坏，从而提高了可靠性。

6.2.2 TVS管的特性和选择

TVS管中文名为瞬态抑制二极管，它是一种二极管形式的高效能保护器件。当TVS管的两极受到反向瞬态高能量冲击时，它能以极快的速度从高阻抗变为低阻抗，吸收电源和信号线上的浪涌功率，使两极间的电压钳位于一个预定电压值。TVS管有单向和双向之分。单向TVS管与齐纳二极管较类似，只能吸收正向的浪涌电压脉冲，但它并不只限于汽车电子的应用，这主要是因为反接和负向电压脉冲是广泛存在的。双向TVS管可在正反两个方向吸收浪涌电压脉冲，实现了对电压的钳制，实际中普遍使用它吸收电源与负载中产生的正向与负向的浪涌电压干扰，其典型的电流电压关系曲线如图6-14所示。

在选用TVS管之前，首先需要对TVS管的参数有一个深入的了解。TVS管的电压参数有3个：最大反向工作电压（V_{RWM}）、击穿电压（V_{BR}）和最大钳位电压（V_C）。

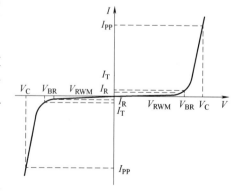

图6-14 双向TVS管的电流电压关系曲线

1) 最大反向工作电压（V_{RWM}）：TVS 管保护电路的过程中，在一定的反向电流（I_R）下，TVS 管两端的电压值称为最大反向工作电压。

2) 击穿电压（V_{BR}）：TVS 管处于击穿的区域内，在一定的测试电流（I_T）下，TVS 管两端的电压称为击穿电压。

3) 最大钳位电压（V_C）：在脉冲峰值电流作用下，TVS 管两端的最大电压值称为最大钳位电压。最大钳位电压与击穿电压之比称为钳位系数。

在选型中首先要关注的还是击穿电压，一般选择 V_{BR} 的标称值为 39V 左右，以安森美公司的 P6SMB39CAT3 为例，其 V_{RWM} 为 33V，要远大于上电电压 24V，一般而言 $V_{RWM} = (0.8 \sim 0.9) \times V_{BR}$。这样做是出于平衡静态电流和保护 TVS 管后面的元器件的考虑，并且如果 TVS 管选得 V_{RWM} 过小，在上电电压实验的 60s 内，TVS 管将会不断发热，然后引起阻抗进一步下降，非常有可能烧毁 TVS 管。如果采取更保守的方式，也可以根据 V_C 来选取 TVS 管，不过实际来说一般不需要。与电压对应的是电流的参数，包括漏电流（I_R）和最大反向脉冲峰值电流（I_{PP}）。

4) 漏电流（I_R）：当最大反向工作电压（V_{RWM}）施加到 TVS 管上时，TVS 管会有一个漏电流，在汽车电子中，这个参数会影响到静态电流。

5) 最大反向脉冲峰值电流（I_{PP}）：指在规定的脉冲条件下，TVS 管击穿时允许通过的最大脉冲峰值电流。谈起这个参数就不得不将它与反向脉冲峰值功率联系在一起。

6) 反向脉冲峰值功率（P_{PP}）：指 TVS 管能够承受的最大脉冲功率。P_{PP} 取决于脉冲峰值电流 I_{PP} 和最大钳位电压 V_C，与脉冲波形、脉冲时间及环境温度有关，如图 6-15 所示。可以发现，不同的脉冲类型，其功率曲线并不相同；脉冲持续时间越长，P_{PP} 越小；并且温度越高时，其功率下降越迅速，特别是在高温 85℃时，其功率降额了 50%，如图 6-16 所示。

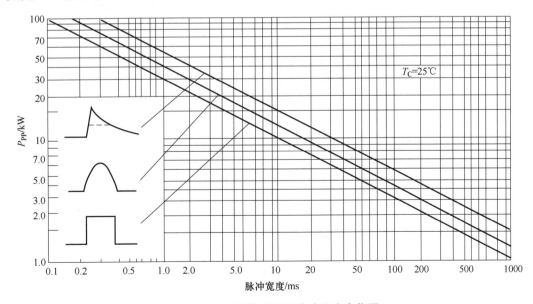

图 6-15 TVS 管的功率随脉冲宽度变化图

因此，TVS 管在实际应用环境下的脉冲功率为：$P_{PP\_real\_Derated} = K_1 \times K_2 \times K_3 \times P_{PP}$。其中

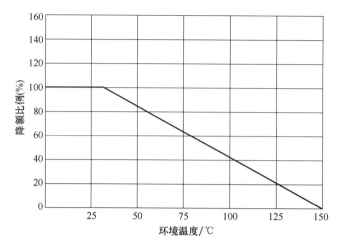

图 6-16 TVS 管的功率随环境温度变化图

K_1 为脉冲波形系数 1,K_2 为脉冲波形系数 2,K_3 为环境温度系数。要保证 TVS 管能够抑制浪涌电压且保持正常工作,要求 TVS 管的额定瞬态脉冲功率 P_{PR} 大于所加的最大瞬态浪涌功率。

如何计算浪涌脉冲加到 TVS 管上的功率呢?可以参照以下模型来计算。任何电源都有一定的内阻,当 TVS 管钳位以后阻抗迅速下降,因此需要考虑加到 TVS 管上的实际最大功率。在前面的介绍中知道脉冲都有幅度、内阻和持续时间等参数,需要考虑的是计算加到 TVS 管上的最大功率损耗。

如图 6-17 所示,在初始状态下,TVS 管的阻抗非常大,使得全部的电压加在 TVS 管上,随着 TVS 管的击穿阻抗变小,电阻内阻也分到了一定的电压,此时 TVS 管的电流也随之慢慢增大。仔细观察 TVS 管的 V—I(电压—电流)曲线图可以发现,TVS 管上的电压越高,其电阻越低,因此对于 TVS 管来说它并不是一个普通的电阻,而是电阻与电压呈一定关系的特殊泄放路径。可以得到 TVS 管的功率为

$$R_{TVS}(V_{TVS}) := \frac{V_{TVS} \cdot (V_C - V_{BR})}{I_{PP} \cdot (V_{TVS} - V_{BR})} V_{TVS} = \frac{I_t}{I_{PP}} \cdot (V_C - V_{BR}) + V_{BR}$$

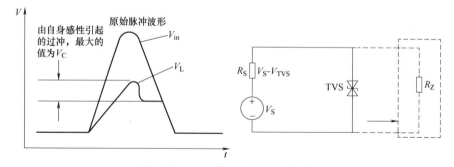

图 6-17 TVS 管的实际功率计算

假定 TVS 管的电压与产生的电流是线性关系,可以得到等效电阻和电压公式:

$$R_{TVS}(V_{TVS}) := V_{TVS} \cdot \frac{V_S}{R_S + R_{TVS} V_{TVS}}$$

以 5a 脉冲为例，为了方便，假定 $V_S = 87V$，$R_S = 0.5\Omega$，选择 P6SMB39CAT3 TVS 管，其 V_C 和 I_{PP} 值分别为 53.9V 和 11.2A，则可以得到 TVS 管的实际功率函数。实际上 TVS 管的电压并不总是钳位在最高的电压上，在做最坏情况分析时可以得到最大值：$P_{PP\_TVS} = 883W$。

通过对比 $P_{PP\_REAL\_DERATED}$ 和 P_{PP_TVS} 可以知道 TVS 管最坏情况时是否可能烧毁。不过，这个计算过程还是需要进一步的实验测试来证明。

6.2.3 压敏电阻的特性和选择

MOV（压敏电阻）是随所加电压变化而阻值可变的元件。压敏电阻的特性与双向 TVS 器件类似。通常是由其他氧化物作为基体的氧化锌颗粒陶瓷制成的，氧化锌颗粒与周围的基体形成了二极管并联和反向并联的复杂阵列。

1）在电流和电压较小时，压敏电阻的阻值很高。这是因为当加在压敏电阻两端的电压较低时，每个微型二极管两端都有很低的电压以及很小的电流。

2）在电压和电流较高时，压敏电阻的阻值急剧下降。在较高的电压下，个别的二极管开始导通而压敏电阻的阻值将显著下降。颗粒的大小、颗粒之间基体材料的性质、陶瓷的厚度以及连接陶瓷的引脚等这些因素决定了压敏电阻的性质。

汽车电子上应用压敏电阻也较多，这里将压敏电阻的主要参数罗列如下。

1）工作电压（V_{DC}）：压敏电阻正常工作时的电压，此时流过的电流为漏电流。

2）压敏电压（V_{1mA}）：流过压敏电阻的电流为 1mA 时，加在它两端的电压降称为压敏电压。

3）钳制电压（V_{CLAMP}）：流过压敏电阻的电流为 I_P 时，加在它两端的电压降称为钳制电压，钳制电压也称为压敏电阻的保护水平。

这 3 个电压实质上与 TVS 管的 3 个电压是类似的。

4）漏电流（I_R）：压敏电阻在进入击穿区之前，在正常工作电压（V_{DC}）时所流过的电流称为漏电流。这是需要格外注意的一个参数，它直接关系到整体的静态电流。

5）最大能量吸收能力：是指施加能量为某一定值的规定波形的冲击电流，冲击后压敏电压变化的绝对值小于 10%，且样品无机械破损所能通过的最大能量。注意，大多数的 MOV 定义中一般分为两种：一种是 ISO 7637 中规定的抛负载波形；另一种是上升时间 10μs、持续时间 1000μs 的脉冲。

6）耐浪涌电流能力：压敏电阻经大脉冲电流冲击后，其 V-I 特性会产生蜕变，蜕变的结果会使漏电流增大，压敏电压下降，把满足下降要求的压敏电阻所承受的最大冲击电流，称为压敏电阻的通流容量，也称为通流能力或通流量，它是表征压敏电阻耐受高浪涌电流冲击能力的一个参量。此参量与脉冲幅度、脉冲持续时间及所承受的脉冲次数有关。实际上这个参量也是表征 MOV 老化情况的重要特征。

6.3 电压监测

在汽车电子模块中，一般定义的模块状态有超过电压状态、过电压状态、高压状态、正常电压状态、低压状态、欠电压状态、超欠电压状态、负电压状态和极端电压状态，如图 6-18 所示。

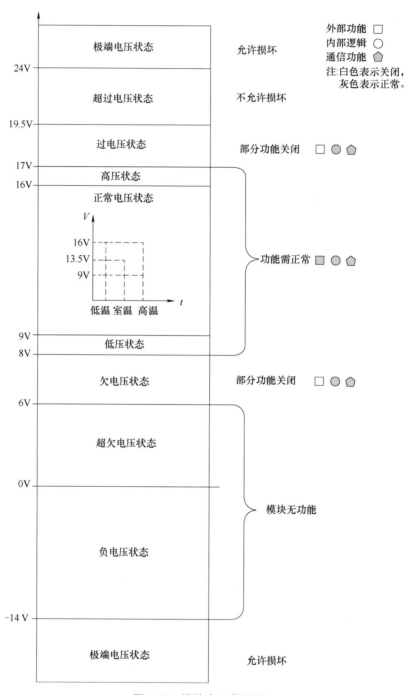

图 6-18 模块电压范围划分

1）超过电压状态：超过电压状态下模块供电电压的范围为 19.5~24V，模块进入超过电压状态，模块将关闭所有的外部输入/输出功能，切断大部分内部逻辑电路的供电，此时单片机将仅仅保留检测的功能甚至完全不工作。

2) 过电压状态：过电压状态下模块供电电压的范围为 17~19.5V，此时模块进入过电压状态，模块关闭大部分的外部功能，保留关键和涉及安全功能的输入/输出功能，保留所有内部的逻辑功能。

3) 高压状态：此时的供电电压范围为 16~17V，这是一种过渡状态。由于实际中电源电压监测精度的问题，为了保证模块在 16V 以内完全正常工作，通常要求在这段电压范围内模块也要像正常电压状态一样工作，虽然此时已经超过了模块功能规范中所定义的范围。

4) 正常电压状态：这是强制性的安全工作的状态。在 9~16V 范围内且在全温度范围内，必须保证模块所有的功能正常工作。电子模块的性能测试点往往需要在几个点上进行测试，包括在 16V&T_{max}（最高温度）、9V&T_{max}、13.5V&T_{amb}（室温）、16V&T_{min}（最低温度）和 9V&T_{min} 这 5 个测试点上进行模块的性能实验。当然某些辅助性的电子模块有一些特殊规定，需要调整正常的电压范围。

5) 低压状态：与高压状态一样，这也是一个过渡状态，也是由电压监测精度问题引起的。此时的供电电压范围为 8~9V，与正常电压状态一样需要保证所有的功能全部正常。

6) 欠电压状态：欠电压状态的电压范围一般为 6~8V，模块将关闭大部分的外部功能，保留关键功能，单片机保持对电源电压的采集和保证通信功能，用于错误信息的传递。

7) 超欠电压状态，这个状态的电压范围为 0~6V，模块无法正常工作，将关闭所有的外部和内部功能，关闭所有的逻辑电源，模块进入无功能的状态。

8) 负电压状态，在电压小于 0V 且大于 -14V 的情况下，模块进入负电压供电状态，这时模块并不能保证工作，在反电压的条件下满足不损坏就可以。

9) 极端电压状态，电压小于 -14V 和高于 24V 都属于极端的电气环境，这时模块并不需要保证不被损坏，这实际上是设计的模块安全电压边界。

上面的电压划分是根据典型的模块要求制定的，在不同的厂家和不同的产品中可能存在较大的差异，因此设计人员应根据不同的要求进行一定的调整。

电源监测是整个模块必须具备的功能。实际上不仅需要监测单纯的模块本身的供电电源输入端，某些负载的电源是通过引脚连接进来的，由于线束上存在一定的电压降，因此对于所有的电源都要进行系统性的管理，某些电源的地线参考可能还是功率地，因此需要设计一个完整的电源和地线的监控策略。通过设计硬件电路来确保在整个电压范围内采集数据的正常性，然后通过软件策略的调整来有效地抑制非理想的参数对整个策略的影响。

对于模块的电源，正常的范围在 9~16V，也就是说在这个范围内，需要保证电路正常工作；并且保证在 -14~24V 时，电路不能被损坏。如果传感器和采集电路不共地，则会存在地偏移，范围是 -1~1V，因此需要综合这两方面的因素去考虑问题。对于这两个不同的电路，可以采用最简单的高精度电阻分压完成基本的采集工作。由于电压本身的变化较慢，因此需要通过添加电容来限制采集的带宽；单片机本身内部有模/数转换（A/D 转换，ADC）的接口，通常是 10 位，可以直接给模拟接口供应5V的电平。

本章最初已经谈到了模块需要在功能说明书的电压范围内保持一定的功能。实际上，任何电路都存在一定的误差，一个特定的电压在不同的环境条件下经过模块识别可能变成不同的数值，如果采取固定的数值，会面临着很多的问题。以最简单的分压电路作为例子进行说明，如图6-19所示。

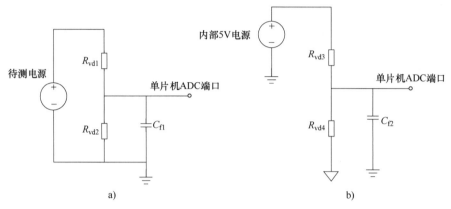

图6-19 电源管理电路

a）电源电压测量电路 b）地线电压测量电路

按照理想的电路情况，可以得到 ADC 端口的输入电压为

$$\mathrm{ADC}(V_{\mathrm{in}}) := \mathrm{round}\left(\frac{V_{\mathrm{in}} \cdot R_{\mathrm{vd2}}}{R_{\mathrm{vd2}}+R_{\mathrm{vd1}}} \cdot \frac{1023}{5\mathrm{V}}\right)$$

$$\mathrm{ADC2}(V_{\mathrm{GND}}) := \mathrm{round}\left[\frac{(5\mathrm{V}-V_{\mathrm{GND}}) \cdot R_{\mathrm{vd4}}}{R_{\mathrm{vd4}}+R_{\mathrm{vd3}}} \cdot \frac{1023}{5\mathrm{V}}\right]$$

但是这个计算过程是存在很大问题的，这是因为电阻存在一定的误差，ADC 端口存在一定的泄漏电流，且5V供电电压也有一定的误差，甚至模/数转换过程中也有比特误差，如果按照理想的数值进行运算将带来很大的问题。

6.3.1 电源管理的设计

根据上面的介绍，将所有的误差考虑进去，包括电阻 R_{vd1} 的误差、电阻 R_{vd2} 的误差、单片机 ADC 端口的泄漏电流、单片机模/数转换器的参考电源和单片机的比特误差，则可得到同一个电压下的采样最大值和最小值。

$$\mathrm{ADC}_{\max}(V_{\mathrm{in}}) := \mathrm{round}\left(\left(\frac{V_{\mathrm{in}} \cdot R_{\mathrm{vd2\_max}} - R_{\mathrm{vd2\_max}} \cdot R_{\mathrm{vd1\_min}} \cdot I_{\mathrm{leak\_mcu\_min}}}{R_{\mathrm{vd2\_max}}+R_{\mathrm{vd1\_min}}}\right) \cdot \frac{1023}{V_{\mathrm{5V\_min}}}\right) + \mathrm{BitError}_{\max}$$

$$\mathrm{ADC}_{\min}(V_{\mathrm{in}}) := \mathrm{round}\left(\left(\frac{V_{\mathrm{in}} \cdot R_{\mathrm{vd2\_min}} - R_{\mathrm{vd2\_min}} \cdot R_{\mathrm{vd1\_max}} \cdot I_{\mathrm{leak\_mcu\_max}}}{R_{\mathrm{vd2\_min}}+R_{\mathrm{vd1\_max}}}\right) \cdot \frac{1023}{V_{\mathrm{5V\_max}}}\right) + \mathrm{BitError}_{\min}$$

选定初始的分压电压比为1/3，选定精度1%的电阻，阻值为47kΩ 和 100kΩ，电阻全温度范围内误差简单计算为±3%；电压源精度±2%，电压为4.9~5.1V；比特误差为±3bit；ADC 端口泄漏电流假定为1μA，则可得到表6-4的数据。

表 6-4　采集得到的数据

电压/V	采集得到的数据		
	最小值	最大值	理想值
7	325	387	355
9	420	496	457
16	753	875	812
18	848	983	914

如果按照理想的算法得到的数据，用软件做的电压管理策略如图6-20所示。表面上看，这样做的问题不大，不过仔细考虑一下是否真的能保证电子模块在9~16V正常工作呢？答案是否定的，这是因为当电压为9V时，457只是电子模块采集到的理想数值，因此在某些不理想的情况下，当电压为9V时采集得到的数值为420，这时电子模块却因为阈值进入了欠电压状态。某些功能状态会发生变化，对于设计来说是不允许的。同样的情况也发生在电压为16V时，当电压采集偏大时，马上进入了过电压状态。

图 6-20　电压管理策略图

因此，往往按照9V的最小值420和16V的最大值875作为判决门限。为了进一步进行精确分析，电阻±3%的计算结果往往不能反映真实的情况。电阻之间由于有同温性，个体差异只有2.44%，也就是说高温时的最坏情况为+3%和-1.8%；同样的情况也发生在低温下，此时得到的精度的最坏情况为-3%和1.8%。经过修正，可得到修正过的数据为424和857。

如图6-21所示，这个阈值在将所有不理想的情况覆盖以后，也带来了一些副作用。如果有两个模块，其中一个所有的误差偏小，另外一个所有的误差偏大，则当电压等于9V时，一个测量得到的数值为424，另外一个数据是481。考虑实际让两个模块在电压为9V时，一个模块能识别成正确的状态，但是另外一个模块会把9V以下、7.94V以上的所有电压也识别为正常状态。因此实际的情况往往并不能把图6-18中所有电压的状态全部识别出来，电子模块必须为元器件的分散性设置缓冲带。最为严峻的还是在电压较高时，电子模块会把18V也识别成为正常电压。为了解决这个问题，需要尽量去提高电源采集的精度。

首先需要估算整个采样电路的精度，根据前面的式子知道，软件中是按照下面的计算公式来计算的：

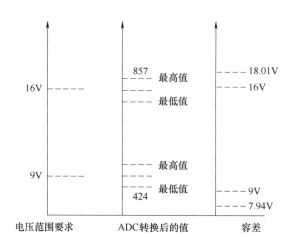

图 6-21 实际策略的效果

$$V_{\text{in}}(\text{ADC}_{\text{sample}}) := \frac{5\text{V}}{1023} \cdot \frac{(R_{\text{vd1}} + R_{\text{vd2}}) \cdot \text{ADC}_{\text{sample}}}{R_{\text{vd2}}}$$

因此可得到采集后的精度为

$$A_{\text{cc\_p}}(V_{\text{in}}) := \frac{V_{\text{in1}}[\text{ADC}_{\max}(V_{\text{in}})] - V_{\text{in1}}[\text{ADC}(V_{\text{in}})]}{V_{\text{in1}}[\text{ADC}(V_{\text{in}})]} \cdot 100\%$$

$$A_{\text{cc\_n}}(V_{\text{in}}) := \frac{V_{\text{in1}}[\text{ADC}_{\min}(V_{\text{in}})] - V_{\text{in1}}[\text{ADC}(V_{\text{in}})]}{V_{\text{in1}}[\text{ADC}(V_{\text{in}})]} \cdot 100\%$$

如图 6-22 所示，在电源电压最低时电源的精度最差，采样精度为±8%左右，这个精度是非常低的，可以说并不符合要求，因为很多软件策略都需要基于这个数值。

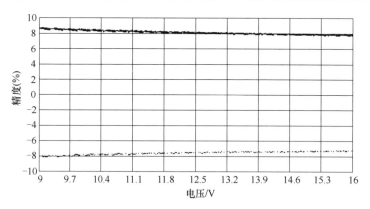

图 6-22 采样精度

前面已经介绍了，可以将电阻的精度与温度分离，并且电源的精度往往与温度有关，全温度范围内为±2%，常温下通常能达到1%。因此假设电源也是正温度系数的，将两者构造为温度的函数：

$$R_{\text{vd1\_max1}}(T_{\text{amb}}) := R_{\text{vd1}} \cdot [1 + 2.4\% + (T_{\text{amb}} - 25 \cdot \text{K}) \cdot 100 \cdot 10^{-6} \text{K}^{-1}]$$

$$V_{5\text{V\_max}}(T_{\text{amb}}) := 5 \cdot (1 + 1\%) \cdot \left[1 + \frac{0.99\% \cdot (T_{\text{amb}} - 25 \cdot \text{K})}{85 \cdot \text{K} - 25 \cdot \text{K}}\right]$$

将函数代入，改造整个函数，整个采样精度也随之改变，如图 6-23 所示。

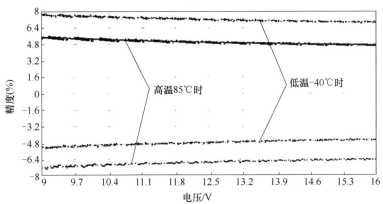

图 6-23　改进算法后的采样精度

从图 6-23 中可以看出，由于用宽的区间去估计，造成了一定的误差，但是从整个温度区间来看，误差依旧在±8%附近；并且采样电路的精度随着温度的升高整体往下偏移。一般来说，目标是达到±5%的精度，因此需要对电压监控电路做一些改进，方法包括：

1）选择高精度的薄膜电阻作为采样电阻。同样是 1%的电阻，RN73 或 RN73H 电阻的最差精度要比 RK73H 的电阻精度高很多。

2）采用高精度的稳压管参考源作为单片机模/数转换口的参考电源。这样做效果很明显，可以将电压采集的精度提高很多。

3）加入 PMOS 管控制采样电阻的通断，并降低采样电阻的阻值。前面已经介绍了在单片机的泄漏电流无法降低的条件下，想要提高精度只能降低采样电阻阻值，但由于静态电流的限制，使得必须考虑采样电路间歇采样的方式。

4）选择单片机的泄漏电流。在上面选择的电阻分压比和电阻的数值只是举个例子，实际上由于静态电流的实际要求，往往要加大电阻。此时单片机的 ADC 口的泄漏电流就显得比较重要了，目前较为主流的 32 位单片机的泄漏电流大概在 0.5μA。

5）选择单片机的比特误差。在后面单片机章节中将介绍比特误差的成因，应为 3bit 误差。在采样电压的量值较低时，造成的误差也接近 1%，因此也需要做一定的调整。

6）在生产线校正。由于很多误差源在产品下线之后就已经存在了，因此采用校正的方法可以消除这部分误差，虽然这样做带来了软件的复杂性，不过这种方法最为有效，其计算结果如图 6-24 所示。

电源监测还有关于时间的考虑和电源跌落等其他方面，不同产品、不同的工程师可能选择的策略各不相同，这里只是提供了一种思考问题和评估的方法。

6.3.2　迟滞门限和软件的状态图

如果要将上面的电源管理策略用于实际中，就面临一个很大的问题，当电源存在交流波动时，比如峰峰值 1V 的交流电压波动，在某些特定的点如 9V 和 16V 时，误差

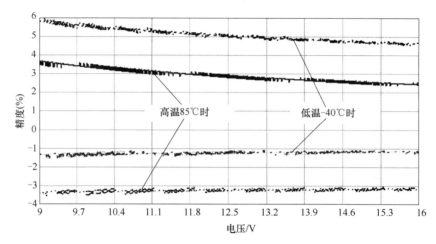

图 6-24　校正后的采样精度

偏小的那些模块中，电源管理策略就将模块置于反复的状态切换中。

为了解决这个问题，引入时间与幅度迟滞策略，如图 6-25 所示。在这个策略中，主要分为两部分内容。首先考虑电压幅值条件，这里需要将正常状态进入过电压和欠电压的条件进一步放宽。具体的做法是将 8.5V 的最小值作为阈值 1，9V 的最小值作为阈值 2，16V 的最大值作为阈值 3，16.5V 的最大值作为阈值 4，按照上面的电路假设，可以得到表 6-5。

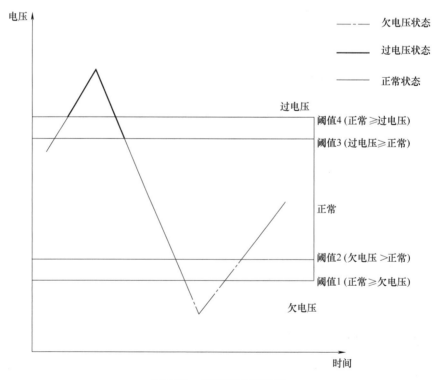

图 6-25　迟滞回线的策略

表 6-5 迟滞回线的幅值数据

保证电压/V	类型	数值	最坏情况电压/V
8.5	阈值 1	400	7.5
9	阈值 2	424	8
16	阈值 3	857	18
16.5	阈值 4	883	18.5

通过表 6-5 可以看出，在最坏情况时，即使电压达到 18.5V，系统也认为是正常的状态，这将给输出驱动带来一些新的挑战。同时低电压 7.5V 也对继电器的吸合电压提出了一定的要求，因为可能出现电压小的抖动使得继电器处于不断开关的状态。如果识别成过电压或欠电压状态就可以对输出进行关闭，以避免上述不必要的状态。

当然可能有人觉得这些数据是通过最坏分析得出来的，与实际上有一定的区别。使用双端值的方法确实存在过于保守估计的问题，因为所有的因素都往一边偏的可能性较低。因此在完善策略时，可以采用蒙特卡罗的概率分析法，进行一定的优化。

时间的阈值也是必须注意的问题，因为不能仅仅考虑幅值上的差距，还需要考虑进入这个状态的时间，这是因为单片机做策略时往往还要考虑时间片的问题。单片机在完成策略的过程中，单独做一次处理需要一定的时间，大部分为 1~10ms，因此往往会有短时状态和长时状态。在程序中往往定义 5 个状态，如图 6-26 所示。

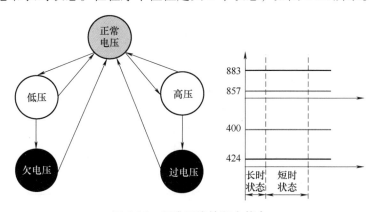

图 6-26 迟滞回线的程序状态

1) 正常电压状态：这是需要保证的 9~16V 的电压状态，在这个状态下，所有的功能都必须正常工作，在该状态下采集到的电压都是在阈值 2 至阈值 3 之间。

2) 高压状态：高压的短时状态，这是一个过渡状态。一般当电压采集到异常以后持续 10~15ms 后，单片机状态从正常电压状态切换至高压状态。

3) 过电压状态：当单片机进入高压状态以后，始终继续监测到电压仍然继续处于异常状态，一般定义的时间为 200~300 ms，则模块确认进入过电压状态，此时模块为了保护驱动需要关闭部分外部功能，使模块进入保护状态。

4) 低压状态：低压的短时状态，与高压状态对应。当电压持续降低时可能会导致单片机不工作，因此往往这个时间会变得较短，一般是在第一次确认电压异常后 4~6ms 以后进入低压状态。一旦确认单片机进入低压状态以后会关闭所有的外部功能，降低逻辑使用电流，以保证正确的数据存储。

5）欠电压状态：低压状态的长时状态，在关闭大部分功能以后，如果电压不持续降低，则单片机继续保持对电压的采集，直至电压恢复正常状态。

需要注意：欠电压状态和过电压状态只能在电压恢复正常以后进入正常电压状态，并且返回的标志分别是高于阈值 2 和低于阈值 3。

整个迟滞回线的策略优点是非常明显的，它可以使得模块对电压的变化不那么敏感。总体来说，汽车电子的电源条件是非常恶劣的，采用这个策略使得模块更为健壮。它的一个很大的缺点就是速度较慢，往往需要所有的输出单元和电源单元对高电压有一定的免疫裕度，因为整个保护策略需要一定的时间处理，并且由于元器件系统误差的分散性，对汽车电子的电压应力裕度和热应力裕度要求较高。

6.3.3 设计硬件过电压和欠电压电路

按照上面的软件策略，需要较长的时间来处理电路，也存在一定的误差。事实上，这些工作完全可以通过硬件电路来完成，使用比较器可以完成过电压保护和欠电压保护的功能。这些电路以快速的逻辑比较器作为处理核心，具有响应速度快、工作可靠的特点。通过加入反馈环节，可以达到前面所介绍的电压幅值迟滞效果。典型的电路图如图 6-27 所示，电路分为 3 部分：分压跟随电路、参考电压部分和带反馈的比较环节。

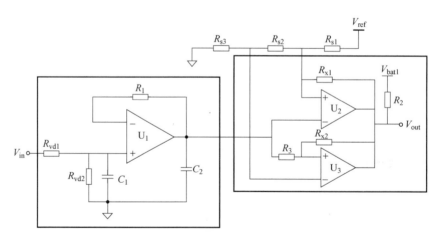

图 6-27　硬件过电压和欠电压电路

该电路是由一个运算放大器和两个比较器来实现的，其中比较器是漏极开路输出，因此需要上拉电阻 R_2 进行偏置。U_1 很好地完成了电压跟随和降低输出阻抗的作用，可以得到比较点的电压为

$$V_{\text{ol}}(V_{\text{in}}) := V_{\text{in}} \cdot \frac{R_{\text{vd2}}}{R_{\text{vd1}} + R_{\text{vd2}}}$$

整个电路可分为两种状态：输入电压在设定的阈值范围内和阈值范围外。当输入电压在设定的阈值范围内时，输出电压为高电平，如图 6-28a 所示。一定程度上，上拉电阻 R_2 对参考电压和欠电压比较点都起了很大的作用。采用节点电压法计算较为容

易，可以解决这个问题，正常的电压时，由于输入电压会影响阈值，因此可以得到：

$$G_{\text{Nom}} := \begin{bmatrix} -\dfrac{1}{R_{x1}} & 0 & \dfrac{1}{R_{s2}+R_{s3}}+\dfrac{1}{R_{x1}}+\dfrac{1}{R_{s1}} \\ -\dfrac{1}{R_{x2}} & \left(\dfrac{1}{R_{x2}}+\dfrac{1}{R_{x3}}\right) & 0 \\ \dfrac{1}{R_{x2}}+\dfrac{1}{R_{x1}}+\dfrac{1}{R_2} & -\dfrac{1}{R_{x2}} & -\dfrac{1}{R_{x1}} \end{bmatrix}$$

$$I_{\text{Nom}}(V_{\text{in}}) := \begin{pmatrix} \dfrac{V_{\text{ref}}}{R_{s1}} \\ \dfrac{V_{\text{in}}}{R_{x3}} \\ \dfrac{V_{\text{bias}}}{R_2} \end{pmatrix}$$

通过取逆矩阵，可以得到电压：

$$V_{\text{IL\_nom}}(V_{\text{in}}) := \text{lsolve}(G_{\text{Nom}}, I_{\text{Nom}}(V_{\text{in}}))_1$$

$$V_{\text{HM\_nom}}(V_{\text{in}}) := \text{lsolve}(G_{\text{Nom}}, I_{\text{Nom}}(V_{\text{in}}))_2$$

当输入电压在设定的阈值范围之外，输出电压为低电平时，此时参考源上的电阻 R_{s1} 的一部分电流流出，导致过电压门限降低，并且调整了欠电压比较点的电压。电压非正常时，计算较为简单：

$$V_{\text{IL\_unom}} = \frac{R_{x3} \cdot V_{\text{ce}} + R_{x2} \cdot V_{\text{o1}}}{R_{x2}+R_{x3}}$$

$$V_{\text{HM\_unom}} = \frac{(R_{s1} \cdot V_{\text{ce}} + R_{x1} \cdot V_{\text{ref}}) \cdot (R_{s2}+R_{s3})}{R_{s1} \cdot (R_{s2}+R_{s3}) + R_{x1} \cdot (R_{s1}+R_{s2}+R_{s3})}$$

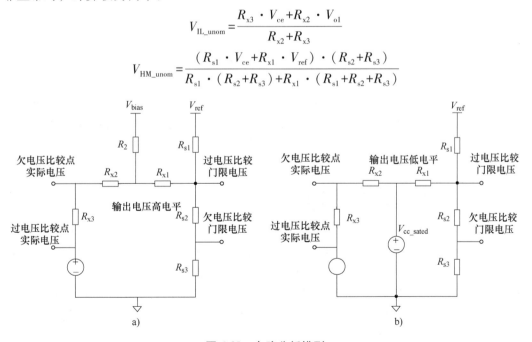

图 6-28 电路分析模型

a）在正常的电压范围内 b）电压过电压或欠电压

因此可以发现，在过电压时，电路通过调整阈值电压来使得从正常状态过渡至过电压状态时电压较高,从过电压状态返回至正常状态时电压较低。在欠电压时,采用调整输入电压的方式来调整,正常状态时叠加电压源,使得电路必须达到一定的低压才能进入欠电压状态;而在欠电压时移除这个叠加的电压源,使得整个电路的阈值电压上升。

在不计算误差的情况下,电路的参数可设定为:参考源 V_{ref} = 5V,上拉电源 V_{bias} = 5V;分压电阻选择为 R_{vd1} = 130kΩ,R_{vd2} = 39kΩ,这个电压分压比略小于 0.25,必须将电压 9~16V 降至 5V 以下,否则将无法进行运算,这里一般选取 1% 精度的电阻。

电压源电阻 R_{s1} = 1kΩ,R_{s2} = 1.43kΩ,R_{s3} = 1.65kΩ,选取 0.5% 精度的电阻。

其他电阻可选择 R_1 = 1kΩ,R_2 = 1kΩ,R_{x1} = 33kΩ,R_{x2} = 20kΩ,R_{x3} = 1kΩ,这些电阻可以选取 5% 精度的电阻即可。经过上述参数的计算,可以得到如图 6-29 所示的结果。

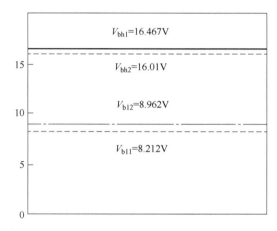

图 6-29 结果示意图

以上的结果并不是很理想,不过经过不断地选择就可以设计出所需要的电路。实际上,还需要考虑电阻误差、运算放大器和比较器的非理想参数,这样计算将会显得有些复杂,不过利用节点电压法还是比较容易完成这项较为复杂的工作。由于后面有详细的关于反馈的设计,在此不单独再展开。

6.3.4 电容容量"小电池"的设计

电压跌落的场合主要有 3 个:ISO 7637 中的脉冲 4、ISO 16750 中的电压骤降复位性能和供电电压瞬间下降。这种电压非正常变化、跌落的现象,是由于电源连接接触不良引起的间歇性断电。从模块的角度考虑,需要在断电以前保存先前的状态,因此在设计中需要通过软件策略和硬件元器件的优化给单片机争取时间来保存数据和状态,以便模块顺利处理好这种情况。如果断电时没有保存,可能出现上电后无法恢复的问题。有两种不同的情况将会导致计算完全不同,如图 6-30 所示。

1)电容只提供给低压稳压器,因此核算所有的 5V 逻辑上的电流。这个电流在跌落过程中并没有变化,因此整个过程是一个电压线性下降的过程,电压的下降曲线如图 6-31a 所示,对应的下降时间可用下面的公式计算:

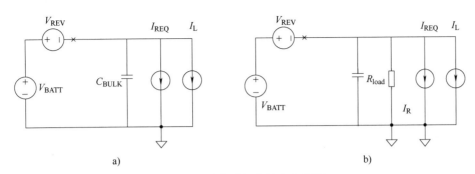

图 6-30 跌落过程中的电路模型
a) 电容只提供给低压稳压器 b) 电容不只提供给低压稳压器

$$T_f(V_{stop}) := C_{holdup} \cdot \frac{V_{Ini\_Cap} - V_{stop}}{I_{CAP}}$$

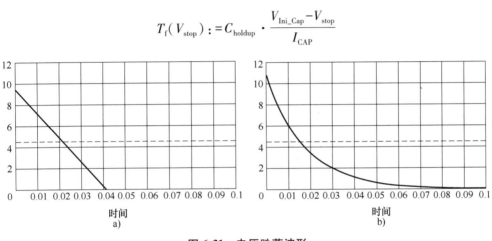

图 6-31 电压跌落波形
a) 对应情况 1 b) 对应情况 2

2) 电容既有 12V 下的负载 R_{load},又提供给低压稳压器。电流分为两部分：稳压器后面的电流是不变的；而电阻的电流随之变化。因此分析起来较为复杂,并且由于一般 R_{load} 较大,很快将会把电容上的电流泄放掉,形成了一条类似 RC 放电曲线的电压波形,如图 6-31b 所示,在 R_{load} 上引起的电流远大于低压稳压器后面的负载电流：

$$T_f(V_c) := -\ln\left(\frac{V_c}{V_{BATT}}\right) \cdot [(R_{loadeq}) \cdot C_{holdup}]$$

在设计中往往需要使用二极管将 R_{load} 与低压稳压器后面的负载进行隔离,因此不会采用这种电路结构。

以上两种情况实际上并不会发生,这是因为在前面介绍电压管理策略时已经介绍过,进入低压状态以后,电压监测时间变小,一般为 2ms。在第一次监测电压异常以后,继续连续 2~3 次监测到异常电压状态时,模块会进入低压状态。调整单片机的工作模式并且关闭大部分逻辑电路以后保存数据,整个过程如图 6-32 所示。

1) 在正常状态下电容的电流：$I_{CAP1} = I_{MCU\_FullMode} + I_{Logic\_full} + I_{other}$。
2) 在低压状态下电容的电流：$I_{CAP2} = I_{MCU\_SaveMode}$。
3) 当低压稳压器饱和时的电流：$I_{CAP3} = I_{MCU\_SaveMode} + I_{LDO\_Latch}$。

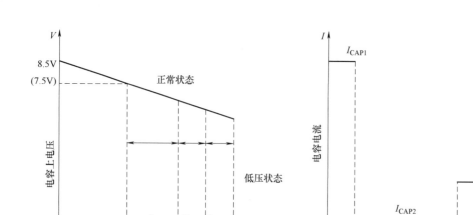

图 6-32 电压管理策略

假定以下的一些参数条件：

$V_{\text{BATT\_nom}} = 8.5\text{V}, V_{\text{BATT\_WC}} = 7.5\text{V}, I_{\text{CAP1}} = 100\text{mA}, I_{\text{CAP2}} = 4\text{mA}, I_{\text{CAP3}} = 16\text{mA}$

保持电容由 3 个 220μF 的电容所组成，由于电容有一定的精度误差，则可以得到电容总量的最小值为

$$C_{\text{holdup}} = 3 \times 220\mu\text{F} \times (1-47\%) = 525\mu\text{F}$$

则可以计算得到 9ms 以后的电压为

$$V_{\text{C1}} = V_{\text{BATT}} - (I_{\text{CAP1}} \times 9\text{ms}/C_{\text{holdup}}) = 1.715\text{V}$$

低压稳压器进入饱和的电压 $V_{\text{C2}} = 5.5\text{V}$，则可以计算第 2 段时间为

$$T_2 = (V_{\text{C1}} - V_{\text{C2}}) \times C_{\text{holdup}}/I_{\text{CAP2}} = 51\text{ms}$$

整个电压波形如图 6-33 所示，整个持续的时间是符合要求的，单片机能够在较长的时间内保持一定的基本功能。

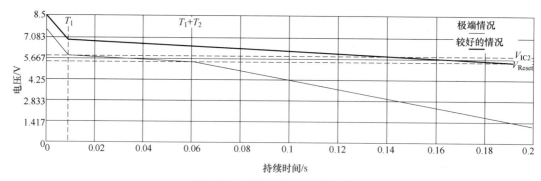

图 6-33 改进的电压跌落波形

6.4 转换的核心——低压稳压器

线性稳压器（LDO）是一种常用的低压逻辑电源芯片。线性稳压器的原理是利用线性区内运行的双极晶体管或场效应晶体管承担比输出电压多出的那一部分超额电压，

产生经过调节的稳定输出电压，其基本结构如图 6-34 所示。输出电压通过分压电阻采样及电压控制单元控制调整管的偏置电流，从而控制调整管的压降电压，以稳定输出电压。控制单元通常由误差比较器和参考电压所组成。当输出电压降低时，参考电压与采样电压的差值增大，误差比较器的输出电流增加，调整管压降减小使得输出电压升高；当输出电压升高时，误差比较器的输出电流减小，调整管压降增大使得输出电压降低。实际的设计中往往还要添加过电流保护、过电压保护、过热保护、反接保护和抗电流饱和等电路单元，以保证稳压器的正常工作。

这里引入最小电压差的参数：即稳压器正常工作时，输入端减去输出端的最小电压值。一般，最小电压差大于 1V 的线性稳压器被称为标准线性稳压器，而将最小电压差小于 1V 的线性稳压器称为低压降线性稳压器（LDO）。汽车电子模块中由于复杂的电压一般要求采用 LDO。

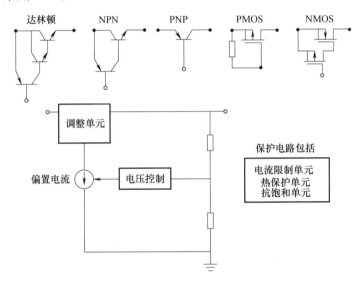

图 6-34 低压稳压器结构示意图

根据线性稳压器内部旁路元器件的不同，线性稳压器可分为 5 类。

1) **标准 NPN 稳压器**：使用 PNP 管与 NPN 达林顿管的结构，其优点是具有近似等于 PNP 晶体管基极电流的稳定接地电流，并不需要额外的输出电容；缺点是具有较高的压差，为 1.5~2.5V，在低温和负载较大时，这种现象尤其严重。因此它并不适合汽车电子的应用场合。

2) **NPN 低压稳压器**：NPN 管的压差比标准线性稳压器小，且不需要输出电容。不过相比较而言，它仍旧不适合汽车电子的应用场合。

3) **PNP 低压稳压器**：PNP 管的输入/输出压差一般为 0.3~0.7V。由于压差低，这种 PNP 旁路晶体管稳压器非常适合电池供电的嵌入式设备使用。由于内部的 PNP 晶体管增益较低，会形成数毫安的不稳定接地电流。这种结构是典型的共射极结构，输出阻抗比较高，需要外接特定的电容才能够保证反馈回路稳定工作，电容在容量与等效串联电阻（ESR）两方面都有要求。在某些小电流的场合可使用 PNP 低压稳压器。

4) **PMOS 低压稳压器**：由于漏源阻抗很低，使得电压差非常低；并且由于 PMOS

管的栅极电流很低，使得对地的偏置电流也很低。与 PNP 低压稳压器一样，PMOS 低压稳压器也需要外接具有特定范围容值和 ESR 的电容才能稳定工作。

5) NMOS 低压稳压器：由于 NMOS 管的工作特性，栅极驱动端通过充电泵来建立栅极偏置电压，导致其内部电路相对复杂。由于 NMOS 管的尺寸比 PMOS 管小，因此 NMOS 管一般可承载更大的负载电流，且其不需要一定容量范围的输出电容。

低压稳压器有很多参数，通常依据下面这几个参数来选取合适的电源芯片。

1) 输出电压：这是低压差线性稳压器最重要的参数，在选用时不仅需要考虑电压值，也需要考虑电压的精度。通常输出电压有固定输出电压和可调输出电压两种不同的方式。前者将反馈电阻集成在内部，因此输出精度较高，温度漂移较小，一般只有有限的电压值可供选择，比如 8V、5V、3.3V 和 1.5V 等较为常用的典型值；后者可根据外部设置的分压比例进行调整，但是受外部电阻的精度和漂移的影响，通常精度并不高。

2) 最大输出电流：设计电源时会分解成不同的供电线路模块，每路电源对稳压器输出的最大电流也不相同。输出电流越大的稳压器成本越高，封装越大。需要核算整个低压逻辑电路所需要的电流，包括稳态电流和瞬态电流两部分。低压稳压芯片一般以 150mA 的输出电流为分水岭。

3) 最小电压差：前面已经涉及这个概念，在保证输出电压稳定的条件下，压差越低线性稳压器的性能就越好。实际中一般选取 0.5V 左右最小电压差的低压稳压器。

4) 接地电流：也称为静态电流，是指调整管输出电流为零时，稳压器实际消耗的工作电流。实际上，随着输出电流的变大，低压稳压器所需要的偏置电流会随之变大。

5) 集成的功能：往往低压稳压器还需要集成不同的功能，常用的有下面 3 个，这也是根据不同的实际需要进行选取的。

① 使能端口：汽车电子模块往往有严格的静态电流要求，因此不仅要求 LDO 的静态电流要足够小，还需要能关闭整个低压的逻辑电源，这个功能由通信电路（CAN 通信）控制。

② 看门狗电路：通常对于需要配置硬件看门狗电路的设计，往往可以选择在 LDO 内部集成看门狗电路。

③ 复位单元：如果需要给单片机提供重启信号，则一定要选择集成这一功能的 LDO 芯片。如果只是提供电压给其他电路，则可以省略这一电路。

低压稳压器还有两个参数是负载调整率和线性调整率，分别表征稳压器受负载干扰和输入电压变化的影响。在考虑暂态响应时，需要考虑这两个参数对逻辑电源的性能影响。

6.4.1 稳压原理分析

由于低压稳压器是整个逻辑电源的供电核心，因此其电压稳定性是需要非常注意的。特别是汽车电子的输入电压变动范围较大、蓄电池的负载众多、浪涌电压的干扰和模块逻辑电源的负荷变化，这些因素都会影响稳压的精度。如果电压不稳定，使用稳压器输出作为单片机 ADC 采集参考电压的设计方案就会产生非常大的误差。设计不合理时，会产生与图 6-35 一样的后果。

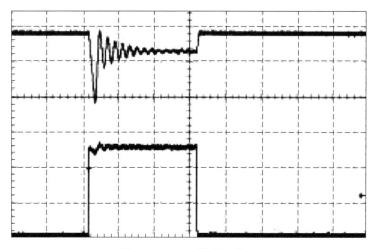

图 6-35 LDO 输出振荡图

稳压器使用反馈回路实现输出电压的稳定。输出电压是通过电阻分压器进行采样的，通过将分压后的信号反馈到误差放大器的一个输入端，并且其另一个输入端接参考电压，误差放大器将会调整输出到调整管的输出电流，以保持直流电压的稳定输出。为了达到稳定的回路就必须使用负反馈，负反馈与被控源端的极性相反，它总会阻止输出的变化。但实际上反馈信号在通过回路后都会在增益和相位上有所变化，可以通过在单位增益频率下的相位偏移总量来确定回路的稳定性。这里将引入相位偏移和相位裕度的概念：相位偏移就是反馈信号经过整个回路后出现的相位变化；相位裕度就是当频率的回路增益为单位增益时，反馈信号总的相位偏移与 $-180°$ 的差值。一个稳定的回路通常需要 $20°$ 左右的相位裕度。

以内部调整单元为 PNP 管的 LDO 为例，其内部采用共射方式的接法，相对共集电极方式有更高的输出阻抗。负载阻抗和输出容抗的影响在低频程处会出现低频极点，也称为负载极点，符号为 P_1；内部的误差比较器的输出容抗和基极等效串联电阻形成较高频极点，称为内部极点，符号为 P_a。这两个极点往往频率不高，如图 6-36a 所示，使得在单位增益频率以前就已经产生了 $-180°$ 的相移，相位裕度为 0，导致了 LDO 的系统不稳定。为了保证 LDO 不至于在输出变化时产生振荡，要在回路中添加一个零点，通常可利用输出电容自身的等效串联电阻在回路增益中构成一个补偿的零点，如图 6-36b 所示，在单位增益时减少了负载极点和内部极点造成的负相移，保持系统的相位裕度。

通常所有的 LDO 都会要求其输出电容的 ESR 值在某一特定范围内，以保证输出的稳定性。LDO 制造商会根据产品的测试，提供在特定容值下电容的 ESR 和负载电流稳定曲线作为选择电容时的参考。因此选择输出电容的两个条件就是：容值需要大于最低要求；ESR 需要在稳定的范围之内。图 6-37a 是普通的 LDO 的需求，选择的输出电容必须采用钽电容才能完成功能；图 6-37b 是陶瓷稳定性的改进 LDO 的需求，输出电容也可以选择大容量的多层陶瓷电容。

在选型过程中通常采用普通的 LDO，因此也需要在 LDO 后添加电解电容和陶瓷电

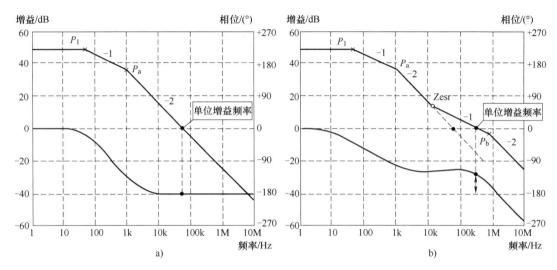

图 6-36 LDO 环路稳定性波特图

a）不使用输出电容　b）使用输出电容

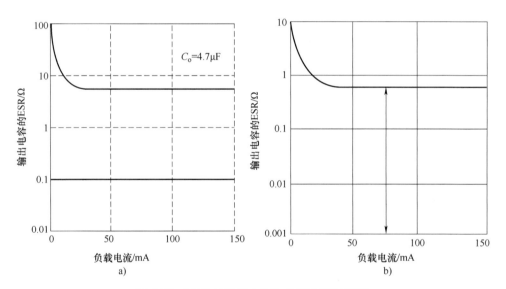

图 6-37 LDO 的输出电容与负载电流对应图

a）普通的 LDO 的输出电容需求　b）陶瓷稳定性的 LDO 的输出电容需求

容。其中陶瓷电容的作用是高频旁路，防止后级的高频噪声影响到 LDO 本身的稳定性；电解电容主要起到提供零点的作用。

电解电容的选择通常有两种类型：铝电解电容和钽电容。在前面已分别介绍了两种电容的特性，在这种应用情况下，铝电解电容是必须要慎重使用的，其 ESR 与电容的封装和内部电介质有关，并且与环境温度和寿命都存在很大相关性。在 LDO 后级的输出电容的选择上，需要仔细确认电容的参数是否符合要求。

一般不建议选用铝电解电容，主要有以下几个原因。

1）铝电解电容的容值变化。由于环境温度对电解电容容值影响很大，低温下容值降低很多，如图 6-38b 所示，在 -40℃ 下可变化 20%~30%；并且随着时间的推移，电解电容的容值会不断降低，容量可降低 20% 左右。加上电解电容本身存在的分散性误差可达 10% 或 20%，因此为了选择符合 LDO 要求的电解电容，往往要求在容值上考虑很大的降额，这样使得原本 22μF 的需求往往要考虑使用 100μF 的电容。由于容值的增大，使得电容的封装增大了，相应容值的 ESR 也大很多。

2）铝电解电容的 ESR 与温度具有很大的相关性，如图 6-38b 和图 6-38c 所示，在低温下 ESR 会急剧变大，相比常温下要大 20 倍左右；在高温下 ESR 急剧变小，是常温的 1/5。汽车电子需要在 -40~85℃（或更严格的温度范围）时仍旧要保持正常工作，因此在低温和高温下由于 ESR 的变化发生 LDO 的振荡对模块来说是不可接受的。

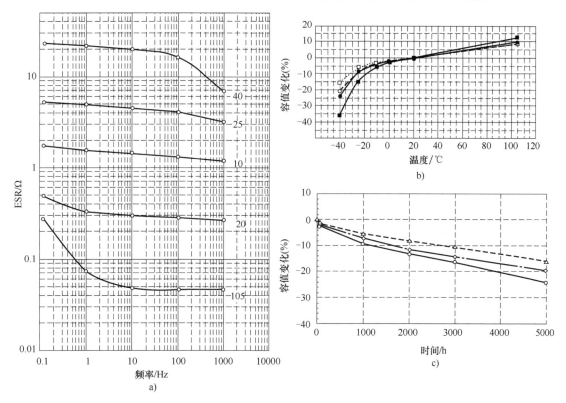

图 6-38 铝电解电容随环境的主要参数影响
a）不同温度下的 ESR 变化情况　b）温度变化下的容值变化　c）高温耐久实验后的容值变化

3）随着铝电解电容的老化，铝电解电容的 ESR 会持续增大，一般大一倍以上。汽车电子往往需要保证在 10 年内工作正常，因此选择铝电解电容是不能被接受的。

以上几个原因共同作用，使得越来越多的设计摒弃铝电解电容。铝电解电容的寿命偏短，失效率偏高，因此考虑选择其他类型的电解电容是非常有必要的。相比较而言，选用钽电容是比较合适的，因为在 LDO 后钽电容的电压并不高，可降额 1/3 选取。

6.4.2 稳压器的热分析

低压差稳压器的散热问题是需要去关注和计算的。稳压器的模型图如图 6-39 所示，模块电压从电源口进入,经过反接保护电路形成一定压降后输入至稳压器的电源输入口。

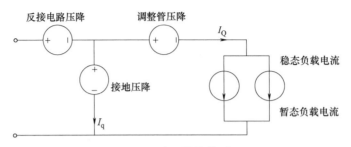

图 6-39 稳压器的模型图

按照产生的原因划分,稳压器的功耗主要有两部分:调整管的功耗和偏置电路的功耗。对其他带有重启和看门狗等功能的稳压器来说,也需要将输出口的功耗计算在内。

调整管的功耗:这部分功耗是当输入电压大于输出电压时,为了输出稳定的电压,调整管处于放大区时负担的电压。一般来说在汽车电子领域,在调整管上的功耗甚至高于输出功率。以最常见的 5V 输出稳压器为例,输入电压为 9~16V,去除反接保护电路的压降 0.3~1V,调整管上的功耗有 3~10.3V。

偏置电路的功耗:在 PNP 低压稳压器中偏置电流是很大的,因为此电流随着输出电流增大而增大。在图 6-40 中,以英飞凌的 TLE4299G 和 TLE7274 做个对比,PNP 型的偏置电路的电流要比场效应晶体管型的大很多倍。因此如果选用 PNP 低压稳压器,就必须将这部分功耗也考虑在低压稳压器的功耗内。

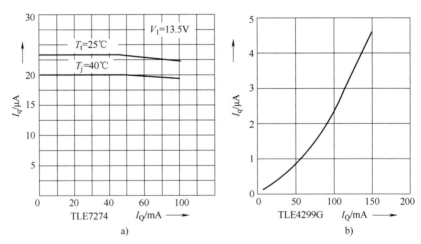

图 6-40 偏置电流对比

按照上面的分析,稳压器的功耗计算方法为

$$P_{LDO} = I_q \cdot (V_{Supply} - V_{drop}) + I_Q(V_{Supply} - V_{drop} - V_{output}) + P_{IC}$$

实际上稳压器的输出电流和后级的负载相关,既有稳态电流也有暂态电流。稳压器的选择和分析过程不能仅参考元器件说明书上提供的参数,因为说明书上的许多参数都是在一定条件下的测试结果，并且给出了一个很宽的范围，使得很难确定在实际应用中是否会出现问题。以下面的一个典型的电路结构进行举例，如图 6-41 所示，可以整理出逻辑电源的稳态电流包括：

1）在逻辑电源线上芯片的稳定供电电流。
2）在电源线上长期供电的电路电流。
3）单片机稳定工作时的电流。
4）由单片机控制的负载电流。

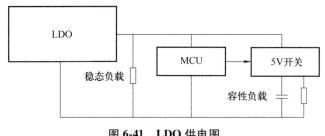

图 6-41 LDO 供电图

而相应的暂态电流则包括（具体成因可参考 4.2.1 小节）：
1）集成芯片和 MCU 运行过程中内部的穿通电流不能被去耦电路满足的那部分。
2）开关导通时容性负载的电流。

由于暂态电流的存在，在各个芯片和 MCU 电源线上使用去耦电容来防止这些扰动的影响，并且稳压器的输出电流也能应对这些暂态电流。但是由于电路操作的无序性，使得无法评估出实际经过 LDO 的电流大小以及实际可能出现的最坏情况，并且一旦超过了稳压器热保护的温度阈值，稳压器内部就会产生重启信号或者直接关闭输出，这对于模块来说是个灾难性的反应。在选用稳压器时，通过热阻的选取将是比直接参考最大输出电流更为有效的方式，采用一定的降额使用原则，一般而言，在选取合理的热阻情况下，在 16V 时的功率要降额在 75% 以下，核算出的温度在 134℃ 以下。

$$P_{\text{derated\_LDO}} = \frac{T_{j\_\max} - T_{a\_\max}}{R_{\text{thja}}}$$

$T_{j\_\max\_use} - 85 = 75\% \cdot (150-85) \, \text{solve}, \, T_{j\_\max\_use} \to 133.75℃$

需要特别注意的是：在 24V 电压供电时，往往是稳压器特别容易坏时，要保证比室温略高，在温度为 45~55℃ 时，稳压器能够顺利坚持 1min 的时间。

6.4.3 问题示例

在设计稳压器电路时，需要经过系统的考虑才能达到较为理想的结果，以下是一些模块设计中可能存在的设计问题。

1. 注入电流的问题

在很多输入/输出接口中，芯片内部预先对每个 I/O 口进行了二极管钳位保护，这导致除了在稳压器供电之外，逻辑供电线上还有一定的注入电流。当某些 MCU 为了降低静态电流进行休眠时，此时整个逻辑电源线上的负载电流是很小的。当负载消耗的电流小于注入电流时，这些多余的电流就会沿着侵入路径对稳压器后级的输出电容进行充电。如果这种情况持续存在，电压将会持续升高，对稳压器形成倒灌，并对后级连接的芯片产生破坏作用。为了应对这种情况，应该仔细对下面两个参数进行核算。

最坏情况下最大的注入电流：电压最大、温度最高和其他最为恶劣的条件下的注入电流。

最坏情况下最小的负载电流：在单片机处于休眠状态下时，其他所有芯片静态电流的总和。

如图 6-42 所示，为了增加可靠性，往往会在 LDO 后级加入一个稳压管，此稳压管的最小电压要大于低压稳压器的最大输出电压，并且最大电压要小于芯片的最高供电电压。如果选择不恰当，则在高温下 LDO 可能会额外多出一个较大的负载电流，这对整个 5V 逻辑供电系统来说是个较大的隐患。因此，对稳压管的选取有一定的精度要求。

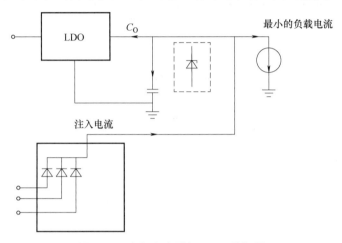

图 6-42 注入电流引起 LDO 的问题

2. 5V 电源不能外接

给测量电路供电时，确实希望可以采用与转换电路同样的电源，这样就不存在用 12V 电源供电带来的电压波动的问题，也不存在地线偏移的问题，并且由于电源同向增大的性质，抵消了电源间可能出现的差异。很可惜，这是一种很危险的做法，有以下几个原因：

（1）线束寄生电感和负载的寄生电感

若将 5V 电源引出模块，将面临连接线束和负载的寄生电感的问题。当负载断开时将会引起一个较大的感性电压浪涌，而对于稳压器的输出端来说，并没有完善的保护措施，仅加入一个稳压管，保护的反应并不够快。

（2）接口短路的问题

对于模块来说，将 5V 电源输出时，则这个引脚是按照信号处理的，面临对地线短路和对电源短路这两种问题。接地短路时，整个模块没有逻辑电源，稳压器处于完全的热保护状态。接电源短路时，稳压器后的保护稳压管会先过热而烧毁，其次逻辑电源上的芯片会全部烧毁，这是一个非常可怕的后果。事实上，如果模块真的需要外接出一个 5V 的电源接口，则必须在原有的逻辑电源之外，独立选择一个不带稳压管的稳压器，并在接口上选择低压 TVS 管等保护元器件。

(3) 感性负载耦合

由于芯片产业的发展，使得越来越多的驱动级和功率级集成在一颗芯片的晶片上，因此逻辑电源和功率电源之间的隔离问题变得前所未有的重要。对模块来说，在关断大的感性负载时，必须防止功率电源上的浪涌耦合至逻辑电源上，否则将造成稳压器的电压不稳定或造成MCU重启。

(4) 稳压器电压上升率与负载电流

稳压器的电压上升率对后级的时序芯片有着很大的影响，过快与过慢都可能导致某些芯片特别是MCU上电顺序不合理，这种情况在后级输出电容选择过大时比较容易出现。在条件许可的情况下，需要测定以下两个曲线。

稳压器的电压电流曲线：采用可变电阻器测定各个环境条件下的稳压器曲线，特别是高温时的电流输出。

负载的电压电流曲线：采用外部电源来测定负载的电流情况，特别是上电的电流与满载时的电流情况。

有一点至关重要，在各种环境条件特别是高温环境下，负载的最大电流不能超过稳压器能提供的最大电流。

(5) 反接保护和浪涌脉冲保护

前面已经介绍过的反接保护和浪涌脉冲的抑制，同时也一定要对稳压器后端处理，即保护的容限一定要在稳压器芯片本身能承受的范围之内。

6.5 静态电流的管理

汽车蓄电池的容量是有限的，普通的电池容量大约是60~100A·h。汽车有可能停在某个地方放置一段时间，再度使用时需要能够保证顺利发动，而蓄电池的起动能力是与其荷电状态（SOC）相关的，因此停放时间内消耗的电能必须是经过严格管理的。一般而言，汽车在停止并拔出钥匙后，仍然存在着一定的负荷电流，这就是静态电流（通俗的叫法为暗电流）。更为精确的定义为：在汽车上所有开关都处在断开状态下时蓄电池的供给电流，即汽车中所有的子模块中，直接连接在"常电"线上且常闭负载引起的对蓄电池的电流需求，如图6-43所示。

对于整车电气工程师往往需要测定所有的模块的静态电流。它可以划分为负载的漏电流和蓄电池本身的漏电流。

1) 负载的漏电流：汽车电源线上所有连接的（包括线束、电子模块）的绝缘漏电流。因为随着汽车电子化程度的提高，越来越多的电子装置被安装在汽车上并且需要保持的存储单元越来越多，导致负载的漏电流不断在增大。

2) 蓄电池本身的漏电流：蓄电池正、负极桩间因空气、水蒸气、尘埃而形成的漏电流和异性电极对空气中异性带电粒子的中和电流。这部分本身的数值较大，但随着电池工艺的提高和内部环境的优化，漏电流不断减小。

静态电流较大时往往会带来一些问题，当汽车24小时不工作时，静态电流就在持续地消耗蓄电池的电量。当蓄电池有一定程度的老化时，其容量本身就会有一定的下

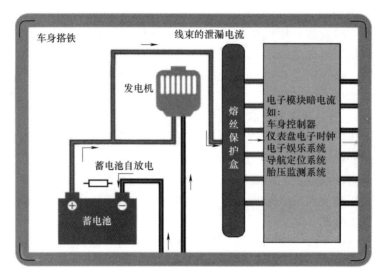

图 6-43 车身暗电流

降,这时电压就跌落到不能发动的情况;并且蓄电池如果深度放电,会导致寿命下降。因此所有的整车企业都会规定模块的静态电流,比较严格的模块一般为 1mA 以下,某些整车企业甚至规定一般电子模块只允许 500μA 的静态电流,这就对电子模块设计工程师提出了一定的要求。需要注意:不仅要关注常温下的静态电流,也要对模块低温和高温下的静态电流进行限定。

6.5.1 模块的静态电流

汽车电子模块的静态电流可以分为以下几类:

1) 自身电源线上不可避免的泄漏电流,包括电源线上电解电容的漏电流、所有电源线上给芯片供电的静态电流、电源电压监测电阻的泄漏电流和浪涌保护电路的漏电流等。这些因素某种程度上很难避免,只能通过一定的选型尽量去优化。

2) 完成功能的瞬时工作电流。一般模块都需要保持一定的通信或者外部信号监测功能,才能在需要外部响应时正确响应。最为典型的就是车身控制模块对遥控钥匙的感应,模块需要检测是否有射频信号,判断信号是否是本车的钥匙,然后做出响应,这往往与时间策略有一定的关系。

3) 外部电源灌入模块的泄漏电流。最为典型的是低边功率开关,由于外部电源始终存在,因此控制通道始终存在一定的泄漏电流,并且通过电子模块的地线回路返回蓄电池。这种情况主要通过芯片选型来控制电流大小。

如图 6-44 所示,可根据不同的功能划分成不同的负载工作模式,并且分配到不同的电源线上。针对通信芯片的功能、外部开关和射频电路的检测等重要的功能需要进行一定的分析和确认工作。下面给出典型的功能分配方式供大家参考:电子时钟的计时电路,其显示负载可由点火开关控制;电子防盗的侦测部分,其报警输出负载平时不耗电;遥控电路的接收部分,其执行电路平时不耗电;座椅模块对于位置的记忆则通常可由芯片存储记忆,掉电后不丢失。

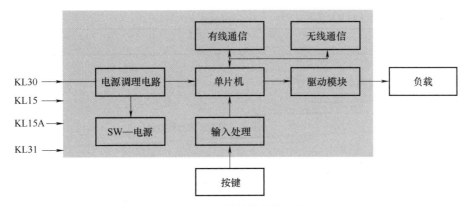

图 6-44 一般模块的结构示意图

普通的电子模块一般有以下几个电源回路，可根据不同的电路功能进行电路电源的分配，特别是 3 根电源线 KL30、KL15 和 KL15A（即 ACC）的分配。

1）蓄电池相线（俗称火线）（KL30）：从蓄电池正极引出直通熔断器盒，引出较细的相线。

2）点火线（KL15）：点火开关在 ON（工作）和 ST（起动）档才有电的电源线。

3）专用线（ACC）：用于发动机不工作时需要接入的电器，如收音机、点烟器等。点火开关单独予以供电，但发动机运行时收音机等仍需接入，与点火仪表指示灯等负载同时工作。

4）搭铁线（KL31）：整车的蓄电池的负极，以整车金属结构作为返回路径。

6.5.2 静态电流分析策略

从功能上，模块需要响应射频报文信号或相关的通信信号，响应开关信号（常态开关或暂态开关）。因此，整个策略的核心就是单片机的唤醒时间和休眠时间的确认，由于单片机有多种时钟模式，识别电平往往可以通过 RC 时钟来完成，但是实现解码就必须要使用外部的晶振时钟，如图 6-45 所示。

因此，整个暗电流的计算方法如下：

1）统计出所有的电源线上不可避免的电流 I_{KL30_LEAK}，一般的计算方法为

$$I_{KL30\_LEAK} = I_{CAP\_LEAK} + I_{TVS} + I_{BATT\_SAMPLE\_LEAK} + I_{LDO\_LEAK} + I_{HSD\_LEAK} + I_{BATT\_SW\_LEAK} + I_{CAN\_LEAK} + I_{LIN\_LEAK}$$

这里面包括电解电容、TVS 管、LDO 高边开关电源采样电路、电源开关电路和通信电路的泄漏电流，以及从模块本身电源上泄漏的电流。

2）统计其他电源对地线的泄漏电流 I_{KL31_OTHER}，一般的计算方法为

$$I_{KL31\_OTHER} = I_{RELAY\_LEAK} + I_{LSD\_SAMPLE\_LEAK} + I_{INJECT}$$

包括所有的其他电源上通过继电器、低边开关和其他途径注入模块的泄漏电流。

3）统计出在整个唤醒期间逻辑电路的电流和睡眠期间逻辑电路的电流：

$$I_{5V\_ACTIVE} = I_{MCU\_ACTIVE} + I_{LOGIC\_ACTIVE} + I_{BATT\_SW\_ACTIVE}$$

$$I_{5V\_SLEEP} = I_{MCU\_SLEEP} + I_{LOGIC\_SLEEP}$$

通过上面两个时间加权计算，可以获取 5V 功能电流为

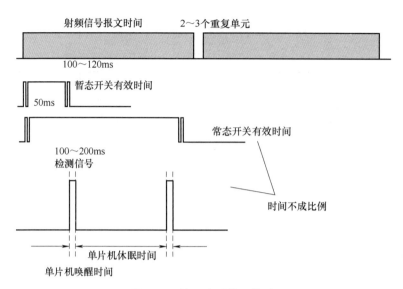

图 6-45　休眠唤醒管理策略

$$I_{5V} = (I_{5V\_ACTIVE} \times t_{ACTIVE} + I_{5V\_SLEEP} \times t_{SLEEP})/(t_{ACTIVE} + t_{SLEEP})$$

因此，可以得到总的暗电流为

$$I_{DARK} = I_{KL30\_LEAK} + I_{GND\_OTHER} + I_{5V}$$

第 7 章

汽车电子输入电路

在汽车电子模块中,很重要的一部分内容就是由输入电路和输出电路构成的处理电路。从整车电气系统来说,开关、模块、执行器都是电气系统的一部分,模块读取外部的输入信号,执行一定的逻辑算法驱动对应的执行器。本章的内容主要围绕输入处理电路展开。

输入电路处理部分整体可分为数字信号和模拟信号两类。数字信号可进一步划分,通过电平、频率和占空比等不同的参数传递信息,将电平信号进一步细分可以得到多种分类,如图 7-1 所示。

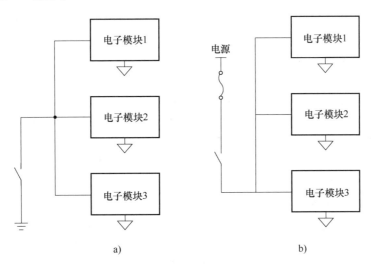

图 7-1 高电平有效和低电平有效信号
a) 低电平有效信号 b) 高电平有效信号

1) 高电平有效开关输入:指模块检测到低电平时,认为外部开关或者模块没有动作;模块检测到高电平时,认为外部信号有效并予以识别。

2) 低电平有效开关输入:指模块检测到高电平时,认为外部开关或者模块没有动作;模块检测到低电平时,认为外部信号有效并予以识别。

两者的根本区别:高电平有效信号在整车布局时不需要接地,从熔丝盒引出电源接至一端后,另一端引出即可;低电平有效信号需要解决地线回路的问题,需设计两根线束。当然对于处理电路来说,前者需要一定的下拉电阻给开关配置合适的湿电流,而后者采用的是上拉电阻。

模块间传递电平信号时与以上两类信号非常类似，不过由于输出端和输入端都可能上拉或下拉，需要非常注意两个电路之间的匹配，在后面将详细介绍可能存在的风险。

3）频率信号和 PWM 信号：最为典型的就是车速信号，是数字传感器输出的信号。此类信号在处理过程中较为简单，但是由于在传递过程中可能存在耦合的干扰信号，因此需要注意滤波和处理。

4）模拟信号：从传感器输出的信号类型较多，有电阻型、电压型和电流型，处理传感器信号需要设计不同的信号调理电路，不过以转换为模拟电压信号的形式最为常见。对于模拟信号的读取来说，转换电路的精度是关键，如果出现精度过低导致错误结果是不可接受的。

7.1 输入/输出的规范化整理

对于一个模块来说，其输入/输出的信息直接与模块的电路设计相关，同样也和其插接器相关，甚至模块中直通的其他电源或输入/输出口的供电电源也需要进行整理。这在后期印制电路板设计中起到相当重要的作用，同时也是与整车企业必须要沟通的信息。一般来说，需要整理出以下的文件。

1. 模块引脚清单文件

这是一份需要和整车企业协调的重要文件，也是会影响到很多方面的文件。在确认模块需要完成的功能后，通常会做出一份系统框图。根据这份系统框图，会确认模块完成的功能。完成功能定义以后，就需要确认连接的引脚内容和插接器的形式。这里将会验算每个插接器所有引脚的载流能力是否符合要求；然后在模块试布板以后，会考虑调整模块引脚的各个顺序，事实上为了最大化其 EMC 能力，引脚的顺序可能还需要在项目进行中调整，在模块引脚清单文件中进行定义和更新。

2. I/O 的功能框图

为了设计方便，需要在功能框图以外，就所有的输入/输出功能进行仔细划分。往往在这个过程中，需要将输入信号的功能和基本分类进行清晰的标注，因此这份文件主要的作用是便于软件工程师了解不同的信号，而在原理图的制作中往往不方便标注中文，因此这是一份非常重要的内部文档。在后面会详细介绍其结构和绘制方法。

3. I/O 的结构框图

与功能框图不同，对于硬件工程师需要了解的各方面，如各个信号的供电电源、单片机的引脚类型（数字或模拟）和信号的电流，结构框图提供了简单和清晰的说明与呈现，有助于对此进行系统化考虑。因此结构框图对于硬件工程师来说意义非常大，在后面会介绍其结构与绘制方法。

完成上述的文档以后，有几个注意事项需要再次确认和检查。

1）是否留有预留的信号处理电路？

这是一个相当重要的问题，事实上模块的设计者经常需要处理一些意想不到的情况。在汽车电子中，一个项目需要应付一个平台的高、中、低 3 种配置，甚至需要覆盖不同的平台。这时，预留一定的输入/输出信号处理电路是非常有必要的。假如整车企业临时加入 1~2 个功能，这时只需要进行少量的软件调整而不是重新修改电路板，这将会节约大量的开发时间和一定的开发成本。

2）单片机和插接器是否可以扩展？

事实上随着汽车电子化的快速发展，整车企业通常在新车上会有更多的信号应用需求，通过合理地预留单片机和插接器的接口数量，为以后的项目做一些铺垫，可以通过较少量的设计工作来达到新的开发目的。除了上面说的预留电路以外，也需要保证单片机有一定的空闲 I/O 数据口，对插接器来说也是一样的。这样做对某个项目的成本可能不是最优化的，但是对于企业的发展来说却是非常有益的，毕竟有很多不同的整车企业。

3）引脚顺序的变动程度和时间节点的选择如何？

由于插接器的引脚顺序直接与整车线束的排列相关，因此在某个时间点需要对引脚顺序进行冻结。但是对于电路板布线的工程师来说，一旦冻结，后期就很难进行调整；这就需要在前期做样品时，就认真地考虑产品的 EMC 性能，尽量去优化引脚的排列顺序，否则在后期做设计验证时发现 EMC 指标过不了，再去分析引脚排列合理或不合理，会引起很大的麻烦。

7.1.1 插接器的选型和考虑

在汽车上有着大量的插接器，与电子模块相关的就有 PCB 插座和相对应的线束插头。插接器涉及整车线束布置、硬件选型、机构选型和生产工艺，因此对插接器的选择需要非常慎重。

1. 插接器本身的特性

模块插接器主要有 3 类参数：电气参数、机械性能和环境参数，需要选择满足模块要求的特性参数。

（1）电气参数

电气参数包括额定电压、额定电流、接触电阻、绝缘电阻和抗电强度，这部分需要硬件工程师根据项目输入/输出口的信息予以确认。

1）额定电压：它是插接器的最高工作电压，在低于额定电压的情况下，插接器都能正常工作。这主要取决于所使用的绝缘材料和接触对之间的间距大小。

2）额定电流：它是插接器的最高工作电流，在低于额定电流的情况下，插接器都能正常工作。在电流流过接触对时，由于存在导体电阻和接触电阻，接触对将会发热。如果设计或选择不合理导致发热超过一定极限时，插接器的绝缘将被破坏并造成接触对表面镀层的软化。因此需要限制额定电流，准确地来说就是限制插接器内部的温升不超过设计的规定值。在汽车电子模块中往往会使用多芯插接器，这时一定要考虑各个引脚的电流情况，并且对额定电流进行一定的降额使用，在大电流的场合更应引起重视。

3）接触电阻：接触电阻是指两个导体在接触部分产生的电阻，包括接触电阻和接触对导体电阻。通常接触对导体电阻较小，因此接触对导体电阻在很多技术规范中被称为接触电阻。在连接小信号的电路中,要注意给出的接触电阻的测试条件:接触表面会附着氧化层、油污或其他污染物,两接触件表面会产生膜层电阻。在膜层厚度增加时,电阻迅速增大成为不良导体。

4)绝缘电阻:绝缘电阻是指在插接器的绝缘部分施加电压,从而使绝缘部分的表面内或表面上产生漏电流而呈现出的电阻值。这主要受绝缘材料、温度、湿度、污损等因素的影响。插接器样本上提供的绝缘电阻值一般都是在标准大气压条件下的指标值,在某些环境条件下,绝缘电阻值会有不同程度的下降。

5)抗电强度:接触对的相互绝缘部分之间或绝缘部分与接地之间,在规定时间内所能承受的比额定电压更高而不产生击穿现象的临界电压。受接触对间距、爬电距离、几何形状,绝缘体材料、环境温度、湿度和大气压力的影响。

(2)机械性能

机械性能包括机械寿命和插拔力两部分,通常由机械工程师进行选择。

1)机械寿命:以一次插入和一次拔出为一个循环,在规定的插拔循环后插接器能否正常完成其连接功能(如接触电阻值等参数)作为评判依据。

2)插拔力:是重要的机械性能,插拔力分为插入力和拔出力。插入力是指插头与插座配合时,欲插入所耗费的最大力量;拔出力是指插头与插座配合时,欲拔出所耗费的最小力量。通常而言要求插入力要小,而拔出力要大,否则会影响接触的可靠性。插接器的插拔力与机械寿命、接触件结构、接触部位镀层质量以及接触件排列尺寸精度有关。

(3)环境参数

环境参数主要有环境温度、湿度、温度冲击、腐蚀环境、振动和冲击等。

1)环境温度:插接器的金属材料和绝缘材料决定着插接器的工作环境温度。高温会破坏绝缘材料,引起绝缘电阻和耐压性能降低;对金属而言高温可使接触对失去弹性,加速其氧化和发生镀层变质。

2)湿度:相对湿度大于80%,是引起电击穿的重要原因。潮湿环境可引起水蒸气在绝缘体表面的吸收和扩散,使绝缘电阻降低到$M\Omega$级以下。长期处在高湿环境下会引起物理变形和分解。

3)温度冲击:温度急变实验是模拟插接器设备以寒冷环境转入温暖环境的实际使用情况。温度急变可能使绝缘材料裂纹或起层。

4)腐蚀环境:根据插接器的不同应用腐蚀环境,选用相应的金属材料、外部塑料、镀层结构的插接器,如在盐雾环境下使用的插接器,如果没有防腐的金属表面,会使其性能迅速恶化。

5)振动和冲击:这是检验插接器机械结构的坚固性和电接触可靠性的重要指标。

由于汽车内插接器的特殊性,需要按照以下的要求进行降额处理:

1)插接器使用的环境温度为额定最高使用环境温度减去25℃。

2)插接器使用的最高工作电压为其额定电压的70%。

3)插接器使用的最高工作电流为其额定电流的70%。

2. 选择插接器

由于插接器应用在多方面交叉的环境,因此它的选择流程需要取决于多个不同的方面，由硬件工程师和机械工程师一起确定，它的确定流程是较为复杂的。一般而言，需要经过以下的步骤来正确选择插接器。

1）加工工艺工程师确认焊接或压接工艺：由于焊接和压接工艺有很大的区别，而且某些焊接工艺为了防止氧化要求预镀锡，如果没有注意将会导致严重的可焊性问题，焊接完成后可能造成气孔，如图7-2a所示。

2）机械工程师确认插接器的机械特性和环境特性。这里可以介绍一个实例，是在选择某家韩国企业产品时没有注意选择防特别湿度的情况。这种疏忽导致了插接器的外壳材料在高温、高湿时碎裂了，这是因为插接器壳体内部含有PBT物质，当其处于玻璃转化温度以上的高温环境下，吸收了一定水分后，由于化学反应使得高分子水解成低分子，强度下降，导致了碎裂，如图7-2b所示。

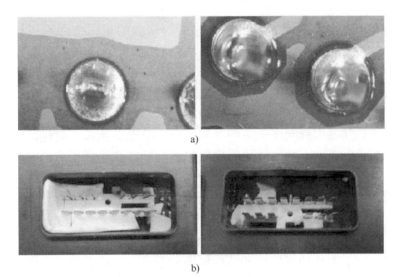

图 7-2 插接器的问题

a）预镀锡和没有预镀锡的焊接结果（后者有明显的气泡） b）水解强度下降后的外壳碎裂

3）硬件工程师确认插接器的电性能：在高电压时主要考虑绝缘性能，在低电压时主要考虑额定电流，这个步骤保证了单个插接器性能的符合性。需要确认多个插接器是否有不可互插性，需要进行多个插接器的"防呆"特性考虑，特别需要注意的是，由于安装时的困难，使用插接器颜色"防呆"不能阻止错误的发生。特别是当安装错误时会存在短路的可能，这将会严重地烧毁线束或其他产品，导致严重的隐患。

4）引脚顺序排列的问题。插接器的顺序需要根据印制电路板的连接进行不断调整，在不同的版本之间可能有不同程度的改变，因此只有在预布置以后才能确定插接器的顺序。在排布插接器引脚的顺序时请注意以下的原则：

① 信号线和电源线分开接在不同的插接器上，大电流输出线与敏感的小功率信号线适度分离。在插接器上设置不同直径的引针会增加一定的成本，因此需要为信号线选择一个专门的插接器，为电源和功率输出选择另外一个插接器。

② 电源和地线、高边输出和低边输出的距离都不能小于5mm，不能在上下组间进行引脚配置。这是由于插接器引针在插拔过程中可能会引起一定的弯曲，有可能会导

致短路。排布的顺序可以最大程度避免短路造成模块的烧毁，如图7-3所示。

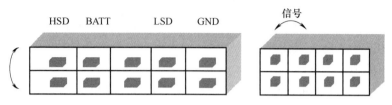

图7-3　插接器的顺序问题

③ 空置引脚的处理应该考虑接地或者其他的方法。模块的插接器引脚不能处于悬空的状态，如果附近没有射频信号，则考虑接电源或者地平面；如果存在射频信号，则考虑加入电阻和电容单元，防止干扰从悬空引脚上引入。

需要注意的是，从插头和插座的方向来看，两者的视图角度不一样，引脚排列顺序也不一样。特别是压接法的插针一般没有初始引脚，这时就非常容易出错。因此硬件工程师和机械工程师需要确认插座的排列顺序，经过软件转化后得到插头的引脚排列顺序，核对之后交由系统工程师发送图样给客户确认，这样才能避免错误的产生。

一定要注意插接器引脚顺序确定的时间节点：整车企业需要对样品进行装车实验是建立在确认线束的条件下的，因此插接器的引脚顺序往往到了某个时间点就需要进行冻结。这样必须要在前期就从顺序的合理性上进行长效估计，否则将给后期的电路板布局和布线带来非常大的限制。

7.1.2　I/O功能框图和结构框图

前面已经介绍了I/O功能框图和结构框图的意义，这两者的最大区别在于：前者主要着重于功能的划分，将所有输入/输出功能按照基本的类型进行划分，面向系统工程师和软件工程师；后者主要考虑硬件电路设计上电路连接的区别，面向硬件工程师。

这里首先介绍I/O功能框图，图7-4是一个非常典型的例子。

图7-4中的结构包括：数字输入口、模拟输入口、低压稳压器、单片机和晶振、故障安全（Limp Home）电路和输出电路。其中可把数字输入口分为高有效、低有效和预留3部分，将所有的数字输入功能进行分类；对于模拟输入同样分为电压信号、电流信号和预留3部分。输出电路则划分为继电器输出、低边智能功率开关、高边智能功率开关、小功率输出信号和预留输出几个部分。特别需要注意的是：将故障安全控制的输出口用箭头表示出来，将可诊断的输出口也用颜色表示出来。单片机中需要注明已经使用的I/O数量及所有可用的数量。这里在绘制功能框图时，可使用不同的颜色表示不同的类型。

I/O功能框图在很多地方与模块系统框图类似，模块系统框图需要表达所有的功能信息，并且表征一部分的内部电路结构；但是I/O功能框图主要还是涉及内部信号类型的划分，某种程度上它是模块系统框图的一种有益的补充，大部分情况下由硬件工程师完成后共享给团队中所有其他工程师。对软件工程师、系统工程师和测试工程师来说，这份框图有一定的帮助。

第 7 章 汽车电子输入电路

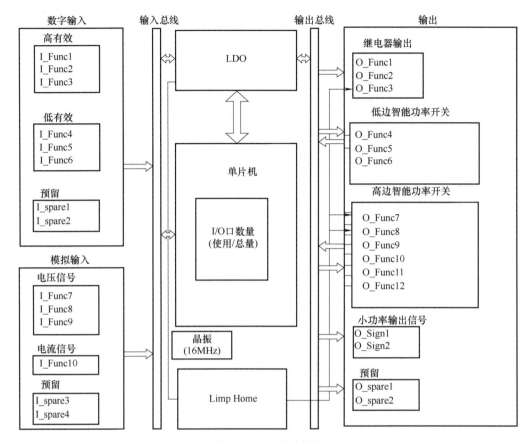

图 7-4 I/O 功能框图

7.2 开关输入设计的基础要求

本节首先介绍汽车中的开关,由于开关的种类不同导致其参数略有差异,在设计开始之前,需要对其有较为深入的了解。汽车上的开关面向乘员,是操作汽车的基本工具。对于控制电子模块来说,开关从电气特性上可以分为以下几种。

1) 普通开关:此类开关主要传递普通电流信号,如图 7-5a 所示。开关的基本特性是:当开关导通时,开关的阻抗为导通电阻 R_{ON};当开关断开时,开关的阻抗并不是无穷大,该阻抗定义为开关的关断阻抗 R_{OFF}。图 7-5c 描述了开关的这个模型,开关的以上两个参数是非常重要的,但是这两个值都是变化的,随着开关的触点氧化等非理想因素,导通电阻会逐渐变大,而关断电阻也会变化。比较统一的做法是,测试老化实验后开关的最大导通电阻和最小关断电阻,而整车企业会在采购时定义这两个参数。开关的另外一个重要指标是工作电流,一般普通开关在 1~20mA,实际上工作电流是保证开关工作的最主要因素,在后面计算时会详细介绍。

2) 大电流开关:此类开关在传递信号的同时也驱动一定电流的负载,如图 7-5b 所示，操作电流一般很大。与普通开关相比，大电流开关的导通电阻必须非常小，且关断电阻较大。如果导通电阻太大，在电流通过时会引起电压降，在某些极端的情况下可能造成信号无法识别，这种情况在驱动灯泡时，初始的冲击电流可能很大，电压降特别大时会引起模块的错误识别。与此相对，如果关断电阻太小，则引起的漏电流可能对负载有一定的影响。以上两个参数在设计时需要仔细确认。

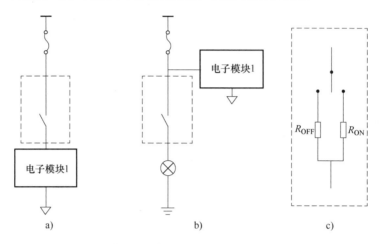

图 7-5　普通开关和大电流开关

a) 普通开关　b) 大电流开关　c) 开关模型

3) 带电阻的开关：一般可分成串联电阻开关、并联电阻开关和串并联电阻开关等，如图 7-6 所示。图 7-6d 显示的组合开关是最典型的一种带电阻的开关。组合开关有多种调节方式，每种操作方式的阻值是不同的，在处理此类开关时，不能使用简单的数字电路进行识别，需要配置偏置电路，分压后使用模/数转换通道采集电压，根据程序内各种方式的阈值进行比较才能得到准确的信号。

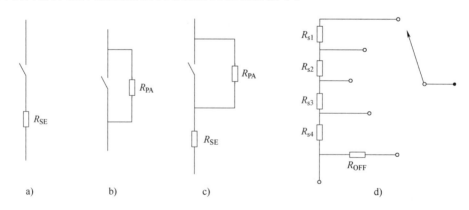

图 7-6　带电阻的开关

a) 串联电阻开关　b) 并联电阻开关　c) 串并联电阻开关　d) 组合开关

当然，汽车开关的采购和配置是按照其结构来区分的，类型较多，常见的有以下几种。

1）旋转式开关：依靠主轴旋转来改变档位，以达到电路通与断的目的。比较典型的是以钥匙操作的点火开关。

2）顶杆式开关：在规定的外力作用下，顶杆在一定范围内做直线运动，去推动触点闭合（或打开），一旦外力消失，依靠本身的反力弹簧自动复位，使触点保持原始状态。这是一种用于车门和制动车灯的信号开关。

3）跷板式开关：主要特点是工作支点在中央，而工作点在支点两旁，当按下一个工作面时，另一工作面则向上，形如跷跷板。

4）电子型开关：利用电子元器件来实现控制汽车电路的开关已逐步得到应用，该类型开关没有触点，因此不存在因触点烧蚀而引起的故障。

5）扳柄式开关：扳柄式开关主要利用杠杆原理来达到控制目的，主要可分为直接控制式和间隙控制式两类。前者直接控制负载，开关的触点能承受的功率要大；后者不直接控制负载，而是控制中间电磁继电器，然后利用中间电磁继电器的触点去控制负载，因此触点功率要求较小，而且控制对象的功率基本一致。

7.2.1 汽车上的开关和线束

开关的模型在图 7-5 中已有过描述，当然不同的开关参数有很大不同，普通开关的参数见表 7-1，这些参数仅作为参考，为后续分析提供依据。事实上每个整车厂都会对这些基本的元器件做一些规定，特别是老化最终的数值是设计的最后壁垒。

表 7-1 普通开关参数

参数名称	符号	典型值	最大值	最小值	单位
导通电阻	R_{ON}	50	150	—	Ω
关断电阻	R_{OFF}	200	—	100	kΩ
工作电流	I_{OP}	10	20	1	mA
最大电流	I_{MR}		100		mA
湿电流	I_{WET}	5	—	1	mA
抖动时间	t_{BN}	20	30	—	ms

注：以上的取值是虚拟的数值，实际的数值需要根据不同的开关进行选取。

表 7-1 中各参数说明：

1）导通电阻：是指开关导通时开关的等效阻抗。当开关出厂时其初始数值可能很小，在使用过程中慢慢变大，表 7-1 中的最大值是在整个寿命周期中的最大值。

2）关断电阻：是指开关断开时开关的等效阻抗。同样的，当开关出厂时，其初始数值较大，随着环境变化和使用关断电阻也慢慢变化，表 7-1 中的最小值是在整个寿命周期中的最小值。

3）工作电流：是指开关保证工作的稳定电流，其最小值一般认为是开关的湿电流。但电流很大时，开关上的压降也会变大，因此开关的工作电流有一个适宜的工作区域，既保证触点的防腐蚀，又不会发热引起导通电阻和关断电阻等参数的进一步漂移。

4）最大电流：当开关电流非常大时会引起很大的发热。以导通电阻 50Ω 为例，当电流达到100mA时，发热功率接近500mW，这对于普通开关来说会引起局部过热，导致结构变形、参数漂移等后果。

5）湿电流：是指开关需要通过维持一定的电流用于清理开关触点表面的尘垢和腐蚀，以保持触点状态良好的电流最小值，又称为湿润电流，这个电流对金属表面的氧化起阻止作用，防止开关失效。当开关的湿电流设计不合理时，开关会在较短的时间内发生参数的变化，而这是一个正反馈加强的过程，开关将会很快损坏。

6）抖动时间：开关在闭合和关断的过程中，会出现反复的状态变化，最后达到稳定的时间即抖动时间。开关抖动的原因是由开关极其微小的触点面积、机械式设计方式、产品老化等因素造成的。开关的抖动时间和开关的类型相关，由于开关技术的发展，对电子开关来说，抖动时间并没有意义，因此该参数一般用于机械开关。

线束的模型比较简单，实际的导线并不是完全绝缘的，在一定程度上也会对地和电源有一定的阻抗，因此定义如图7-7所示的模型。

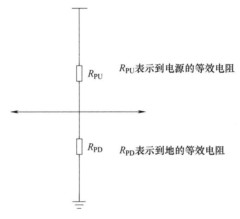

图7-7 线束模型

线束模型的参数就是等效到电源的电阻R_{PU}和等效到地的电阻R_{PD}。这两个值与线束的连接方式有关系，如果线束连接高电平有效信号，则R_{PU}比R_{PD}大很多；反之，如果线束连接低电平信号，则R_{PU}比R_{PD}小很多，见表7-2。

表7-2 线束模型参数

方式	参数名称	符号	典型值	最大值	最小值	单位
连接高电平有效开关	对电源电阻	R_{PU}	200	—	150	kΩ
	对地线电阻	R_{PD}	2000	—	1500	kΩ
连接低电平有效开关	对电源电阻	R_{PU}	2000	—	1500	kΩ
	对地线电阻	R_{PD}	200	—	150	kΩ

需要注意：开关模型和线束模型仅仅是一个参考，对于大部分设计来说，需要弄清楚电路极限在哪里，这样方便去匹配和协调整车上的开关。在设计中，以上模型的建立是最基础的一步，如果实际的参数与上述并不符合，则需要整车企业对开关提供商和电子模块提供商进行协调处理。

7.2.2 输入开关状态分析

对于一个普通的开关电路来说,往往有不同的状态:短路到地、短路到电源、开关闭合、开关断开、开关阻抗不在规定的范围内等。假定通过一个电阻与开关连接后,可以得到端口的电压如图 7-8 所示。

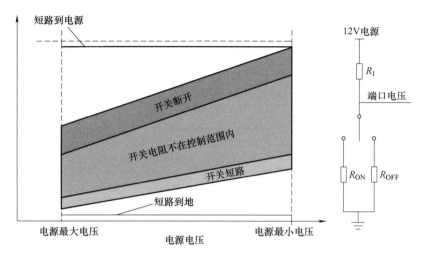

图 7-8 电阻的电压范围

1)开关断开时,开关的断开电阻与上拉电阻分压,电压较大。由于电阻误差的影响,此时的电压并不只是一根线,而是一个范围,在图 7-8 上形成了一段范围。

2)开关闭合时,开关的导通电阻与上拉电阻分压,电压较小。

3)如果开关的阻值不在导通电阻至断开电阻的范围内,此时电路进入了中间状态。

4)当开关开路或者直接与电源短路时,端口电压比开关断开时高。事实上在断开电阻较大时,这个值很难与开关断开的上边沿分开。

5)当开关断路或者直接与地线短路时,端口电压比开关断开时低。事实上在导通电阻较小时,这个值很难与开关导通的下边沿分开。

需要注意:往往在使用普通开关时只用两种状态,只要区分导通电阻和断开电阻就可以了,通过单片机的逻辑口即可实现。而在组合开关的应用条件下,导通电阻被分成若干个小的电阻区间,通过代入采样得到的电源电压来区分这个状态,这种方法较为复杂,将在后面详细介绍。

低电平和高电平有效电路接口

开关接口电路的设计开始于数字接口电路,从低电平有效电路开始,将引入一种分析问题和设计电路的手段。高电平有效电路相对简单,因为它不存在地偏移,因此做简单介绍。整个设计过程主要按照图 7-9 来进行。

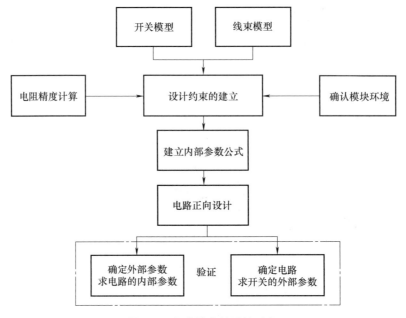

图 7-9 电路的完整设计过程

第 1 步是确认开关模型和线束模型，这部分内容已在 7.2 节进行了介绍。

第 2 步是确认模块环境和建立设计约束，这部分内容在 7.3.1 小节进行介绍，关于电阻精度的计算已经在第 3 章中有过介绍，这里重点是将所有的元器件参数和环境参数都整理出来形成一个完整的参数的定义。

第 3 步是通过设计约束构建基本电路拓扑，将约束转化成与之相对应的电路的参数，并根据这些参数来实现电路的正向设计，这部分内容在 7.3.2 小节中进行介绍。

第 4 步就是对电路的验证，这可以分为电路内部参数检验和对电路能够承受外部模型的极限值进行验证。这里可以分为两种不同的验证方法：

可以在确定外部参数模型的条件下，验证内部电路的运行状态，这部分内容将在 7.3.3 小节中介绍；

可以确定电路结构和参数时，导出最坏情况下仍可符合电路的要求所对应的外部参数，这部分内容将在 7.3.4 小节中进行介绍。

实际中，由于开关应用的不同情况，可能几个开关串联或者并联提供给模块，也有可能一个开关为很多个模块提供信号，最后根据实际应用不同来进行微调。

7.3.1 设计约束的建立

（1）设计约束 1：湿电流

在 7.2.1 小节中介绍了湿电流的定义和参数要求，第 1 个要求是需要设计的电路提供这个电流，因此设计电路时必须要有上拉电阻。

（2）设计约束 2：对电源和对地短路保护

在 ISO 16750 中有明确的测试内容，对信号电路实施短路到电源和短路到地的测试,持续时间为60s。因此有了这样一个条款,设计就不能采用5V低压的供电。如果采用5V的电源系统,短路到电源时,12V系统对5V电源系统就形成了倒灌。如果短路到地,5V系统能够负荷的电流本来就极为有限,电流如果增大,势必对低压线性稳压器产生很大的负荷。其他的如信号传导干扰也会耦合至5V系统,引起逻辑电路的混乱。以上的设计约束同时也限制了上拉电阻的散热性能不能太差,在短路时要有足够的散热功率。

(3) 设计约束3:单片机电平约束

单片机对输入电压的高、低状态是有一定限制的。一般有如下的参数:

1) 低电平电压阈值:单片机能够识别出低电平时输入I/O端口的最大电压。通常的值为 $0.7 \times V_{DD}$,V_{DD} 是单片机的逻辑供电电压。

2) 高电平电压阈值:单片机能够识别出高电平时输入I/O端口的最小电压。通常的值为 $0.3 \times V_{DD}$,V_{DD} 是单片机的逻辑供电电压。

对于高电平电压阈值和低电平电压阈值之间的电压,单片机会随机读取成高电平或者低电平,因此设计时需要避开这段区域。因此,电路就需要把12V系统的电压转化成5V系统的电压,一般采用电阻分压电路实现这个设计,为了同时满足以上两个值,需要正确地选择分压电阻的阻值比例,如图7-10所示。

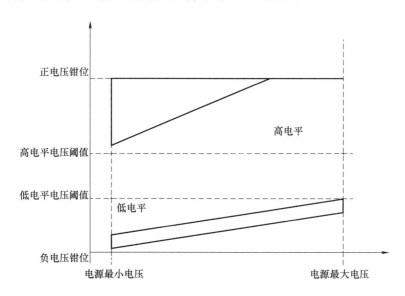

图7-10 电源供电范围和单片机输入电压阈值

(4) 设计约束4:钳位和注入电流

由于12V系统的电压范围较宽,在一般的电压范围9~16V下都要正常工作。这就使得确定电压比变得非常困难,在整个电压范围内同时满足低电平电压阈值和高电平电压阈值的要求,势必需要在高电压时对电压进行钳位。一般可以使用二极管实现,所幸的是,满足汽车电子应用的单片机几乎都有内部的钳位二极管,使得设计变得简单起来。当然单片机对内部钳位二极管注入电流是有要求的,因为电流会使二极管发热。因此对分压电阻的阻值就有了一定的要求。

233

(5)设计约束5:静电和传导干扰

由于模块需要能够承受引脚的静电实验和传导耦合实验,因此电路中需要使用静电电容和滤波电容,防止有暂态脉冲和静电时电路损坏或者单片机识别出错误的信号。增加电容后,可对开关的抖动起到一定的滤波作用。但是电容值如果取得太大,会使得开关达到稳定状态的时间变长。

根据以上的设计约束,可以得到基本的低电平有效电路结构,如图7-11所示。

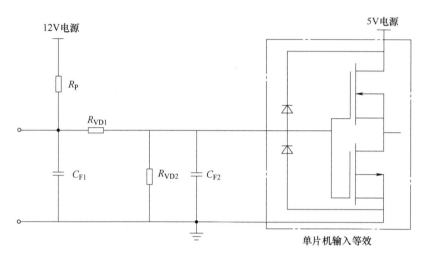

图7-11 低电平有效电路的结构

其中,上拉电阻 R_P 需要满足设计约束1和2的要求,分压电阻 R_{VD1} 和 R_{VD2} 需要满足设计约束3和4的要求,电容 C_{F1} 和 C_{F2} 需要满足设计约束5的要求,在设计的过程中需要对比约束然后进行选值。

在进行设计之前,首先需要列出电路参数,见表7-3,为后面的整理和计算提供方便。

表7-3 电路参数取值

可调整参数	符号	取值	单位	精度	耐压	单位	封装
上拉电阻	R_P		kΩ			V	
分压电阻1	R_{VD1}		kΩ			V	
电阻比例							
分压电阻2	R_{VD2}		kΩ			V	
滤波电容	C_{F1}		nF			V	
滤波电容	C_{F2}		nF			V	

其次需要计算内容,把前面考虑的设计约束转化成计算条目和满足设计要求的条件,具体的内容可参考表7-4。

表 7-4 电路验证内容

计算内容	符号	最值	单位	满足条件	数值	单位
开关导通时端口电压	V_{IL}		V	最小值小于低电平电压阈值		V
开关断开时端口电压	V_{IH}		V	最大值大于高电平电压阈值		V
开关湿电流	I_{WET}		mA	最小值大于开关湿电流最小值		mA
单片机注入电流	I_{INJ}		mA	最大值小于单片机允许值		mA
上拉电阻功耗	P_{R_DP}		mW	最大值小于电阻封装需求值		mW
静电电容电压	V_C		V	最大值小于电容耐压值		V
电路滤波时间常数	τ_1		ms			

完成以上工作后,就需要把所有的模型组合起来分析,得出整个电路的模型图,如图 7-12 所示。需要注意的是以下几个参数。

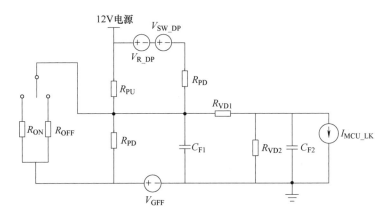

图 7-12 低电平有效电路模型

1) 地偏移 V_{GFF}:此参数表征着外部开关的地线和电子模块地线之间的压差。根据 ISO 16750 中电压部分的规定,数值最小值为-1V,最大值为 1V。

2) 反接保护电路压降 V_{R_DP}:由于电子模块需要考虑反接保护,可选的方案前面已经介绍了,二极管、PMOS 管、NMOS 管、电磁继电器都会对电压产生压降,不同的反接保护形式产生的压降不一样。

3) 电源控制开关压降 V_{SW_DP}:由于模块的静态工作电流的要求,使得模块必须在睡眠模式时保持尽可能小的漏电流,因此必须要设计开关控制输入电路的电源供给,一般可采用 PNP 晶体管或者 PMOS 管,在通过电流的同时都存在着电压降。

4) 单片机输入漏电流 I_{MCU_LK}:单片机内部由于有钳位二极管和一堆 PMOS、NMOS 管的输入结构,因此在电路工作时,单片机会流入或者流出一部分电流,这部分电流也被称为单片机的输入漏电流。

以上几个参数都是需要仔细选择的,前两个与电路的其他部分相关,下面使用最常用的二极管和 PNP 管的压降进行计算,漏电流也选用较为通用的取值。

7.3.2 电路的正向设计

电路的设计过程还是在 MATHCAD 软件下完成，计算过程如下：

根据图 7-13，画出开关导通时的等效模型图，同时标出节点电压和电流的流向。

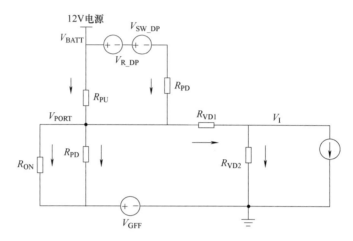

图 7-13 开关导通时的电压、电流

以输入端口作为节点列出输入电流和输出电流公式：

$$\frac{V_{\text{BATT}}-V_{\text{PORT}}}{R_{\text{PU}}}+\frac{V_{\text{BATT}}-V_{\text{R\_DP}}-V_{\text{SW\_DP}}-V_{\text{PORT}}}{R_{\text{P}}}=\frac{V_{\text{PORT}}-V_{\text{GFF}}}{\frac{R_{\text{ON}} \cdot R_{\text{PD}}}{(R_{\text{ON}}+R_{\text{PD}})}}+\frac{V_{\text{PORT}}-V_{\text{I}}}{R_{\text{VD1}}} \quad (7\text{-}1)$$

以单片机端口作为节点列出输入电流和输出电流公式：

$$\frac{V_{\text{PORT}}-V_{\text{I}}}{R_{\text{VD1}}}=\frac{V_{\text{I}}}{R_{\text{VD2}}}+I_{\text{MCU\_LK}} \quad (7\text{-}2)$$

如果采用公式法计算，得到的结果将是非常冗长和容易出错的，在 MATHCAD 中可以采用符号计算，在检查和计算时都并不是很简洁，因此推荐采用矩阵的计算方法。

列出两个节点间导纳的公式：

$$G_{\text{MESH}}(R_{\text{ON}},R_{\text{PD}},R_{\text{PU}},R_{\text{P}},R_{\text{VD1}},R_{\text{VD2}}):=\begin{bmatrix} \dfrac{1}{R_{\text{ON}}}+\dfrac{1}{R_{\text{PD}}}+\dfrac{1}{R_{\text{PU}}}+\dfrac{1}{R_{\text{P}}}+\dfrac{1}{R_{\text{VD1}}} & \dfrac{-1}{R_{\text{VD1}}} \\ \dfrac{1}{R_{\text{VD1}}} & -\left(\dfrac{1}{R_{\text{VD1}}}+\dfrac{1}{R_{\text{VD2}}}\right) \end{bmatrix}$$

同时列出节点间注入电流和流出电流：

$$I_{\text{MESH}}(V_{\text{BATT}},V_{\text{R\_DP}},V_{\text{SW\_DP}},V_{\text{GFF}},R_{\text{PU}},R_{\text{P}},R_{\text{ON}},R_{\text{PD}},I_{\text{MCU\_LK}}):=$$

$$\begin{bmatrix} \dfrac{V_{\text{BATT}}}{R_{\text{PU}}}+\dfrac{V_{\text{BATT}}-V_{\text{R\_DP}}-V_{\text{SW\_DP}}}{R_{\text{P}}}+\dfrac{(R_{\text{ON}}+R_{\text{PD}}) \cdot V_{\text{GFF}}}{R_{\text{ON}} \cdot R_{\text{PD}}} \\ I_{\text{MCU\_LK}} \end{bmatrix}$$

根据 $G \times U = I$，通过求逆矩阵的方法可得出端口电压和单片机引脚上的电压，在 MATHCAD 中可使用 isolve 函数来求解：

$$V_{\text{MESH}}(V_{\text{BATT}}, V_{\text{R\_DP}}, V_{\text{SW\_DP}}, V_{\text{GFF}}, R_{\text{PU}}, R_{\text{P}}, R_{\text{ON}}, R_{\text{PD}}, R_{\text{VD1}}, R_{\text{VD2}}, I_{\text{MCU\_LK}})$$

$$\text{isolve}[G_{\text{MESH}}(R_{\text{ON}}, R_{\text{PD}}, R_{\text{PU}}, R_{\text{P}}, R_{\text{VD1}}, R_{\text{VD2}}), I_{\text{MESH}}(V_{\text{BATT}}, V_{\text{R\_DP}}, V_{\text{SW\_DP}}, V_{\text{GFF}}, R_{\text{PU}}, R_{\text{P}}, R_{\text{ON}}, R_{\text{PD}}, I_{\text{MCU\_LK}})]$$

从上面的结果可以得出，单片机电压的参数有 11 个之多，其中：

V_{BATT} 为 12V 电源，范围为 9~16V，典型值为 13.5V。

$V_{\text{R\_DP}}$ 为反接保护压降，一般选择二极管，范围为 0.4~1.2V，典型值为 0.7V。

$V_{\text{SW\_DP}}$ 为开关管压降，一般选择 PNP 管，范围为 0~0.3V，典型值为 0.1V。

V_{GFF} 为地偏移，范围为 -1~1V，典型值为 0V。

为了计算方便，R_{PD}、R_{PU}、R_{ON} 都取定值，分别选取 200kΩ、2000kΩ、100Ω。

$I_{\text{MCU\_LK}}$ 为单片机漏电流，范围为 -1~1μA，典型值为 0.5μA。

这里需要注明的是，在无法得知参数时，需要把计算过程简化，从而得出参数的范围，选取可行的参数后进行验证，因此下面的设计分为两部分：首先是通过简化因素的办法得出每个参数的大致范围；其次是根据选取的值进行验证，得出复杂环境下最恶劣的工况。

1）上拉电阻 R_{P} 的估算和选取。忽略所有微小的因素，可得湿电流的计算公式为

$$I_{\text{WET}} = \frac{V_{\text{BATT}} - V_{\text{R\_DP}} - V_{\text{SW\_DP}} - V_{\text{GFF}}}{R_{\text{P}} + R_{\text{ON}}}$$

由于湿电流要在 9V 电压下达到 1mA 以上，因此选取：

$$V_{\text{BATT}} = 9\text{V}, V_{\text{R\_DP}} = 1.2\text{V}, V_{\text{SW\_DP}} = 0.3\text{V}, V_{\text{GFF}} = 1\text{V}$$

注意以上参数的选值是在低温条件下，晶体管和二极管的压降会很大，通过上面公式代入可粗略得出 R_{P} 的最大值为 6.4kΩ。

另外一个限制因素是电阻的功耗，计算公式为

$$P_{\text{RP\_D}} = \left(\frac{V_{\text{BATT}} - V_{\text{R\_DP}} - V_{\text{SW\_DP}} - V_{\text{GFF}}}{R_{\text{P}} + R_{\text{ON}}}\right)^2 \cdot R_{\text{P}}$$

元器件的参数在高温下变化，容易取到极限值，此时：

$$V_{\text{BATT}} = 16\text{V}, V_{\text{R\_DP}} = 0.4\text{V}, V_{\text{SW\_DP}} = 0\text{V}, V_{\text{GFF}} = -1\text{V}$$

由前面的章节已知贴片电阻的散热公式，并不希望电阻封装很大，选择 1210 封装的电阻是极限，1210 封装电阻的散热能力为 1/3W，在高温 85℃ 下，最大容许功耗一般为 256mW。将此数值代入功耗公式，可得出电阻的最小值为 0.864kΩ。

电阻是有标准值的，从以上两个值中需要选取一个合适的数值，当然需要考虑电阻精度的影响。从 E24（精度为 5%）的表中选取 1~5.6kΩ 内可以选择的值，0.9kΩ 和 6.2kΩ 都不符合，因此以上一组选项可实现设计，这里选用 3.3kΩ 的电阻来进行分析，即 $R_{\text{P}} = 3.3\text{kΩ}$。

2）分压电阻的选取和电阻比的计算。对电阻比的计算可由两个式子联立得出：

$$(V_{\text{BATT}} - V_{\text{R\_DP}} - V_{\text{SW\_DP}}) \cdot \frac{\beta}{1+\beta} \geq V_{\text{IH\_MIN}}$$

$$\left[\frac{R_{\text{P}} \cdot V_{\text{GFF}}}{R_{\text{P}} + R_{\text{ON}}} + \frac{R_{\text{ON}}(V_{\text{BATT}} - V_{\text{R\_DP}} - V_{\text{SW\_DP}})}{R_{\text{P}} - R_{\text{ON}}}\right] \cdot \frac{\beta}{1+\beta} \leq V_{\text{IL\_MAX}}$$

对于 V_{IH_MIN} 和 V_{IL_MAX} 的取值为 $0.7 \times V_{DD}$ 和 $0.3 \times V_{DD}$，由于 5V 系统有波动，一般波动为 1%~2%，因此得出阈值为 3.43V 和 1.53V。代入以上的数值可得分压比的范围，选取：

$$V_{BATT} = 9V, V_{R\_DP} = 1.2V, V_{SW\_DP} = 0.3V, V_{IH\_MIN} = 3.43V$$

可得出 $\beta \geq 0.84$ 才能符合要求，当特殊的设计需要在很低电压下工作时，β 随即相应变大。为了保持一定的余量，一般选取 1.4 以上，保证 $V_{BATT} = 7.5V$ 时，电路也能够工作。即在：

$$V_{BATT} = 16V, V_{R\_DP} = 0.4V, V_{SW\_DP} = 0V, V_{IL\_MAX} = 1.53V, R_P = 3.3k\Omega \times 0.92$$

的情况下，可得端口电压最大等于 1.497V，β 任何取值都可满足。

电阻的选择实际上是在选取一定电阻比下进行的，已知单片机的注入电流的算法为

$$I_{INJ} = \frac{V_{BATT} - V_{R\_DP} - V_{SW\_DP} - V_{CLAMPED}}{R_{VD1}} - \frac{V_{CLAMPED}}{R_{VD1} \cdot \beta}$$

选取 $V_{BATT} = 16V$，$V_{R\_DP} = 0.4V$，$V_{SW\_DP} = 0V$，$V_{CLAMPED}$ 一般为供电电源加上钳位二极管的压降 0.3V，因此 $V_{CLAMPED} = 5.2V$，$\beta = 1.5$，设计注入电流最多为 1mA，则可得出 R_{VD1} 最小值为 $6.9k\Omega$。实际上如果有很多路低有效电路待机工作，这时采用这组数值就会引起很大的电流注入至 5V 系统上。因此设计将注入电流降低为原来的 1/10，为 $100\mu A$，R_{VD1} 的最小值设计为 $69k\Omega$。同时电阻不能太大，当开关有效时，滤波电容上的电荷需要从 R_{VD2} 的通路泄放出来；当开关断开时，从电阻 R_{VD2} 给 C_{F2} 充电，因此电阻不能取太大。下面的式子为充放电时间常数：

$$\tau_1 = \frac{(R_{VD1} \cdot \beta)}{1+\beta} \cdot C_{F2}$$

一般设计的时间常数为 5ms，C_{F2} 通常取值为 10nF，因此可得 R_{VD1} 最大值为 $300k\Omega$，而在此区间内可选的值为 $75 \sim 270k\Omega$，如果电阻比选择为 1.5，则比较合适的电阻对为 $R_{VD1} = 100k\Omega$，$R_{VD2} = 150k\Omega$；或者 $R_{VD1} = 200k\Omega$，$R_{VD2} = 300k\Omega$。

防静电电容的选择需要按照规范设计，由静电电容和静电模型的输出电容进行分压，$V = V_S \times C_S / (C_{F1} + C_S)$，其中 $C_S = 150pF$（8kV）和 330pF（25kV），耐压值为 100V，因此得到的 C_{F1} 的取值为 10nF。

7.3.3 从外部到内部的验证方法

从上节的设计中，得到了参数组 $R_P = 3.3k\Omega$，$R_{VD1} = 100k\Omega$，$R_{VD2} = 150k\Omega$。按照既定模型的参数和工作条件，验证模块的工作状态，这是一种和正向设计相似的验证方法。判断电路工作正常与否取决于模块内的单片机是否正确识别信号。首先介绍计算过程，运用 V_{MESH} 则可计算出低电平时的电压，该电压计算函数是一个多元函数：

$$V_{MESH}(V_{BATT}, V_{R\_DP}, V_{SW\_DP}, V_{GFF}, R_{PU}, R_P, R_{ON}, R_{PD}, R_{VD1}, R_{VD2}, I_{MCU\_LK})$$

这里需要注意的是，求解多元函数的极值可采取偏微分的方式，公式如下：

$$V_{\text{LS\_LOW}_{1,0}} := \begin{vmatrix} \text{"max" if } \dfrac{\dfrac{d}{dV_{\text{BATT}}}V_{\text{MESH}}(V_{\text{BATT}},V_{\text{R\_DP}},V_{\text{SW\_DP}},V_{\text{GFF}},R_{\text{PU}},R_{\text{P}},R_{\text{ON}},R_{\text{PD}},R_{\text{VD1}},R_{\text{VD2}},I_{\text{MCU\_LK}})_1}{\text{UnitsOf}\left(\dfrac{d}{dV_{\text{BATT}}}V_{\text{MESH}}(V_{\text{BATT}},V_{\text{R\_DP}},V_{\text{SW\_DP}},V_{\text{GFF}},R_{\text{PU}},R_{\text{P}},R_{\text{ON}},R_{\text{PD}},R_{\text{VD1}},R_{\text{VD2}},I_{\text{MCU\_LK}})_1\right)} > 0 \\ \text{"min" if } \dfrac{\dfrac{d}{dV_{\text{BATT}}}V_{\text{MESH}}(V_{\text{BATT}},V_{\text{R\_DP}},V_{\text{SW\_DP}},V_{\text{GFF}},R_{\text{PU}},R_{\text{P}},R_{\text{ON}},R_{\text{PD}},R_{\text{VD1}},R_{\text{VD2}},I_{\text{MCU\_LK}})_1}{\text{UnitsOf}\left(\dfrac{d}{dV_{\text{BATT}}}V_{\text{MESH}}(V_{\text{BATT}},V_{\text{R\_DP}},V_{\text{SW\_DP}},V_{\text{GFF}},R_{\text{PU}},R_{\text{P}},R_{\text{ON}},R_{\text{PD}},R_{\text{VD1}},R_{\text{VD2}},I_{\text{MCU\_LK}})_1\right)} < 0 \\ \text{"zero" otherwise} \end{vmatrix}$$

若参数变化在较小的区间内,当某个参数的偏微分为正时,函数对该参数是单调递增的。由此可得出所有参数的单调性:

$$V_{\text{LS\_LOW}} = \begin{pmatrix} \text{"}V_{\text{BATT}}\text{"} & \text{"}V_{\text{R\_DP}}\text{"} & \text{"}V_{\text{SW\_DP}}\text{"} & \text{"}V_{\text{GFF}}\text{"} & \text{"}R_{\text{PU}}\text{"} & \text{"}R_{\text{P}}\text{"} & \text{"}R_{\text{ON}}\text{"} & \text{"}R_{\text{PD}}\text{"} & \text{"}R_{\text{VD1}}\text{"} & \text{"}R_{\text{VD2}}\text{"} & \text{"}I_{\text{MCU\_LK}}\text{"} \\ \text{"max"} & \text{"min"} & \text{"min"} & \text{"max"} & \text{"min"} & \text{"min"} & \text{"max"} & \text{"max"} & \text{"min"} & \text{"max"} & \text{"min"} \end{pmatrix}$$

在这里有一个小技巧,可以供大家参考,将输入参数定义为数组输入:

$$\text{R\_i}_{\text{MESH}} := \begin{bmatrix} \text{R\_i} \cdot (1+\text{Tol}_{\text{LOW}}(\text{type2},\text{tol\_01},\text{temp}_{\text{MIN}})) \\ \text{R\_i} \\ \text{R\_i} \cdot (1+\text{Tol}_{\text{HIGH}}(\text{type2},\text{tol\_01},\text{temp}_{\text{MAX}})) \\ \text{R\_i} \cdot (1+\text{Tol}_{\text{LOW}}(\text{type2},\text{tol\_01},25\text{degC})) \\ \text{R\_i} \cdot (1+\text{Tol}_{\text{LOW}}(\text{type2},\text{tol\_01},25\text{degC})) \end{bmatrix}$$

然后将灵敏度的判断改为数值索引,通过这样的定义可以自动选择:

$$\text{indexmin}^{\text{T}} = (2\ 0\ 0\ 2\ 0\ 2\ 2\ 0\ 2\ 0\ 2\ 2\ 2)$$
$$\text{indexmax}^{\text{T}} = (0\ 2\ 2\ 0\ 2\ 0\ 0\ 2\ 0\ 2\ 0\ 2\ 0\ 0\ 0)$$

最后将参数表征出来代入即可。

(1) 开关闭合时单片机引脚上的最高电压

由上面的取值可以精确地计算开关有效时单片机引脚上的最大电压:

$$V_{\text{I\_L\_MX}} := V_{\text{MESH}}(16\text{V},0.4\text{V},0\text{V},1\text{V},100\text{k}\Omega,3.036\text{k}\Omega,50\text{k}\Omega,5000\text{k}\Omega,92\text{k}\Omega,162\text{k}\Omega,-1\mu\text{A})_1$$

$$V_{\text{I\_L\_MX}} = 0.852\text{V}$$

单片机的引脚电压 $V_{\text{I\_L\_MX}} < 1.53\text{V}$,可被单片机正确识别为低电平。

(2) 开关断开时单片机引脚上的最低电压

由于开关断开时 R_{ON} 变成了 R_{OFF},同样可以得到开关断开时单片机引脚上的最小电压,首先确认参数的取值以得到函数最小值:

$$V_{\text{LS\_HIGH}} = \begin{pmatrix} \text{"}V_{\text{BATT}}\text{"} & \text{"}V_{\text{R\_DP}}\text{"} & \text{"}V_{\text{SW\_DP}}\text{"} & \text{"}V_{\text{GFF}}\text{"} & \text{"}R_{\text{PU}}\text{"} & \text{"}R_{\text{P}}\text{"} & \text{"}R_{\text{OFF}}\text{"} & \text{"}R_{\text{PD}}\text{"} & \text{"}R_{\text{VD1}}\text{"} & \text{"}R_{\text{VD2}}\text{"} & \text{"}I_{\text{MCU\_LK}}\text{"} \\ \text{"max"} & \text{"min"} & \text{"min"} & \text{"max"} & \text{"min"} & \text{"min"} & \text{"max"} & \text{"max"} & \text{"min"} & \text{"max"} & \text{"min"} \end{pmatrix}$$

$$V_{\text{I\_H\_MN}} := V_{\text{MESH}}(9\text{V},1.2\text{V},0.3\text{V},-1\text{V},100\text{k}\Omega,3.564\text{k}\Omega,100\text{k}\Omega,1000\text{k}\Omega,108\text{k}\Omega,138\text{k}\Omega,1\mu\text{A})_1$$

$$V_{\text{I\_H\_MN}} = 3.946\text{V}$$

单片机的引脚电压 $V_{\text{I\_H\_MN}} > 3.43\text{V}$,可被单片机正确识别为高电平。

（3）开关的湿电流

$$I_{\text{WET}} = \frac{V_{\text{MESH}}(V_{\text{BATT}}, V_{\text{R\_DP}}, V_{\text{SW\_DP}}, V_{\text{GFF}}, R_{\text{PU}}, R_{\text{P}}, R_{\text{ON}}, R_{\text{PD}}, R_{\text{VD1}}, R_{\text{VD2}}, I_{\text{MCU\_LK}})_0 - U_{\text{GFF}}}{R_{\text{ON}}}$$

$$I_{\text{WET\_MN}} := I_{\text{WET}}(9\text{V}, 1.2\text{V}, 0.3\text{V}, -1\text{V}, 100\text{k}\Omega, 3.564\text{k}\Omega, 100\Omega, 5000\text{k}\Omega, 108\text{k}\Omega, 162\text{k}\Omega, 1\mu\text{A})$$

$$I_{\text{WET\_MN}} = 2.417\text{mA}$$

通过验证发现 $I_{\text{WET}} > 1\text{mA}$，符合要求。

（4）上拉电阻功耗的验证

$$P_{\text{R\_D}} = \frac{(V_{\text{BATT}} - V_{\text{R\_DP}} - V_{\text{SW\_DP}} - V_{\text{MESH}}(V_{\text{BATT}}, R_{\text{R\_DP}}, V_{\text{SW\_DP}}, V_{\text{GFF}}, R_{\text{PU}}, R_{\text{P}}, R_{\text{ON}}, R_{\text{PD}}, R_{\text{VD1}}, R_{\text{VD2}}, I_{\text{MCU\_LK}})_0)^2}{R_{\text{P}}}$$

$$P_{\text{R\_D\_MX}} := P_{\text{R\_D}}(16\text{V}, 0.4\text{V}, 0\text{V}, -1\text{V}, 100\text{k}\Omega, 3.036\text{k}\Omega, 100\Omega, 5000\text{k}\Omega, 108\text{k}\Omega, 162\text{k}\Omega, 1\mu\text{A})$$

$$P_{\text{R\_D\_MX}} = 84.498\text{mW}$$

对于电阻来说，850.256W 远大于 85mW，设计没有问题。

（5）单片机引脚注入电流

$$I_{\text{INJ}} = \frac{V_{\text{BATT}} - V_{\text{R\_DP}} - V_{\text{SW\_DP}} - V_{\text{CLAMPED}}}{R_{\text{VD1}}} - \frac{V_{\text{CLAMPED}}}{R_{\text{VD2}}} - I_{\text{MCU\_LK}}$$

$$I_{\text{INJ\_MX}} := I_{\text{INJ}}(16\text{V}, 0.4\text{V}, 0\text{V}, 5.2\text{V}, 92\text{k}\Omega, 162\text{k}\Omega, 1\mu\text{A})$$

$$I_{\text{INJ\_MX}} = 79.945\mu\text{A}$$

7.3.4　从内部到外部的验证方法

第二种验证方法是通过计算电路的极限负载来完成的。需要验证的参数如下：

1）开关有效端口电压 V_{IL}：模块的最高端口电压使得模块识别成低电压。

2）开关无效端口电压 V_{IH}：模块的最低端口电压使得模块识别成高电压。

这两个值都是临界值，通过这两个值可以直观地知道电路对端口电压的极限容忍力，当超过这个范围时，单片机可能就无法正确识别电平了。开关有效端口电压 V_{IL} 的验证方法是根据单片机的低电平阈值电压 $V_{\text{IL\_MAX}}$ 推算出来的。同样，对于开关无效端口电压 V_{IH}，代入高电平阈值电压 $V_{\text{IH\_MIN}}$ 即可推算出来。

首先得到端口电压和单片机电压的关系：

$$\frac{V_{\text{PORT}} - V_{\text{I}}}{R_{\text{VD1}}} = \frac{V_{\text{I}}}{R_{\text{VD2}}} + I_{\text{MCU\_LK}}$$

通过整理和换算，可得单片机的阈值电压与端口电压的关系：

$$V_{\text{PORT}} = I_{\text{MCU\_LK}} \cdot R_{\text{VD1}} + V_{\text{I}} \cdot (1 + R_{\text{VD1}}/R_{\text{VD2}})$$

代入 $V_{\text{IL\_MAX}}$，得端口电压 $V_{\text{PORT}} \leq 2.213\text{V}$ 时，能够保证开关被识别为低电平；

代入 $V_{\text{IH\_MIN}}$，得端口电压 $V_{\text{PORT}} \geq 6.472\text{V}$ 时，能够保证开关被识别为高电平。

3）低电平输入电阻 R_{IL}，使得模块能够在有效时识别成低电压。

4）高电平输入电阻 R_{IH}，使得模块能够在无效时识别成高电压。

同电压一样，这两个值也是临界值，通过这两个值的获取，可得到电路允许的极限参数值。通常这两个值对电路设计非常关键，能够反映出设计的裕度。

根据前面的计算,得到开关电阻和端口电压的关系:

$$R_{SW} = \frac{R_P \cdot [V_I \cdot (R_{VD1}+R_{VD2}) - R_{VD2} \cdot V_{GFF} + I_{MCU\_LK} \cdot R_{VD2} \cdot R_{VD2}]}{R_{VD2} \cdot (V_{BATT}+V_{R\_DP}+V_{SW\_DP}) - V_I \cdot (R_P+R_{VD1}+R_{VD2}) - I_{MCU\_LK} \cdot R_{VD2} \cdot (R_P+R_{VD1})}$$

代入 V_{IL_MAX},可得 $R_{IL} \leq 275\Omega$ 时能够保证开关被识别为低电平,此时 $V_{BATT} = 16V$,$V_{R\_DP} = 0.4V$,$V_{SW\_DP} = 0V$,$V_{GFF} = -1V$。

代入 V_{IH_MIN},可得 $R_{IH} \geq 28.5k\Omega$ 能够保证开关被识别为高电平,$V_{BATT} = 9V$,$V_{R\_DP} = 1.2V$,$V_{SW\_DP} = 0.3V$,$V_{GFF} = 1V$。

通过上面的运算,将结果整理如下,电路的参数为:

最小开关有效端口电压 $V_{IL\_MIN} = 2.213V$;

最大开关无效端口电压 $V_{IH\_MAX} = 6.472V$;

最小低电平输入电阻 $R_{IL\_MIN} = 275\Omega$;

最大高电平输入电阻 $R_{IH\_MAX} = 28.5k\Omega$。

7.3.5 各种不同情况下的应用

上节分析的情况只是实际设计中的一部分情况。在实际的应用中,还会有不同的情况发生。

(1) 单开关多模块

在这种情况下,需要注意的是开关的工作电流,电流比最初的设计要小。当多个模块同时给开关供应工作电流时,会导致开关的压降增大,在某些情况下可能会使开关发热。这时,需要核对开关的参数和模块的数量,按照上两节重新核算,得出的结果是:上拉电阻比原先的设计偏大,分压电阻比率偏小一些。

实际上,需要在电路中加入二极管,加入的方式有两个不同的位置。如果不采取这种措施,则可以看出不同的模块之间通过上拉电阻会存在一条潜入路径,如图 7-14 所示。

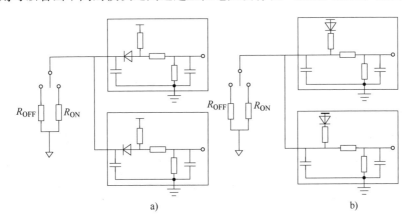

图 7-14 单开关多模块电路设计

a) 方案1 b) 方案2

1) 端口加入二极管(见图 7-14a):这种做法可以保护整个端口,所有的瞬态干扰全部被挡在二极管前面,而且当短路至电源时,注入电流也会因经过二极管的阻隔而小很多。但这种做法也存在一些风险,二极管的加入抬高了整个电压,可能对开关导通时的电压符合单片机的要求产生一些障碍。当然这种做法也对端口电容有了一定的要求，因为端口电容没有了低阻抗的泄放回路。

2）电源端加入二极管（见图7-14b）：这种方法保护了电源端，但是不可避免地有一定的电流侵入了模块端，不过在前面的设计中已经介绍过，5V逻辑电源端往往有稳压管进行保护，因此这种方案也是被广泛接受的。

以上两种处理方法都不能使用肖特基二极管，因为在信号耦合干扰时承受了很大的瞬态反电压，使用肖特基二极管虽然降低了导通压降，但面对幅度很高的瞬态电压它就相当脆弱了。

(2) 单模块多开关

当一个模块需要同时给多个开关供应工作电流时，就需要注意开关的湿电流了。往往需要减小上拉电阻以提供给每个开关足够的工作电流，否则将会引起开关内部的触点腐蚀并且失效。当然开关的数量是需要首先确定的，因为开关过多时无法通过一个电阻来提供工作电流，并且并联电阻在短路到电源时也很容易引起温度的上升而导致失效。因此对于多开关的驱动，一方面需要并联多个电阻，另一方面需要将逻辑口转换成模/数采集口，并加入诊断的策略，如图7-15所示。

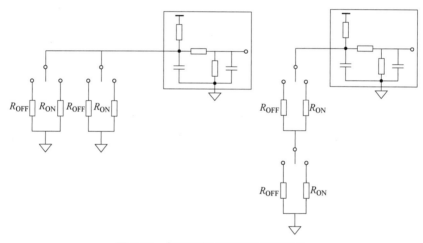

图7-15 多开关并联和串联电路设计

(3) 串联开关应用

串联开关一般用在可靠性要求较高的设计上，只有两个开关同时导通时，才处于有效的状态。这种情况较特殊，由于串联了同样的开关，等效于开关的导通电阻增大了一倍，如果在仅串联一个开关的情况下，电路的参数并不需要做很大的改变；如果串联的开关较多，也只能依靠模拟口进行信号采集。

7.4　模拟输入接口

在6.3节的电压监测中已经提及了电源电压的监测，事实上它是使用单片机模拟信号去采集，从电源、传感器和组合开关等输入信息进行处理。在这里需要首先介绍一些系统性的原则，以方便后面统一的考虑。

（1）输入电压范围和单片机模拟口的电压范围

在大部分情况下，如果使用 12V 系统供电，则必须要考虑输入电压范围的问题。通常使用 5V 电压给单片机的模拟口供电，因此对整个电压输入范围来说，必须要设计分压的环节，以便完成电压缩放，完成在整个输入电压范围内的采集。

（2）信号类型的转换

由于电阻、电流信号不能像电压信号那样进行模/数转换，因此在进行模/数转换之前需要设计转换环节将电阻、电流信号转换成电压信号。通常对于电阻来说，需要使用上拉电阻进行分压，以便把电阻信号转换成电压信号；在某些精确测量的情况下，可能需要采用电桥测量差动电压的方法。对于电流来说，使用高精度电阻旁路即可完成电压转换的工作，选择阻值的范围一定要考虑第一个注意点。

（3）供电的考虑

在前面已经介绍过，在采用 12V 系统电压供电时，需要在软件中做一些算法处理；并且由于采集 12V 存在一定的误差，使得这种方式的采集精度普遍偏低。采用 5V 供电时，由于信号线是连接至插接器引脚上的，为了防止短路带来的损坏，往往需要采用与单片机供电电源不相同的 5V 电压源，并且需要监测 5V 电压源的状态；在板内的模拟信号通常采用内部的 5V 电源供电。

（4）功能误差的需求

由于模拟量的采集关系到整个模块对于外界信息的反馈，如果存在较大的误差则会使得模块的功能受到一定的损坏。通常使用误差来衡量模块的容差特性，这包括不同模块之间的分布差异和模块在不同环境下的性能波动。

（5）保护接口的方法

模拟接口比较容易受到干扰和非理想因素的影响，单片机的 ADC 接口某种程度上相当脆弱，因此需要慎重考虑接口保护的方法。如果保护不当，会导致电路的功能不正常，比如增加稳压较小的稳压管，会在一段电压范围内显著增加泄漏电流，导致误差过大。

（6）算法上的考虑

如前所述，由于输入信号的差异性导致了采集时间和滤波参数都需要有一定的改变。这时需要仔细选择参数以保证系统功能的实现，通常会在系统架构的基础上去选择电路实现。

模块接口承担着很大一部分复杂和敏感信息的提取任务，因此对于这方面的设计相对考虑的问题更多，在这里将努力把可能存在的问题都找出来。由于设计验证的方法上节已介绍，下面更多的是介绍既有的问题和解决的办法。

7.4.1 组合开关的电路设计

这里介绍如何设计一个电路驱动组合开关。组合开关的阻值见表 7-5，考虑给组合开关加上 12V 的上拉电阻，整个电路结构与上节介绍的电路非常类似，也是通过分压电阻分压，最后给单片机提供合适的电压。与上节的计算过程类似，先考虑初始计算，然后通过验证来调整参数。

表 7-5 组合开关参数

代表功能	标号	阻值/kΩ	精度	端口电压	引脚电压
选择功能 1	R_{SW1}	0.51	1%		
选择功能 2	R_{SW2}	1.02	1%		
选择功能 3	R_{SW3}	1.53	1%		
选择功能 4	R_{SW4}	2.04	1%		
关闭	R_{OFF}	50	1%		

将几个约束条件整理如下：

1) 电阻 R_{SW4} 的最大值需要与开关断开时有所区别，目的是确保组合开关开路与选择功能 1 之间有明显的区别。

2) 电阻 R_{SW1} 的最小值需要与开关短路时有所区别，目的是确保组合开关开路与选择功能 4 之间有明显的区别。

3) R_{SW1}、R_{SW2}、R_{SW3} 和 R_{SW4} 之间不能有重合部分，以免功能混淆。

4) 由于开关电阻较大，这里并不能很好地考虑湿电流，所以这项内容需要舍弃。

因此可以沿用原有的设计电路结构，并且联立出基本的结构，如图 7-16 所示。由于使用了电池电源 12V 供电，就存在了一定的波动，而且还有地偏移存在，因此整个电路设计较为复杂。在设计中可以发现：实际中如果允许地偏移存在，则整个软件算法会变得非常困难。为此有两种做法：

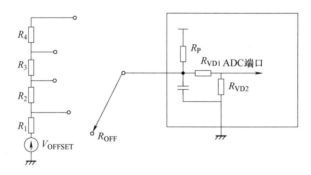

图 7-16 组合开关检测电路结构

① 将开关的地线拉回至模块，使得地偏移得到消除。

② 采集地偏移电压，把它作为一个参量放置在计算过程中。

整个计算相对简单，与上述计算类似，因此直接给出电路参数：$R_P = 2.7\text{k}\Omega$，精度 1%；$R_{VD1} = 33\text{k}\Omega$，精度 1%；$R_{VD1} = 47\text{k}\Omega$，精度 1%。

接下来可以使用矩阵法继续进行计算：

$$G_{IL}(R_P, R_{SW}, R_{VD1}, R_{VD2}) := \begin{bmatrix} \dfrac{1}{R_{P1}} + \dfrac{1}{R_{SW}} + \dfrac{1}{R_{VD1}} & -\dfrac{1}{R_{VD1}} \\ \dfrac{1}{R_{VD1}} & -\left(\dfrac{1}{R_{VD1}} + \dfrac{1}{R_{VD2}}\right) \end{bmatrix}$$

$$I_{\mathrm{IL}}(V_{\mathrm{BATT}},V_{\mathrm{GOFF}},R_{\mathrm{P1}},R_{\mathrm{SW}},I_{\mathrm{LEAK}}):=\begin{pmatrix}\dfrac{V_{\mathrm{BATT}}}{R_{\mathrm{P1}}}+\dfrac{V_{\mathrm{GOFF}}}{R_{\mathrm{SW}}}\\ I_{\mathrm{LEAK}}\end{pmatrix}$$

$$U_{\mathrm{IL}}(V_{\mathrm{BATT}},V_{\mathrm{GOFF}},R_{\mathrm{P1}},R_{\mathrm{SW}},R_{\mathrm{VD1}},R_{\mathrm{VD2}},I_{\mathrm{LEAK}}):=\mathrm{isolve}(G_{\mathrm{IL}}(R_{\mathrm{P1}},R_{\mathrm{SW}},R_{\mathrm{VD1}},R_{\mathrm{VD2}}),\\ I_{\mathrm{IL}}(V_{\mathrm{BATT}},V_{\mathrm{GOFF}},R_{\mathrm{P1}},R_{\mathrm{SW}},I_{\mathrm{LEAK}}))$$

$$\mathrm{ADC}_{\mathrm{MIN}}(V_{\mathrm{BATT}},R_{\mathrm{SW}}):=1023\,\frac{U_{\mathrm{IL}}(V_{\mathrm{BATT}},V_{\mathrm{GOFF\_MN}},R_{\mathrm{PL\_MX}},R_{\mathrm{SW}},R_{\mathrm{VD1\_MX}},R_{\mathrm{VD2\_MN}},I_{\mathrm{LK\_NM}})_1}{V_{\mathrm{REF\_MX}}}-3$$

$$\mathrm{ADC}_{\mathrm{MAX}}(V_{\mathrm{BATT}},R_{\mathrm{SW}}):=1023\,\frac{U_{\mathrm{IL}}(V_{\mathrm{BATT}},V_{\mathrm{GOFF\_MX}},R_{\mathrm{PL\_MN}},R_{\mathrm{SW}},R_{\mathrm{VD1\_MN}},R_{\mathrm{VD2\_MX}},I_{\mathrm{LK\_NM}})_1}{V_{\mathrm{REF\_MN}}}+3$$

可以得到地偏移校正和未校正的采样数据值,如图 7-17 所示。

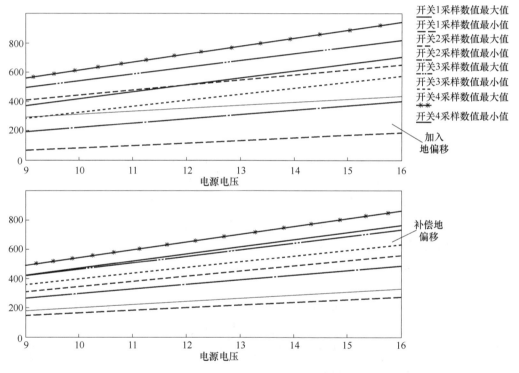

图 7-17 组合开关检测计算结果

7.4.2 电流转换电路

汽车电子中关于大电流的检测,通常可采用基于磁场的检测方法和基于分流器的检测方法。以车窗控制为例,想要实现防夹的功能,通常是同时使用两种方法进行检测的。汽车电子控制系统的工作电流一般都在 1~100A。

1) 基于磁场的检测方法:是以电流互感器和霍尔传感器为代表,具有良好的隔离和较低的功率损耗等优点,在电源驱动技术和大电流领域应用较多;但它的缺点是体积较大,补偿特性、线性和温度特性不理想。

2) 基于分流器的检测方法:由于高精度低阻值电阻发展较快,这种方法成本较低，精度较高，在汽车电子中用得较多。分流器检测方法是在电流路径中以串联的方式插入一个低阻值的检测电阻，这样会形成一个小的电压降，该压降可被放大从而被当作一个正比于电流的信号。

由于目前分流器检测方法精度较高，因此在这里重点讨论分流器的使用。在电阻的布置上也有低边电流检测和高边电流检测两种不同的方法，如图 7-18 所示。

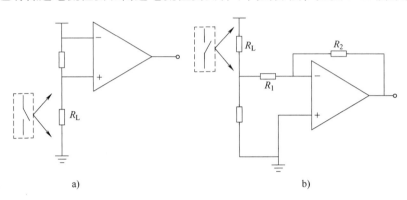

图 7-18 分流器电流检测配置

a）高边电流检测 b）低边电流检测

1. 高边电流检测

高边电流检测是将检测电阻放在电源和负载之间，由于检测电阻配置在电源端，所以可以轻易地避开地偏移的问题，并且可以通过该电路完成对电源的短路检测。当然，高边电流检测也存在着很多的问题和设计风险，主要包括：

1）由分立的元器件搭建成的高边检测电路往往精度不高，这是因为需要考虑电路检测的精度误差，包括配对的电阻精度的误差、运算放大器（简称运放）的输入偏置电压和输入偏置电流的误差等，并且共模电压也会对运放产生一定的影响。

2）运放的工作电压和浪涌电压抑制的问题：普通的 MOS 工艺的集成芯片最高工作电压为 18V，采用改进的高压 MOS 管可增大为 36V。当运放的输入端置于电源上时，将要直接面对电源线的干扰。传统的保护汽车电源的 TVS 管，一般其最高电压设置在 40V 左右，就有可能在完全开启之前导致损坏。

3）负电压输入的问题：由于负载的电源与运放的电源一般不是同一根熔丝引出，在模块电压缺失同时负载电源提供时，运放的输入端会产生负电压，则有可能将运放烧毁。

4）潜在的潜入路径的问题：由于有上面的需求，往往需要给运放电源端提供双电源同时供电，一般可采用双二极管的方式，但是这就存在着一定的潜在路径，即负载电源通过击穿二极管的方式为模块供电，这种设计较为复杂。

2. 低边电流检测

低边电流检测是将检测电阻放在负载和电路地之间，那么该电阻上形成的压降就可以用基于简单的运算放大器组成的差分放大电路进行放大。从系统角度看，这种检测方法可能会造成地线干扰，比如 5mΩ 电阻，在启动电流 100A 下时，会产生 0.5V 的电压；最为关键的是还有地偏移的情况出现，这是由于运放的电源一般采用板内逻辑电源，而检测的负载的地线是独立的，从而会造成1V的电压偏移。

目前经过AECQ认证的运算放大器如LM2902和LM2904的输入电压最大为$-0.3V$，$-1V$的电压会让运放在几秒内烧毁。最为简单的解决方法是，在运放输入端加入电容和肖特基二极管，如图7-19所示。通过肖特基二极管的电压钳位可以保证输入端的电压在一定的范围之内。当然还有另外一种方法，如图7-20所示，通过把电位抬高可以将整个电路从地偏移的问题中解脱出来，并且可在无电流通过时采用自动校正的方式得到零点，通过这样的处理可以大大提高精度，此时运放的失调电压、失调电流和偏置电流的影响将会降到最低。

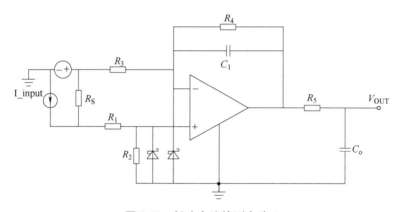

图7-19　低边电流检测电路1

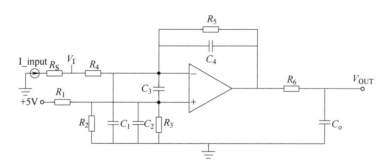

图7-20　低边电流检测电路2

特别需要对运放的精度进行说明，考虑运放的电路，一定要考虑以下几个非理想的参数，这些参数将决定运放电路的实际测量结果。

1）失调电压：表示使输出电压为零时需要在输入端口作用的电压差。当构成输入端差分放大器的管子参数并不是完全对称时，这就引起了失调电压。通常是在输入端加一个与之反相的电压来抵消这一电压。

2）失调电压的温度漂移：失调电压是随着温度的变化而改变的，一般在说明书中采用失调电压的温度系数来表示。如果给出了全温度范围内的最大数据，则可以采用折算办法来计算。

3）偏置电流：指运放输入级电流平均值，由构成输入端差分放大器管子的基极或栅极电流构成。运算放大器不提供输入级偏置电流的电流源,是为使运放能获取尽可能宽的共模输入电压范围。此参数越小代表信号源内阻对运放的影响越小,同时它也影响着输入失调电流的大小。

4)失调电流:指流入两个输入端的电流之差,也就是两个输入端管子的偏置电流差值。

因此,在这里可以运用"虚短"和"虚断"的概念联立以下的4个等式,可以获得检测电路1的计算方法,如图7-21所示。

电压差:
$$\frac{U_I - V_{GFF}}{R_S} = I_{PASS}$$

正极端公式:
$$\frac{U_I - U_P}{R_1} = \frac{U_P}{R_2} + I_{BP}$$

失调电压:
$$U_N - U_P = V_{OS}$$

负极端公式:
$$\frac{(U_{AMP} - U_N)}{R_4} = \frac{(U_N - V_{GFF})}{R_3} + I_{BN}$$

输出级公式:
$$\frac{U_{AMP} - U_O}{R_4} = I_{LEAK}$$

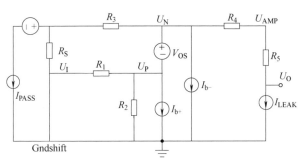

图 7-21 计算等效模型

将之转化为矩阵计算方法可以方便地进行后续计算:

$$G_{MESH} = \begin{pmatrix} 1 & 0 & 0 & 0 & 0 & 0 \\ -\frac{1}{R_S} & \frac{1}{R_S} & 0 & 0 & 0 & 0 \\ 0 & \frac{1}{R_1} & -\frac{1}{R_1} - \frac{1}{R_2} & 0 & 0 & 0 \\ 0 & 0 & -1 & 1 & 0 & 0 \\ \frac{1}{R_3} & 0 & 0 & -\frac{1}{R_4} - \frac{1}{R_3} & \frac{1}{R_4} & 0 \\ 0 & 0 & 0 & 0 & \frac{1}{R_5} & -\frac{1}{R_5} \end{pmatrix} \quad I_{MESH} = \begin{pmatrix} V_{GOFF} \\ I_{PASS} \\ I_{BP} \\ V_{OS} \\ I_{BN} \\ I_{LEAK} \end{pmatrix}$$

通过矩阵的逆运算可以求得输出电压:
$$U_O = \text{isolve}(G_{MESH}, I_{MESH})_5$$

最后转化为数值得到结果：

$$\mathrm{ADC} = \frac{U_\mathrm{O}}{V_\mathrm{REF}} \cdot 1023 + \mathrm{BitError}$$

注意：软件内部折算电路的公式是不计算误差的，因此 ADC 与电流的理论公式分别为

$$\mathrm{ADC} = I_\mathrm{S} \times R_\mathrm{S} \times R_4 \times 1023 / (R_3 \times V_\mathrm{REF})$$

$$I_\mathrm{S} = (R_3 \times V_\mathrm{REF} \times \mathrm{ADC}) / R_\mathrm{S} \times R_4 \times 1023$$

第 8 章

汽车电子输出电路

汽车电子执行机构的驱动是由模块完成的,这部分一般称为输出电路。汽车电子模块的输出电路主要分为两种:信号输出和功率输出。前者主要是通过小功率的晶体管实现;后者种类较多,较为常用的输出电路分为功率晶体管、智能功率开关和电磁继电器等,特别是后两种尤为常见,见表 8-1。

表 8-1 输出电路

输出类型	开关类型	信号电流	备注
信号输出	晶体管	200mA	
	小功率 MOSFET	200mA	可传递频率较高的信号
功率输出	功率晶体管	2A 以内	取决于芯片封装
	电磁继电器	5A 以上	
	智能功率开关	1~10A	

电磁继电器和智能功率开关是两种最为重要的功率控制开关。电磁继电器拥有载流量大、成本低的特点。它也有几个最为主要的缺点:

1) 寿命。由于电磁继电器是通过衔铁吸合和断开触点进行通断工作的,因此触点端的寿命往往成为限制其使用的重要因素。

2) 噪声。在汽车里面,乘员对噪声是非常敏感的,因此电磁继电器吸合、断开时的噪声也成为限制其在汽车电子中应用的重要因素。

3) 不具备集成的能力,保护和诊断能力是其致命的缺陷。

不过随着技术的进步,电磁继电器也在逐步改进其性能。由于智能功率开关不断地发展,它也在逐渐取代原有的传统电磁继电器的地位。智能功率开关不仅能完成接通或切断一个负载的开关功能,也能提供现代汽车电子需要的安全保护等其他功能,比如短路保护、过电压保护和诊断功能。

1) 短路保护:采用智能功率开关可以有效地避免短路时出现烧毁开关、负载、线束或熔丝的现象。通过设置限定的电流值,可有效保护短路时驱动电路不会损坏。在发生过载时,开关还具有过热保护功能:当开关本身的温度超过某个界限时,将执行关闭输出的动作,并反馈诊断信号。

2) 过电压保护:智能功率开关具有抗动态过电压的功能。在感性负载断开时,产生的浪涌电压经常会对智能功率开关有很大的干扰,在智能功率开关内部可通过动态齐纳管对瞬态产生的电压峰值进行钳位,而大多数情况下无须采用 TVS 管单独进行保护。

3) 诊断功能:智能功率开关能提供大部分诊断功能。诊断功能在系统维修和保证模块的可靠性方面占据着非常重要的地位,大部分整车厂都对固态开关有着详细的诊断功能规定。电子模块的内部诊断结果经过网络反馈输出,可以提供有关负载错误状态的数据,这样的操作大大简化了对模块进行故障诊断和定位的过程。

8.1 输出接口的短路保护

汽车电子的输出接口一般需要具备短路保护功能,需要承受短路电流且在切断短路电流后能恢复到正常工作的状态。根据输出接口的形式不同,通常分为低边开关输出、高边开关输出、恒定输出、继电器和电源传输等输出类型,不同的输出形式将会有不同的测试要求。表 8-2 给出了各种输出接口类型详细的测试要求。

表 8-2 输出接口的短路保护

输出类型	测试内容	备注
固态输出之低边开关输出	持续软短路到电源	5%×负载电阻
	持续硬短路到电源	100mΩ
固态输出之高边开关输出	持续软短路到地线	5%×负载电阻
	持续硬短路到地线	100mΩ
恒定输出	持续软短路到地线	5%×负载电阻
	持续硬短路到地线	100mΩ
	持续硬短路到电源	100mΩ
继电器和电源传输	继电器和板上走线需要通过过负载测试	通过外部熔断器保护,或者采用内部电流采样进行保护
	130%的负载电流测试	
	200%的负载电流测试(短时间)	

对于带熔断保护的输出端,应确保能承受短路电流且在更换熔丝后能恢复正常工作。熔断器结构和制造工艺简单且成本低廉,其工作原理遵循的是一个简单的功率与时间的关系,电流越大,熔断或开路时间越短。熔断器的功耗与通过熔断器的电流的二次方成正比,当功耗过高时,熔断器熔断。熔断器是一次性保护元件,一旦熔断必须进行替换才能保证功能的正常使用,因此通常将熔断器放在一起置于电气分配盒中,且置于容易检修的位置。当然也可在模块内部使用熔断器,不过这与设计线束布线有关,这些限制和保护功能增加了模块的成本和可制造的难度。对于无保护的输出端,可能会由于短路电流过大而引起端口损坏,这是设计时需要尽量避免的。

如表 8-2 所列,由于带保护的输出电路有较多的种类,因此这里对每类输出口进行详细的探讨。

1. 固态输出(低边开关输出和高边开关输出)

由于短路实际上也不是完全没有等效阻抗的直连,因此短接回路也存在一定的阻抗。按照阻抗的大小划分可分为硬短路和软短路两种不同的形式。在 AECQ100-12 中把集成芯片本身所做的短路实验做了规定，如图 8-1 所示。

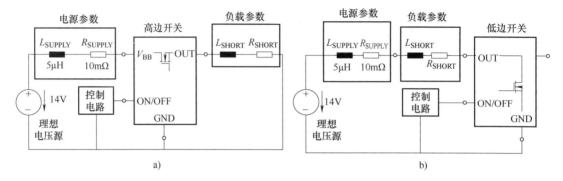

图 8-1 集成芯片短路实验

1) 硬短路是指输出直接短路到地，短路的等效电阻为 100~200mΩ。在 AECQ 实验中分为 4 种不同的测试状态：

引脚短路的情况：$R_{SHORT}=20mΩ$ 并且 $L_{SHORT}<1μH$；

负载短路情况 1：当短路电流 $I_{SHORT}≤20A$ 时，则 $R_{SHORT}=110mΩ-R_{SUPPLY}$；

负载短路情况 2：当短路电流在 $20A<I_{SHORT}≤100A$ 范围内时，则 $R_{SHORT}=100mΩ$ 并且 $L_{SHORT}=5μH$；

负载短路情况 3：当短路电流 $I_{SHORT}>100A$ 时，则 $R_{SHORT}=50mΩ$ 并且 $L_{SHORT}=5μH$。

2) 软短路是指负载过大的情况，一般来说可定义为原有负载电阻的 5%、10%、25% 和 50% 等不同等级。

硬短路使得固态开关快速地满足电流保护的条件，往往会快速关断。而软短路由于负载可能存在一定的冲击电流，使得开关只能通过热保护进行关断。

2. 继电器和电源传输保护

对于继电器和熔断器来说，并不是通过阻抗来考虑电气负荷的，而是通过额定电流来进行测试，一般分为短时测试和较长时间测试。前者采用 130% 的负荷，后者一般负担 200% 的瞬时负荷。继电器保护分成内部和外部两部分：内部采用分流器电阻电流检测的方法进行，外部使用熔断器保护。

3. 恒定输出保护

某些模块需要输出一个恒定的电压，这类输出通常通过稳压器来实现。对于恒定输出也需要比较多地考虑短路保护的问题。因此，电子模块往往并不允许使用低压稳压器向外供电，这会导致短路时整个功能的瘫痪，甚至逻辑电源的损坏。

8.2 智能功率器件

智能功率器件是将功率器件与传感器、检测电路、驱动电路、保护电路和故障自诊断电路等集成在一起的具有功率输出能力的新型元器件。这类器件的应用可以大大降低整个系统的复杂度，可代替外部电路来完成复杂的功率控制，被赋予智能的特征。智能功率器件具有欠电压保护、过电压保护、过电流保护、短路保护、过热保护、输出电压过冲保护、瞬态电流限制、电路软启动和最大输入功率限制等保护性功能，它的应用将提高系统的稳定性与可靠性。

智能功率集成电路的种类很多，一般分为高边开关和低边开关，供应商主要有ST、英飞凌和Freescale（现为NXP）公司，见表8-3。

表8-3 高边开关和低边开关

种类	系列	$R_{DS(on)}/m\Omega$	通道数量	产品数目	供应商
高边开关	M05,M01,M02,M03	4~500	1,2,4	141	ST
	PROtected FET	2.5~1500	1,2,4,8	98	英飞凌
	SMARTMOS™	2~7000	1,2,4,8	20	Freescale
低边开关	M02,M03	10~300	1,2,4	70	ST
	HitFET,TempFET	6~7000	1,2	49	英飞凌
	SMARTMOS™	50~2000	1,2,4,8,16	13	Freescale

随着器件的发展，集成度越来越高。现在芯片的发展趋势是尽可能将所有的集成开关都配置在同一个芯片内，最为典型的就是车门模块驱动器。它可以完成除了汽车电动车窗外的其他所有模块的控制，典型的芯片有ST的L9950、L9953、L9954和英飞凌的TLE8201。

表8-4 车身功率常用配置

分类	名称	英文	额定功率/W	总功率/W
外部灯光系统	远光灯	High Beam	65（左）+65（右）	130
	近光灯	Low Beam	55（左）+55（右）	110
	前雾灯	Front Fog Lamp	55（左）+55（右）	110
	转向灯	Turn Lighting	21+5+21（左）	46
			21+5+21（右）	46
	侧灯	Side Lighting	5+5+5+5	20
	后雾灯	Rear Fog Lamp	21（左）+21（右）	42
	制动灯	Brake Lamp	5+5+5	15
	倒车灯	Reverse Lighting	21（左）+21（右）	42
	车牌灯	License Plate Lighting	5+5	10
	行车灯	Front Driver Lamp	21（左）+21（右）	42
内部灯光系统	顶灯	Roof Light	10（左）+10（右）	20
	手套灯	Glove Light	5	5
	钥匙灯	Key Illumination Light	2	2
	门灯	Door Light	5+5+5+5	20
	卷烟灯	Cigarette Light	5	5

智能功率开关大量应用在驱动汽车灯光的系统中,包括室外照明和室内照明。灯泡的功率配置每个车厂并不一样,典型的灯光系统的功率配置见表 8-4,而实际的配置可以通过图 8-2 获得一个较为清晰的认识。

图 8-2　汽车外部灯光系统

LED 车灯具有高亮度、可靠、耐久和节能等多个优势,但是对于其驱动芯片有着较为严格的要求。在国内市场,LED 车灯已在汽车尾灯(如制动灯和车内门灯)中广泛采用,一些国外高级车型已经将其应用在前照灯中。在这一领域,英飞凌公司有 BCR 系列、基本 LED 系列(如 TLE4240),还有功率 LED 系列 TLD5085;ST 公司有 VIPOWER 系列的可驱动 LED 的高边开关。

8.2.1　功率开关的功耗分析

需要注意:灯泡的额定功率是在额定电压下获得的,随着电压的变化,额定电流也会存在一定的变化,并且功率存在一定的误差。表 8-5 将常见的不同功率规格的灯泡的额定电压罗列出来,这些数据对于运算将起到非常关键的作用。

表 8-5　灯泡功率

标准功率/W	功率误差(%)	额定电压/V	额定电流/A	标准功率/W	功率误差(%)	额定电压/V	额定电流/A
5	±10	13.5	0.37	21	±6	12	1.75
7	±10	12.8	0.55	27	±6	12.8	2.11
10	±10	13.5	0.74	55	±6	13.2	4.17
15	±10	13.5	1.11	65	±6	13.2	4.92

灯泡电流包括稳态电流与冲击电流两种。稳态电流是指灯丝的温度处在一个较为恒定状态下灯泡的电流；冲击电流一般是指灯丝处于初始温度下电阻非常小时的上电电流。这两个电流都对后续的选型有着重要的参考意义。

1. 稳态电流

灯泡参数一般给出额定功率和额定电压，但是稳态电流是随着电压的变化而变化的。汽车的电压存在很大的波动范围，因此灯泡的实际功率也是随之变化的，这个过程是非线性的，一般由经验公式来表示：

$$I_{\text{LAMP}} = \left(\frac{V_{\text{BATT}}}{V_{\text{RREF}}}\right)^{\beta} \cdot \frac{P_{\text{LAMP}} \cdot (1+\text{to1})}{V_{\text{RREF}}}$$

此时的 β 为 0.5~0.6，一般可选择 0.5。根据这个公式，可以得到不同电压下灯泡的电流，如图 8-3 所示，可以发现在较高电压下电流的增加是非常明显的。

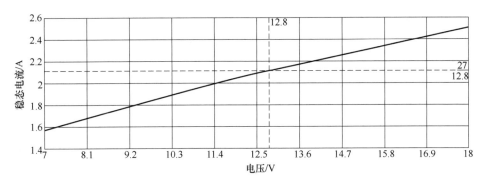

图 8-3 灯泡稳态电流

2. 冲击电流

当灯丝温度较低时，电阻远小于正常工作时的大小，因此等效电阻较小。一般而言，冲击电流是稳态电流的 10~15 倍，持续时间可以达到 20ms 左右，典型的波形如图 8-4 所示。

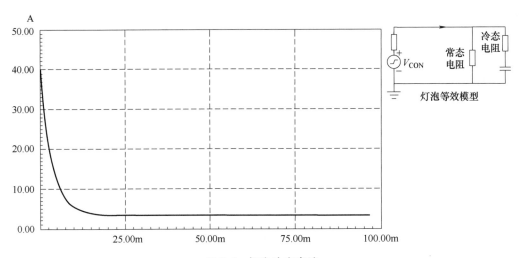

图 8-4 灯泡冲击电流

用智能功率开关驱动灯泡需要仔细核对其最大限制电流，如果选择的最大限制电流过小（远远小于冲击电流），将可能使得功率开关得到错误的诊断信息。因此在不同的温度下，智能功率开关的状态如下：

1）当 $V_{BATT} = 13.5V$，$T_{AMB} = 25℃$ 时：在电池正常电压和常温下，驱动芯片的限流数值必须比灯泡冲击电流的峰值大，否则将造成正常启动有问题，如图 8-5a 所示。

2）当 $V_{BATT} = 16V$，$T_{AMB} = -40℃$ 时：此时灯泡的冲击电流特别大，一般驱动芯片需要通过限流的方式控制输出，此时一般超过其本身的电流限值，如图 8-5b 所示。

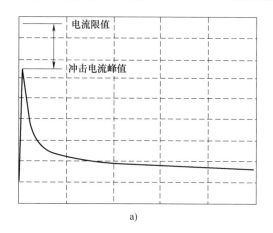
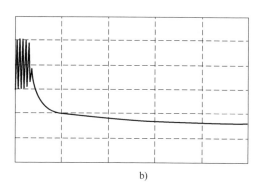

图 8-5　冲击门限设置

a）状态 1　b）状态 2

在前面介绍 MOSFET 的功耗时，大致介绍了其功耗的计算方法。智能功率开关的功耗分析有其特殊性，需要在原有的基础上进行调整，可以分为常导通和 PWM 导通两种情况进行分析。

（1）常导通的情况

常导通的情况较为简单，一般根据智能功率开关的导通内阻 $R_{DS(on)}$、负荷电流 I_L 来计算获取直流导通功率，计算公式为：$P_d = I^2L \times R_{DS(on)}$。

根据计算公式可以得到智能功率开关在长期导通时的功率。

（2）PWM 导通的情况

由于智能功率开关的驱动电路是设计好的，因此其电压上升率是给定的。在说明书中给出的数据是恒定的，传统的做法是按照三段法来计算，如图 8-6 所示。

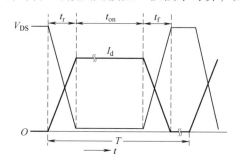

图 8-6　PWM 导通的情况

计算上升时间 t_r 和下降时间 t_f：$t_r = t_f = V_{BATT}/M_{SLEW}$，找出对应的曲线 $V_{out} = M_{SLEW} \times t$；通过整理和计算可以得到整个三段法的计算公式为：

1) 上升时间的功耗：$P_{tr} = (V_{DS} \times I_L) \times t_r / (6 \times T)$。
2) 导通时的功耗：$P_{ton} = I^2L \times R_{DS(on)} \times t_{on}/T$。
3) 下降时间的功耗：$P_{tf} = (V_{DS} \times I_L) \times t_f / (6 \times T)$。

但是实际的情况与上述的分析存在着一定的差距，因此需要对这个电压变化速率进行分段，一般仅是上升时间就可以分为 3 段不同的斜率：60%、100% 和 50%；整个过程可以分为 7 个不同的小过程，如图 8-7 所示。

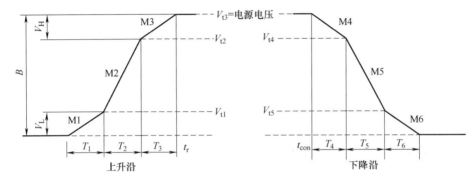

图 8-7 上升沿和下降沿的电压波形

通过这样分段，可以得到不同时刻的电压为

$$M2 \cdot (t-t_1) + V_{t1} \text{ 若 } t_1 \leq t < t_1 + t_2$$
$$M3 \cdot (t-t_1-t_2) + V_{t2} \text{ 若 } t_1 + t_2 \leq t < t_r$$
$$V_{t3} \text{ 若 } t_r < t < t_{con}$$
$$M4 \cdot (t-t_{con}-t_4) + V_{t4} \text{ 若 } t_{con} < t \leq t_{con} + t_4$$
$$M5 \cdot (t-t_{con}-t_4-t_5) + V_{t5} \text{ 若 } t_{con} + t_4 < t \leq t_{con} + t_4 + t_5$$
$$M6 \cdot (t-t_{con}-t_4-t_5-t_6) + V_{t6} \text{ 若 } t_{con} + t_4 + t_5 < t \leq t_{con} + t_f$$
$$0 \text{ 若 } t > t_{con} + t_f$$

对应的任意一个时刻的损耗功率为

$$P_d = \begin{cases} 0 & \text{若 } DC = 0 \\ R_{DS} \cdot I_{out}^2 & \text{若 } DC \geq 1 \\ \text{otherwise} \\ (B-V_{out}) \cdot I_{out} & \text{若 } 0 \leq t \leq t_r \\ R_{DS} \cdot I_{out}^2 & \text{若 } t_r(B,Z) \leq t \leq (DC/f) \\ (B-V_{out}) \cdot I_{out} & \text{若 } (DC/f) \leq t \leq (DC/f + t_f) \\ 0 & \text{若 } t > (t_{con} + t_f) \end{cases}$$

对上面的瞬时损耗功率进行积分，可以得到 3 段时间内的平均功率。电压上升时间段、导通时间段和电压下降时间段的功率分别为

$$PD_{rise} = f \cdot \int_0^{t_r} P_d dt \quad PD_{cond} = f \cdot \int_{t_r}^{t_{con}} P_d dt \quad PD_{fall} = f \cdot \int_{t_{con}}^{t_{con}+t_f} P_d dt$$

最后把这 3 段进行求和可以获取整个功率损耗：

$$PD_{AVG} = \sum (PD_{rise}, PD_{cond}, PD_{fall})$$

在计算得到常导通和 PWM 导通的功耗以后，就可根据智能功率开关的热阻进行核算，一定要注意其温度要控制在开关热保护的温度以下，否则将会出现错误的诊断信息。

$$T_{HSD} = T_{AMB} + P_d \times \theta_{JA} \text{ 并且 } T_{HSD} < T_{PROTECT}$$

如果以上措施出现了一定的问题，则可以采取一些改进的措施：

1）对于较大功率的智能功率开关器件，可考虑在内部增加铝散热片，增大其散热功率。

2）调整器件的型号，关键是增加其允许运行的温度范围，特别是芯片内部热保护的温度。

3）对散热方式进行改进，可以在 MOS 管紧贴印制电路板的一侧增加敷铜的面积和增加散热孔，以减少热阻；如果实在超过设计许可，可以采用低热阻同引脚（Pin to Pin）芯片。

8.2.2 必须要考虑的感性负载保护和典型设计失误

智能功率开关一般应用在驱动感性负载的电路中，比如驱动继电器的线圈。整车企业在设计系统时，为了增加系统的可靠性并增强意外情况发生时重要负载的可控性，往往采用在电动开关以外加入手动开关控制的策略。但这个机械开关的引入可能对智能功率开关产生毁灭性的后果，导致开关的失效。如图 8-8 所示，低边智能开关

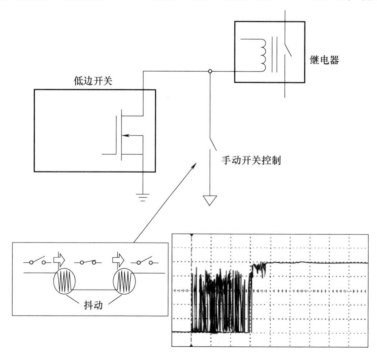

图 8-8 电子开关和机械开关并联时的非理想波形

(LSD)和手动机械开关一起驱动一个大功率的继电器线圈,由于在测试中并没有考虑手动开关控制,因此在前期的验证实验中模块始终正常,然而在装车以后就出现问题了,一段时间以后 LSD 失效烧毁。

经过测试和分析,以上连接的结构能产生可以破坏 MOSFET 的电压浪涌噪声。失效的机理是由于开关的机械抖动引起了噪声,带动继电器的线圈产生大的电压浪涌噪声注入模块内的 LSD 上。在一定程度上设计只考虑使用内部的钳位二极管来保护,但是由于机械开关抖动的速度比 LSD 关闭的时间要短,因此形成浪涌电压的速度非常快,高速的电压变换使得 LSD 内部的 NMOS 管失效了。接下来进行细致的分析,NMOS 管内部寄生特性在这时可以等效成寄生的晶体管。LSD 本身的漏源两极之间是较为脆弱的,它能承受的电压变化速率 dV/dt 是有限的,并且 NMOS 管有最大击穿电压的限制。当 dV/dt 过大,钳位二极管的响应速度不够快时,浪涌电压会打开寄生晶体管,导致其电压超过击穿电压,此时的瞬态电流是无法限制的,LSD 就会损坏。经过实验和分析确认,损坏就是由于寄生晶体管被击穿短路而产生失效。

具体的实验图形如图 8-9 所示,可以发现开关关闭时浪涌电压噪声很大。在设计中,应该从系统上尽量避免机械开关和电子开关并联控制继电器线圈这样的拓扑结构。如果无法避免,可以用晶体管取代 MOSFET 器件来驱动继电器,或者加上外部保护器件,如压敏电阻和 TVS 管。

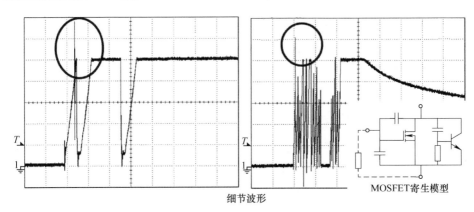

细节波形　　　　　MOSFET寄生模型

图 8-9　MOSFET 寄生模型和细节波形

这里通过定量分析可以初步计算出管子所吸收的能量,如图 8-10 所示,低边开关和高边开关都有内部的钳位二极管,一般能吸收的能量在 30mJ 以上。

以高边驱动计算为例,继电器初始电流为 i_0,由于是 LR 放电,其放电常数为 τ:

$$i_0 = \frac{V_{BATT}}{R} \quad \tau = \frac{L}{R}$$

首先需要计算整个放电的时间 t_{CL},在放电过程中电流的计算式为

$$i_L(t) = i_0 e^{\frac{-t}{\tau}} - \frac{V_{CL} - V_{BATT}}{R}(1 - e^{-\frac{t}{\tau}})$$

当 $i_L = 0$ 时可以求得 t_{CL},通过整理可以得到:

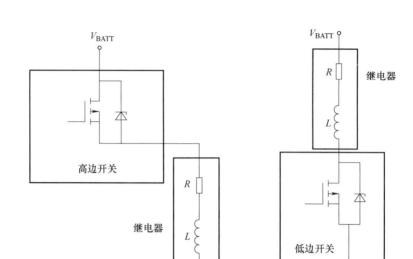

图 8-10 MOSFET 输出端钳位二极管

$$t_{CL} = \tau \ln\left[\frac{Ri_0 + (V_{CL} - V_{BATT})}{V_{CL} - V_{BATT}}\right]$$

在这个过程中钳位二极管吸收的能量为

$$E_{FET} = \int_0^{t_{CL}} (V_{CL} \cdot i_L(t)) \, dt$$

将 t_{CL} 代入整理可得

$$E_{FET} = V_{CL} \cdot \left[-\tau e^{\frac{-t_{CL}}{\tau}}\left(i_0 + \frac{V_{CL} - V_{BATT}}{R}\right) - t_{CL}\frac{V_{CL} - V_{BATT}}{R} + \tau\left(i_0 + \frac{V_{CL} - V_{BATT}}{R}\right)\right]$$

可以发现，钳位二极管所能承受的能量与钳位电压 V_{CL}、继电器电感 L、继电器等效电阻 R 以及电池电压有关，需要进行灵敏度分析，其结果为

$$E_{FET\_sns} = \begin{pmatrix} "L" & "R" & "V_{BATT}" & "V_{CL}" \\ "max" & "min" & "max" & "min" \end{pmatrix}$$

满足以上的条件是在低温、等效电阻最低，在电感最大、电源电压最高以及钳位电压最低时，通过代入这些参数计算得到最大的能量，把这个数值与最大允许的能量进行比较，判断设计是否可以满足要求：

Flyback_energy：= if(EFET_max<Emax_allowedPASS,FAIL)

如果结果不满足要求，需要添加额外的保护电路；也可以根据能量的方法进行计算和验证，在设计中需要更多地引入定量的计算来保证设计的合理性。

8.2.3 智能功率开关的反接保护

智能功率开关由于内部集成了一些保护元器件和寄生的半导体特性，因此需要考虑电源反接的特性，主要考虑高边开关和低边开关的情况。在智能功率开关的地线断开时，需要考虑可能存在的潜在问题。

1. 高边开关

首先考虑的是高边开关，需要特别注意其反接保护时的情况，图 8-11 所示为典型的反接时的通路。但电源反接时，可以找到两条传导的路径。

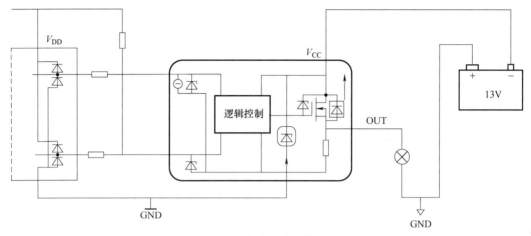

图 8-11　高边开关反接分析

（1）路径 1

路径 1：通过负载和高边开关内部的寄生二极管的通路。这是由于一般的高边开关采用的是 NMOS 管，存在一条电流的通路。此时负载也在工作，通常情况下高边开关并不会烧毁，仅仅是负载会持续导通，并且高边开关不具备过热保护和诊断的功能。在不同的厂家定义中，这并不是一种一定要避免的情况。如果想要彻底解决电源电压反接时负载导通的问题，可以采取模块的电源线路反接保护电路，在前面的章节中已经有了详细的介绍。

（2）路径 2

路径 2：通过内部的保护电源端的齐纳稳压管。由于高边开关需要抵抗电源的浪涌电压脉冲，在设计中必须包含齐纳稳压管的设计。因此在模块内部的反接中，就会出现地线→齐纳稳压管→电源端这样一条低阻抗的回路。此时的电流将非常大，很快会烧毁高边开关。

对于高边开关，必须在逻辑地线上对第 2 种传导路径进行处理。一般有 4 种不同的处理方法可供选择：大电阻限流、二极管钳位、二极管与电阻并联和使用 PMOS 管，如图 8-12 所示。下面对这 4 种方法分别进行分析。

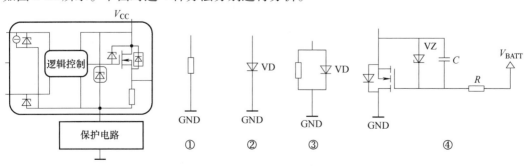

图 8-12　反接保护的电路

1)采用大电阻限流:这并不是一种非常理想的方法,对于电阻来说,它的选择较为困难。在芯片工作电流一定的情况下,如果电阻上的压降很大,将可能导致输出控制电位与输入电位不兼容,这时得可选取的最大电阻:$V_{DROP} = I_S \times R_{GND}$。

如果规定了系统的反接电流的限制,则需要验算此时的最小电阻 $V_{BATT} = I_{REV} \times R_{GND} + V_{DIODE}$;最后需要验证电阻的封装:$P_R = (V_{BATT} - V_{DIODE})^2 / R_{GND}$。

需要注意:当负载的电流波动、产生电压型的脉冲或本身电源具有一定的电压脉冲时,就很容易耦合到电阻上。这会导致两个不良的影响,输入引脚和反馈引脚上的电压会有不理想的电压脉冲,可能导致端口损坏或者高边开关不正常的关闭。因此,一般都在输出和输入口后添加限流电阻,阻值在10kΩ以上。

2)采用二极管钳位:仅仅适用于阻性负载的情况,这是由于其固定的管压降造成的。与采用电阻的方法一样,采用二极管的方法时电源线和负载端的负极性的电压脉冲将会无法泄放,由于二极管阻碍了所有的负极性脉冲回路,因此可能会造成损坏。

3)采用二极管与电阻并联:有了以上两者的共同作用,元器件的筛选工作会更简单,对电阻和二极管都没有非常特殊的要求。当电路正常工作时,二极管很好地限制了压降的大小,因此电阻可以选择更大的阻值;在负脉冲作用时,电阻可以作为有效的低阻抗回路。一定程度上,这是成本和质量最优的方案,被大部分公司所采用,特别是多个高边开关可以共用一个反接保护电路。

4)采用PMOS管:采用这种方法优点和缺点都很明显。优点是由于内阻较小,无论正负脉冲都不会受到影响,并且正向导通时压降非常小。同时缺点也异常明显,为了保护PMOS管防止瞬间栅源极间电压过大,需要加入额外的稳压管和电容,因此电路需要采用的额外元器件较多,使得模块成本增加。

2. 低边开关

其次需要考虑的是低边开关,如果继电器在内部预置了保护二极管,就会形成一条阻抗很低的通路,当反接时低边开关过热保护不工作,就很容易损坏。对这种情况的处理,一般考虑为低边开关串联二极管进行防反接保护,如图8-13所示。

8.2.4 故障诊断电路与波形

随着智能功率芯片的发展,其诊断的形式一般可分为3种:数字反馈、模拟反馈和SPI总线反馈。诊断的内容对于高边开关来说,包括正常状态、负载开路、短路到电源、软短路到地和硬短路到地几种。由于SPI总线的诊断是通过数据发送的,因此较为简单;模拟反馈和数字反馈相对而言较为复杂,见表8-6。

表8-6 高边开关诊断数据

状态			正常状态	短路到电源	负载开路		硬短路到地	软短路到地
					接电阻	/		
模拟反馈	关闭状态	输出情况	L	V_{BATT}	V_{BATT}	L	L	L
		反馈状态	0V	V_{SENSEH}	V_{SENSEH}	0V	0V	0V
	开启状态	输出情况	V_{BATT}	V_{BATT}	V_{BATT}		L	V_{PWM}
		反馈状态	I_{OUT}/K	$<I_{OUT}/K$	0		L→V_H	PWM

（续）

状态			正常状态	短路到电源	负载开路		硬短路到地	软短路到地
					接电阻	/		
数字反馈	关闭状态	输出情况	L	V_{BATT}	V_{BATT}	L	L	L
		反馈状态	H	L	L	H	H	H
	开启状态	输出情况	V_{BATT}	V_{BATT}	V_{BATT}	V_{BATT}	V_{PWM}	V_{BATT}
		反馈状态	H	H	L	L	H→L	H→L

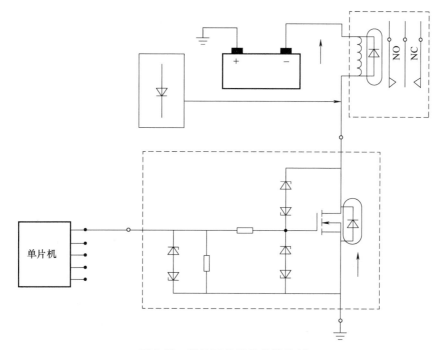

图 8-13 低边开关反接保护分析

需要重点处理的是智能功率开关的短路保护，它的内部一般都包含 3 种不同的保护模式：电流限制保护、功率限制保护和芯片热保护，如图 8-14 所示。

1）电流限制保护：在短路阶段，当负载电阻非常小时，整个电流非常大，内部检测电流的电路发现这种状态以后，启动了限流电路，以限定最大电流 I_{limH} 的输出，此时开关的温度逐渐上升，这也被称为硬短路保护。

2）功率限制保护：当以最大的限制电流 I_{limH} 输出时，功率开关的结温会迅速上升，当结温上升至 T_R 时，内部开启功率限制保护，此时的输出电压是时断时续的，整个输出电流可以等效为 I_{limH} 的脉宽调制。当然此时的等效功率还是超过其散热功耗的，因此开关的温度会继续上升。

3）芯片热保护：当智能功率开关内部温度上升到 T_{TSD} 时，开关进入热保护状态。此时开关立即关断，等待自然冷却；当开关的温度降至 T_{RS} 时，开关重新开启，并且以低限制电流 I_{limL} 输出，直至温度再次上升至 T_{TSD}。这种状态会持续下去，直到模块检测到状态。

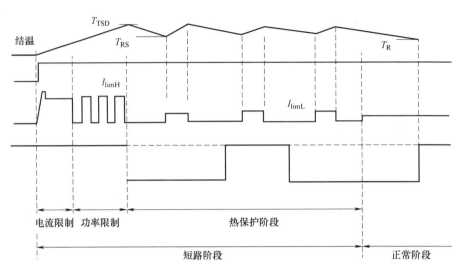

图 8-14 短路保护图形分析

需要注意的是，一般 T_{TSD} 是它的保护温度，数值的范围是 150~200℃。T_R 不仅是开关恢复正常工作温度的终点，在这个状态下开关会按照正常的状态工作；并且它也是开启功率保护的起点，由此开始进行功率输出限制，产生脉宽调制的输出电压；它的数值通常是固定的，被设置为 135℃。T_{RS} 是热保护的结束温度，降到这个温度以下，开关重新输出低限制电流 I_{limL}，它比 T_R 高 1~5℃，起到了一个滞环的作用。I_{limH} 是高限制电流，通常和低限制电流 I_{limL} 相差 2.5 倍以上，它出现在开关的温度较低时，一旦超过了 T_R，则 I_{limH} 是不被允许输出的。

当模块发生硬短路时，模块会经历电流限制保护和功率限制保护状态，最后停留在热保护状态。当模块发生软短路时，温度会缓慢上升，首先进入功率限制保护状态，如果温度上升则进入热保护状态。因此，整个开关不停地在 T_{TSD} 和 T_{RS} 之间关断和导通，如果不采取一定的措施而任由这种情况发生，驱动芯片将处在一个寿命很快折损的状态。

对于输出的诊断策略而言，真正的短路是以热保护的形式表现出来的，判断在一定时间内（50~100ms）芯片是否处在热保护状态，可以使用单位时间内计算热保护脉冲输出次数的方式进行判断。如果判断超过了一定阈值，则认为芯片发生了软短路或者硬短路，需要进行保护，可通过单片机利用软件断开智能功率开关实现。接下来的核心问题就是，单片机已经通过诊断确认了输出的错误状态，模块会通过通信总线向显示设备输出故障报警信号，它提醒驾驶人员去处理故障。然后需要考虑的核心问题是如何从错误的状态返回至正常状态，并且评估这样的短路对于电子模块的驱动是否会产生破坏。

一种较为成熟的策略是把整个过程分为 3 个阶段，并且以发生"一次短路"作为计数单位，然后按照计数多少进行分类。这里设定芯片在发生 $N_1+N_2+N_3$ 次故障以后损坏，这个值需要与芯片供应商进行匹配。

1）在第 1 个 N_1 次数内，模块发生故障回复到正常状态，只需要考虑对模块进行一次普通的复位（可以考虑重新施加点火信号），这时一般是在模块的使用前期。

2）在第 2 个 N_2 次数内，考虑更为苛刻的复位方式，比如使用特殊的诊断通信命令。这时模块已经工作了较长时间，需要确定芯片的工作状态。

3）在第 3 个 N_3 次数内，模块已经到了寿命的末期，需要确认模块的输出是否已经损坏，若是则直接更换模块是比较好的选择。

每个供应商的芯片并不相同，根据一些测试数据，把判断短路的时间减短有助于保护芯片，但是客观上也增加了判断错误的概率。

8.2.5 模拟诊断的计算实例

模拟诊断的高边开关主要用于多个灯泡的电流检测，最为典型的为转向灯的配置（21W+5W+21W）。模块需要确认灯泡的输出情况，特别是前后转向灯；如果无法工作，模块需要检测灯泡的情况反馈给其他模块。因此必须选择可测量输出电流的高边开关，如图 8-15 所示，这是一个典型的芯片内部检测电流，通过电流镜像可以检测输出电流，并通过电阻 R_{SENSE} 转化为电压，由单片机的 ADC 口采集数据。

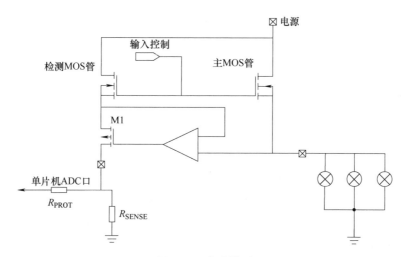

图 8-15 电流检测

在供应商的说明文档中，检测到的电流与输出电流是线性的，公式为

$$I_{LOAD} = K \times I_{SENSE}$$

式中，K 是电流增益。由于 K 值本身存在非线性，如表 8-7 所列，并且有较大的差异，如果选用典型值进行运算将会产生非常大的误差。

表 8-7 ST HSD VND5025 电流增益数据

电流/A	0.05	0.5	2	3	10
最大 K 值	5180	4360	3740	3450	2970
典型值	3300	3020	2810	2790	2760
最小 K 值	1450	1720	2290	2250	2610

不同电流下增益相差巨大，因此需要对 K 值进行处理。需要在不同的电流下进行

拟合计算，初步可分成3段：

1）小电流段（0~0.5A）：代入0.05A和0.5A的电流增益，获得拟合直线。

2）典型电流段（0.5~2A）：代入0.5A、2A和3A的电流增益，获得拟合二次曲线。

3）大电流段（3~10A）：代入3A和10A的电流增益，获得拟合直线。

通过上面的拟合处理，可以得到电流增益的最大值和最小值的曲线，如图8-16所示，这将方便下一步的处理。

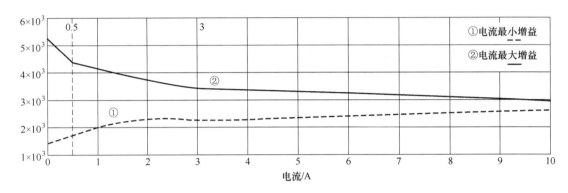

图8-16 电流拟合曲线

然后把电流转换为采样端口的电压：

$$V_{SENSE}(V_{BATT}) = (I_{mirror}(V_{BATT}) + I_{MCU\_leak}) \cdot R_{SENSE} + R_{serial} \cdot I_{MCU\_leak}$$

转换为数字量以后数据如下（这里为了简便省略了比特误差）：

$$ADC(V_{BATT}) = V_{SENSE}(V_{BATT}) \cdot V_{AD\_REF}^{-1} \cdot (2^{10} - 1)$$

通过这样的处理，可以较为简单地区分42W（中间转向灯损坏）和26W（前后某个转向灯损坏）。如图8-17所示，实线为42W灯泡的最小电流经过采样时所有误差低估之后的数据曲线，虚线为26W灯泡的最大电流经过采样时所有误差高估之后的数据曲线，两者之间有足够的距离，因此理论上完全可以认为整个检测是行得通的。

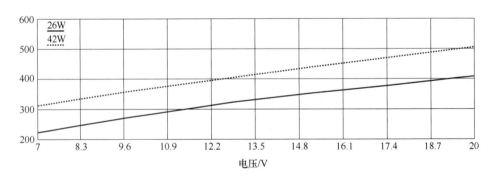

图8-17 诊断结果

为了计算方便，往往会在产线上对M值和B值进行矫正。通常在EOL测试过程中提供两个参考电流I_{REF1}和I_{REF2}：

$$M = (I_{\text{REF1}} - I_{\text{REF2}}) / (\text{ADC}_{\text{SENSE1}} - \text{ADC}_{\text{SENSE2}})$$
$$B = (I_{\text{REF2}} \times \text{ADC}_{\text{SENSE1}} - I_{\text{REF1}} \times \text{ADC}_{\text{SENSE2}}) / (\text{ADC}_{\text{SENSE1}} - \text{ADC}_{\text{SENSE2}})$$

最终的电流可经过以上的数据算出：
$$I_{\text{OUT}} = M \times \text{ADC}_{\text{SENSE}} + B$$

软件根据此公式可进行运算获取对应的电流，并且结合电源电压进行电流的运算，以检测负载的状态。

第 9 章

继电器驱动电路

电磁继电器广泛应用于汽车电子的各个领域中,如车身和娱乐电子系统(包括灯光、刮水器、电动门窗、预热、防盗、音响、通信和导航)的控制;汽车动力系统如起动控制、电喷、空调油泵;还有其他如安全气囊、防抱死制动、悬架控制以及汽车电子仪表和故障诊断等系统中。对于电磁继电器来说,汽车行业已成为最大的应用领域,其销售额约占全球电磁继电器和固态电磁继电器总销售额的 21%,2006 年全球汽车电磁继电器销售额约为 9.2 亿美元。当然现在电磁继电器的厂商也较多,主要供应商有博世、海拉、泰科、欧姆龙、松下、NEC 和宏发。

汽车电磁继电器可分为插入式汽车电磁继电器和印制电路板式汽车电磁继电器两类。

1)插入式汽车电磁继电器主要装配在中央控制盒中配合线束使用,相对板载电磁继电器来说体积更大、载流更高、成本更高,但便于安装和更换。

2)板载电磁继电器大部分用于汽车电子模块中,与前者相比体积更小、载流较小、成本更低。传统的用板载电磁继电器切换的汽车电子模块,将有可能被新型的汽车电子电路解决方案所取代。设计人员需要了解模块的特点以及应用场合,在电磁继电器和智能功率开关中不断地寻找平衡。

电磁继电器由铁心、线圈、衔铁、触点簧片等组成,利用电流的磁场效应来闭合或断开电路。当电磁铁的绕组中有电流通过时,衔铁被电磁铁吸引,因而就改变了触点的状态。简单来说,可以将电磁继电器等效成一个电磁铁,通过对衔铁的控制可以闭合或断开一个或数个触点。如图 9-1 所示,电磁继电器的模型可以分为线圈和触点两部分:线圈部分主要由等效电感和等效电阻组成,触点部分主要由等效电阻组成,两个部分通过线圈电流形成的磁场进行耦合。

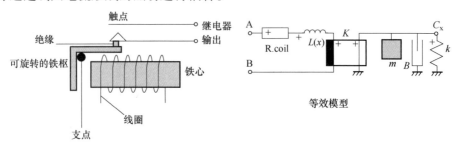

图 9-1 电磁继电器结构

接下来将首先介绍电磁继电器的主要性能参数,并且就电磁继电器的热分析、电磁继电器的吸合电压、电磁继电器的驱动电路和线圈浪涌电压的抑制、电磁继电器的触点保护等进行详细介绍。

9.1 电磁继电器参数分析

电磁继电器的参数有很多,从线圈和触点这两方面就可以对这些参数进行分类。

1. 线圈的参数

电磁继电器线圈的参数主要包括电压参数和电流参数,两者可相互对应。电磁继电器线圈的电压参数有额定工作电压、吸合电压、维持电压、释放电压和最大连续施加电压等,这些电压参数在概念上比较容易混淆。在同一个时间上,3 个重要的电压区别如图 9-2 所示。

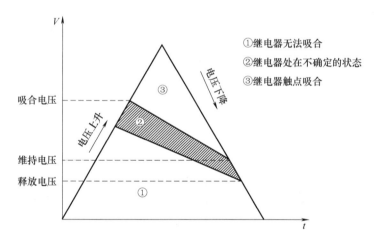

图 9-2 电磁继电器动作电压时间

1) 额定工作电压:是指电磁继电器正常工作时线圈所需要的电压,这个电压一般为供应商对电磁继电器进行测试时的电压,也是人们认为电磁继电器处于正常工作时的电压条件;与之对应的还有额定工作电流和额定工作功率。

2) 吸合电压:应保证电磁继电器触点吸合的最小线圈电压低于吸合电压,否则电磁继电器将无法产生吸合的动作。吸合电压的测试是将电压从小到大逐步增加来获取电压,和环境温度有很大的关系;与之对应的是吸合电流,即电磁继电器能够产生吸合动作的最小电流。由于电磁继电器吸合需要建立稳定的磁场,因此电磁继电器正常工作时的电流必须大于吸合电流。

3) 维持电压:电磁继电器触点吸合后,电磁继电器保持触点吸合状态的线圈电压。由于建立磁场比维持磁场需要一定的额外的能量,一般对于电磁继电器来说,它还存在一个维持电压的参数,这个数值一般低于吸合电压但高于释放电压;与之对应的是维持电流,这是电磁继电器吸合后维持电磁继电器吸合状态下的最小电流。

4) 释放电压:保证电磁继电器触点释放的最大线圈电压,这个值是通过电压从大到小逐步减小的测试而得到的。与之对应的是释放电流，即电磁继电器产生释放动作的最大电流。当电磁继电器吸合状态的电流减小到一定程度时，电磁继电器就会恢复到未通电时的释放状态。需要注意的是，释放电流远远小于吸合电流，略小于维持电流。

5）最大连续施加电压：线圈上连续施加的电压保证电磁继电器线圈不损坏，由于线圈存在一定的等效电阻，即电磁继电器中线圈的直流电阻，因此当电压施加在上面时，会使线圈发热。当电压过高时，很容易给线圈端施加过高的温度应力，对线圈产生损坏。在后面的章节中，将就电磁继电器的驱动电路和线圈的电压进行分析。

2. 触点的参数

相比较而言，电磁继电器触点的参数较少，电气参数主要有接触电阻、触点开关电压和电流、最大承载电流，时间参数相对较多。

（1）电气参数

1）接触电阻：指电磁继电器中触点接触后的电阻值。对于许多电磁继电器来说，接触电阻无穷大或者不稳定是最大的问题。

2）触点开关电压和电流：指电磁继电器允许加载的电压和电流。它决定了电磁继电器能控制电压和电流的大小，使用时不能超过此值，否则很容易损坏电磁继电器的触点。

3）最大承载电流：在不考虑温升的条件下，电磁继电器触点所能承受的最大电流，一般要大于触点开关电流。

（2）时间参数

电磁继电器触点的时间参数如下：

1）吸合时间：从最初线圈开始上电到触点开始闭合的时间，不包括触点反弹。

2）释放时间：从最初线圈掉电到最后触点断开的时间，不包括触点反弹。

3）设定时间：闭锁电磁继电器的工作时间。

4）复位时间：闭锁电磁继电器的释放时间。

5）触点反弹：在电磁继电器吸合或释放的过程中，移动金属和触点之间的碰撞，会产生间歇性开关的现象。

6）吸合反弹时间：工作时间之后的动态时间（间歇性开关）至反弹停止结束。

7）释放反弹时间：释放时间之后的动态时间（间歇性开关）至反弹停止结束。

3. 其他参数

电磁继电器还有其他的一些参数，具体如下：

1）绝缘电阻：各隔离部分之间的电阻，包括电磁继电器的线圈和触点、断开触点之间、触点线圈和各个铁心之间。绝缘电阻随着时间的推移而下降，这是由于材料老化和逐渐积累的灰尘造成的。

2）击穿电压（介电强度）：在短时间内加在电磁继电器上的最高电压（电磁继电器无损伤），一般同绝缘电阻一起测试。

3）浪涌耐压：电磁继电器承受外界浪涌电压的能力。脉冲测试波形一般都是指定的，并规定上升时间、峰值和下降时间。

4）破坏性抗冲击性：在运输和安装过程中，电磁继电器所能承受的最大加速度。

5）功能抗冲击性：在工作期间，电磁继电器可以承受的最大加速度，期间不能使闭合的触点转换成断开状态超过指定的时间。

6）机械寿命：在正常条件（线圈电压、温度、湿度等）、触点无电流情况下，电磁继电器可以操作的最少次数。

7）电气寿命：在正常条件下，触点加负载后，电磁继电器可以操作的最少次数。

8）最大开关频率：在不影响电气寿命和机械寿命的情况下，线圈端能加电压的最大频率。

9）寿命曲线：用来估算特定的电压和电流条件下，电磁继电器所能达到的最小操作次数。

9.2 电压分析

通过电压参数的介绍可以了解电磁继电器的电压条件，由此可设计和选择电磁继电器电路。首先需要进行电磁继电器的线圈电压分析，主要包括3个方面：吸合电压、释放电压和最高电压。一般来说，主要考虑两个方面：电磁继电器的冷启动和热启动。

1）冷启动：考虑电磁继电器刚启动时的条件，在各种环境温度下电磁继电器对电压的需求，此时认为电磁继电器的温度和外部环境温度相同。

2）热启动：在电磁继电器工作一段时间以后，线圈发热导致内部温度比环境温度高后，此时电磁继电器热启动面临更为苛刻的电压条件。

以上两个启动条件最为苛刻的方面都表现在吸合电压的变化上，驱动电压必须要满足吸合电压的条件。当然最高电压也在变化，相对来说释放电压考虑较少。以上的电压变化都与线圈电阻的变化有着直接的联系，这是因为继电器吸合、释放都是在常温下测量得到的。如果认为磁场条件不随温度变化，那么电压就与电阻的温度系数有关。

通常在说明书上标注的是线圈常温下的电阻，电磁继电器的电阻是随温度变化的，温度系数与常温的温度设定是有关的。不同的厂商有不同的定义，一般为

$$A = 1/(T_0 + 234.5)$$

$$R_{coil} = R_0 \cdot \left[1 + \frac{1}{T_0 + 234.5}(T_1 - T_0)\right]$$

① 欧洲和亚洲设定的起始温度为 $T_0 = 20℃$，此时的温度系数为 $A_1 = 0.003929$。
② 国际标准（IEEE）设定的起始温度为 $T_0 = 23℃$，此时的温度系数为 $A_2 = 0.003883$。
③ 美国规定的起始温度为 $T_0 = 25℃$，此时的温度系数为 $A_3 = 0.003854$。

以 NEC 的 EX2/EX1 系列电磁继电器为例，考虑没有触点电流的情况。常温下电磁继电器测量得到的吸合电压和释放电压分别为 6.5V 和 1.0V，线圈电阻为 160Ω。这些参数往往都有 10% 的误差，因此需要在这里做出一些调整。线圈上的最高电压和继电器的热阻相关，EX1 在无触点电流时热阻为 70℃/W。通过获取以上的参数，可以得到：

继电器最大的电阻：

$$R_{\text{coil}}(T_{\text{amb}}) := [160 \cdot (1+10\%)] \cdot [1+0.39\% \cdot (T_{\text{amb}}-20)]$$

冷启动吸合电压（只考虑环境温度的影响）：

$$V_{\text{pickup}}(T_{\text{amb}}) := 6.5\text{V} \cdot (1+10\%)[1+0.39\% \cdot (T_{\text{amb}}-20)]$$

冷启动释放电压（只考虑环境温度的影响）：

$$V_{\text{release}}(T_{\text{amb}}) := 0.9\text{V} \cdot (1+10\%)[1+0.39\% \cdot (T_{\text{amb}}-20)]$$

最高电压（只考虑环境温度的影响）：

$$V_{\max}(T_{\text{amb}}) := \sqrt{\frac{150-T_{\text{amb}}}{70} \cdot [160 \cdot (1-10\%)] \cdot [1+0.39\% \cdot (T_{\text{amb}}-20)]}$$

通过以上的公式，可以得到随着环境温度变化时的 3 个电压的情况，如图 9-3 所示。由图中可以发现，随着温度的上升，吸合电压和释放电压不断增大，但是线圈上的最大电压在下降，因此既需要考虑高温时电磁继电器低电压可能无法吸合的问题，也需要考虑在高电压时电磁继电器不能烧毁的问题，这就需要制定一定的软件策略。当然这个结果并没有考虑电磁继电器本身发热对线圈电阻的影响，也没有考虑触点端的电流对结温发热的影响，当这两个因素同时计入时，结果会更加严峻。

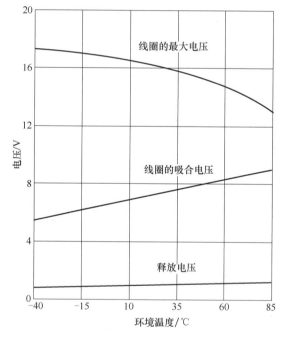

图 9-3 冷启动电压

在热启动时，需要考虑电磁继电器整体的温升对电阻的影响。电磁继电器的温升包括电磁继电器驱动电流流经线圈等效电阻引起的发热和负载电流流经触点端等效电阻引起的发热。

$$T_{\text{c}} = T_{\text{amb}} + T_{\text{RC}} + T_{\text{RL}}$$

线圈上的温升为

$$T_{RC} = \frac{U_{coil}^2 \cdot \theta_{CA}}{[160 \cdot (1+10\%)] \cdot [1+0.39\% \cdot (T_c-20)]}$$

负载上的温升，虽然与继电器的接触电阻有关，不过可以使用经验公式进行估计：

$$T_{RL} = \theta_{CC} \cdot R_K \cdot I_L^2 = K_{RL} \cdot I_L^{1.85}$$

其中 K_{RL} 通过测定无负载电流和加负载电流可以获取，一般而言在数据说明书中无法获取时，可以向继电器供应商进行询问。

当然最大电压也需要修正，因为需要加入负载电流和本身电阻加大对线圈发热的抑制：

$$V_{hot\_max}(T_{amb}) := \sqrt{\frac{160}{70} \cdot (1+10\%) \cdot [1+0.3929\% \cdot (150-20)] \cdot (150-T_{amb}-K_{RL} \cdot IL_{wc}^{1.85})}$$

经过迭代的过程，可以得出热启动的电压数值：

$$Tj_{xdl}(T_{amb}) := \begin{vmatrix} \text{result} \leftarrow 0 \\ \text{ii} \leftarrow 0 \\ \text{while ii}<5 \\ \quad \begin{vmatrix} B_{hot} \leftarrow 6.5(1+10\%)[1+0.39\% \cdot (T_c-20)] \\ R_{adjcoil} \leftarrow 160 \cdot (1+10\%) \cdot [1+0.3929\% \cdot (T_c-20)] \\ T_c \leftarrow \left[\frac{1}{R_{adjcoil}} \cdot (B_{hot})^2 \cdot \theta_{CA} + K_{RL} \cdot IL_{wc}^{1.85} + T_{amb}\right] \\ \text{ii} \leftarrow \text{ii}+1 \\ \text{return } T_c \end{vmatrix} \end{vmatrix}$$

整个结果如图9-4所示，可以发现，实际的最大电压要比冷启动的计算结果大一些，吸合电压和释放电压都比冷启动时要大。

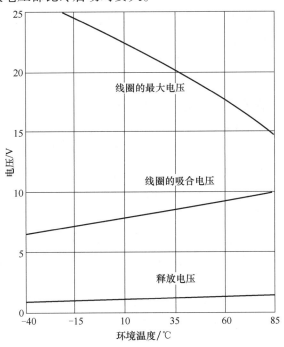

图9-4　热启动电压

9.3 驱动电路设计与线圈浪涌电压的抑制

初期的驱动继电器的电路一般是由晶体管电路构成的,可以分为3种,如图9-5所示,它们有各自的缺陷。

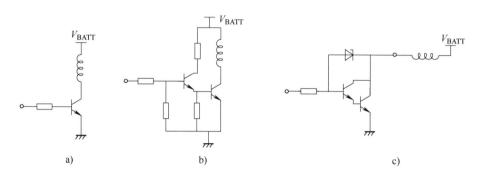

图 9-5 继电器分离驱动电路

a) 单级晶体管 b) 双级晶体管 c) 达林顿管

1) 单级晶体管(MOS管):使用单级晶体管驱动电路,主要存在的问题是基极电流不够。由于单片机的单个I/O口的输出电流在1~5mA,但继电器线圈的开启电流在40mA以上,所以单个晶体管放大增益约为25~50倍。这样的设计将显著增加晶体管的饱和压降,无法保证吸合电压。

2) 双级晶体管:采用双级驱动的方式可以显著改善第2级晶体管的压降问题。

3) 达林顿管:使用达林顿管比使用单个晶体管的吸合电压更加恶劣,因为达林顿管的压降在1V以上。如图9-5c中使用的基极保护稳压管则充当了一条潜在的通路,使得继电器会存在较大的漏电流。

上述3个电路都存在着反接时无法保护的问题,如图9-6所示。一般晶体管有两条通路,而达林顿管中由于有内部的保护二极管,因此有额外的一条反接通路。

目前,继电器越来越多地采取集成MOSFET驱动器来驱动。常用的有ONSEMI公司的NUD3124,它有效地采取了栅极的保护电路,又杜绝了很大的漏电流,但是同样的反接保护也是需要考虑的一个因素。因此,继电器的驱动电路一般采用统一的电源上的二极管保护或PMOS管反接保护电路。

电磁继电器线圈注入能量以后,在开关断开的一瞬间,会产生一个巨大的直流浪涌电压,这个电压在高边开关时是负电压,在低边开关时是正电压。线圈抑制措施的成功与否取决于对电磁继电器工作影响有多大,不当或过度抑制可能导致电磁继电器释放时间过长,触点断开变慢,触点反弹加剧。这些条件都将增加负载关断时触点拉弧的概率,这将显著减少电磁继电器的寿命。若要延长电磁继电器的寿命,可采取线圈浪涌电压抑制措施,见表9-1。

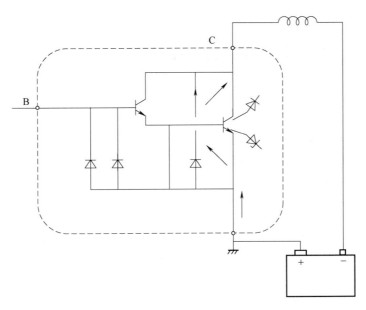

图 9-6 晶体管驱动电路反接问题

表 9-1 线圈浪涌电压抑制

电路形式	抑制电路	成本	反接	释放时间	寿命减少	浪涌电压
	齐纳管 二极管	较大	存在	可忽略	可忽略	需要考虑
	电阻	很小	否	需要考虑	需要考虑	不敏感
	压敏电阻	较大	否	较小	较小	不敏感
	阻容电路	普通	否	需要考虑	需要考虑	不敏感
	二极管	很小	存在	非常大	非常大	需要考虑

9.4 电磁继电器的触点保护

电磁继电器的触点失效一般可分为接触不良、金属转移和粘接3种不同的形式，其失效的过程是与负载和线圈都有关系的。

1）接触不良：一般发生在低电压和低电流时，由于绝缘性氧化膜或其他碳化物生成在触点表面，引起触点电阻增大或者接触不良的情况。在电磁继电器寿命末期，其接触电阻会迅速增大，这会使得温度增加更快，老化继续加速，使得电磁继电器迅速损坏。解决的办法是保证触点有足够的电流，使得触点产生合理的热量将氧化物带走，保持触点的清洁。

2）金属转移：是由电弧产生的金属小颗粒从电极离开，向电极的反向侧移动而产生的转移，同时也包括电极金属蒸气的蒸发。触点的被消耗程度是由电弧特性来决定的，金属转移随着电弧能量和持续时间的增大而变大。

3）粘接：是指触点表面发生熔融而使触点断开困难的现象，可分为由焦耳热产生的静态粘接和由放电产生的动态粘接。

静态粘接是由于通电时电流及接触电阻产生热量，在触点的接触部分发生熔融，粘接程度与触点材料、触点形状和触点压力有关。因此，避免静态粘接最主要的工作还是要保证继电器正常工作时温度不能过高。

动态粘接是继电器闭合时因抖动和断开而发生电弧热产生的粘接，粘接程度与触点抖动时间和断开力有关。避免动态粘连要解决继电器在断开瞬间浪涌电压造成的电弧和火花的现象。

与智能功率管相比，电磁继电器驱动的负载电流更大，在负载有一定感性性质的情况下，防止触点损坏是必须要考虑的问题。常见的直流电动机、直流离合器和直流电磁阀，这些感性负载在关断的瞬间，产生的数百甚至几千伏的反电动势造成的浪涌会使触点寿命降低甚至彻底损坏，如图9-7所示。反电动势会引起电弧放电，它会直接引起上述3种失效模式。在这里设计保护电路，主要目的是延长电磁继电器的使用时间，使得电磁继电器的寿命长于模块对使用时间的要求。

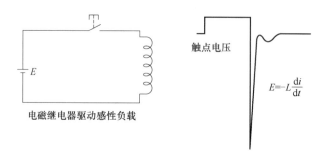

图9-7 感性负载引起的反电动势

某些时候，比如用电磁继电器控制电动机的正转和反转，情况往往会更加恶劣。在实际的设计中遇到过这样一个例子：利用电磁继电器驱动门锁电动机。如图9-8所示，通过一对电磁继电器来控制电动机的正转和反转，实现开锁和闭锁，在实现电动机操作后同时将输出端与地线相连接。

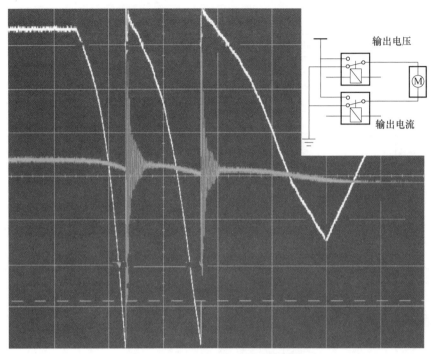

图 9-8　继电器触点浪涌电压干扰

由于门锁电动机是在到达位置后去关断，因此此时电动机处于堵转状态，电动机中存储的能量非常大，在关断瞬间会出现一个巨大的干扰源。如果不加浪涌保护和吸收的电路，在输出端会产生一个幅度很大的干扰脉冲，在关断瞬间输出端直接耦合到地线上，导致在地线回路上产生一个负脉冲，将会引起附近的所有芯片处在异常状态下。因为此时的供电电压可能远远超过原本的电压，并且没有办法通过电源端进行抑制。在实际的电路中，这个浪涌电压不仅使得单片机处于 RESET 的状态，甚至出现死机的状态，还把模块中的一个高边智能功率开关击穿，导致了整个模块出现了非常大的功能问题，这次教训是非常深刻的。

因此需要考虑如何去消除这个干扰，最为简单的办法是加上续流二极管，如图 9-9 所示。这种方法效果较好，目的是通过续流二极管将电压钳制在一定范围内，并且给门锁电动机一条释放电流的回路。当然这种做法某种程度上也会有一定的弊端。表 9-2

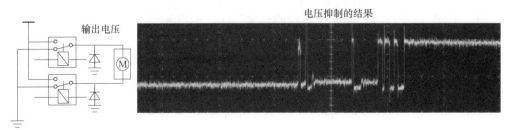

图 9-9　采用续流二极管抑制浪涌电压的结果

罗列出了阻容抑制、续流二极管抑制、二极管和齐纳管抑制、压敏电阻/TVS 管抑制这几种方法的电路和特点。

表 9-2 触点反电压抑制方法

抑制方法	电路图	描述
阻容抑制	（R、C 并联跨接于触点两端）	在上电的瞬间可能给负载一定的电流。R、C 的参数需要仔细调试后选取
	（R、C 串联跨接于负载两端）	这种做法会使某些负载如大功率继电器或电磁阀等负载的关断时间加长。R、C 的参数需要仔细调试后选取
续流二极管抑制	（二极管反并联于负载两端）	可比阻容抑制更为明显地改变负载的关断时间,并且对选择二极管的参数提出了一定的要求
二极管和齐纳管抑制	（二极管与齐纳管串联反并联于负载两端）	较为理想的方案,对齐纳管的击穿电压需要进行适当选取
压敏电阻/TVS 管抑制	（压敏电阻/TVS 管并联于负载两端）	最为有效并且是对负载影响最小的一种保护方式

常温常压下,空气中的关键电介质的击穿电压为 200~300V,因此目标一般是把电压控制在 100V 以下,以保证整个系统的正常工作。一般来说,可通过抑制将整个负电压控制为 40V。

阻容抑制采用电阻消耗电感中的电能,并且抑制上电时的电流;采用较大的电容限制触点的浪涌电压幅度。参数的选取:在 12V 系统内,电阻一般选择 6~12Ω;电容的选择为 1μF 对应触点 1A 电流,并且电容的耐压需要选择较高的值,需要在 100V 以上。

二极管续流时负载电感储存的能量通过二极管泄放,并以热量的形式消耗能量。

虽然可以抑制电压，但是显著加长了关断时间，这将会延长电弧产生的时间，并缩短了触点寿命。注意：二极管的反向电压至少需要为 $4\times V_{BATT}$。二极管与齐纳二极管串联很好地解决了这个问题，使得关断时间会显著减少。最为稳妥的方式还是使用压敏电阻或 TVS 管抑制，计算方法与典型的浪涌电压抑制验算方法相同，并且可通过实验进行验证。

第 10 章
汽车电子主控单元设计

在电子模块中，主控单元和通信芯片是两个非常重要的组成部分。随着汽车内部的电子模块越来越多，汽车中的主控单元也越来越多，通信的协议和方式也在不断发展变化，车载网络已经成为传递车内复杂数据必须具备的技术。

汽车电子中应用的单片机，按照总线位数可分为 4 位、8 位、16 位、32 位和 64 位。目前使用较为广泛的有 8 位、16 位和 32 位的单片机。

1) 8 位单片机：应用于低端市场的单片机，其特点是处理速度较慢、成本较低、消耗功率低。在汽车中，主要应用于车身控制器、车门控制、座椅控制、空调控制、刮水器控制、车窗控制、胎压传感接收器等比较简单的电子模块。随着芯片技术的发展，其内部的处理速度也在不断提高，闪存的容量增加，引脚数和封装较为灵活，占据了一部分低端应用市场。不过随着汽车电子模块整体的集成化和平台化应用越来越广泛，电子控制的大部分功能都被集成在集成化电子模块中。8 位单片机的另一种延续使用是被集成在专用的传感器和 ASIC 芯片中，作为智能化芯片的一个核。

2) 16 位单片机：比 8 位单片机的处理速度有了明显的提高，当然功耗也大很多。它一般用于控制较为复杂的电子模块，主要应用于复杂的车身控制器、离合器控制、电子制动、电子式动力方向盘和电子式涡轮系统等动力和传动系统的电子控制中。由于 8 位单片机的速度提升以及 32 单片机的价格不断降低，从目前的发展态势来说，16 位单片机只能依靠过去平台的延续，而慢慢成为过渡时期的产品。

3) 32 位单片机：是目前主流的处理芯片，具有非常快的速度，适用于需要较高智能、运算性能、实时性能的电子模块中，其应用领域不断在提升，特别是随着产量的不断提高，其成本甚至比大部分的 16 位单片机都要便宜不少。在汽车电子领域主要用于动力控制、自适应巡航控制、驾驶辅助系统、电子稳定程序等安全和功能复杂的传动系统，以及多媒体信息系统、安全系统和引擎控制等复杂的电子模块。32 位单片机能够处理复杂的运算，拥有强大的控制功能，是车用电子系统主控处理单元的核心角色，在越来越强调网络和诊断功能的现代汽车电子中逐渐成为主流。自从金融危机以后，32 位单片机的成本在不断地往下降，这是由于 AECQ 的认证完成和相关实验验证的结果，使大量的产品开始投产，这场来自其他应用领域的变革，最终将使得 32 位单片机在汽车电子领域占据统治地位。

概括而言，汽车电子的单片机应用态势为：32 位单片机将成为汽车电子模块中的功能实现单元，而 8 位单片机凭借低功耗和不断提高的处理速度作为辅助使用和低成本的方案。汽车电子的环境本来就是非常恶劣的，并且由于单片机是整个模块的处理核心，因此对于单片机有着非常高的可靠性要求，能够提供汽车等级的单片机的供应商也是较为有限的，主要有以下几家：瑞萨电子（Renesas）、恩智浦（NXP）、英飞凌（Infineon）、意法半导体（STMicroelectronics）、微芯科技（MicroChip）和德州仪器（TI）。在 2020 年，整个单片机市场的占有率如图 10-1 所示。

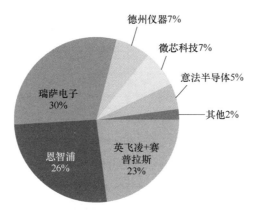

图 10-1　单片机市场份额

汽车应用的片上集成要求与其他应用领域有着很大的区别，面向汽车应用市场的供应商会针对特殊要求而专门设计和优化汽车级的处理器。目前而言，汽车电子零部件厂商往往与单片机供应商建立战略联盟关系，以获取稳定的合作关系。通过信息的共享较为同步地规划单片机产品的发展，使得在满足汽车电子模块功能发展的同时，整个开发的工作量大大降低，这点对于平衡不断变化的消费者需求、快速发展的半导体技术和稳定的产品质量这三者的关系是极为重要的。

汽车电子零部件厂商在开发过程中，往往对单片机的选用非常慎重，这种选择受多种因素的影响。常用的选择标准包括芯片的 AECQ100 认证、硬件因素和软件因素。其中 AECQ 的认证是使用芯片的先决条件。基于软件因素的考虑，选用单片机时一般都是在若干个单片机与开发平台的供应商之间进行筛选，并且以平台化的开发模式为首要考虑因素。

硬件因素见表 10-1，可概括为片上的存储资源、片上的硬件资源、单片机的性能、通信功能、其他功能、价格和功耗、综合分析等因素。表 10-1 是一个实操类表格，空白部分读者可根据实际情况进行补充。

表 10-1　单片机的选型考虑因素

序号	模块需求项	模块软件需求	可选的单片机 1	可选的单片机 2	可选的单片机 3
1	供应商				
2	ROM 大小				
3	RAM 大小				
4	EEPROM 的大小				
5	Flash 的大小				

(续)

序号	模块需求项	模块软件需求	可选的单片机1	可选的单片机2	可选的单片机3
6	I/O口数量				
7	A/D口数量				
8	A/D口精度				
9	PWM口数量				
10	最小运算时间				
11	定时器数量				
12	中断数量				
13	包含通信接口				
14	硬件看门狗				
15	RESET种类				
16	工作电压				
17	低功耗模式种类				
18	价格				
19	封装大小				
20	性能成本综合评估				

1）片上的存储资源：包括ROM、RAM、EEPROM和闪存（Flash）的大小，主要由软件工程师和系统工程师一起估计程序容量。EEPROM和闪存是较为关键的部件，前者用来存储较少量的关键数据，在诊断中应用较多；后者用来存储模块可能用到的大量的查找表，某些时候进行标定并需要在现场更新。如引擎控制系统所用的查找表就包含来自各种控制组件的数万个校准点，在汽车使用一段时间后，需要在维护时调整某些校准点，这对闪存的要求较高。

2）片上的硬件资源：主要包括I/O口、A/D口和PWM口的数量以及A/D口的精度。这些参数将直接决定单片机的封装，因此需要慎重分析模块的需求。特别是电子控制模块中有大量的传感器反馈信号时，A/D口的精度和数量是非常关键的指标。

3）单片机的性能：执行程序的时间如最小运算时间，还有其他的软件功能如定时器数量和中断数量。

4）通信功能：大部分单片机都要求集成某些通信网络的收发器，这可分为内部总线和外部总线。比如面向模块外的CAN和LIN接口以及面向内部的SPI和I^2C接口，这样有助于分布式系统中处理器间的通信。当然汽车目前的通信网络协议有所不同，因此需要从数量和种类两个角度去满足模块的要求。

5）其他功能：工作电压兼容、复位（RESET）的种类和是否集成硬件看门狗等具体的、特殊的要求，往往要在需求分析时就整理清楚。

6）价格和功耗：需要分析单片机的各种低功耗模式的功耗数值，从不同的工作模式去分析模块的需求，以满足静态电流和工作电流的要求。

7）综合分析：根据以上的这些内容需要进行综合性的评估，以帮助设计人员选择最合适的单片机，需要从成本和上面列举的因素去综合考虑。

在填写表格时，需要把以下的几个问题也作为选择的一些原则。

1）供应期的长短。由于汽车的生命周期较长，模块通常有着较长时间维修和服务的需求，单片机供应商需要对单片机做出长达 10~15 年的供应承诺，这对 MCU 的供应商也是一种硬性的要求。

2）使用率的问题。ROM、RAM、EEPROM 和闪存的使用率不能高于 80%，这是因为后期可能会在平台中加入新功能或额外一些内容。

3）产品的兼容性。需要确认单片机的体系中是否有下一代同类型单片机，是否与原产品有相同的封装和引脚排列。

4）单片机的汽车电子领域的使用历史确认。MCU 在本公司内部已完成开发的产品中是否有应用的先例，并且了解该款 MCU 在其他汽车电子产品中的使用情况。在设计验证阶段，保证单片机产品已正式投产。

5）数据保存单元的寿命确认。闪存/EEPROM 可擦写的次数对应的数据保存时间是否满足产品对使用时间的要求。

硬件工程师在做成本技术优化时，希望更换不同供应商的类似的产品。这里面往往有较大的价格差异，比如日本供应商的同等资源单片机价格往往比欧美厂商低很多，但是这一点对于软件工程师来说是灾难性的。这是因为还需要考虑单片机涉及的软件因素，包括软件开发工具的质量及软件组件的可用性。在某些企业内，由于有着完整的驱动库和其他的资源，往往不倾向于更改单片机的开发平台。

10.1 单片机的输入/输出口

单片机通过输入/输出（I/O）口来实现对外部设备进行检测和控制，对硬件工程师来说，了解单片机的输入/输出口是非常必要的。单片机的 I/O 口根据功能不同可分为以下几种类型。

1）并行总线 I/O：主要用于外部扩展和扩充并行存储器芯片或并行 I/O 芯片等，包括数据总线、地址总线和读/写控制信号。

2）通用数字 I/O：用于外部电路逻辑信号的输入和输出控制。在一般的单片机系统中，这类端口的应用最为广泛。

3）片内功能单元的 I/O：如内部定时器/计数器的计数脉冲输入、外部中断事件的输入等。

4）总线 I/O：用于系统之间或与采用专用串行通信协议外围芯片之间的连接和数据交换，如 I^2C 串行接口、SPI 串行接口、CAN 通信接口和 LIN 通信接口等。

5）特殊功能接口：一些单片机还在片内集成了某些专用的模拟或数字 I/O 口，如 D/A 输出端口、PWM 端口和 XGATE 等其他特殊接口。

由于单片机功耗和封装的限制，I/O 口的数量是有限的，因此单片机都采用端口复用技术来保持其使用的灵活性。端口复用即单个 I/O 端口既可以作为通用的数字 I/O 端口使用，也可以作为完成某项功能的专用接口，可根据实际需要对这些端口进行配置以获取所需要的功能。以 HC12S 系列单片机为例，通用输入/输出口的结构如图 10-2 所示。

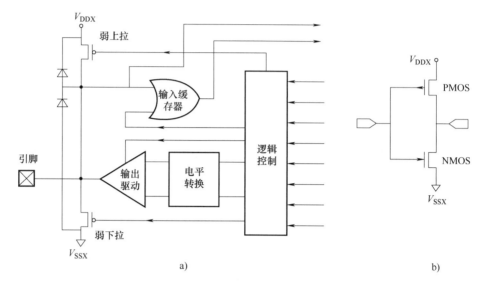

图 10-2 单片机端口结构

a）通用输入/输出口结构　b）输出驱动结构

10.1.1 数字接口输出口驱动能力

在集成电路中，有扇入系数和扇出系数两个概念。

1）扇入系数是指门电路允许的输入端数目。TTL 电路由于需要一定的静态电流，一般扇入系数为 1~5。CMOS 电路由于栅极电流较小，一般不考虑这个参数。

2）扇出系数是指一个门的输出端所驱动同类型门的个数，或称负载能力。在 TTL 电路的定义中，$N_O = I_{OLMAX}/I_{ILMAX}$，其中，$I_{OLMAX}$ 为门电路的最大允许灌电流，I_{ILMAX} 是负载门灌入本级的电流。TTL 电路的扇出系数为 8~10，CMOS 电路的扇出系数可达 20~25。

单片机也是一种 CMOS 电路，其 I/O 口已经过一定的优化，一般可以配置成可输出不同等级电流的模式，从整体而言所有的电流也具有一定的电流限制。单片机的 I/O 口在输出时电路结构和对应的模型如图 10-3 所示。

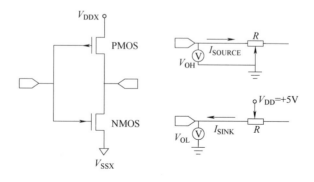

图 10-3 单片机 I/O 口的电路结构和对应的模型

随着电流的增大,输出口在驱动过程中不管是输出电流还是灌入电流,在内部 MOSFET 的内阻上产生的压降也越大。限制单个输出口的能力的不仅是电平的匹配问题,还有整个单片机的散热问题,这是由于单片机将承受压降的功耗。通常得到的压降数据是一般情况下的压降,实际输出口的压降和电流如图 10-4 所示,可以发现内阻有一定的变化。

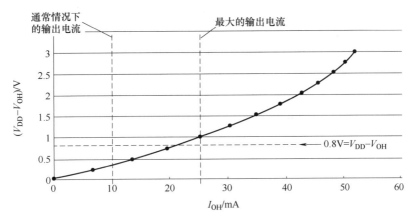

图 10-4 单片机输出口的电流输出能力

为了计算的方便,选择最大压降/最大电流作为最坏情况的内阻,计算公式为:$R_{DSON} = V_{DROP}/I_{OH}$ 和 $R_{DSON} = V_{DROP}/I_{OL}$,以计算实际的电流输出能力。一般的单片机需要计算强、中、弱 3 种模式下的内阻,以调整不同输出引脚的电流,保证整体的单片机的功耗处于稳定的状态。如果选择错误的模式,有可能会造成电平不匹配或者是其他故障。

10.1.2 单片机功耗分析

单片机的功耗是需要进行计算和控制的,特别是在高温下单片机的功耗是一个特别重要的参数。单片机的功耗与其工作状态有关,在核算时一般需要按照最坏的情况去估计。

通常将单片机的功耗按照下面的方法进行划分。

(1) 内部总线运行的功耗

这与单片机工作的总线频率有关,有两种计算办法。

1) 给定在固定频率和不同配置下的单片机的电流,计算内部功耗。这个计算需要依靠数据表进行,在单片机的数据手册中往往有相应的测试数据。以 Freescale 单片机为例,在端口中可复用 6 种不同的信号类型,然后根据不同配置下的电流进行运算,当然大部分供应商并不会给出这个数据。

ATD/ECT/I^2C/PWM/SPI/SCI/CAN/XGATE;

ATD/ECT/I^2C/PWM/SPI/SCI/CAN;

ATD/ECT/I^2C/PWM/SPI/SCI;

ATD/ECT/I^2C/PWM/SPI;

ATD/ECT/I^2C/PWM;

ATD/ECT/I^2C。

2）可以通过最大频率下的电流进行计算，假定电流随着总线频率的变化也是线性变化的。首先取得不使用PLL时的电流I_{INI}，然后取得最大频率下F_{MAX}的I_{MAX}，通过线性化可以得到不同频率下的电流：

$$I_{INT}(F_{USE}) = F_{USE} \times (I_{MAX} - I_{INI})/F_{MAX} + I_{INI}$$

得到内部功耗为

$$P_{INT} = V_{DD} \times I_{INT}(F_{USE})$$

注意PLL的频率是总线频率的两倍：

$$F_{PLL} = 2 \times F_{BUS}$$

（2）输入/输出端口的功耗

输入/输出端口包括数字输出口、数字/模拟输入口两部分。

1）数字输出口的功耗。按照表格中的数据得出内部的R_{Dson}，可计算出输出高电平和输出低电平在内部的功耗。

输出口吸入电流功耗：$P_{O\_SINK} = R_{Dson} \times \left(\dfrac{V_{DD}}{R_{Dson} + R_L} \right)^2$；

输出口输出电流功耗：$P_{O\_SOURCE} = R_{Dson} \times \left(\dfrac{V_{DD}}{R_{Dson} + R_L} \right)^2$；

输出口总功耗：$P_O = P_{O\_SINK} + P_{O\_SOURCE}$。

2）输入口的功耗一般不大，通常与泄漏电流和输入电压有关。但是很多的设计会存在一定的注入电流，此时钳位二极管处于工作状态。因此输入口的功耗分成两部分。

正常时的泄漏电流的功耗：$P_{I\_normal} = I_{leak} \times V_{DD}$；

电压高时保护的功耗：$P_{I\_inject} = I_{inject} \times V_{F\_diode}$；

总的输入功耗：$P_I = P_{I\_normal} + P_{I\_inject}$。

单片机的所有功耗由两部分功率相加而成：$P_{MCU} = P_{INT} + P_I + P_O$，通过单片机的热阻可以进行初步的热分析：$T_J = T_{AMB} + P_{MCU} \times \theta_{JA}$。

10.1.3 模/数转换过程的误差

在设计过程中，可能使用独立的或者单片机内置的模/数转换通道，对于模/数转换中的一些性能和参数，在这里首先做一个完整的定义和说明。

1）分辨率：经过采样得到的数字量最小间隔所对应的模拟信号的变化量，定义为满刻度与2^n的比值。分辨率可以采用若干不同的方式表达，最常见的是最低有效位（LSB），它是指所有位中最小的值或权值。其他的可以用表10-2中所列的一些单位表示，其中包括位数、满刻度最大数值、满刻度百万分之一（ppm）、满刻度百分比、满刻度（dB）和满刻度最小电压等。

表10-2 模/数转换的分辨率指标

位数	最大数值	最小电压（10V）	ppm	百分比	dB
2	4	2.5V	250000	25	-12
4	16	625mV	62500	6.25	-24

(续)

位数	最大数值	最小电压（10V）	ppm	百分比	dB
6	64	156mV	15625	1.5625	−36
8	256	39.1mV	3906	0.390625	−48
10	1024	9.77mV	977	0.098	−60
12	4096	2.44mV	244	0.024	−72
14	16384	610μV	61	0.0061	−84
16	65536	153μV	15	0.0015	−96
18	262144	38μV	4	0.0004	−108
20	1048576	9.54μV	1	0.0001	−120
22	4194304	2.38μV	0.24	0.000024	−132
24	16777216	0.60μV	0.06	0.000006	−144

注：位数指的是模/数转换后数据的位数。

很多人把分辨率等同于精度，这是一个错误的概念。实际上分辨率就如同一把尺子的最小刻度，但不代表测量精度就是最小分辨率，这是因为本身尺子上面可能有磨损。正确衡量采集的系统误差一般有以下几个参数：偏移误差、增益误差、量化误差、微分非线性和积分非线性。

模/数转换器的传输特性本身也是对采集的电压进行线性化的过程。线性化的过程中产生的误差一般可称为线性误差，它是指模/数转换器的实际传输特性与直线的最大偏差。整个传输特性可以用这个式子来表示：

$$ADC(V_{SAMPLE}) = K_{AD} + G_{AD} \times V_{SAMPLE}$$

式中，V_{SAMPLE}是模拟电压信号；K_{AD}是常数；G_{AD}也是常数。

2）偏移误差：偏移误差会使传递函数或模拟输入电压与对应数值输出数字量间存在一个固定的偏移。偏移误差是实际数值K_{AD}与理想数值（通常为零）之间的偏移量；由于单片机内部 A/D 通道都是单电源供电的，因此偏移误差和零误差是相同的。

3）增益误差：预估传递函数和实际斜率的差别，增益误差通常在模/数转换器最末或最后一个传输数字量转换点计算。增益误差是实际数值G_{AD}与其理想数值之间的差值，通常表示为两者之间的百分比差，在满刻度时被定义为对总误差的增益误差贡献。

当然即使在偏移误差和增益误差都为零的情况下，也会存在量化误差，量化误差是系统性的，它决定与通道的实际分辨率。

4）量化误差：由模/数转换器的实际分辨率而引起的误差，实际分辨率的阶梯状转移特性曲线与理想的模/数转换器的转移特性曲线之间的最大偏差。通常是 1 个或半个最小数字量的模拟变化量，可表示为 1LSB、1/2LSB。

图 10-5 中 3 个图形比较清晰地阐释了这种关系，以有限的数字量描述无限的模拟量肯定存在偏差，这就是量化误差。而在整个量程中，传递函数的起始误差成为偏移误差，传输特性斜率上的误差成为增益误差。但是这种描述的方法是有一定缺陷的，因为它并没有给出整个系统中某个采样点的误差到底是多少，为此引入微分非线性和积分非线性的概念来表述这个误差。

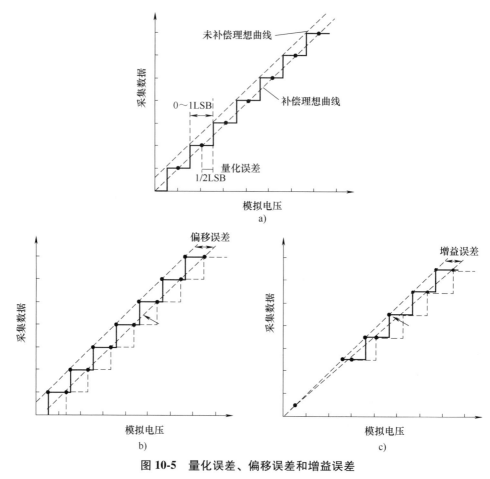

图 10-5 量化误差、偏移误差和增益误差

5）微分非线性（DNL）：在理想的情况下，模/数转换器的相邻两个数据之间，模拟量的差值都是一样的。在数字编码中的 1LSB 变化对应于模拟信号的严格的 1LSB 变化。模/数转换器从一个数字转换到下一个数字应该有严格的 1LSB 模拟输入的变化。实际的器件中，相邻两刻度之间并不都是等间距的。微分非线性就是用来描述相邻两刻度之间最大的差异的参数，在 1LSB 模拟信号的变化对应于数字变化大于或小于 1LSB 的地方，被称为微分非线性的误差。

6）积分非线性（INL）：模/数转换在所有数值点上对应的模拟值和真实值之间最大误差点的误差值，也就是输出数值偏离线性最大的距离，单位是 LSB。如图 10-6 所示，积分非线性是微分非线性误差的数学积分，具有良好的积分非线性，保证有良好的微分非线性。

微分非线性和积分非线性是指模拟量与数字量的转换与理想状态之间的差异。前者是数字量步距与理论步距之差，后者是所有数字量非线性误差的累计效应。对一个模/数转换通道来说，输入电压产生一个给定输出数字量，微分非线性为正时输入电压范围比理想的大，为负时输入电压范围比理想的要小。从整个输出数字量来看，每个输入电压数字量步距差异累积起来以后，和理想值相比会产生一个总差异，这个差异就是积分非线性。

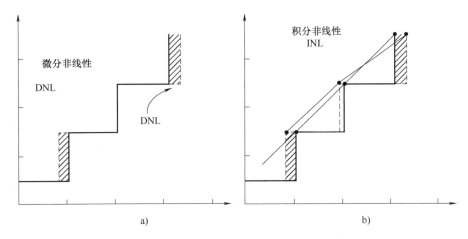

图 10-6 微分非线性和积分非线性

因此把在模/数转换器内发生的错误，使用积分非线性的数值作为比特误差来表征整个模/数转换通道的误差。它包括积分非线性和量化误差两个数值。在 Freescale 单片机中，10 位分辨率的通道，积分非线性是 2.5，同时量化误差为 0.5，因此可以得到整个比特误差为 3LSB；8 位分辨率的通道，积分非线性是 1，同时量化误差为 0.5，因此可以得到整个比特误差为 1.5LSB。

在加上物理量转换成电压时的误差后，可以获取整个系统的两个精度：绝对精度和相对精度。

1) 绝对精度是指在整个刻度范围内，采样所得的数字量与所对应的模拟量实际输出值与理论值之间的最大误差。

2) 相对精度与绝对精度表示同一含义，用最大误差相对于满刻度百分比表示。

这两个概念是一定需要仔细确认的，否则会造成很多数据上的误解。

10.1.4 单片机内置 A/D 通道的使用注意事项

在使用单片机内置 A/D 通道的过程中，应关注以下的使用注意事项，否则将会对采样的精度造成严重的影响。

(1) 外部保护电路带来的干扰

首先考虑静态的误差分析，在模/数转换过程中，整个通道的泄漏电流由 I_L 表征。它包括了整个输入等效电阻和保护二极管的漏电流，其范围在 $\pm 1\mu A$ 左右。在设计电路参数时，尽量考虑使输入的范围在参考电压范围以内，这样就可以省去考虑注入电流的问题。如果由于电压范围过大，在某些范围内超过了端口的输入电压范围，则需要考虑电压保护的方法。

1) 验算单片机内部的钳位二极管的能力是否足够，一般规定二极管的最大注入电流为 2.5mA，小于这个数值可以不考虑加入外部保护电路。

2) 如果选择在外部添加稳压管进行保护，一定要使得稳压管的钳位电压相对较高，否则将导致在接近满量程时稳压管漏电流太大而使设计失误，如图 10-7 所示。

3) 避免使用肖特基二极管进行保护，在高温、输入电压较小时，从 V_{DD} 上注入的泄漏电流将成倍增加，在 R_1 阻值较大时将会对系统精度产生很大的影响，如图 10-7 所示。

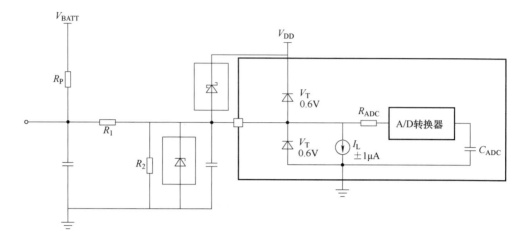

图 10-7　慎用稳压管和肖特基二极管

（2）滤波电容的选择和设计

在模拟通道的前端，通常需要加入滤波电容 C_f，这个电容与源电压内阻构成了一个一阶的低通滤波器，起到滤除高阶噪声的作用，当然这仅是其作用之一。如图 10-8 所示为整个等效的模拟通道结构。在采样发生前，外部寄生电容 C_P 和输入电容 C_{IN} 的电压为 V_{IN}，在采样时，整个源需要为输入缓冲器的电容 C_{BUF} 与采样保持电容 C_{SAMP} 充电，在 R_S 较大的情况下，输入电压将会有一定程度的下降。可以使用能量守恒定律进行估算：

$$1/2 \times (C_P + C_{IN}) \times V_{IN}^2 = 1/2 \times (C_P + C_{IN} + C_{BUF} + C_{SAMP}) \times V_{IN\_S}^2$$

可以得到：

$$V_{IN\_S} = [(C_P + C_{IN})/(C_P + C_{IN} + C_{BUF} + C_{SAMP})]^{1/2}$$

代入 Freescale 单片机提供的数据，$C_{SAMP} = 12pF$，$C_{BUF} = 4pF$，$C_{IN} = 6pF$，$C_P = 5pF$，可以发现电压只有原来的 63%；而如果代入一个 $C_f = 1nF$ 的电容，则电压将会上升为原来的 99.2%。

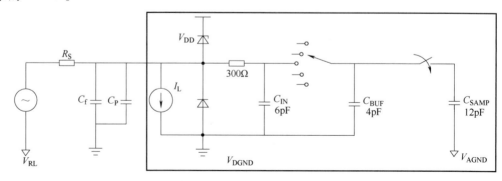

图 10-8　采集通道等效结构

当然电容的数值也不能太大，这是有原因的，如图 10-9 所示。当外部的输入电压变化 ΔV 时，由于模/数转换器内部电阻和采样电容都较小，因此整个电压变化的充电时间就限制在滤波电容 C_f 上，计算公式如下：

$$V_{IN} = 1 - e^{-\left(\frac{t}{R_S \cdot C_f}\right)}$$

一般采样时间为几个 A/D 采样周期，这里取 4 个时钟周期，因此可以计算采样频率下的误差。

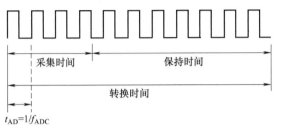
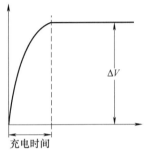

图 10-9　采集频率限制

（3）电压范围和电压之间的范围

单片机的模拟电压地 V_{SSA}、模拟电源 V_{DDA}、输入电压 V_{IN}、A/D 参考地 V_{RL} 和 A/D 参考电压 V_{RH} 的范围需求为：$V_{SSA} \leqslant V_{RL} \leqslant V_{IN} \leqslant V_{RH} \leqslant V_{DDA}$。这是由内部的结构决定的，当某个输入通道为负电压且 $\leqslant V_{SSA}$ 或电压太大且 $\geqslant V_{DDA}$ 时，由于通道的钳位二极管保护引起的注入电流，将会对相邻的信道产生额外的泄漏电流，引起采样误差，如图 10-10 所示。

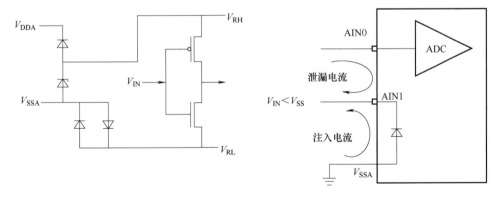

图 10-10　单片机 A/D 电压供电

10.1.5　处理单片机未使用的引脚

由于目前单片机的大部分 I/O 口都采用了引脚复用技术，并且对单片机的端口使用率往往需要留有一定的余量，因此如何处理那些不使用的引脚也是非常关键的。某些工程师可能将这些引脚悬空处理，却不知在汽车电子这种恶劣的环境下，静电干扰、辐射干扰和其他非理想的因素会使扰动直接影响至单片机内部的程序处理。

对于专用的输入引脚，处理的方法是较为统一的。使用上拉电阻连接至单片机电源端 V_{DD} 并配置成高电平输出，使用下拉电阻连接至地平面 V_{SS} 并且配置成低电平输出，这两种不同的方法二选一即可。对于复用引脚的处理有不同的方法，这里将对这些方法进行逐一介绍，如图 10-11 所示。

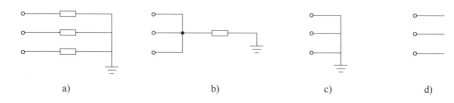

图 10-11　单片机未使用引脚的处理
a）方法 1　b）方法 2　c）方法 3　d）方法 4

1) 将每个引脚连接一个相应的下拉电阻至地平面。这种做法的好处显而易见，可以保证任何干扰信号都会顺利地由较低的阻抗回路回流至地平面；各个输出口独立，可以保证端口任何时候都能处于一个稳定的状态。但是由于使用元器件较多，因此相对的成本略大；在核心区域的单片机附近的布线空间受到了一定的限制，而这一区域往往是布线的重点区域。为了解决这个问题，使用小封装排阻可以将问题变得更为简单，从成本而言也不会有明显增加。

2) 将几个引脚互连后，使用同一个下拉电阻连接至地平面。这种做法成本较低，布板的空间较省，但是同样也存在一定的问题。当单片机处于 RESET 或者程序混乱状态下时，就可能出现部分端口输出高电平、部分端口输出低电平，可能会造成端口烧毁的情况。

3) 直接连接到地。软件程序把端口配置成高阻抗输入口，并设置寄存器为输出低电平的状态。但是这种做法可能引发失误的问题。引脚配置时，从输入到输出的变化过渡至输出从低到高状态的变化，可能有瞬间短路和其他不理想的情况出现。

4) 将端口悬空并且配置为低电平状态。这是一种廉价的做法，也存在可行性，但是对于干扰只能依靠端口内部的二极管进行泄放，对于单片机本身的可靠性有一定程度的降低。

关于对单片机未使用引脚的具体处理方法，一定要和软件工程师进行沟通并在文档中注明，否则较为容易出现问题。在实际应用中，不同的公司有不同的处理办法。

10.2　单片机的时钟与复位

单片机的复位逻辑是使单片机从某些不确定状态（或混乱状态）回到一个确定的初始状态，并从这个状态开始工作，程序重新运行。复位逻辑在单片机设计阶段就已经考虑了，这是单片机抗干扰设计的需要。复位的引入降低了系统成本，提高了系统可靠性，同时也让硬件工程师需要更多地考虑复位逻辑的特点。当单片机复位后，通常可由相关的状态位来判断单片机的复位种类。而对所有的集成芯片而言，特别是对数字电路来说，复位可以分为同步复位和异步复位。

1）异步复位：当复位信号发生变化时，并不立刻生效，只在当有效时钟沿采样到已变化的复位信号后，才对所有寄存器复位。

2）同步复位：当复位信号有效沿到达时，无论时钟沿是否有效，都会立即对目标（如寄存器、RAM 等内部单元）进行复位。

单片机的复位可分为外部复位、电压复位和内部复位。电压复位可分为上电复位和欠电压复位，这个复位逻辑由内部的电压检测电路完成。内部复位包括软件复位、双总线故障复位和时钟丢失复位。如图 10-12 所示，可粗略地概览单片机内部的复位类型。

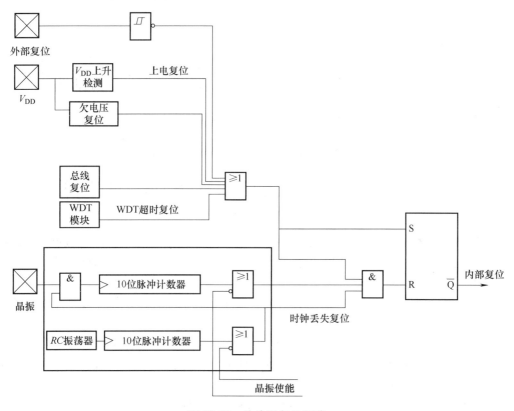

图 10-12 单片机复位概览

单片机内部由复位寄存器保存上一次的复位信息，通过查询该寄存器可以获取复位的原因。通常在复位之前，单片机需要对某些关键的信息进行存储，以完成一定的诊断和容错的功能。

10.2.1 单片机的复位详解

1. 上电复位

它是由外部总线产生的一种异步复位。单片机电压监测电路检测到电源电压 V_{DD} 上升时，会产生一个上电复位脉冲，由内部计数器进行延时后且等待电源电压上升到可以工作的电压后，整个单片机系统就完成了上电复位。注意：上电复位电路并不会检测延时过后的系统电压，如果此时的电压低于单片机的最小工作电压，整个上电复位就失效了。

如图 10-13 所示是整个上电复位的过程，其步骤如下：

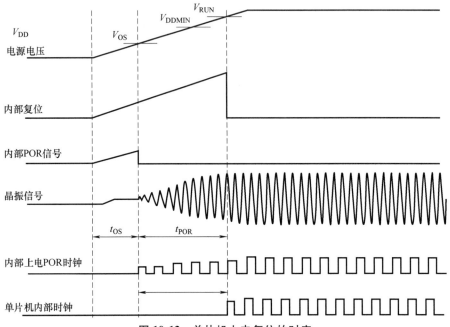

图 10-13　单片机上电复位的时序

1）电源电压 V_{DD} 大于一定范围时，通常是 1V 以上时，单片机内部的 CMOS 逻辑电路开始运作，这个电压也称为 V_{OS}。在这个电压下，不管使用何种外部振荡器，振荡电路将开始产生信号。

2）随着振荡器的运行，所有的内部逻辑必须进行初始化，以保证处在正确的逻辑状态下。

3）此时上电复位电路内部的计数器将开始工作，一般会维持一定的复位周期延时。Freescale 单片机的 HC08 系列的复位时钟延时为 t_{POR}，等于 N 个机器周期，并且复位逻辑将维持内部复位信号。

4）当持续时间大于 t_{POR} 时，上电复位电路的复位逻辑将反转并关闭上电复位电路。若没有其他复位源，单片机将退出复位状态并开始执行代码。

因此，如果依靠单片机内部的上电复位完成整个过程，复位与电源电压的上升速率有很大的关系，需要确认电压的上升速率应大于最小上升速率，如果不注意这点将造成单片机无法启动。计算方法如下：

$$V_{RUN} = V_{OS} + N \times F_{OSC}^{-1} \times M_{VDD\_SLEW}$$

式中，V_{RUN} 是单片机的最小工作电压；F_{OSC}^{-1} 是内部总线频率；M_{VDD_SLEW} 是电源电压上升速率；在 S08 系列单片机中 $N = 4096$，在 S12 系列单片机中 $N = 192$。

2. 欠电压复位

这是单片机内部电压监控电路形成的异步复位，当电源电压 V_{DD} 小于一定触发阈值时，发出复位信号并保持到电源电压大于欠电压复位功能恢复电压。欠电压复位是用来确保单片机的电源不在有效工作电压范围之内时内部产生复位过程，使得单片机保持在正确的状态中。欠电压复位有 3 个重要的参数：

V_{TR} 是欠电压复位功能恢复电压，大于该电压值时单片机的欠电压复位状态就结束了；

V_{TF} 是欠电压复位功能触发电压，小于该电压值时单片机将保持欠电压复位状态；

V_{HYS} 是欠电压复位的回差电压，$V_{HYS} = V_{TR} - V_{TF}$。这个电压的主要作用是防止电源有噪声干扰时频繁地反弹，一般为 0.1~0.2V。

如图 10-14 所示，欠电压复位是在电源电压达到 V_{TR} 以后，内部的计数器才工作。因此在上电复位完成以后，欠电压复位继续工作，直至欠电压复位完成既定的延时后，整个单片机才会退出复位状态。因此，内部引入欠电压复位电路对于解决电源电压上升速率过快和过慢的情况都有很大的帮助。需要注意：欠电压的复位电平阈值是和供电电压相关的，并且按照设定的比例无法更改，因此，如果系统上欠电压值不合适，则需要考虑外部的复位方法。

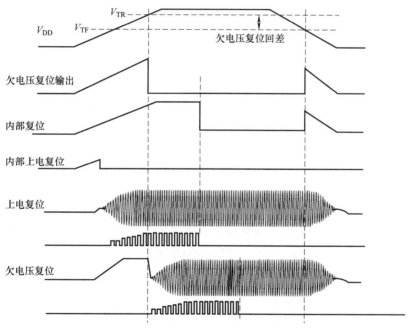

图 10-14　欠电压复位和上电复位对比

图 10-15 清晰地说明了单片机的上电复位和欠电压复位的情况。其中：

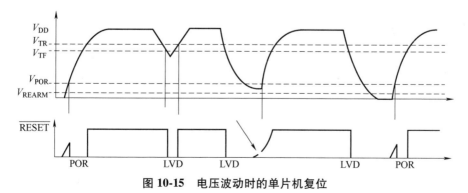

图 10-15　电压波动时的单片机复位

V_{POR}是上电复位工作点的开始电压,大于该电压值时单片机开始整个复位过程;

V_{REARM}是上电复位工作点的保持电压,小于该电压值时单片机保持复位过程。

3. 外部复位

它影响时钟模块和所有内部电路,属于同步复位。复位条件一般为外部复位引脚为逻辑低电平。在引脚变为低电平后,CPU 的复位控制逻辑单元确认复位状态直到复位释放。外部复位是一种非常重要的复位形式,这是实现对单片机进行监控的重要手段。对于外部复位需要考虑以下的因素。

1)复位电平:由于复位电路一般是低电平有效电路,因此要保证外部复位电路提供的电压,低电平时要低于单片机所能接受的复位有效电压的最小值,高电平时要高于单片机所能退出复位状态电压的最大值。

2)复位宽度:对于单片机而言,外部复位持续时间是需要进行设计检查的。以 Freescale 单片机为例,其要求如图 10-16 所示,能否满足所有单片机的复位要求是非常重要的,否则将导致复位失败,在稍后的设计中将会予以验证。

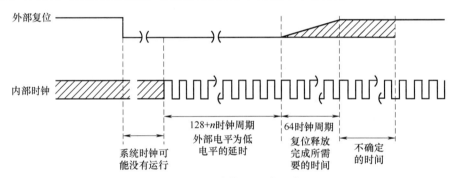

图 10-16 外部复位宽度要求

3)复位信号的质量:电磁干扰抗扰度对于复位信号非常重要,在进行电磁兼容性测试时很多系统出现频繁复位启动,都是因为外部复位信号的抗扰度抑制设计糟糕。典型例子有:

复位信号的布线与端口高速 I/O 信号距离过近;

复位信号与时钟或通信总线等高频信号平行走线;

复位信号的布线过长或形成了较大的环路。

因此设计外部复位信号都需要谨慎布线,要从电路板走线上仔细检查。

对于外部复位电路的设计方法有很多,早期的单片机由于没有内部的复位电路,导致必须要设计良好的外部复位电路,可以选择的电路结构见表 10-3。

表 10-3 单片机的外部复位电路

种类	电路结构	特点
RC 复位电路		在电源存在一定波动时,整个电路无法复位,并且在电源电压缓慢下降时,电容上存在的电荷使得复位滞后于电压的变化。通过调整 RC 常数可以改变延时时间,但是由于复位电路本身需要一定的电流,使得设计变得很糟糕

(续)

种类	电路结构	特点
增加放电回路的 RC 复位电路	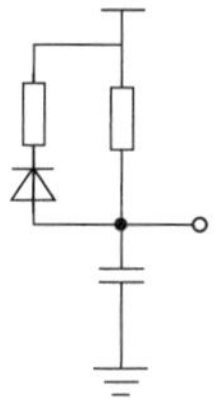	通过增加放电回路，并调整其放电时间参数，可以在电源电压波动时，使电容上的电荷合理地释放，使干扰存在时单片机能正确复位，同时也解决了电源电压缓慢下降的问题
比较型复位电路	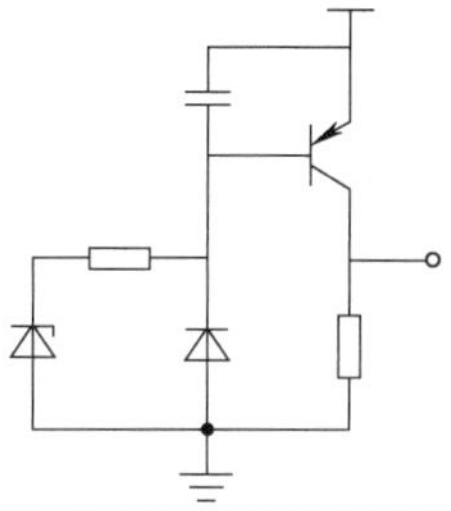	可利用运放，考虑成本则引入晶体管控制电路，这个电路可以较为完善地完成复位的任务，因此大多数集成电路内部的电路都是与之类似的。稳压管的主要作用是稳定比较点的电压；二极管的作用是释放电容上的电荷

4. 其他的复位电路

还有一些常用的复位电路如下：

1）软件复位，它是由软件看门狗定时器超时引起的一种异步复位。如果要开启软件复位，必须要注意设置软件内部寄存器，使之有效。从可靠性的角度而言，使用硬件看门狗要比软件看门狗可靠得多，程序"跑飞"的情况可能会造成非常大的问题，因此可以将软件复位与外部复位结合使用。

2）双总线故障复位，它是由双总线错误监视器产生的异步复位，总线错误的特殊状态会导致单片机中止并进入到异常处理状态。总线故障可分为非法地址错误和非法操作码两部分。

3）时钟丢失复位：在参考时钟子模块消失时产生的同步复位。如果要使该复位有效，需要设置寄存器使能。由于时钟丢失对于单片机来说是一项非常严重的故障，因此在工作过程中必须要在内部设置时钟丢失检测的复位功能。

10.2.2 单片机的时钟

在使用过程中通常有大量的工程师会将谐振器和振荡器搞混，并且由于语言的问题，通常习惯性称呼的"晶振"则包含了这两类元器件。严格来说，无源的振荡元件称为谐振器，有源的振荡元件称为振荡器。

谐振器：无源器件，用来产生谐振频率的电子元器件，需要外围电路驱动其工作，可以产生系统所需要的时钟输出。

振荡器：是一种能量转换装置——将直流电能转换为具有一定频率的交流电能，其构成的电路称为振荡电路。振荡器是有源器件，振荡器比谐振器多了一个控制电路。

1. 谐振器

谐振器包括 RC 谐振、LC 谐振、晶体谐振器和陶瓷谐振器，其特点见表 10-4 所列。品质因数也称为"Q"，是指谐振器中存储的能量和消耗的能量之比，也定义为系统在谐振频率时电抗和串联电阻之比。

表 10-4 谐振元件对比

名称	符号	成本	尺寸	参数调整	Q 值	频率长期稳定性	振荡频率初始偏差
LC		低	大	需要	低	一般	±2%
RC		低	小	需要	低	一般	±2%
石英晶体		高	大	需要	高	优越	±0.001%
陶瓷振子		低	小	需要	中等	优越	±0.5%

目前应用最多的是晶体谐振器和陶瓷谐振器，它们的特点如下。

1）晶体谐振器：石英晶体的主要特征是其原子或分子有规律地排列并具有外形的对称性。在电场的作用下，晶体内部产生应力而形变，从而产生机械振动，获得特定的频率，利用它的这种逆压电效应特性来制造石英晶体谐振器。由于石英晶体具备天然的高品质因数，因此能保证晶体谐振器在整个工作温度和电压范围内都保持很高的精确度和频率稳定性。它的优点主要有：信号电平是可变的，根据起振电路可进行改变，因此可以适用于多种时钟信号电压要求；精度在所有谐振单元中最高，通常在 $(1\sim100)\times10^{-6}$ 范围内。

2）陶瓷谐振器：是一种压电式的陶瓷元件，可在特定频率产生振荡信号。陶瓷谐振器内部的材料在生产过程期间会激发谐振特性，这种谐振特性是处于生产误差范围内的，并且它的品质因数远远低于石英的品质因数，因此陶瓷谐振器所能提供的频率稳定性不如晶体谐振器。其优点包括：同晶体谐振器相比，陶瓷谐振器的成本可降低 50% 并且尺寸小很多；器件启动较快，也更能承受冲击与振动，适用于更为恶劣的环境。其缺点包括：与晶体谐振器相比，陶瓷谐振器欠缺频率和温度稳定性；精度较差，汽车精度的元件目前也只有精度等级 ±0.25% 和 ±0.3%，陶瓷谐振器仅适用于对时序要求不严格的系统，含有高速通信功能的 CAN 系统就无法运用这种振荡器。

不管是晶体谐振器还是陶瓷谐振器，与振荡器相比都有相似的缺点：它们本身都是无极性元件，需要借助于外围电路才能产生振荡信号；相对于集成的晶体振荡器而言，信号质量较差并且外围电路需要精确匹配，与电路板相关度较大，更换不同频率的晶体时周边配置电路也需要做相应的调整。晶体谐振器本身具有较为复杂的等效参数模型，在不同的使用环境表现出的性能并不相同，使用起来较为麻烦。

2. 振荡器

振荡器主要还是以晶体振荡器为主，振荡频率受石英晶体控制，它是典型的有源器件，自身就有内置电路，可提供较稳定的时钟输出。晶体振荡器一般有 4 个引脚：悬空引脚 NC、地线引脚 GND、输出引脚 OUT 和电源引脚 VCC。它是一个完整的振荡器，其中除了石英晶体外，还有晶体管和阻容元件。它的优点包括：晶体振荡器信号质量好、稳定性高，而且连接方式相对简单，不需要复杂的配置电路；对于时序要求敏感的应用，晶体振荡器的性能相对较好。当然它的缺点也很明显：相对于晶体谐振器，晶体振荡器的缺陷是其信号电平是固定的，需要选择好合适的输出电平，灵活性较差而且价格高；石英振荡器要花较长的时间起振；晶体振荡器通常体积较大，随着工艺的改善，现在有的晶体振荡器体积和晶体谐振器相当。

3. 时钟源

常用单片机的时钟源一般有 3 种：RC 振荡时钟、振荡器和谐振器，它们有不同的配置和应用特点。

1）RC 谐振时钟：RC 振荡适合于对时间精度要求不高的低成本应用。单片机可以使用 RC 谐振的时钟，其优点是在此工作模式下总线频率低、功耗小，适宜做单片机唤醒后的检测。在设计静态电流策略时，如果一直使用外部的高频时钟，单片机的静态电流很难降低到模块需要的范围。

外部 RC 时钟：外部 RC 振荡频率的变化很大，电源电压 V_{DD} 的变化、RC 参数的取值和工作环境温度的变化都会引起工作频率的变化。目前汽车电子系统都不会使用 RC 时钟，在单片机内部将其进行集成，作为整个时钟电路的一部分。

内部 RC 参考时钟：内部 RC 参考时钟不需要调整电容或电阻等外部元件，可直接作为 CPU 和总线时钟的时钟源；并且它的频率可由寄存器进行调整，范围为 31.25~39.06kHz。

2）谐振器时钟：可使用晶体谐振器或陶瓷谐振器，配置可分为串联型和并联型，如图 10-17 所示。一般情况下采用并联型配置，如图 10-17b 所示，电容 C_3 和 C_4 是负载电容，作用为削减谐波对电路稳定性的影响，旁路振荡的谐波；R_B 是为了保证起振；R_S 则用来分压，防止晶振被过分驱动，R_S 一般可以选择直接短路。

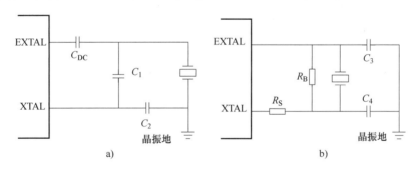

图 10-17 谐振器配置

a）串联型 b）并联型

3）振荡器时钟：外部振荡器还有一种外部时钟模式，即把一个外部时钟信号引入 MCU。在此模式中，只需要用到 EXTAL 引脚，而 XTAL 引脚可用作通用 I/O 口，使用振荡器时钟频率相对稳定得多。

10.2.3 高速 CAN 总线的时钟精度要求分析

在设计高速 CAN 收发器时，需要考虑其"位时间"定时要求。CAN 的标称位速率是指理想发送器在没有重新同步的情况下每秒发送的位数量。可以把标称位时间划分成为几个不重叠的时间片段，即同步段、传播段、相位缓冲段 1 和相位缓冲段 2。时钟和 CAN 的位时序关系如图 10-18 所示。所有的 CAN 位时序计算均基于时间量（T_Q），它定义为固定的时间单位,由振荡器导出,取值在 8~25 范围内。

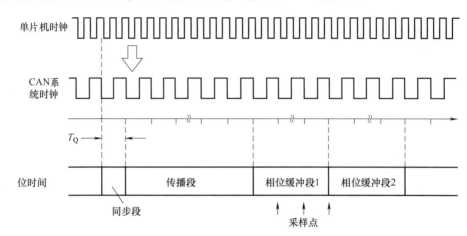

图 10-18　时钟和 CAN 的位时序关系

同步段（SYNC_SEG）：用于同步总线上的各种节点,SYNC_SEG = $1T_Q$。

传播段（PROP_SEG）：对物理延时进行补偿,物理总线和内部 CAN 节点上的传播延时的和,$1T_Q \leqslant$ PROP_SEG $\leqslant 8T_Q$。

相位缓冲段 1 和相位缓冲段 2（PHASE_SEG1,PHASE_SEG2）：用于补偿相位边缘误差。在同步过程中,会缩短或加长这些段,并且其范围为 $1T_Q \leqslant$ PHASE_SEG1 $\leqslant 8T_Q$,$2T_Q \leqslant$ PHASE_SEG2 $\leqslant 8T_Q$。

总线发生错误时,一般是在电气干扰的影响下,位填充保证了在重新同步之间有最大 11 位的时间（5 显性位+5 隐性位+1 显性位）,如图 10-19 所示,转化限制为

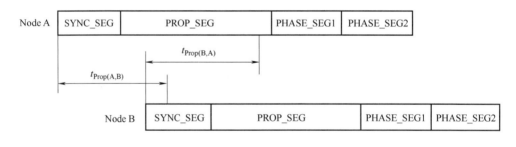

图 10-19　CAN 的时序设计要求

$$2 \times \Delta F \times 10 \times t_{NBT} < t_{RJW}$$

来自错误节点的错误标志由 6 个显性位组成,在错误标志位之前可能最多有 6 个显性位。如果发生错误时,一个节点必须在重新同步后正确采样第 13 个位,转化限制为

$$2 \times \Delta F \times (13 \times t_{NBT} - t_{PHASE\_SEG2}) < \text{Min}(t_{PHASE\_SEG1}, t_{PHASE\_SEG2})$$

CAN 总线的设定见表 10-5。

表 10-5　CAN 总线的设定

项目	符号	数值	单位
CAN 的位速率	SPD_{CAN}	500	kbit/s
总线的长度	L_{BUS}	20	m
总线传播延时	$S_{PROdelay}$	5	ns/m
时钟频率	F_{OSC}	8	MHz
物理接口传播误差	$T_{Rx}+T_{Tx}$	150	ns

计算位定时参数有以下 6 个步骤：

1）确定 PROP_SEG 段的最低允许时间。

总线的物理延时为 $t_{BUS\_delay}=L_{BUS}\times S_{PROdelay}=100ns$，加上物理接口的传播误差可以得到传播误差 $t_{PROP\_SEG}=2\times(t_{BUS\_delay}+T_{Rx}+T_{Tx})=500ns$。

2）计算时间量。

时间量 $T_Q=1/F_{OSC}=125ns$，并且得到数据位时间 $NTB=1/(T_Q\times SPD_{CAN})=16$。

3）计算 PROP_SEG 为多少时间量。

PROP_SEG = 向上取整 $(t_{PROP\_SEG}/T_Q)=5$。注意：如果 PROP_SEG>8，则必须重新选择较高的系统时钟频率。

4）确定 PHASE_SEG1 和 PHASE_SEG2。

在 NBT=16 的条件下，分配 SYNC_SEG=1，因此 PHASE_SEG1+PHASE_SEG2=10，分配 PHASE_SEG1=5 和 PHASE_SEG2=5。

5）确定重新同步跳转宽度 RJW。

在这里设置为 RJW=4。

6）计算晶振的精度。

根据上面的要求可以得到晶振的最大误差为
$$\Delta F<RJW/(20\times NBT)=1.25\%$$
$\Delta F<Min(PHASE\_SEG1,PHASE\_SEG2)/[2\times(13\times NBT-PHASE\_SEG2)]=1.23\%$

因此可以得到晶振的最低精度为 1.23%，当速度提高至 1Mbit/s 时需要达到 0.49%，当然这里只是理论上的计算需求。实际的晶振精度由于寄生参数的影响与厂家直接给出的精度往往有一定的差距，需要通过与原厂联系并进行矫正才能符合高速 CAN 系统的要求。

第 11 章

电子制图设计

在整个开发流程中,电子制图占据了重要的地位,特别是原理图文件和印制电路板文件,这两个标志性的文档表征着硬件设计的两个重要阶段性节点。在公司层面,根据不同项目和工程师累积起来的设计经验、方法来形成标准化和系统化的制图方法,是提高工程师效率的关键要点。由于硬件工作内容的分工和细化,一般把这两项内容分别交给硬件工程师和电路板版图设计工程师。

1) 硬件工程师:完成原理图的绘制工作和相关元器件清单的整理工作,为电路板版图设计工程师提供布局布线的限制信息,在布局和地平面策略制定时提供支持,并在最后的检查会议中根据通用的规则对 PCB 文件进行检查。

2) 电路板版图设计工程师:在接收到原理图和需要的封装等其他信息以后,完成电路板的设计工作,并与硬件工程师、结构工程师、电路板提供商和加工工厂工艺工程师确认电路板的功能性、电磁兼容性、可制造性和可装配性等要求,最后完成电路板版图制作过程。

在这方面更多地需要按照遵循规则和验证规则的工作方式,确保整个模块不会在电路板这个环节上出现问题。

11.1 原理图设计

原理图设计是从系统设计到硬件细节设计的基础,细节设计是"系统框图→原理图→电路板图"不断设计的过程。在设计好原理图的基础上才能进入印制电路板的设计,并且原理图设计也是整个细节设计的开始。当然,通常意义上的原理图设计就是利用软件工具进行制图的工作,可以选择的工具较多,比如 ORCAD、PCAD、PADS 和 PROTEL 等软件。不同软件原理图的制图过程是相似的,在已加载完成基本的元器件和对应的数据库系统的条件下,整个电路图绘制实现的具体步骤显得较为简单,内容包括:

1) 检查所有需要用到的元器件图形符号是否创建,其内部包含的信息是否正确。

2) 新建原理图文件:根据实际电路的复杂程度来设置图纸的大小和基本信息。

3) 原理图的生成:通过系统框图的细化,整理出对应的原理图设计所需的不同部分和所有要完成的功能,并对此进行划分和布置。

4）放置元器件：从元器件库中选取需要的元器件，根据位置布局的要求放置到合适位置，并修改元器件的名称和封装，显示足够的元器件信息。

5）原理图的布线：根据实际电路的需要，利用各种工具、指令进行布线，将工作平面上的元器件用具有电气意义的导线、符号连接起来，构成一幅完整的电路原理图。

6）对于关键的信息需要进一步进行标注和整理。

7）原理图的电气检查：当完成原理图布线后，需要设置项目选项来编译当前项目，利用软件的错误检查报告修改原理图。

8）编译和调整：在完成原理图的电气检查后，就可以开始按各阶段的对应流程进行分析。通过这些分析可以得到各种关键指标，通常需根据这些信息对电路进行多次修改才能够完成设计。

9）存盘和报表输出：利用各种报表工具生成报表。

设计原理图需要以清晰简洁、提高原理图的可读性和包含所有必要的信息为指导原则，在实际操作过程中，可以把要求列表化贯穿于整个设计的阶段。由于在细节设计的阶段往往需要反复更新和检查，因此使用文件记录来追踪整个变更过程是非常重要的。

11.1.1 原理图绘制的一些要点

原理图是整个方案的概览，保持原理图的简洁与易懂，对于设计工程师来说有着重要的意义。在实际操作过程中，工程师建立良好的制图习惯是非常关键的。当然每个公司为了规范不同地区的工作习惯，也会建立一定的制度来规范原理图的绘制，这里整理的是一些较为普遍的规范。

1）原理图的功能分割和标号的顺序确定。这两部分看似没有多大的关系，但实际在使用原理图的过程中，混乱的名称和摆放顺序会破坏文件的易读性。因此，一般每张图纸都需要在这个阶段做一些规定，比如将模块中常见的电路进行初步整理，可划分为电源电路、输入电路、输出电路、通信电路、诊断电路、单片机电路和插接器等部分，并将属于这些功能中的元器件分别以 100、200、300、400、500 和 600 进行计数，例如用 200 定义单片机及其外围电路，那么该单片机可命名为 U200，其外围的电阻、电容可分别命名为 R200、C200，这样就可以很简单地把元器件的类型和功能定义清楚了。

为了在图上更直观地划分出来，将每个部分的内容通过虚线框选定，然后将电源电路放置在左上方、输入电路在左下方、输出电路在右下方、通信电路在中下偏左、诊断电路在中间偏右、单片机电路在最中间、插接器在最右边，如图 11-1 所示。注意版本信息在右上方，绘图信息在右下方，注释信息在两者之间。

在某些情况下，比如整张原理图中可能既包括了控制板原理图又包括了功率板原理图，虽然这种情况不多见，不过当出现这样的情况时，需要使用加粗的黑实线将几块电路板进行分割，并在每个部分进行说明。对于分割后的不同部分，元器件重名的情况可能很普遍，因此一定要对元器件进行区分，否则将容易出现问题。

版本信息对于原理图的可读性非常重要，如图 11-2 所示，需要把基本的信息表示清楚，包括文件名称、首次版本创建时间、最新更新时间、绘制作者、批准者、图纸编号、客户信息、项目信息、版本信息、当前页数和总页数等内容。

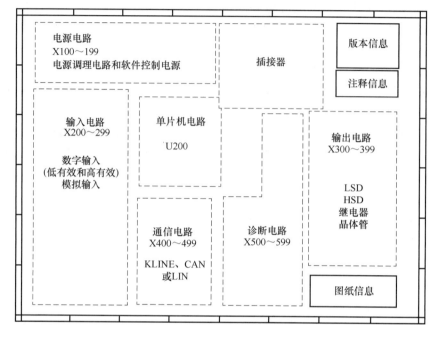

图 11-1 原理图划分示例

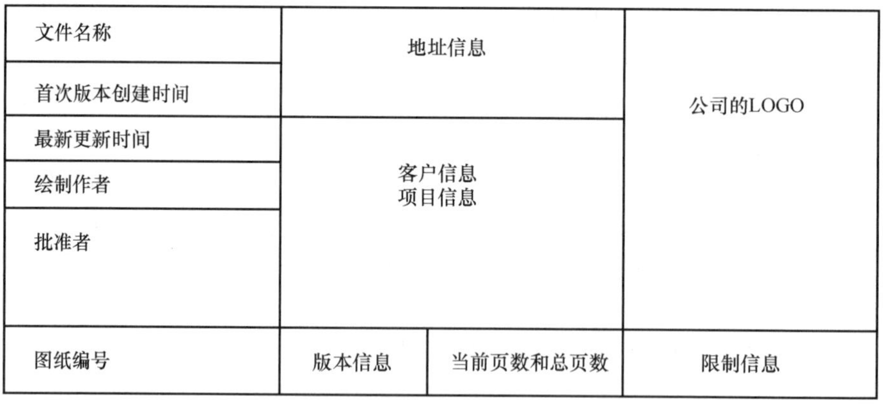

文件名称	地址信息		公司的LOGO
首次版本创建时间			
最新更新时间	客户信息 项目信息		
绘制作者			
批准者			
图纸编号	版本信息	当前页数和总页数	限制信息

图 11-2 文件信息

2）元器件标号的统一和清晰对于原理图来说是非常重要的。标号一般可分为字母标号和相应的数字，字母标号代表元器件的类型；数字是同一类型不同元器件的标识符，数字部分的第 1 位也起到表征电路功能的作用。由于元器件的字母标号通常是通过其英文首字母定义的，并且因为不同元器件的首字母有时会出现重复，因此需要对同一原理图中的元器件字母标号进行统一规定，见表 11-1，特别是对部分重复的标号进行约定与规范，比如继电器与电阻的英文都是 R 开头的，晶振和电容的英文都是 C 开头的，通过这样统一的规定就可以区分不同的元器件，并且保证意义的唯一性。

表 11-1　原理图中常用元器件标号一览

标号	元器件	标号	元器件	标号	元器件	标号	元器件
AN	天线	M	电动机	F	熔丝	T	变压器
B	电源	P	插头	FL	滤波元件	TP	测试点
C	固定电容	VT	晶体管	J	插座	U 或 I	集成芯片
CN	电容阵列	R	固定电阻	JP	跳线端子	V	压敏电阻
VD	二极管	RN	电阻阵列	K	继电器	VR 或 Q	稳压器
VL	发光二极管	SP	扬声器或蜂鸣器	L	电感	X	晶振
VZ	齐纳管或 TVS 管	SW	开关	LN	电感阵列		

3）在原理图中，由于存在着大量的被动元器件（主要是电阻和电容），在图中将元器件的信息表达出来是读懂图纸的关键之一，这些内容包括元器件的封装、精度和耐压值。因此需要设定这些参量的默认值，通过这些默认值去覆盖大部分元器件，并将默认值覆盖不到的地方专门标识，这样就可以使图纸足够简洁。这些内容的注明可以选在空余的角落，使用明确的注释。通常设定默认的封装为 0603，电阻的精度为 5%，电容的精度为 20%，电容的耐压值为 100V，这些值是最为常见的，通过注释的使用可以省略很多的标注。其他与默认数值不同的信息都要有明确的显示，使原理图的元器件信息更为直观和完整地显示出来。

4）网络标号命名的问题也是需要重视的，一般可以分成两段或者三段，中间通过下画线分割，如<电路模块>_<性质>_<功能>。其中电路模块由电源（KL30 或 KL15 等）、输入电路（I）、输出电路（O）、通信电路（KLINE、LIN 或 CAN）、诊断电路（D）和单片机电路（MCU）等组成；性质则由开关控制（SW）等进行描述；最后通过功能字段描述节点的功能，比如 EN 是使能，SENSE 是反馈。如果有多路相同或类似电路模块和功能的网络标号，可在后面加后缀数字予以区分。当然上述做法主要是因为大部分软件不支持中文，因此有个约定是非常重要的。如果有更多个节点，最好使用总线的方式传递信号，因为过多的网络标号将会使原理图的可读性大大降低，使用总线可使并行的信号更为直观，特别适于输入信号和数据传输的应用。

5）地线的符号有很多个，见表 11-2，实际在设计中往往将模块总的地线分为几个部分。在电路板内也会进行分割，将信号地分为数字地、模拟地（射频）和晶振地 3 种。通过这些区分，可以在原理图上反映整个电子模块的基本地线策略。信号地在插接器处通过某些途径进行连接，这样既可以让信号之间的隔离降至最低，又不至于在模块内部引起不必要的地偏移。

表 11-2　地线符号

描述		代号	图形
功率地		PGND	
信号地	数字地	DGND	
	模拟地	AGND	
	晶振地	OGND	

6）测试点需要显示出来，很多工程师在绘制原理图时会放置测试点，但通常将之隐藏，这会给电路的调试和实验带来很大的麻烦。因此需要注意添加原点符号或者菱形符号的测试点，在原理图阶段就考虑可测试性是非常重要的。

7）在原理图中往往需要对电路进行内部的注释。很多信号的参数需要予以标注，一般以下几类信号需要明确标注。

大电流的信号：一般电流超过 1A 以上的电源和功率输出信号；

重要的高速信号：时钟信号和高速通信信号等，特点是频率较高、容错性差；

敏感的数字信号：复位信号和 PWM 控制信号，容易受干扰；

微弱的模拟信号：传感器的电流、电压输出信号和某些差分信号。

在完成标注以后，布局工程师将会对这些信号进行处理：对于大电流信号，需要更宽的线宽；对于高速信号，需要对其产生的干扰进行抑制；对于敏感数字信号，需要进行隔离和保护；对于模拟信号，则考虑进行屏蔽并对其地线进行单独处理。需要特别注意：设计中往往是覆盖高端配置、中端配置和低端配置，甚至可能覆盖多个平台。因此可能有很多模块是选择性贴装的，需要在原理图上进行标注，复杂情况下需要有专门的说明文件对于多种配置进行说明。

11.1.2 BOM 表的整理和规范

元器件编号是一个标准化的步骤，在整个元器件和图纸数据库系统中是非常重要的。在采购元器件时，元器件供应商都会对元器件进行编码，使用一个内部编号，可称为供应商出厂编号（SPN），通常它包含以下的信息。

1）功能描述：按照不同的元器件实现的功能有一定的细分，供应商会将元器件进行归类。

2）电气特性：如电阻的阻值和精度、最大工作电压、温度系数、最大散热功率等信息是元器件最为基本的电气特性；集成芯片可能有着较为复杂的特性。

3）环境特性：工作温度特性和湿度敏感特性等信息。

4）机械特性：抗振动和冲击的特性。

5）AECQ/ROSH 信息：是否符合 AECQ 的认证是元器件的一个重要属性，另外，环保特性是属于 ROSH 还是无铅（PbFree）等信息需要注明。

6）封装和卷带信息：同一个芯片可能有不同的封装信息，表征着引脚数目、焊接类型和尺寸大小，并且附带着生产加工时的卷带信息。

如果使用 SPN 给内部数据库系统进行标号，这种方法会存在一些缺陷，严重时会导致信息混乱。汽车电子供应商往往与整车企业签署了长期的供货要求，如果只采用一家供应商的产品可能会出现风险，为此整车企业会为同一个元器件准备 2~3 家供应商。在数据库信息系统中，整车企业给每个元器件设置一个企业内部编号（IPN）。通常一个 IPN 可以对应几个 SPN，并且在原理图中只标注 IPN，这样可以在不改动数据库的同时使得采购可以发挥更大的权限去做一些成本优化。某些全球化的跨国企业，还会在这个基础上设置一个全球统一编号（GPN），以协调不同工厂的采购与生产。

这里需要注意一点，某些芯片可能拥有同样的结构和名称，但是不同厂家的产品性能略有差异。最为典型的是低压稳压器的热阻，比如芯片 L4949，ST 和 ONSEMI 公司提供的热阻数据并不相同，因此在这一点上需要特别注意产品的说明；比如运放LM2904，在说明书上标明的数据很宽泛，实际上各个厂家由于工艺的不同，能够实现的参数也不同，其失调电压就有很大的区别。另外一个特殊的地方在于 RF 电路使用的高精度电阻和电容，特别是 C0G 电容。不同厂家的高精度陶瓷电容的寄生参数有着非常大的差异，如果使用不同厂家的产品，将可能导致已经匹配好的信道等效阻抗产生变化，从而降低整个 RF 接收电路的性能。

容易被人忽略的是对汽车电子芯片供应商的管理，每个汽车电子企业都需要花大精力去执行好这项工作。如果在这个环节没有做好，随着半导体产业波动的加剧，将在芯片成本和供货期上出现大的麻烦，在极端时能不能购买到芯片都是一个问题。这是由于汽车电子芯片企业都将每年有多少用量作为评估客户的关键指标，不同的用量，单片价格、技术支持和合作方式都是不同的。汽车电子企业的芯片需求量又直接取决于整车企业对模块的需求数量，而车型的销售情况决定模块的使用量。因此，在本土的汽车电子元器件产业发展起来以前，汽车电子企业将继续孤独地前行很长一段时间。

11.2　模块中地线的策略

汽车电子中非常重要的工作是对地线和电源的处理，这是因为它具有几种不同电平的电压，并且这个电平还在不断波动中；同时它有很多电感性的负载，并且在某些时候会不断地开关。在汽车电子模块上是不存在真正的地线的，一般把信号的回流路径和对应的参考电压平面作为模块的地线，这个地线通过比较低的阻抗连接至蓄电池的负极和整个大地的平面。

典型的模块系统图的结构如图 11-3 所示，模块外部存在弱小的传感器信号、普通

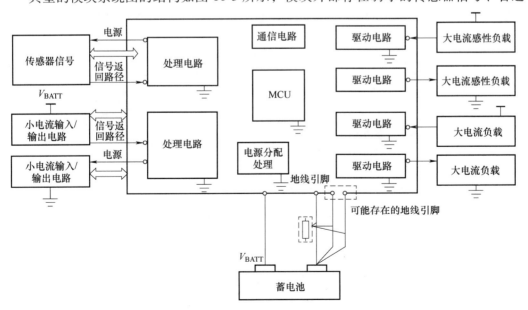

图 11-3　典型的模块系统图的结构

的小电流的信号、大电流的输出驱动和大电流的感性负载驱动。对于低边驱动，信号的返回路径都是通过模块的地线返回的；高边开关则是通过模块的电源抽取电流的，根据这些特点将电路进行基本分组。

从整车企业的角度考虑，设计线束时可以提供给模块一个或者多个地线引脚，不同的引脚各自有一段不同的返回路径，但最后都通过整车的搭铁路径返回电池的负极。因此对于这两种不同的处理，可以进行进一步的分析。

1）模块只有一个地线引脚：通常采用模块PCB完整铺地平面的做法，并直接连接在地线引脚上，只是把大的感性负载的返回路径独立出来，并且通过一定的连接处理后与整个地平面连接。这种做法保证了整个模块内部的地线回路电阻较低，但是需要在细节上进行考虑，特别是微弱信号的抗干扰问题。

2）模块有超过两个地线引脚：如果有超过两个地线引脚，并且可通过外部的连接保证地平面的统一，那么有一点潜在的需求是必须要注意的。通常要求模块在某根地线引脚未连接时不能损坏，这意味着模块内部地线也需要保持一定的连接处理。在外部地线单根地线引脚脱开时，不当的内部设计可能会导致模块出现部分地线遗失，以至于功能缺失的情况。

在模块设计处理中注意不能产生接地回路的环流。由于电路的非平衡性，地环路电流会导致产生对电路造成影响的差模干扰电压。避免这种情况的办法是：保证地线的接地位置必须相同。

11.2.1 地线策略设计目标

论及这个话题，作者参考了不少文献的叙述，其中以武晔卿前辈在他的博文《电子技术的老生常谈——接地》的论述最为精简和通俗。简而言之，在模块中指定地线的策略主要目的是为了防止不同的电路之间产生干扰导致某些功能的异常，对于模块的地线策略的目标主要是实现以下两点：低阻抗回流路径和地稳定，如图11-4所示。

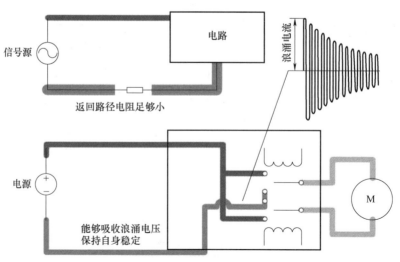

图11-4 低阻抗回流路径和地稳定

1. 低阻抗回流路径

不同的电路中有不同频率、不同电流和不同类型的信号,从信号源供电开始到处理电路内部,最后通过地线回流。为了保证电路接收到的信号符合要求,必须给每个信号予以较低的阻抗回流路径。在实际中,由于各种元器件晶圆至封装引脚、印制电路板连线、导通孔和其他连接导体,都存在一定的寄生感抗和其他非理想的寄生参数,因此信号在低频的情况和高频的情况完全不同。在前面的介绍中分析了电路板走线的电阻,需要注意电阻与阻抗这两个不同的概念。

电阻指的是在直流状态(频率为 0Hz)下导体对电流呈现的阻抗;而阻抗指的是交流状态(频率较为丰富)下导体对电流的阻抗。走线阻抗主要是由它本身的寄生电感引起的,因此这里需要以阻抗的概念去思考问题,对于较高频率的信号予以高度重视。

2. 地稳定

模块的负载如果是感性负载,特别是类似较大电感的直流电动机或者在功能上有堵转的电动机(门锁电动机),在关断瞬间存在着很大的浪涌电压,在设计中会加入 TVS 等环节作为低阻抗的路径。但更为重要的是,整个地平面也必须是低阻抗路径,将电压浪涌的能量进行充分吸收,地平面的阻抗要足够小,以至于尖峰电流通过时不会产生很大的电压干扰。换言之,如果地线作为参考电平,在这种情况下有很大的波动,即使供电电源稳定,整个芯片的电压也会随之产生剧烈的波动。

由于在整车系统中线束布置复杂性的限制,通常会使用很长的电缆连接模块,并且模块的很多负载和开关都是通过不同的返回路径连接的,因此无法考虑整个信号的返回路径,甚至无法控制模块的地线引脚输出以后的连接是高阻抗回路还是足够的低阻抗。因此对于汽车电子模块而言,仅仅专注于内部的电路板级的地线处理是不够的,整个地线策略需要围绕着每块功能电路的低阻抗和模块的地线稳定这两个目标展开。

如果地线布置不合理,不满足以上两个要求,就会出现地线干扰的问题。这部分一般可分为两种典型的情况:共地阻抗耦合干扰和地环路干扰。

1)共地阻抗耦合干扰:狭义而言,共地阻抗耦合干扰是指不同信号类型和大小的电流都经过同一条回流路径返回至一个出口,在返回路径上形成相互干扰。如图 11-5 所示,即使为不同的信号设计几条回流路径,假定初始的阻抗都是一样的,那么也会因为电流的大小不一致使得大电流从这几条路径上同时经过,进而引起敏感信号的地电位抬高。如果是开关性大感性负载的瞬时电流在敏感信号返回路径上回流,那么在单片机采样时获取的电压就远远偏离了真实的电压,从而引起很大的误差,这对整个模块的功能而言可能是灾难性的效果。

2)地环路干扰:同样的,如图 11-5 所示,在其中一块电路受到共地阻抗耦合干扰的影响时,电阻的不平衡性使得不同的走线电流不同,每个地线上会产生电位差。如果两块电路之间存在信号连接,信号之间由于地线间的电压差会产生额外的差模电压误差,造成电平的不兼容等影响。

解决地线问题的首要步骤就是进行电路的回流路径的区分,根据电路的功能、信号的特征区分出工作数字地、工作模拟地、工作功率地和工作噪声地 4 种不同的回流路径。

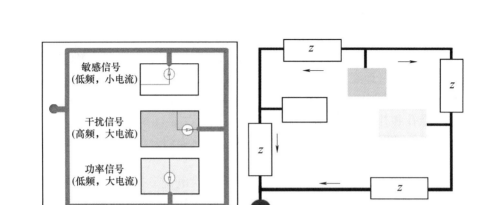

图 11-5 共地阻抗耦合干扰

1) 工作数字地：是数字逻辑信号的返回路径，包括单片机逻辑信号、时钟信号和通信总线的返回路径，其工作频率高，会产生一定的地弹噪声。

2) 工作模拟地：是敏感信号和小信号的返回路径，包括弱信号检测电路、传感器输入电路、前级放大电路和单片机模拟电源等。这些信号的特点是电压低、信号幅度弱并且幅值代表信号的大部分信息，特别容易受到干扰而失效或降级。

3) 工作功率地：是大功率信号的地线，包括大功率输出的电路，工作电流都比较大，容易在地线上产生一些压降和干扰。

4) 工作噪声地：包括电机、继电器和电磁阀等感性负载，在开关时会产生火花或冲击电流，会在地线上耦合产生严重的干扰。除了要采取抑制、屏蔽和隔离技术外，地线必须和其他工作地线分开设置。

将它们进行划分以后，再来考虑每个部分的连接问题。

11.2.2 地之间的连接处理

根据经验法则，在高密度和高频率的场合通常使用 4 层板，就 EMC 而言，4 层板比 2 层板好 20dB 以上。在 4 层板的条件下，往往可以使用一个完整的地平面和完整的电源平面，只需要将分成几组的电路的地线与地平面连接，并且将工作噪声特别处理。

从各个电路的地线连接到地平面可以采取很多做法，包括：

1) 单点接地：所有电路的地线接到地线平面的同一点，分为串联单点接地和并联单点接地两种。

2) 多点接地：所有电路的地线就近接地，地线很短，适合高频接地。

3) 混合接地：将单点接地和多点接地混合使用。

在低频率、小功率和相同电源层之间，单点接地是最为适宜的，通常应用于模拟电路之中。这里一般采用星形方式进行连接，降低了可能存在的串联阻抗的影响，如图 11-6a 所示。高频率的数字电路就需要并联接地了，在这里一般通过地孔的方式进行较为简单的处理，如图 11-6b 所示。一般所有的模块都会综合使用两种接地方式，采用混合接地的方式完成电路地线与地平面的连接，如图 11-7 所示。

如果不选择使用整个平面作为公共的地线，比如模块本身有两个地线时，就需要对地平面进行分割，这往往与电源平面有相互作用。需要注意以下几点原则：

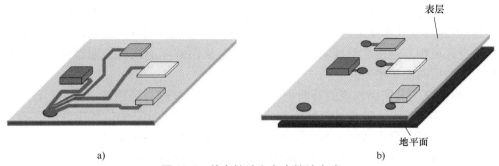

图 11-6 单点接地和多点接地方式

a) 单点接地 b) 多点接地

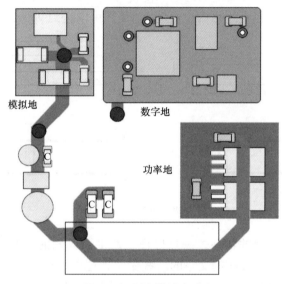

图 11-7 混合接地方式

1）将各个平面对齐处理，避免无关的电源平面和地平面之间的重叠，否则将导致所有的地平面分割失效，彼此之间产生干扰。

2）在高频的情况下，层间通过电路板寄生电容会产生耦合。

3）在地平面之间（如数字地平面和模拟地平面）的信号线使用地桥进行连接，并且通过就近的通孔配置最近的返回路径，如图 11-8 所示。

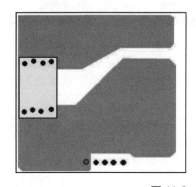
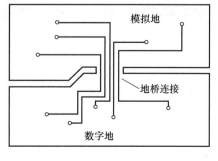

图 11-8 地桥连接方式

311

4) 避免在隔离的地平面附近走时钟线等高频走线，可避免引起不必要的辐射。

5) 对于导通孔密集的区域，要注意避免孔在电源和地层的挖空区域相互连接，若这些挖空区域相互连接会形成对地线层的分割，从而破坏地线层的完整性，导致信号线在地层的回路面积增大。

6) 信号线与其回路构成的环面积应尽可能小，也被称为环路最小规则。环面积越小，对外的辐射越少，接收外界的干扰也越小。在地平面分割和信号走线时，要考虑到地平面与重要信号走线的分布，防止由于地平面开槽等带来的问题。

对于电源平面的处理与地平面是类似的，需要注意边缘效应的控制：由于电源层与地层之间的电场是变化的，在板的边缘会向外辐射电磁干扰。为了解决这个问题可将电源层内缩，使电场仅在接地层的范围内传导。以一个宽度 H 为单位，内缩 $20H$ 则可将 70% 的电场限制在接地边沿内；内缩 $100H$ 则可以达到 98%，如图 11-9 所示。

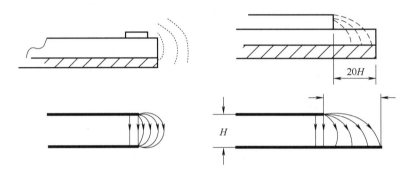

图 11-9 边缘效应的控制

由于敏感地和干扰地的存在，一旦出现了地平面分割的情况，它们之间的连接方法是非常重要的。参考武晔卿的文章的一些做法，这里进行一些整理，可以采用走线、电阻、电容、电感和磁珠等元器件进行连接，如图 11-10 所示。

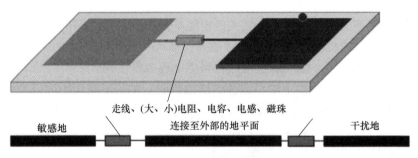

图 11-10 地线的连接

1) 地间电路板普通走线连接：使用这种方法可以保证在两个地线之间可靠的低阻抗导通，但仅限于中低频信号电路地之间的接法。

2) 地间大电阻连接：大电阻的特点是一旦电阻两端出现压差，就会产生很弱的导通电流，把地线上电荷泄放掉之后，最终实现两端的压差为零。

3) 地间电容连接：电容的特性是直流截止和交流导通，应用于浮地系统中。

4) 地间磁珠连接：磁珠等同于一个随频率变化的电阻，它表现的是电阻特性，应用于快速小电流波动的弱信号的地与地之间。

5）地间电感连接：电感具有抑制电路状态变化的特性，可以削峰填谷，通常应用于两个有较大电流波动的地与地之间。

6）地间小电阻连接：小电阻增加了一个阻尼，可阻碍电流快速变化的过冲；在电流变化时，使冲击电流上升沿变缓。

在汽车电子中，常用不小于 1kΩ 的电阻连接模块的地和功率干扰地，并且通过分压电阻测量地偏移。

11.3 印制电路板的设计

印制电路板的设计，是根据设计人员的意图，将模块的原理图转换成印制板图、确定电路板加工技术要求和定义电路板安装加工的可制造性工艺的过程。

因此从狭义来说，印制电路板的设计包括电路布局设计、地线/电源平面设计和走线设计 3 部分；而从广义来说，还包括电磁兼容性评估、可装配性检查、电路板本身加工的可制造性检查和电路板安装加工的可制造性检查几个部分，如图 11-11 所示。

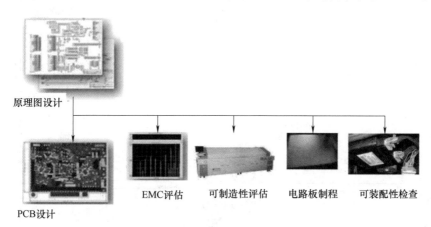

图 11-11 从原理图到印制电路板的过程

1）电路布局设计：印制电路板上元器件的排列称为布局，在操作过程中根据电路原理图及元器件的特点，研究各元器件的布局排列，确定它们在印制电路板上的最佳位置。

2）地线/电源平面设计：在考虑不同的地线和电源的基础上确定策略，以保证设计初期有合理的地线策略和电源布局策略支持走线设计。

3）走线设计：在设计硬件电路板时需要遵循一些走线的基本原则，在后面将以图文结合的方式将一些检查的要点展示出来。

4）电磁兼容性评估：实际上是贯穿于元器件布局、地平面设计和走线设计几个部分之中的。

5）可装配性检查：根据模块外壳的限制以及实际安装的条件，分析模块的可装配性。

6) 电路板本身加工的可制造性检查和电路板安装加工的可制造性检查，需要在前期以检查的形式完成，在 11.3.2 小节将详细介绍。

7) 电路板完全设计完成以后，将会以 GERBER 的形式发送给电路板制造供应商，由供应商的工艺工程师进行检查，确认电路板制程的可行性。

当然较为复杂的电路板还要涉及专门的信号完整性问题，在这里主要就一些通用的规则进行探讨。

11.3.1 电路板的布局规则

印制电路板的布局是电路板设计的基础，将直接决定后期电路板走线的难度，也会决定整个电路板的散热性能、电磁兼容性能和电路板的可制造性等性能。因此整个设计需要遵循一定的原则，首先就要注意元器件布置的多种限制，若忽视这些规则将在生产中遇到较大的麻烦。这里总结了一部分可能存在潜在问题的区域，如图 11-12 所示。

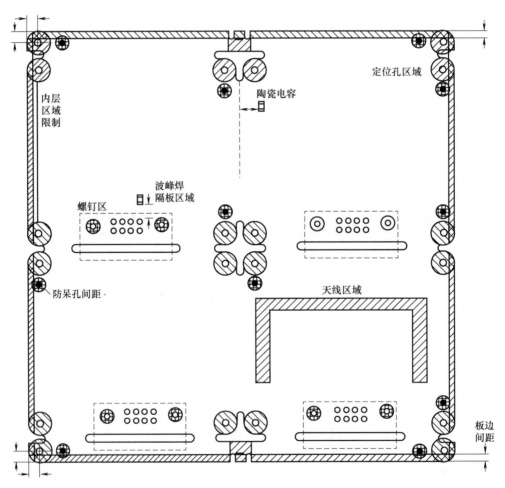

图 11-12 电路板布置限制

1) 板边区域的限制：除了插接器以外的所有元器件都不能超出电路板的限制。这个限制根据不同的分板方式均有所不同,给 V 型切割预留的安全距离要大于锯铣分板的方式;走线、通孔和测试点相距板边的距离各有限制,注意布置在内层时的限制要大于布置在外层时的限制。通常而言,走线距离板边的限制距离为 0.8mm,通孔距离板边的限制距离为 1mm,测试点距离板边的限制距离为 2mm。

不同的元器件限制也不同,需要特别注意多层的陶瓷电容,由于其内部的结构,使得多层陶瓷电容对剪切应力非常敏感,如果布置在边缘,尽量考虑与切割方向平行,使得元器件所承受的应力均匀分布。

2)基准点区域的限制:基准点附近不能有元器件、走线和阻焊,否则将无法进行系统坐标的定位。目前总结的经验法则:基准点周围的安全距离等于 1.5 倍的基准点边长。

3)定位孔区域的限制:与基准点一样,定位孔周围不能布置走线和元器件,通常而言是取一个直径等于两倍定位孔直径的禁布区域,防止有元器件不慎进入此区域。

4)通孔区域的限制:在电路板内部的通孔也需要留出安全距离,当然当通孔是连接地线时,这个限制可以适当放宽。

5)天线区域的限制:如果模块存在射频接收功能,则往往需要在模块内部添加必要的天线。由于射频电路存在非常大的敏感性,因此在天线附近需要留出足够的安全距离,特别是印制电路板带状线作为天线使用时,在前期就需要特别注明。使用金属环形天线时,需要考虑静电的效应,禁止布线区域需要进一步加大。

6)螺钉限制:如果使用散热片和插接器,并且选择螺钉的固定方式时,需要在螺钉附近留出一定的安全距离。考虑在插接器附近区域布置螺钉时,需要考虑由于自由跌落实验引起插接器落地受冲击的情况。

除了方向上的距离限制,还要注意不同元器件高度的限制。通常情况下,电路板的安装方式如图 11-13 所示,由上、下的塑料外壳包裹着电路板,起到保护的作用。模块外壳中为了加强应力的设计,可能有凹陷或者加强筋的部分,往往会纵横交错地分布。如果不注意元器件到外壳的距离,则会出现焊接完成的电路板无法放入外壳的情

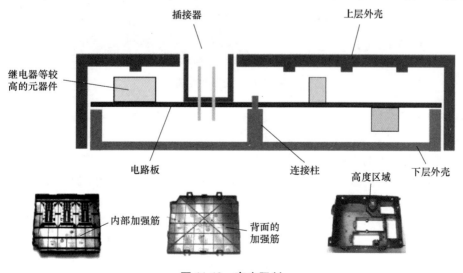

图 11-13 高度限制

况，这种情况更容易出现在电路板背面部分。当然不同外壳设计会有不同的要求，在背面安装时，由于振动和冲击的考虑不允许放置过重和过高的元器件。

除此以外，需要注意贴片元器件和其余类型元器件的最小距离，分立元器件与分立元器件之间的焊盘距离是有限制的，不同封装的芯片之间的距离限制也会有不同。一般定义分立元器件和IC芯片的距离为0.5~0.7mm，特殊的地方可能因为夹具配置的不同而改变。

相较于表面贴装元器件，分立直插元器件之间的间距略大，一般为1~3mm。通常当引脚较多并且直径超过一定值时，必须使用波峰焊进行焊接，这时需要注意除了本身的距离限制，还需要与波峰焊载具保持足够的间距，否则将很容易造成与其他焊接引脚发生桥接导致短路。常用的规则是：距离间隔至少在纵向上保留3mm的安全距离，横向上保留2mm的安全距离，如图11-14所示。

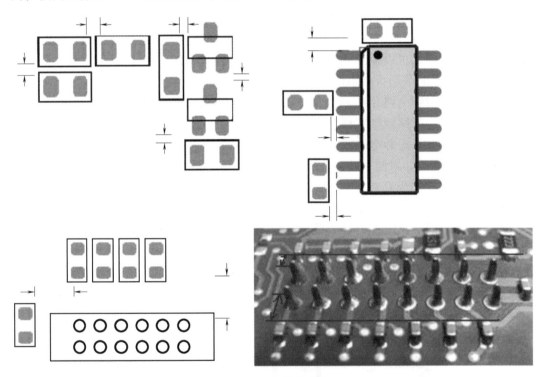

图11-14 元器件距离

除了以上的放置规则，仍然还需要遵循电路板的元器件布置规则，只有较为完善的元器件布局设计才会为后期走线带来积极的影响。

1）根据电路板的空间布置的规则进行模块基本布局设计，首先将元器件按照功能进行分组排布，由于原理图页已经按照功能分组，因此可将相同的功能模块组合在一起。

2）元器件的分组是根据信号频率的高低、电压的大小和功能三者进行妥协的，不允许不同的电源平面进行重叠。特别要注意晶振元件的放置位置。

3）输入和输出部分需要尽量分离，按照整个外壳布置插接器的端口。将输入/输出的元器件贴近插接器，尽量将几个插接器放在同一边。

4) 在通常条件下，所有的元器件均应布置在印制电路板的同一面上，尽量考虑当面布板。在顶层元器件过密或者限制过多无法布置时，可以考虑将高度较小和发热量小的元器件（如贴片元器件）放置在底层，此时一定要仔细检查高度差。

5) 元器件的摆放要符合元器件之间的最小限制距离，在这个基础上尽量排列紧凑，要注意给测试点留下足够的空间。

6) 不同的供电电源的节点，如果存在较高的电位差，应考虑予以隔离保护，防止因放电、击穿和其他原因而引起的意外短路。

7) 元器件在整个板面上应分布均匀，应保持元器件的疏密具有一致性。

8) 按照信号的流向逐个安排各个功能电路单元的位置，以每个功能电路的主要元器件为中心，围绕它进行布局。注意布置元器件应便于信号流通，使信号尽可能保持一致的方向。

9) 对于会产生磁场的元器件，如变压器和电感等，布局时应注意减少磁力线对印制导线的切割，相邻元器件磁场方向应相互垂直，以减少彼此之间的耦合。

10) 从整体上需要将功率元件布置在易于散热的区域，并且通过热仿真软件进行模拟。电解电容等较重的元器件和部分热敏元器件应远离高温区域，以免受到其他发热元件影响，引起参数的变化和寿命的下降。

11.3.2 电路板的走线规则

在汽车电子中，由于单片机的工作频率较高，一般时钟频率远远超过 5MHz 或脉冲上升时间小于 5ns，在大多数情况下，为了达到 EMC 的要求考虑选择 4 层板。其他的一般规则如下。

1. 串扰控制

串扰是指电路板上不同信号之间因较长的平行布线引起的相互干扰，以及由平行线间的分布电容和电感的作用引起的耦合干扰。如图 11-15 所示，对于串扰的控制方法有以下几种：

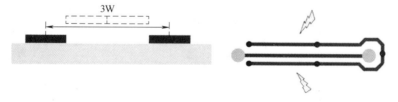

图 11-15 串扰控制方法

1) 加大平行布线的间距，遵循 3 倍线宽的规则。当线中心距不少于 3 倍线宽时，则可保持 70% 的电场不互相干扰。如要达到 98% 的电场不互相干扰，则需要保持 10 倍线宽。

2) 在平行线间插入接地的隔离线，达到区域屏蔽的效果。如果没有屏蔽或只屏蔽了一部分，都会造成 EMI 的泄漏。对一些特别重要和频率特别高的信号，如复位信号等，所布的线上下左右采用保护线，一般采取地线进行隔离和保护，并且将屏蔽地线与模块的地平面良好地连接,可考虑每经过一定的距离打地孔的方式。

3)减少布线层与地平面的距离。如果布线层与地线层距离过远或者没有完整的地线层,将产生较大的问题,信号的返回路径将经历更长的路径和更大的回流阻抗,这将引起前面所说的共地耦合阻抗。

2. 走线的检查

走线的检查包括方向、开环、宽度、闭环、长度和倒角的控制,见表11-3。

表11-3 走线设计规范

考虑项目	设计原则	正确	错误
走线规范	走线方向	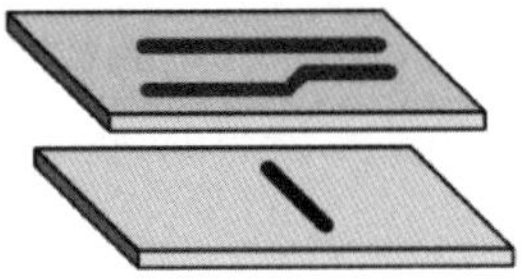	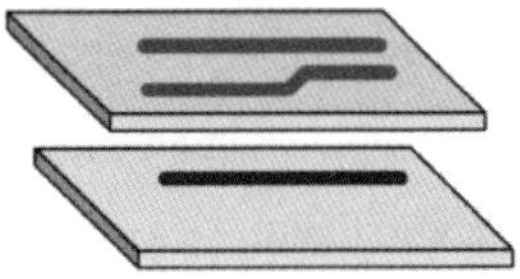
	开环检查		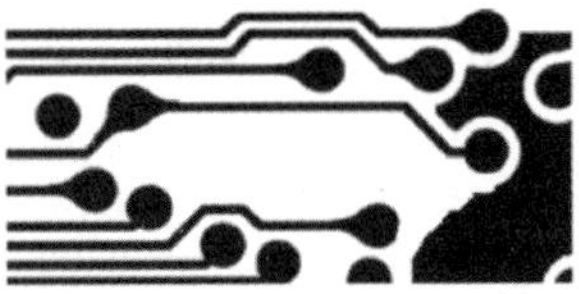
	宽度均匀检查		
	闭环检查		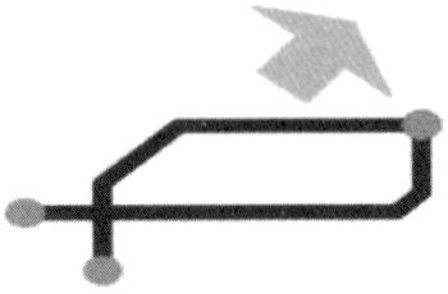
	分支长度	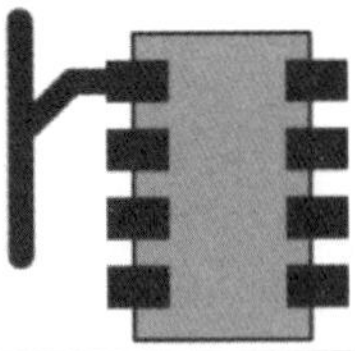	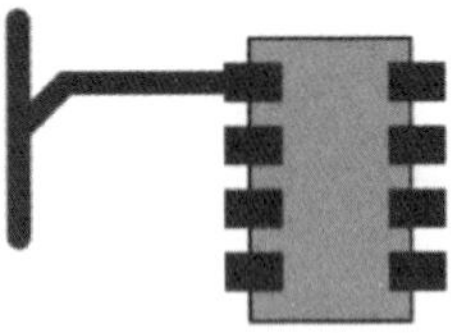
	走线长度		
	倒角	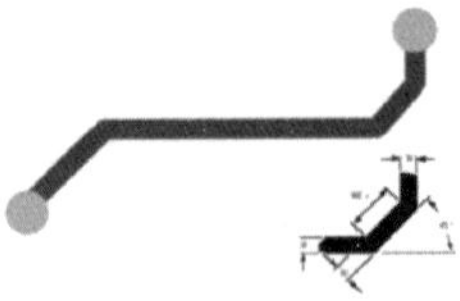	

1) 走线方向控制：相邻层的走线方向成正交结构，避免将不同的信号线在相邻层走成同一方向，以减少不必要的层间串扰。

2) 走线的开环检查：不允许出现一端浮空的布线，否则会产生"天线效应"，特别是在测试点添加的情况下。通过开环检查可减少不必要的干扰辐射和接收，否则可能带来不可预知的结果。这一点和孤立铜区类似，孤立铜区将带来一些不可预知的问题，即使将孤立铜区与别的信号相连也会形成信号辐射，通常是将较长的分支直接删除，并把铜区接地也直接删除。

3) 宽度均匀检查：某个信号的线宽应保持一致，线宽的变化会造成线路特性阻抗的不均匀，当传输的速度较高时会产生反射，在设计中应该尽量避免这种情况。

4) 走线闭环检查：时钟信号等高速信号网络，在多层的电路板走线时产生了闭环的结果。这样的闭环结果将产生环形天线，增加 EMI 的辐射强度，因此需要专门进行考虑。

5) 分支长度控制：当走线分支长度过长时，边沿快速变化的信号将被信号主干走线上的分支走线所扭曲。因此应尽量控制分支的长度，分支的长度应尽量短。为了达到这个目的，需要对走线的拓扑结构进行优化。拓扑结构是指走线的布线顺序及布线结构。

6) 走线长度控制：电路中的高速跳变边沿会使得信号传递存在一定的传输线效应，在模块中很高的时钟频率就需要特别考虑这样的问题。在设计时应该让布线长度尽量短，以减少线长引起的干扰问题，例如晶振布线一定要布置在离单片机很近的地方。当然某些时候走线的长度需要一致，可引入蛇形走线的方式。

7) 倒角控制：锐角和直角对电路有几方面的影响。直角拐角可以等效为传输线上的容性负载，减缓上升时间；阻抗的不连续会造成信号的反射；直角在内部的边缘会产生集中的电场，将会产生额外的 EMI 辐射。因此采取倒角的控制，一般而言所有线与线的夹角应≥135°。

走线和焊盘的一些规则比较琐碎，这里把需要考虑的一些要点整理出来，见表 11-4。

表 11-4　走线和焊盘细节设计规范

事项	正确	错误
1	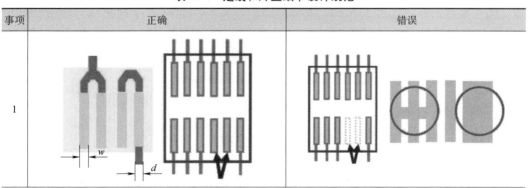	

(续)

事项	正确	错误
2	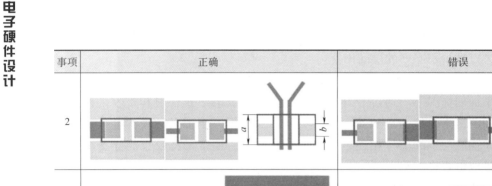	
3	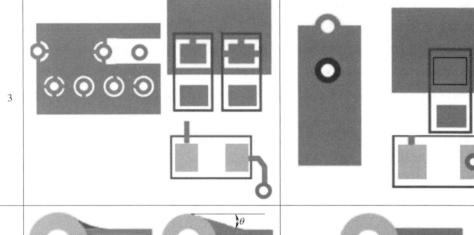	
4		

1) 在密度较高的封装连线中，不能直接使用很粗的走线，否则将会造成信号之间的桥接，需要使用较细的走线引出后再使用粗走线。注意保留未使用引脚的焊盘，这对焊接的强度有很大的作用，应选择正确的处理方法。

2) 对于用两个焊盘安装的元器件，与其焊盘连接的印制线最好从焊盘中心位置对称引出。控制焊盘与走线的最小间距，如果选择不当则很容易造成桥接短路。元器件焊盘两边的引线宽度要一致，焊盘两边都是用细走线或者都是用粗走线。

3) 如果在铺铜区域内需要考虑热焊盘，注意热焊盘的设计必须能够承载足够的电流；通孔最好不要打在焊盘上，应该通过印制线连接。如果不注意此项，将很容易出现"立片""焊料不足"的情况。

4) 如果引线宽度比直插元器件的焊盘直径小，则需要加泪滴（角度小于45°）使其连接更加稳固，这种方法同样适用于直插插接器的引脚。

11.4 印制电路板的 DFM 技术

印制电路板的可制造性设计（Design for Manufacturing，DFM）是在印制电路板设计时就考虑产品的可制造性和可测试性，将设计和制造紧密联系在一起。DFM 是保证电路板设计符合后续产品可制造性质量的一种有效方法。通过可制造性设计的检查，印制电路板在某种程度上已经得到最大程度的优化，可确保样品按最高效的方式制作、组装及测试。惠普公司经过统计发现，产品总成本的 60% 取决于初次设计，大约 75% 的制造成本直接取决于产品的设计说明和设计规范，70% 以上的生产缺陷是由于设计不良或者疏忽造成的。在设计时就考虑可制造性设计有以下优点。

1）DFM 有助于缩短开发周期：通常由硬件工程师、电路板布局工程师、机械工程师和工厂工艺工程师一起参与到设计过程中，这样熟悉生产工艺的工程师可以直接与设计者进行沟通，使得在电路板的早期设计过程中就进行检查，对电路板的工艺质量进行了先期控制，减少了工程验证时间和纠正错误的时间。实际中一次制板最快要一周以上的周期，因此通过 DFM 能更快地推进设计，确保样品的各个时间点。

2）降低成本：在后期发现生产问题后，需要返修才能达到目的，而工厂的生产准备成本往往很高。如果在设计前期就验证焊接工艺的可行性，减少改板次数甚至直接设计可生产的板子，就可以减少开发成本，降低返工、返修时的时间和人工成本。

3）提高产品的质量和效率：通过前期的设计可以提高产品的可靠性，也是 IATF 16949 的核心要求之一。通过标准化流程中的这样一个环节，可以减少沟通的障碍和避免那些普遍而易错的问题。

在公司的发展过程中，往往需要建立一套可制造性的规范，将硬件和机构的常见问题统一起来，通过总结和学习，制成电路板设计清单，这甚至慢慢成为企业内部的规范之一。实际上可制造性的内容可细分为以下 3 部分。

1）可测试性设计（DFT）：是指生产线的测试人员可用较为简单的方法检测电路板上的所有元器件的特性，确认元器件是否满足电子模块的要求。为了达到电路板的可测试要求，往往需要通过机械和电气两方面建立一些基本的规则，使得电路达成良好的可测试性。可测试性设计是围绕测试点展开的。

2）可装配性设计（DFA）：是改善电子模块的装配性能、减少产品装配费用的主要途径，其主要内容还涉及电路板及电子元器件的装配过程，集中在焊接生产的工艺中。这部分内容往往涉及生产设备和焊接工艺，因此是分析的重中之重，也是电路板可制造性的最为核心的内容。

3）电路板可加工性设计（DFF）：从电路板的可加工的角度去评估印制电路板的制成难度，这个过程实质上初期是需要与电路板供应商沟通的，涉及电路板供应商的能力。即使整理出很全的设计规范，这方面的内容往往也需要根据供应商的设备能力进行不断的沟通和协调。为了确保设计质量，需要首先保证电路板的质量控制。

以较低的成本实现可制造性就需要采用可制造性清单和人工检查的方式，这需要首先形成一定的积累，在后面的介绍中，将着重介绍这些要点。当然现在可采用可制造性软件检查，较为著名的软件有 Enterprise 3000，是 Valor 公司的 DFM 方案。它是一套独特的虚拟生产系统，可协助 OEM 厂商模拟整个生产过程，特别是从生产到组装的整体设计流程。对于硬件工程师来说，虽然并不直接负责电路板制图和生产，但是由于主要负责电子模块的电路板和硬件设计，往往需要作为核心力量去推动整个 DFM 的设计过程，避免在电路板生产装配过程中遇到较大的麻烦。

11.4.1 可制造性设计

从可制造性的角度,有更多问题是值得去探讨的,其中最为主要的一点就是拼板过程中的注意事项。拼板是生产中很重要的一环,关系到整个 SMT 生产的效率问题,并且是在前期就确定的一个环节,因此对于研发设计工程师来说,一定要非常注意这个环节上的正确性和合理性。

(1) 拼板外形和夹持边

拼板的外框也称为夹持边。应仔细设计和考虑,板边应大于 5mm 以上,确保 PCB 拼板固定在夹具上以后不会变形,一般不允许在这个边上开 V 槽。夹持边的宽度上下最好不同,这样便于区分上下边沿、便于防呆处理和判断电路板加工的进入方向是否正确。

(2) 拼板大小

拼板的主要目的是节约生产的成本。一般而言,一次焊接完成越多的板,效率就越高,但是如图 11-16 所示,这其中有一定的物理限制存在。贴片机器内部的运动模组是有距离限制的,大多数机器的横向距离≤300mm,纵向距离≤600mm。如果设计的拼板距离大于这个数值,则同一个元器件需要两个吸料枪进行放置,大大降低了速度,也可能造成潜在的位置精度问题,整个加工的效率会下降很多,因此需要对拼板的距离进行一定的限制,并根据不同厂家的机器建立相应的规则。另外一个因素就是电路板的供应商对基板的大小也有限制,这也会直接影响到电路板的成本,这个问题应该在前期就进行讨论和验证。

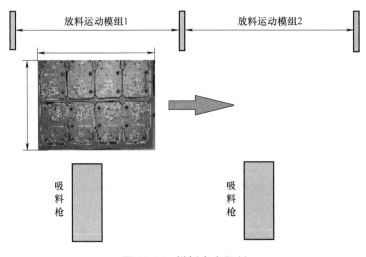

图 11-16 拼板大小限制

(3) 拼板内部的方向和布置

每块小板的方向都要一致,这样的好处是所有的贴装方向都是一致的,可基于同一标准坐标系。而用镜像的方法就大大增加了出现安装错误的可能,对于生产效率也有一定程度的影响。特别需要注意以下的 3 点:

1) 夹持边一侧的插接器需要控制伸出的距离,否则将可能出现与传送轮间的干涉问题。

2）所有的插接器下方都需要开槽，以防止分板时出现的干涉妨碍焊接完成后刀具分板。

3）注意小板之间的间距需要与分板的刀具的距离相符合，较为通用的规则是比刀具的最大值大 0.2mm。

图 11-17 较为清晰地介绍了拼板内部设计中的注意点。

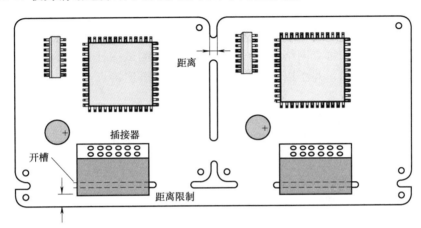

图 11-17　拼板内部设计注意点

（4）光学定位标志和定位孔

在板的边沿设置 3 个以上的光学定位标志，通过光学检测定位这 3 个点，可以得到整个加工的基准坐标和电路板的水平度。由于需要覆盖整个坐标系，因此光学定位标志的位置需要靠近左右的边沿，在夹持边上下的方向需要离边沿留下 5mm 的距离。注意光学定位标志的形状最好是方形，其长宽各为 3mm，内部的区域长宽为 1mm，如图 11-18 所示。

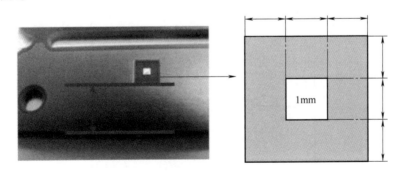

图 11-18　光学定位标志规格

在小板内部设置基准光学定位标志时，通常在光学定位标志的周围留出比其大 1.5mm 的无阻焊区，不能有相似的焊盘。

在每个小板上必须有 2 个或者以上的定位孔，理想的情况是有 3 个定位孔并且不能分布在同一直线上，这样做的目的是使定位孔不对称。定位孔的孔径确保在 3~6mm，这样有助于确保定位孔的强度，确保定位孔在上下板过程中不会边缘断裂；定位孔应设计成非金属化孔，周围需留出 0.3mm 宽的非铜箔区（即留出封孔圈），以便 PCB 制作时能封住孔使之不金属化；定位孔 1mm 内不允许布线或者贴片；注意在加工时孔径及位置精度的要求，孔壁必须光滑无毛刺。

11.4.2 可测试性设计

可测试性设计主要是围绕测试点展开的。将测试点的要求整理如下：

1）测试点应均匀分布于整个印制电路板上，密度不能大于 5 个/cm^2；需要特别注意的是，面积较大的集成芯片的背面一定要保持匀称，以防止测试中产生应力对元器件造成损坏。一般要求每个网络都至少要有一个可供测试探针接触的测试点，并且需要在原理图中显示出来，并予以明确标示。当然在晶振连接点或射频电路的地方需要进行特殊处理。

2）在单面贴装的情况下，测试点的位置应该在相应的焊接面上。如果是双面贴装的情况，可将测试点都布置在电路板的一面，建议可以布置在元器件稀疏的一面，通常而言是底面。

3）测试点一般可分为 3 种类型：焊盘、贯穿孔和过孔。最为优先的是选择焊盘，一般选择方形或者圆形焊盘，直径或边长需要在 40mil（1mil = 25.4×10^{-3} mm）左右，以方便测试针操作；注意不能使用贴片元器件的焊盘作为相应的测试点，并且所使用的焊盘需要与元器件保持在同一面。如果无法使用焊盘，可考虑使用导通孔，大小和焊盘类似，一般选用 40mil/20mil。注意不能将定位孔也当作为测试点。

4）测试点的距离，主要包括测试点之间、测试点与元器件之间、测试点与边沿之间等的限制，如图 11-19 所示。

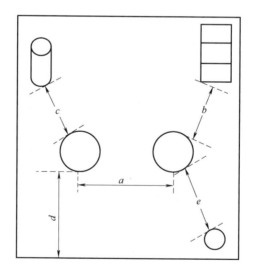

图 11-19 测试点规格

① 两个测试点的中心间距 a 应该≥100mil。
② 当贴装元器件的高度超过 200mil 时，测试点到元器件的间距 b 应该≥200mil。
③ 测试点与焊接面上的元器件的间距 c 应该>100mil。

④ 测试点与PCB边沿的距离 d 应该≥120mil。
⑤ 测试点与定位孔的距离 e 应该≥200mil。
5) 所有测试点均应该覆盖上不易氧化的导体，如进行镀金、镀银和镀锡处理，防止测试点氧化。但是测试点也不能被丝印或其他焊盘覆盖，且不能被条码、胶带等挡住，以保证探针的接触可靠性，防止探针接触不良。
6) 如果存在高压和低压测试点，两者之间的距离需要符合安全规范的要求。
7) 如果ICT（在线测试）需要涉及上电测试，则在电路板上必须至少各提供3个测试点作为外部电源和地线的接入点。IC的控制引脚不能直接与电源或地线短路，否则将引起芯片的损坏和测试的失效。在集成芯片密集的区域，每5个芯片需要考虑设置1个地线测试点。
8) 需要特别注意附加的测试点的连接线，以免形成天线效应。

11.5 印制电路板的加工过程和工艺

电子工程师往往需要对印制电路板的贴装工艺有一定的了解。一般的加工生产线如图11-20所示，由印制电路板至安装好的电路板模块可以分为两种不同的加工工艺：表面贴装工艺和混合贴装工艺。应根据电路板的实际情况选择不同的焊接方法，其中有两点是需要注意的。

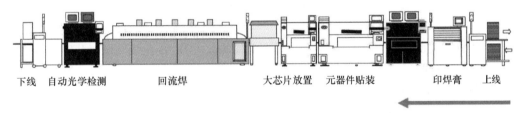

下线　自动光学检测　回流焊　　大芯片放置　元器件贴装　　印焊膏　上线

图 11-20　电路板加工工艺

1) 元器件类型：表面贴装元器件、通孔插装元器件。
2) 印制电路板的情况：板上元器件的数量、密度、高度、重量和分布情况。

对于表面贴装元器件的焊接，可采用回流焊的方法；对于通孔插装元器件的焊接，可根据情况选择波峰焊、浸焊或喷焊法，其中波峰焊更适合于整块板上通孔插装元器件的焊接。

波峰焊是指将熔化的软钎焊料，经电动泵或电磁泵喷流成焊料波峰，预先装有元器件的印制电路板通过焊料波峰，即可实现元器件引脚与印制电路板焊盘之间机械与电气连接的软钎焊。

回流焊技术：设备内部将氮气加热到足够高的温度后吹向已经贴好元器件的电路板，让元器件两侧的焊料熔化后与主板粘结。回流焊工艺的优势是温度易于控制，焊接过程中还能避免氧化，制造成本也更容易控制。通过重新熔化预先分配到印制电路板焊盘上的膏状软钎焊料，实现表面贴装元器件引脚与印制电路板焊盘之间机械与电气连接的软钎焊。

其他的关键步骤还包括以下内容。

锡膏印刷：锡膏是锡粉和助焊剂的混合物，用于表面黏着元器件与印制电路板，使之相互连接导通的黏着材料。将钢网根据印制电路板上焊盘的位置进行蚀刻或镭射切割后，由印制机的刮刀将锡膏通过钢网上的开孔印至电路板的焊盘上。

元器件贴装：它是整个贴装的主要关键技术及工作重心，使用高精密的自动化置放设备，将表面黏着组件准确地置放在已印好锡膏的印制电路板的焊垫上。

自动光学检测（AOI）：在生产线上使用高分辨率相机来检查电路板的情况。

在线测试（ICT）：它是通过对在线元器件的电性能及电气连接进行测试来检查生产制造缺陷及元器件不良的一种标准测试手段。主要检查在线的单个元器件以及各电路网络的开路、短路情况，具有操作简单、快捷迅速、故障定位准确等特点。

下线检测（EOL）：它是在汽车生产线上使用下线检测设备，用于满足产品下线前的功能检测和产品配置。

1. 表面贴装工艺

1）单面组装：从节约工艺成本的角度，一般考虑将所有的元器件都放置在单面，采取这种方式的生产过程最为简单。这时的加工过程如下：

来料检测→焊膏印刷→元器件贴装→回流焊接→清洗→自动光学检测（AOI）→在线测试（ICT）→下线测试（EOL）→下线

2）双面组装：由于空间限制，某些电路板布置不可能把所有的元器件都放置在正面，因此在反面贴装时需要放置部分元器件。这时的加工过程如下：

来料检测→正面焊膏印刷→元器件贴装→正面回流焊接→翻板→反面焊膏印刷→元器件贴装→反面回流焊接→清洗→自动光学检测（AOI）→在线测试（ICT）→下线测试（EOL）→下线

2. 混合贴装工艺

这是将不同的焊接方法混合使用的方法。

1）单面混装工艺：这种情况也较为简单，元器件较少，插件和表面贴装元器件都在电路板的正面，但是由于插件较大使得无法采用回流焊代替波峰焊。加工过程如下：

来料检测→正面焊膏印刷→元器件贴装→正面回流焊接→正面插件→波峰焊→清洗→自动光学检测（AOI）→在线测试（ICT）→下线测试（EOL）→下线

2）双面混装工艺：在元器件较多且具有插件和贴装元器件时就需要采取这种工艺。

① 采取先贴装后插装的办法进行焊接，一般是指在贴装元器件多于分立元器件并且分立元器件较大的情况下适用，正面只放置插装元器件，背面放置贴装元器件。加工过程如下：

来料检测→反面焊膏印刷→元器件贴装→烘干固化→翻板→正面插件安装→波峰焊→清洗→自动光学检测（AOI）→在线测试（ICT）→下线测试（EOL）→下线

② 正面混装，反面贴装，这是大多数情况采用的方法，由于元器件较多，使得正反面都有贴装元器件，并且有插装的大型插接器插座，这时就需要采取这种焊接方式。加工过程如下：

来料检测→PCB 的正面焊膏印刷→元器件贴装→烘干固化→回流焊接→插件安装→翻板→反面焊膏印刷→元器件贴装→烘干固化→翻板→波峰焊→清洗→自动光学检测（AOI)→在线测试（ICT)→下线测试（EOL)→下线

③ 在完成双面的贴装后统一进行回流焊接，然后采用插装和波峰焊的工艺。注意此时反面的元器件不能有重量较大的元器件。加工过程如下：

来料检测→反面焊膏印刷→元器件贴装→烘干固化→翻板→正面焊膏印刷→元器件贴装→正面回流焊接→插件安装→反面波峰焊→清洗→自动光学检测（AOI)→在线测试（ICT)→下线测试（EOL)→下线

④ 依次完成单面的贴装和回流焊接，最后采用插装和波峰焊的工艺。注意此时反面的元器件不能有重量较大的元器件。加工过程如下：

来料检测→反面焊膏印刷→元器件贴装→烘干固化→反面回流焊接→翻板→正面焊膏印刷→元器件贴装→烘干固化→正面回流焊接 1→插件安装→波峰焊 2→自动光学检测（AOI)→在线测试（ICT)→下线测试（EOL)→下线

参 考 文 献

[1] 凌燮亭. 电路参数的容差分析与设计［M］. 上海：复旦大学出版社，1991.
[2] REMSBURG R. Thermal Design of Electronic Equipment［M］. London：CRC Press LLC，2001.
[3] BOYD R R. Tolerance Analysis of Electronic Circuits Using MATHCAD［M］. London：CRC Press LLC，1999.
[4] SKVARENINA T L. The Power Electronics Handbook［M］. London：CRC Press LLC，2002.
[5] RIBBENS W B. Understanding Automotive Electronics［M］. Walthham：Butterworth Heinem ann，1998.
[6] EMADI A. Handbook of Automotive Power Electronics and Motor Drives［M］. London：Taylor & Francis Group，2005.
[7] EDN 中国工程师社区［EB/OL］. http://www.ednchina.com.
[8] 电子工程专辑［EB/OL］. http://www.eetchina.com.

读者服务

机械工业出版社立足工程科技主业,坚持传播工业技术、工匠技能和工业文化,是集专业出版、教育出版和大众出版于一体的大型综合性科技出版机构。旗下汽车分社面向汽车全产业链提供知识服务,出版服务覆盖包括工程技术人员、研究人员、管理人员等在内的汽车产业从业者,高等院校、职业院校汽车专业师生和广大汽车爱好者、消费者。

一、意见反馈

感谢您购买机械工业出版社出版的图书。我们一直致力于"以专业铸就品质,让阅读更有价值",这离不开您的支持!如果您对本书有任何建议或宝贵意见,请您反馈给我。我社长期接收汽车技术、交通技术、汽车维修、汽车科普、汽车管理及汽车类、交通类教材方面的稿件,欢迎来电来函咨询。

咨询电话:010-88379353   编辑信箱:cmpzhq@163.com

二、电子书

为满足读者电子阅读需求,我社已全面实现了出版图书的电子化,读者可以通过京东、当当等渠道购买机械工业出版社电子书。获取方式示例:打开京东App—搜索"京东读书"—搜索"(书名)"。

三、关注我们

[机工汽车]

机械工业出版社汽车分社官方微信公众号——机工汽车,为您提供最新书讯,还可免费收看大咖直播课,参加有奖赠书活动,更有机会获得签名版图书、购书优惠券等专属福利。欢迎关注了解更多信息。

四、购书渠道

机工汽车小编
(13641202052)
编辑微信

我社出版的图书在京东、当当、淘宝、天猫及全国各大新华书店均有销售。
团购热线:010-88379735
零售热线:010-68326294 88379203